Conteúdo digital exclusivo!

Cadastre-se e transforme seus estudos em uma experiência única de aprendizado!

Acesse agora

Portal:
www.seriebrasilensinomedio.com.br

Código de aluno:
4310966A1652451

Lembre-se de que esse código é pessoal e intransferível. Guarde-o com cuidado, pois é a única forma de você utilizar os conteúdos do portal.

SÉRIE BRASIL
Ensino Médio

ENSINO MÉDIO

PRODUÇÃO DE TEXTO

Volume único

Cibele Lopresti Costa

Doutora em Literatura Portuguesa pela Universidade de São Paulo (SP).

Mestre em Literatura e Crítica Literária pela Pontifícia Universidade Católica de São Paulo (SP) e graduada em Letras pela mesma instituição.

Professora de Língua Portuguesa e Literatura do Ensino Fundamental Anos Finais e do Ensino Médio, trabalha na formação continuada de professores atuando como assessora pedagógica em escolas particulares e públicas.

Autora de livros didáticos e paradidáticos.

Cláudia Miranda

Mestre em Educação pela Universidade Católica de Petrópolis (RJ).

Pós-graduada em Literatura Comparada e em Teoria da Literatura pela Universidade Federal de Juiz de Fora (MG).

Licenciada em Letras pela Universidade Federal de Juiz de Fora (MG).

Professora de Língua Portuguesa e Literatura Brasileira do Ensino Fundamental Anos Finais e do Ensino Médio, trabalha na formação continuada de professores atuando como assessora pedagógica em escolas particulares e públicas.

Autora de livros didáticos, paradidáticos e de literatura infantil.

Edson Munck Jr.

Doutorando pelo Programa de Pós-Graduação em Ciência da Religião da Universidade Federal de Juiz de Fora (MG).

Mestre e especialista em Estudos Literários pela Universidade Federal de Juiz de Fora (MG).

Bacharel em Comunicação Social (Jornalismo) pela mesma instituição.

Licenciado em Letras pelo Centro de Ensino Superior de Juiz de Fora (MG).

Professor de Língua Portuguesa, Produção Textual e Literatura do Ensino Fundamental Anos Finais e do Ensino Médio em escolas particulares e públicas.

Jaciluz Dias

Doutoranda pelo Programa de Pós-Graduação em Linguística da Universidade Federal de Juiz de Fora (MG).

Mestre em Educação pela Universidade Federal de Lavras (MG).

Licenciada em Letras pelo Centro de Ensino Superior de Juiz de Fora (MG).

Bacharel em Comunicação Social (Jornalismo) pela UFJF.

Professora de Língua Portuguesa, Literatura e Produção de Texto no Ensino Fundamental e no Ensino Médio em escolas particulares e públicas.

Dados Internacionais de Catalogação na Publicação (CIP)
(Câmara Brasileira do Livro, SP, Brasil)

> Produção de texto: ensino médio: volume único / Cibele Lopresti Costa...[et al.]. – 1. ed. – São Paulo: Editora do Brasil, 2018. – (Série Brasil ensino médio)
>
> Outros autores: Cláudia Miranda, Edson Munck Jr., Jaciluz Dias.
>
> ISBN 978-85-10-06924-3 (aluno)
> ISBN 978-85-10-06925-0 (professor)
>
> 1. Leitura 2. Português (Ensino médio) 3. Textos - Produção I. Costa, Cibele Lopresti. II. Miranda, Cláudia. III. Munck Júnior, Edson. IV. Dias, Jaciluz. V. Série.
>
> 18-19751   CDD-469.07

Índices para catálogo sistemático:
1. Português : Ensino médio 469.07
Iolanda Rodrigues Biode - Bibliotecária - CRB-8/10014

© Editora do Brasil S.A., 2018
Todos os direitos reservados

Direção-geral: Vicente Tortamano Avanso

Direção editorial: Felipe Ramos Poletti
Gerência editorial: Erika Caldin
Supervisão de arte e editoração: Cida Alves
Supervisão de revisão: Dora Helena Feres
Supervisão de iconografia: Léo Burgos
Supervisão de digital: Ethel Shuña Queiroz
Supervisão de controle de processos editoriais: Marta Dias Portero
Supervisão de direitos autorais: Marilisa Bertolone Mendes

Supervisão editorial: Selma Corrêa
Edição: Maria Cecília Fernandes Vannucchi e Camila Gutierrez
Assistência editorial: Eloise Melero e Marilda Pessota
Coordenação de revisão: Otacilio Palareti
Copidesque: Gisélia Costa, Ricardo Liberal e Sylmara Beletti
Revisão: Alexandra Resende, Andréia Andrade, Elaine Cristina da Silva e Maria Alice Gonçalves
Pesquisa iconográfica: Elena Ribeiro e Ênio Lopes
Assistência de arte: Samira de Souza
Design gráfico: Patrícia Lino e Triolet Editorial
Capa: Patrícia Lino
Imagem de capa: Stuart Kinlough/Ikon Images/Getty Images
Ilustrações: Andrea Ebert, Marcos Guilherme, Paula Haydee Radi e Priscilla Camacho
Coordenação de editoração eletrônica: Abdonildo José de Lima Santos
Editoração eletrônica: Adriana Tami, Armando F. Tomiyoshi, Elbert Stein, Gilvan Alves da Silva, José Anderson Campos, Sérgio Rocha, Talita Lima, Viviane Yonamine, William Takamoto e Wlamir Miasiro
Licenciamentos de textos: Cinthya Utiyama, Jennifer Xavier, Paula Harue Tozaki e Renata Garbellini
Controle de processos editoriais: Bruna Alves, Carlos Nunes, Jefferson Galdino, Rafael Machado e Stephanie Paparella

1ª edição / 1ª impressão, 2018
Impresso na AR Fernandez Gráfica

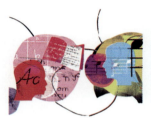

Ilustração de capa:
Stuart Kinlough/Ikon Images/ Getty Images

Rua Conselheiro Nébias, 887
São Paulo, SP – CEP 01203-001
Fone: +55 11 3226-0211
www.editoradobrasil.com.br

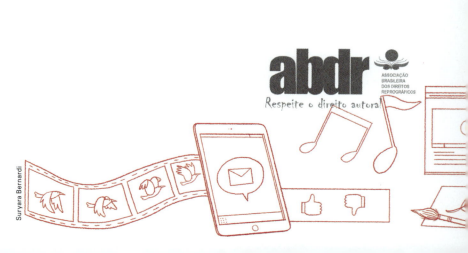

APRESENTAÇÃO

Caro aluno,

Mais do que uma apresentação, este texto é o convite para uma conversa.

Sim, conversa, pois em cada unidade deste livro pedimos a você que dialogue conosco, com o professor e com os colegas a respeito dos mais diversos assuntos. Nossa proposta é que esta obra suscite trocas de ideias sobre identidade, convivência, cultura, meio ambiente, amor, saúde, consumo, liberdade, direitos humanos, política, ciência e, é claro, sobre nosso país e nossa língua. E esperamos que sejam trocas de ideias que trazem o novo, o olhar do outro, que enriquecem e transformam.

Você vai ler e analisar textos de gêneros variados e que circulam nas diferentes esferas sociais, veiculados em meio impresso e digital: reportagem, notícia, letra de canção, meme, roteiro de cinema, tira, artigo de opinião, redação de exames oficiais e muitos outros.

Como acontece em toda boa conversa, você será convidado a expressar suas opiniões e sensações, a compartilhar informações e a expor conhecimentos. Para isso, irá participar de debate, seminário, enquete, entrevista, sarau. E produzirá crônica, resenha, *podcast*, texto teatral e texto dissertativo-argumentativo, entre tantos outros.

Encerramos este começo de conversa com uma frase do escritor mineiro João Guimarães Rosa. Ele diz: "O idioma é a única porta para o infinito". Esperamos que esta obra possa motivá-lo a buscar infinitos conhecimentos.

Os autores

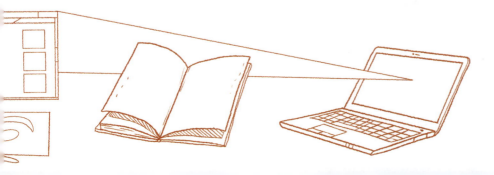

CONHEÇA O LIVRO

Este livro é composto de treze unidades e um caderno de preparação para as provas de redação do Enem e de vestibulares.

Abertura de unidade

Além de uma imagem impactante, muitas vezes ligada à arte, a abertura das unidades traz os seguintes itens:

Roda de conversa

Questões iniciais sobre a imagem da abertura e sobre o tema da unidade; um aquecimento para retomada de conhecimentos prévios e levantamento de expectativas.

O que você vai aprender

Relação dos gêneros que serão lidos e produzidos na unidade e dos conteúdos linguísticos que serão analisados.

Conheça

Sugestões de livros, filmes, músicas e *sites*.

Texto 1 e Texto 2

Dois textos de gêneros distintos e com questões de pré-leitura compõem cada unidade. Sempre que conveniente, há um glossário acompanhando os textos.

Quem é o autor?

Boxe com imagem e breve biografia do autor do texto lido.

Interagindo com o gênero

Questões de interpretação de texto e de análise das características dos gêneros que chamam a atenção para a linguagem do texto, para efeitos de sentido criados, para o registro, o contexto de produção e recepção, para a intencionalidade comunicativa etc.

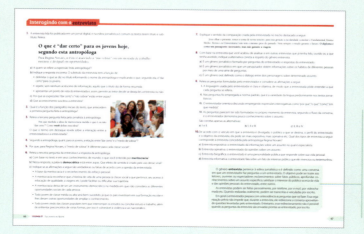

Sistematização de conteúdos

Boxes intercalados às questões sistematizam os assuntos em estudo.

Vamos comparar?

Nessa seção os textos lidos são comparados quanto ao assunto, ao leitor, à linguagem, à intencionalidade.

Ampliando o conhecimento

Boxe para assuntos complementares. Serve de apoio à leitura, contextualizando, complementando ou aprofundando informações dadas nos textos.

Língua e linguagem

Nessa seção se propõe uma análise dos diferentes usos linguísticos presentes nos textos lidos e uma reflexão sobre coesão e coerência, variedades linguísticas e norma-padrão, adequação de registro.

Pense sobre isso

Apresenta de forma mais reflexiva algum ponto relacionado ao assunto que está sendo estudado.

Oficina de produção

Proposta de produção de gêneros orais, escritos e multimodais com orientação para o planejamento, a produção, a revisão e reescrita dos textos. As atividades incluem o uso de programas de edição de texto e a publicação e a veiculação da produção em mídias digitais.

Diálogos

Seção interdisciplinar que conecta um tema da unidade a outras áreas do conhecimento com o objetivo de ampliar as informações sobre ele, o que contribui para você compreender melhor a sociedade em que vive e, assim, tornar-se um agente de transformação social.

Enem e vestibulares

No final de cada unidade, questões extraídas do Enem e dos principais vestibulares do país permitem que você aplique os conhecimentos construídos e se autoavalie.

SUMÁRIO

UNIDADE 1   Texto, discurso e outros conceitos 8

Texto 1 "Programação é o inglês do século XXI", de Ocimara Balmant 10

Texto 2 "Em entrevista, especialista diz que tecnologia aproxima aluno e professor", *Correio Braziliense* ... 12

Texto 3 "Adote uma caneca" 16

Texto 4 Placa de sinalização turística 16

Texto 5 "Circuito fechado", de Ricardo Ramos 17

Texto 6 "Como ler muitos livros: dicas & mais dicas", *Joca* 18

Texto 7 "Marta Vieira da Silva", Secretaria de Estado da Cultura de Alagoas 19

Texto 8 "Amor *I love you*", de Marisa Monte e Carlinhos Brown 21
- Língua e linguagem – Coesão e coerência 26
- Enem e vestibulares 30

UNIDADE 2   Ser jovem 32

Texto 1 "Loadeando (*rude boy*)", de Marcelo D2 ... 34
- Interagindo com a letra de canção 36

Texto 2 Tati Bernardi: "Já calibrou a lousa hoje?", de Tati Bernardi 38
- Interagindo com a crônica 40
- Vamos comparar? – Letra de canção e crônica 42
- Língua e linguagem – Polissemia 44
- Oficinas de produção – Debate 47
- Crônica 50
- Diálogos – Artes plásticas e polissemia 52
- Enem e vestibulares 54

UNIDADE 3   Ser jovem no Brasil 56

Texto 1 "Geração que não trabalha nem estuda aumenta em 2015", *G1* 58
- Interagindo com a notícia 60

Texto 2 "O que é 'dar certo' para os jovens hoje, segundo esta antropóloga", de Juliana Domingos de Lima ... 63
- Interagindo com a entrevista 66
- Vamos comparar? – Notícia e entrevista 68
- Língua e linguagem – O gênero entrevista e as modalidades oral e escrita da língua 69
- Oficina de produção – Entrevista 73
- Diálogos – Tribos urbanas 76
- Enem e vestibulares 78

Unidade 4   Alimentação: desperdício *versus* sustentabilidade 80

Texto 1 "Como evitar o desperdício de alimentos em casa", Instituto Akatu 82
- Interagindo com as dicas 84

Texto 2 "8 anos de veganismo: um relato pessoal", de Leandro Chaves 86
- Interagindo com o relato pessoal 88
- Vamos comparar? – Dicas e relato pessoal 90
- Língua e linguagem – Mecanismos de coesão 92
- Oficinas de produção – Enquete 96
- Receita 99
- Diálogos – Para onde vai a comida? 102
- Enem e vestibulares 104

Unidade 5   Todas as formas de amor 106

Texto 1 "Como fazer um filme de amor (vide bula)", de José Roberto Torero e Luiz Moura 108
- Interagindo com o roteiro cinematográfico 117

Texto 2 "Amor na boca do túnel", de Edilberto Coutinho 121
- Interagindo com o conto 122
- Vamos comparar? – Roteiro cinematográfico e conto ... 124
- Língua e linguagem – Metalinguagem 126
- Oficina de produção – Roteiro 129
- Diálogos – Poemas – Relações de intertextualidade 132
- Enem e vestibulares 134

Unidade 6   Mulher: passado, presente, futuro 136

Texto 1 "Vozes-mulheres", de Conceição Evaristo 138
- Interagindo com o poema 140

Texto 2 "*As sufragistas*. Introdução ao feminismo", de Bruno Carmelo 143
- Interagindo com a resenha 145
- Vamos comparar? – Poema e resenha 148
- Língua e linguagem – Semântica das conjunções 149
- Oficinas de produção – Sarau 152
- Resenha 153
- Diálogos – O voto feminino 156
- Enem e vestibulares 158

Unidade 7   Por dentro das redes sociais 160

Texto 1 Tiras 162
- Interagindo com as tiras 163

Texto 2 "O impacto dos memes na sociedade não deve ser menosprezado", de Nathan Fernandes 165
- Interagindo com a reportagem 167
- Vamos comparar? – Tira e reportagem 170
- Língua e linguagem – A (im)parcialidade da linguagem em reportagens 172
- Oficinas de produção – Entrevista 174
- Reportagem 177

Diálogos – Modernidade líquida 180
Enem e vestibulares 181

Unidade 8 Vida sustentável 184

Texto 1 "Crítica ao modelo-padrão de sustentabilidade", de Leonardo Boff 186
Interagindo com o artigo de opinião 188

Texto 2 "Decreto nº 6.040, de 7 de fevereiro de 2007" 191
Interagindo com o decreto 194
Vamos comparar? – Artigo de opinião e decreto 197
Língua e linguagem – Pontuação: estruturas linguísticas deslocadas 199
Oficina de produção – Seminário 202
Artigo de opinião 206
Diálogos – Chico Mendes 208
Enem e vestibulares 210

Unidade 9 O racismo em pauta 212

Texto 1 "Editorial: O racismo mostra a cara", *Diário de Pernambuco* 214
Interagindo com o editorial 216

Texto 2 Veículo A: "Cartas do leitor", *Diário da Região*; Veículo B: "Preconceito racial", *Jornal Cruzeiro* 218
Interagindo com a carta de leitor 219
Vamos comparar? – Editorial e carta de leitor 222
Língua e linguagem – Modalizadores discursivos 223
Oficina de produção – *Podcast* 226
Carta de leitor 228
Diálogos – O *apartheid* na África 230
Enem e vestibulares 232

Unidade 10 Mudanças e deslocamentos ... 234

Texto 1 "Relatório do Acnur revela mudanças no movimento migratório para a Europa", Organização das Nações Unidas (ONU) 236
Interagindo com a notícia 238

Texto 2 "Tamanhos rigores", de Iacyr Anderson Freitas 241
Interagindo com o conto 242
Vamos comparar? – Notícia e conto 246
Língua e linguagem – Tipos de discurso, foco narrativo e tipos de narrador 248
Oficina de produção – Conto 251
Remidiação em *vlog* 253
Diálogos – Fotojornalismo e fotografias artísticas 256
Enem e vestibulares 258

Unidade 11 Viver em sociedade 260

Texto 1 "*Eles não usam* black-tie", de Gianfrancesco Guarnieri 262

Interagindo com o texto teatral 270

Texto 2 A decisão eleitoral na era das redes sociais: a perspectiva da lógica social do voto 272
Interagindo com o artigo acadêmico 276
Vamos comparar? – Texto teatral e artigo acadêmico 280
Língua e linguagem – Registro informal e formal da linguagem 281
Oficina de produção – Debate 286
Texto teatral 290
Diálogos – Mulheres no Hip Hop 293
Enem e vestibulares 294

Unidade 12 A corrupção em debate 296

Texto 1 "Raízes da corrupção", de J. P. H. (aluno do Ensino Médio) 298
Interagindo com o texto dissertativo-argumentativo 299

Texto 2 "Corrupção no dia a dia", de Gabriel Mamed 300
Interagindo com o artigo de opinião 301
Vamos comparar? – Texto dissertativo-argumentativo e artigo de opinião 303
Língua e linguagem – Oração subordinada no discurso argumentativo 304
Oficina de produção – Mesa-redonda 306
Texto dissertativo-argumentativo – modelo Enem 309
Diálogos – O caráter argumentativo do romance de tese 312
Enem e vestibulares 314

Unidade 13 A informação e a construção da verdade 316

Texto 1 "Pós-verdade *e fake news*: equívocos do político na materialidade digital", de Guilherme Adorno e Juliana da Silveira 318
Interagindo com o artigo acadêmico 322

Texto 2 "O acesso à informação e o debate público na era da pós-verdade", de L. F. S. (aluno do Ensino Médio) 325
Interagindo com o texto dissertativo-argumentativo 326
Vamos comparar? – Artigo acadêmico e texto dissertativo-argumentativo 327
Língua e linguagem – Tipos de argumento 328
Oficina de produção – Conferência 334
Texto dissertativo-argumentativo 337
Diálogos – Você sabe reconhecer uma notícia falsa? 340
Enem e vestibulares 341

Caderno de redação 344

UNIDADE 1

TEXTO, DISCURSO E OUTROS CONCEITOS

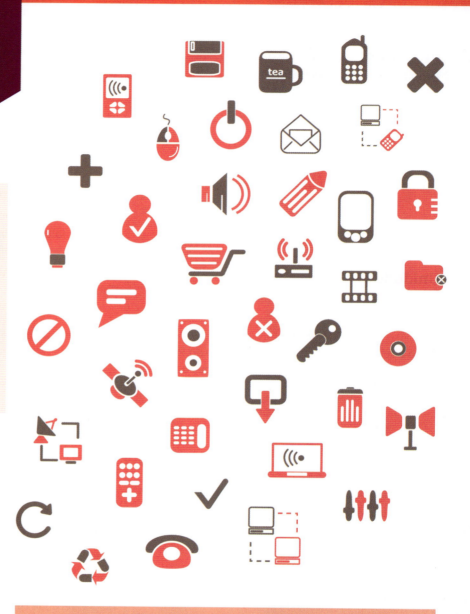

Roda de conversa

Observe a figura ao lado e converse com os colegas sobre estas questões.

1. Descreva a imagem, relacionando-a com o que você imagina que ela representa.

2. Que relação há entre essa imagem e a sociedade atual?

3. Você achou a imagem interessante? Justifique sua resposta.

O que você vai aprender

O conceito de:
- texto;
- discurso;
- linguagem verbal e não verbal;
- língua;
- gênero;
- tipologia;
- intertextualidade;
- coesão e coerência.

Conheça

Livros
- *As viagens de Gulliver*, de Jonathan Swift (série Clássicos, Penguin Companhia).
- *Percy Jackson e os olimpianos*, de Rick Riordan (Intrínseca, 5 volumes).
- *Harry Potter*, de J. K. Rowling (Rocco, 7 volumes).
- *Meu pé de laranja-lima*, de José Mauro de Vasconcelos (Melhoramentos).
- *A volta ao mundo em 80 dias*, de Júlio Verne (série Clássicos Universais, Moderna).
- *O pequeno príncipe*, de Antoine de Saint-Exupéry (HarperCollins Brasil).

Filmes
- *Pantera Negra*. Direção: Ryan Coogler. Estados Unidos, 2018.
- *E.T. – O extraterrestre*. Direção: Steven Spielberg. Estados Unidos, 1982.
- *Perdido em Marte*. Direção: Ridley Scott. Estados Unidos, 2015.
- *Trilogia Matrix*. Direção: Lana Wachowski e Lilly Wachowski. Estados Unidos; Austrália, 1999.
- *Uma mente brilhante*. Direção: Ron Howard. Estados Unidos, 2001.
- *2001, uma odisseia no espaço*. Direção: Stanley Kubrick. Estados Unidos; Grã-Bretanha e Irlanda do Norte, 1968.

CDs
- *Public Enemy* – Coletânea, de Public Enemy, 2015.
- *Seleção essencial* – Grandes sucessos, de Os Bambas do Samba, 2016.
- *Da lama ao caos*, de Chico Science & Nação Zumbi, 1994.
- *Bloco do eu sozinho*, de Los Hermanos, 2001.
- *MM*, de Marisa Monte, 1989.
- *Lado B, lado A*, de O Rappa, 1999.
- *Nevermind*, de Nirvana, 1991.

Na internet
- Khan Academy: <https://pt.khanacademy.org>.
- Jornal *Folha de S.Paulo*: <www.folha.uol.com.br>.
- Jornal *El País Brasil*: <https://brasil.elpais.com>.

TEXTO 1

1. Leia o título e o subtítulo do texto a seguir. Qual parece ser a relação entre esse texto e a imagem de abertura da unidade?

2. Com base na linguagem do título e do subtítulo, na forma como o texto está organizado na página e no veículo em que foi publicado, que texto é esse: uma notícia, um artigo de divulgação científica, uma reportagem, uma crônica? Levante hipóteses e justifique sua resposta.

https://educacao.estadao.com.br/noticias/geral,programacao-e-o-ingles-do-seculo-xxi,70002064295

Programação é o inglês do século XXI

Aprendizado permite que crianças e adolescentes manipulem computadores e celulares não apenas como usuários, mas como criadores de conteúdo

Programação é o inglês do século 21. A comparação, simples e direta, mostra a importância deste "empoderamento tecnológico", como já é conhecido esse aprendizado que permite que crianças e adolescentes manipulem computadores e celulares não apenas como usuários, mas como criadores de conteúdo. [...]

Pode até parecer algo complicado demais, mas os professores garantem que o conhecimento é assimilado naturalmente por esses estudantes, que são "nativos digitais". "Essa geração nasceu após *open-source*, depois da *web* 2.0, na era do *touch-screen* e dos gerenciadores de conteúdo. É uma geração de produtores de conteúdos", afirma Juliana Caetano, uma das docentes responsáveis pela área de Tecnologia Educacional na escola Stance Dual, na zona central de São Paulo.

Pela igualdade

O desafio está em ampliar a oferta, principalmente de forma a abranger também os estudantes das escolas públicas, onde a precariedade de infraestrutura é o grande limitador para que se implemente o ensino de programação. Para se ter uma ideia da situação atual, apesar do prazo para universalização do Programa Banda Larga nas Escolas ter se encerrado em 2010, mais de 30% das escolas públicas de ensino básico não têm sequer conexão à internet.

João Prudente/Pulsar Imagens

Para a educadora Nara Martini Bigolin, especialista no tema, esses números reforçam a "falta de vontade política" de promover a alfabetização computacional em grande escala no País. "Se houvesse vontade política, o maior desafio seria treinar e formar professores. Mas não acredito que haverá mudanças exatamente porque existe um interesse em que a situação continue assim", argumenta a pesquisadora da Universidade Federal de Santa Catarina (UFSC). [...]

No mundo

Enquanto o Brasil engatinha no assunto, o ensino de programação já é parte do conteúdo curricular obrigatório em alguns países desenvolvidos. Desde 2013, está previsto para alunos a partir dos 10 anos no Reino Unido. Em 2013, a Austrália definiu que os princípios da programação deveriam ser ensinados a crianças a partir de 10 anos. A Alemanha pretende tornar obrigatório o ensino de linguagem de programação nas escolas para alunos de todas as idades. Nos Estados Unidos, Chicago definiu um plano para implementar a linguagem de programação com previsão de abarcar todas as crianças até 2018.

[...]

No ano passado, um estudo [...] apresentado no Fórum Econômico Mundial mostrou que saber programar será uma das habilidades fundamentais do cidadão. E vale dizer: quem se apaixonar pelo assunto e quiser virar profissional do ramo tem um mercado de trabalho promissor. Apenas no Brasil, de acordo com a Associação Brasileira de Empresas de Tecnologia da Informação e Comunicação (Brasscom), há 50 mil vagas. Imagine no mundo inteiro. Afinal, como dito lá no início, a programação é mesmo o inglês do século 21.

Ocimara Balmant. *O Estado de S. Paulo*, 29 out. 2017. Disponível em: <https://educacao.estadao.com.br/noticias/geral,programacao-e-o-ingles-do-seculo-xxi,70002064295>. Acesso em: 4 jun. 2018.

1. O texto lido é uma reportagem. Resumidamente, do que ele trata?
2. Qual é o principal objetivo dessa reportagem?
3. A quem ela se dirige e onde foi publicada?

O que é texto? O que é discurso?

Você acabou de observar uma ilustração e leu uma reportagem. Será que ambos podem ser considerados textos?

Provavelmente muitas pessoas identificariam apenas a reportagem como texto, já que a imagem usada na abertura desta unidade não contém letras ou palavras, somente imagens.

Observe, porém, alguns pontos em comum entre a ilustração e a reportagem.

Você sabe o que é gênero do discurso? E texto, discurso e língua? Teste seus conhecimentos com este objeto digital.

- Ambos foram produzidos com uma intenção comunicativa específica:
  - a ilustração, para representar a presença maciça da tecnologia no mundo atual e a multiplicidade de recursos da linguagem digital;
  - a reportagem, para informar sobre um fato do interesse dos leitores do jornal em que foi veiculada e de leitores interessados em educação e tecnologia em geral.
- Ambos fazem uso de uma linguagem: imagens, no caso da ilustração; palavras e fotografia, no caso da reportagem.
- Ambos se dirigem a um interlocutor: respectivamente os alunos que explorarem a abertura desta unidade do livro didático e os leitores de matérias sobre educação e tecnologia.
- Ambos reproduzem e reafirmam o prestígio da tecnologia em nossa sociedade.

Por essas e outras características, tanto a ilustração quanto a reportagem são textos.

> **Texto** é todo enunciado que, em uma situação de interação, é produzido com uma intenção comunicativa, envolve interlocutores e emprega uma linguagem.

Todo texto se insere em um **discurso**. Para entender melhor esse conceito, leia esta piada.

> Mal a menina estacionou a bicicleta diante da Câmara dos Deputados e o segurança disse:
> – Tire a bicicleta daí porque os políticos vão passar.
> E ela responde:
> – Tudo bem, coloquei o cadeado!
>
> Domínio público.

Essa piada veicula a visão própria de um discurso bastante disseminado em nossa sociedade, que é crítico à classe política em geral. Assim como existe esse discurso, existe também o dos próprios políticos, o dos anarquistas, o dos conservadores etc.

> **Discurso** é o conjunto dos enunciados em que se percebe uma mesma visão de mundo – ou uma mesma ideologia. Vários discursos coexistem em uma sociedade. Por exemplo, há o discurso das pessoas críticas ao sistema político, o dos políticos que defendem suas crenças ou os interesses de determinados grupos ou empresas, o das minorias, o dos artistas, o religioso, e assim por diante.
>
> O discurso se concretiza por meio de textos.

TEXTO 2

1. Observe a referência bibliográfica no final do texto que você vai ler agora. Onde ele foi publicado originalmente?

2. Pelo título do texto e pela forma de organização dele, o que você espera ler?

3. O título indica o tema a ser tratado no texto? Se sim, qual é o tema?

www.correiobraziliense.com.br/app/noticia/escolhaaescola/2014/10/30/interna_escolhaescola,455245/em-entrevista-especialista-diz-que-tec

Em entrevista, especialista diz que tecnologia aproxima aluno e professor

Tablets, *notebooks*, redes sociais e *softwares* específicos para educação são, hoje, as principais formas de se aplicar as inovações tecnológicas em sala de aula

Postado em 30/10/2014 15:41 / atualizado em 30/10/2014 15:41

O uso da tecnologia em sala de aula é algo inevitável, e o Brasil deve investir em um suporte tecnológico para a pedagogia. Isso é o que mostrou a pesquisa Intel Global Innovation Barometer, realizada pela Intel, com 12 mil pessoas, em oito países. O estudo vai além e, segundo os brasileiros, 77% acreditam que escolas e professores devem se apoiar mais nessa área para melhorar o sistema educacional – o número é superior à média mundial, que foi de 69%. *Tablets*, *notebooks*, redes sociais e *softwares* específicos para educação são, hoje, as principais formas de se aplicarem as inovações tecnológicas em sala de aula. No entanto, a tendência é que isso evolua: de lousas digitais a trabalhos feitos apenas por videoconferência. Para entender um pouco mais sobre essa pesquisa, do uso da tecnologia em sala de aula e da relação com os alunos, o *Correio* entrevistou Edmilson Paoletti, gerente de Desenvolvimento de Negócios para Educação da Intel.

A tecnologia pode transformar a educação?

O brasileiro tende a ser mais aberto a novas tecnologias e acreditar nela como uma forma de evolução, assim como mostrou a pesquisa. Isso pode ser explicado pela rápida adesão da população a novas plataformas tecnológicas, como as redes sociais. E, por isso, acreditamos que aqui, sim, a educação pode ser transformada por meio da tecnologia, principalmente por alterar a forma como ocorre o processo de ensino e aprendizagem. [...]

O senso comum é que a tecnologia afasta as pessoas – basta olhar WhatsApp e redes sociais. No entanto, na pesquisa, 65% dos brasileiros acreditam que ela vai aproximar o professor do aluno. Como isso ocorre?

Um dos grandes benefícios do uso da tecnologia é o desenvolvimento do trabalho em equipe e da colaboração. E isso ocorre não só entre alunos, mas também entre eles, os professores e os pais. As pessoas tendem a pensar em um afastamento, mas só porque o contato é feito de forma virtual. No entanto, isso é mais uma forma de se comunicar, uma opção. De forma alguma invalida algo pessoal e direto que, com certeza, deve acontecer no ambiente da sala de aula e é insubstituível.

Quais são as soluções tecnológicas que podem ajudar os estudantes e as escolas?

Hoje, o foco está tanto no *hardware* quanto no *software*. Juntos, permitem o desenvolvimento de habilidades do século 21, que seriam: a colaboração, o trabalho em equipe, o pensamento crítico e a solução de problemas. Para isso, há programas voltados para a administração, que fazem a implementação e o gerenciamento do ambiente escolar, para comunicação entre os alunos, avaliação em sala, simulação de laboratório. Quanto ao *hardware*, as plataformas foram evoluindo; começou com os *notebooks* educacionais e recentemente começaram a surgir os *tablets*. Hoje, há uma divisão entre as implementações em sala de aula das pranchetas. Algumas instituições vão preferir equipamentos que sejam mais lúdicos, para séries do começo da escola. Em outras, faz

Hardware: conjunto dos componentes físicos de um computador: material eletrônico, placas, monitor, equipamentos periféricos etc.

Software: conjunto dos componentes lógicos de um computador; programas, sistemas operacionais.

Unidade 1 Texto, discurso e outros conceitos

sentido ter, por exemplo, um teclado físico, como no Ensino Médio, a fim de permitir a produção de conteúdo. Isso vai variar com a metodologia do lugar. [...] É importante dizer que a tecnologia na educação já migrou da simples inclusão digital para realmente começar a trabalhar o uso de *softwares* e de conteúdo, o que possibilita uma nova forma de ensino. Um exemplo são os *softwares* livres e a tendência forte de os livros migrarem de formato, do físico para o digital, mas não de forma textual, sendo, na verdade, um aplicativo.
[...]

Como o senhor imagina a sala de aula do futuro?

A visão que temos é de um uso **massivo** da tecnologia, por todos os alunos, não só dentro da sala de aula, mas também fora dela e com uma utilização colaborativa – com a ajuda de um *software* que permita a reunião entre eles para se trabalharem múltiplas disciplinas. Além disso, que permita uma comunicação constante por meio das redes sociais e com ferramentas que auxiliem no ensino personalizado. Aliás, vemos a participação cada vez maior de tecnologias de aprendizado adaptativo, no qual cada aluno aprende a seu passo. [...]

> **Massivo:** não contável, em grande quantidade, escala ou proporção.

Correio Braziliense, 30 out. 2014. Disponível em: <www.correiobraziliense.com.br/app/noticia/escolhaaescola/2014/10/30/interna_escolhaescola,455245/em-entrevista-especialista-diz-que-tecnologia-aproxima-aluno-e-professor.shtml>. Acesso em: 24 abr. 2018.

1. Os primeiros parágrafos da entrevista apresentam ao leitor do jornal a pesquisa Intel Global Innovation Barometer ("Barômetro Global de Inovação").

a) A maioria dos brasileiros entrevistados nessa pesquisa acredita que o uso da tecnologia na sala de aula pode melhorar o sistema educacional?

b) Conforme o texto, Edmilson Paoletti pode ajudar o leitor a entender essa pesquisa. Por que ele é habilitado a falar do assunto?

c) Qual é a função do primeiro parágrafo do texto?

2. De acordo com o entrevistado, por que a tecnologia pode transformar a educação?

3. Conforme Edmilson Paoletti, quais são as habilidades do século XXI e como a tecnologia pode ajudar os estudantes a desenvolvê-las?

O que é linguagem?

Você leu a entrevista concedida por um especialista em tecnologia a um jornal. Entrevistas são uma espécie de diálogo entre o entrevistador e o entrevistado, ainda que não sejam conversas espontâneas, e sim orientadas por um roteiro de perguntas preparado pelo entrevistador. Esse roteiro é fundamental para que se atinja o objetivo pretendido: obter informações sobre a vida do entrevistado, sobre a área em que é especialista ou sobre vivências e opiniões defendidas por ele, por exemplo.

> **AMPLIANDO O CONHECIMENTO**
>
> ### O que é signo linguístico?
>
> Signo linguístico é a unidade que une um significado a um som. Palavras são, portanto, signos linguísticos.
>
> Dizemos que os signos linguísticos são arbitrários, pois não há proximidade nem semelhança entre as coisas e as palavras que as nomeiam ou às quais elas remetem. Trata-se de uma convenção. Por exemplo, convencionou-se que certo móvel se chamaria **mesa**, e assim ele passou a ser chamado.

1. Para que a equipe do *Correio Braziliense* e Edmilson Paoletti pudessem dialogar, eles usaram a linguagem. Para você, o que é linguagem?

> A concepção de **linguagem** mudou ao longo do tempo. Hoje uma das noções mais difundidas – e que adotamos neste livro – é a de linguagem como forma ou processo de interação, realizada por meio de **signos linguísticos** e em determinado contexto comunicativo.

2. Você viu que a imagem da abertura da unidade foi produzida utilizando-se linguagem não verbal (imagens). Que tipo de linguagem é empregado na entrevista que você acabou de ler?

> Usamos a **linguagem** sempre que desejamos interagir com outras pessoas.
>
> Não existe interação comunicativa neutra, que não tenha uma finalidade. Mesmo um comentário sobre o tempo que se faz a um conhecido tem uma finalidade, que pode ser a de evitar o silêncio, mostrar-se cordial e educado, iniciar uma conversa etc.
>
> Ao fazer a leitura deste texto para compreender conceitos relacionados aos estudos linguísticos, você está **interagindo** com os autores do livro.
>
> Os participantes de um ato comunicativo, os quais interagem por meio da linguagem, são chamados de **interlocutores**. Continuando a comparação, você e as demais pessoas que lerem este livro serão interlocutores dos autores da obra.

3. Quem são os interlocutores envolvidos na entrevista concedida por Edmilson Paoletti?

4. Considere a tira dos Bichinhos de Jardim a seguir.

GOMES, Clara. Disponível em: <www.bichinhosdejardim.com/wp-content/uploads/2018/02/bdj-180201-web.jpg>. Acesso em: 20 mar. 2018.

a) O que os personagens estão fazendo no primeiro e no segundo quadrinhos?

b) Você concorda com a afirmação de que esses quadrinhos mostram situações de interação? Se concorda, com quem os personagens estão interagindo?

c) No último quadrinho, o caramujo diz: "Que bom que a gente se encontrou hoje, né?". O comentário desse personagem e a resposta dos demais confirma ou contradiz a fala do caramujo? Explique sua resposta.

d) Observe novamente a tira. Não há balão de fala nos dois primeiros quadrinhos, no entanto eles também são narrativos, contam algo ao leitor. Por meio de que recurso a história é narrada?

e) E no terceiro quadrinho, que recursos são usados?

PENSE SOBRE ISSO

Texto verbal, texto não verbal e texto multimodal

Os textos que circulam na sociedade são criados utilizando-se linguagens diversas.

- Quando um texto é constituído por palavras, diz-se que ele apresenta **linguagem verbal**.
- Quando é constituído por imagens – estáticas ou em movimento –, cores, sons, gestos, notas musicais, símbolos etc. –, diz-se que apresenta **linguagem não verbal**.
- Já os textos constituídos por linguagem verbal e não verbal são de **linguagem mista** e denominados **textos multimodais**.

tirinha Bichinhosdejardim, de Clara Gomes

1. A tira dos Bichinhos de Jardim exemplifica a linguagem verbal, a linguagem não verbal ou a linguagem mista? Justifique sua resposta.
2. Um tutorial em vídeo é um texto verbal, não verbal ou multimodal? Explique.

O que é língua?

Tanto a entrevista quanto a tira dos Bichinhos de Jardim empregam a **língua portuguesa**, e nós pudemos ler e compreender esses textos – com maior ou menor profundidade, conforme nossas habilidades como leitores –, porque somos falantes dessa língua. Compartilhamos com o repórter do *Correio Braziliense*, com o especialista Edmilson Paoletti e com Clara Gomes, autora da tirinha, conhecimentos sobre como construir as frases em português; conhecemos, como eles, a grafia da maioria das palavras; entendemos o sentido atribuído ao texto pela pontuação.

Apesar de sabermos o que significa, na prática, usar uma língua, definir **língua** não é simples, pois essa definição depende da linha teórica adotada. Nesta obra, adotamos a seguinte perspectiva:

Marcos Guilherme

> **Língua** é um sistema de palavras e regras partilhado por um grupo de pessoas e que possibilita a interação entre elas.

A finalidade do estudo da **língua portuguesa** feito na escola é permitir aos falantes dessa língua – que já a conhecem e a usam no dia a dia – tornarem-se aptos a empregá-la adequadamente em situações comunicativas diversas, até mesmo as mais formais e públicas. Quanto mais o usuário se torna consciente dos mecanismos que orientam e organizam a língua, mais ele se torna capaz de adequar sua linguagem às situações cotidianas.

15

AMPLIANDO O CONHECIMENTO

Esferas de circulação

Esferas de circulação são os campos de atuação humana. Assim, há a esfera cotidiana, a escolar, a jornalística, a publicitária, a científica, a artística etc.

Você vai ler agora uma sequência de cinco textos. À medida que os lê, observe as semelhanças e diferenças entre eles quanto à linguagem, à disposição no espaço do papel, à presença de título, subtítulo e imagem e a outros recursos gráficos. Levante hipóteses sobre eles. Por exemplo:

- Quem é o interlocutor a que cada texto se dirige?
- Qual é a finalidade de cada um em relação a seu interlocutor?
- Em que esfera cada um deles circula?

TEXTO 3

Prefeitura de Guarulhos

1. A quem o texto se dirige? Que palavras indicam isso?
2. Com que finalidade se informa o tempo que copos plásticos levam para se decompor?

TEXTO 4

Ismar Ingber/Pulsar Imagens

1. Explique a relação entre os elementos verbais e os não verbais nesse texto.
2. Em que locais você costuma ver placas como essa? O que elas informam?

TEXTO 5

Circuito fechado

Chinelos, vaso, descarga. Pia, sabonete. Água. Escova, creme dental, água, espuma, creme de barbear, pincel, espuma, gilete, água, cortina, sabonete, água fria, água quente, toalha. Creme para cabelo, pente. Cueca, camisa, abotoaduras, calça, meias, sapatos, gravata, paletó. Carteira, níqueis, documentos, caneta, chaves, lenço, relógio, maço de cigarros, caixa de fósforos. Jornal. Mesa, cadeiras, xícara e pires, prato, bule, talheres, guardanapo. Quadros. Pasta, carro. Cigarro, fósforo. Mesa e poltrona, cadeira, cinzeiro, papéis, telefone, agenda, copo com lápis, caneta, blocos de notas, espátula, pastas, caixa de entrada, de saída, vaso com plantas, quadros, papéis, cigarro, fósforo. Bandeja, xícara pequena. Cigarro e fósforo. Papéis, telefone, relatórios, cartas, notas, vales, cheques, memorandos, bilhetes, telefone, papéis. Relógio. Mesa, cavalete, cinzeiros, cadeiras, esboços de anúncios, fotos, cigarro, fósforo, bloco de papel, caneta, projetos de filmes, xícara, cartaz, lápis, cigarro, fósforo, quadro-negro, giz, papel. Mictório, pia, água. Táxi. Mesa, toalha, cadeiras, copos, pratos, talheres, garrafa, guardanapo, xícara. Maço de cigarros, caixa de fósforos. Escova de dentes, pasta, água. Mesa e poltrona, papéis, telefone, revista, copo de papel, cigarro, fósforo, telefone interno, externo, papéis, prova de anúncio, caneta e papel, relógio, papel, pasta, cigarro, fósforo, papel e caneta, telefone, caneta e papel, telefone, papéis, folheto, xícara, jornal, cigarro, fósforo, papel e caneta. Carro. Maço de cigarros, caixa de fósforos. Paletó, gravata. Poltrona, copo, revista. Quadros. Mesa, cadeiras, pratos, talheres, copos, guardanapos. Xícaras. Cigarro e fósforo. Poltrona, livro. Cigarro e fósforo. Televisor, poltrona. Cigarro e fósforo. Abotoaduras, camisa, sapatos, meias, calça, cueca, pijama, chinelos. Vaso, descarga, pia, água, escova, creme dental, espuma, água. Chinelos. Coberta, cama, travesseiro.

RAMOS, Ricardo. *Circuito fechado*. São Paulo: Biblioteca Azul, 2012.
CIRCUITO FECHADO (I) – In: Circuito fechado, de Ricardo Ramos, Biblioteca Nacional, São Paulo © by herdeiros de Ricardo Ramos.

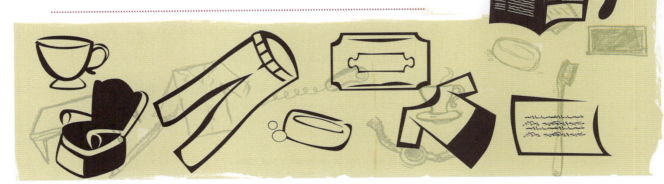

1. Que particularidade há na construção linguística das frases desse texto?

2. As palavras nesse texto não estão organizadas em uma sequência aleatória. Ao contrário, elas criam uma história. Que acontecimentos são narrados?

3. Com base no texto, explique o título "Circuito fechado".

TEXTO 6

Como ler muitos livros: dicas & mais dicas

Que tal **ler 50 livros por ano**? Pode parecer difícil, mas não é. Consulte a seguir algumas dicas que podem ajudar a "devorar" livros:

Aprenda a ler com velocidade

A leitura é muito importante. Por isso, desenvolver técnicas para melhorar e aumentar o seu ritmo de leitura é bem interessante. A leitura com velocidade foca nos trechos que interessam, sem perder tempo com passagens não tão importantes.

Tenha sempre um livro novo

Pode parecer óbvio, mas a melhor maneira de aumentar a quantidade de livros é ter sempre um livro novo para ler.

Leia um livro de cada vez

Seu cérebro só consegue absorver as informações quando está focado em apenas uma tarefa. Por isso, a dica é ler com atenção um livro de cada vez.

Defina uma meta de leitura por mês

Faça uma lista com as principais obras que gostaria de ler durante o próximo mês, e comece a ler. Imponha uma meta que deve ser atingida mensalmente. Isso vai auxiliar na sua rapidez.

Corte com as distrações

Quando escolher o livro, não perca tempo com distrações como televisão, internet e músicas. A partir do momento em que se comprometer a terminar de ler uma obra, certamente vai cumprir com essa meta.

Joca, 4 maio 2015. Disponível em: <https://jornaljoca.com.br/portal/como-ler-muitos-livros-dicas-mais-dicas>. Acesso em: 13 abr. 2018.

1. A que tipo de interlocutor você imagina que esse texto se destina?

2. O texto anuncia, no título, que dará dicas. Quantas dicas são dadas e por que, provavelmente, estão separadas por intertítulos?

3. Releia este trecho.

   <u>Defina</u> uma meta de leitura por mês

   <u>Faça</u> uma lista com as principais obras que gostaria de ler durante o próximo mês, e <u>comece</u> a ler. <u>Imponha</u> uma meta que deve ser atingida mensalmente. Isso vai auxiliar na sua rapidez.

   a) Em que modo estão conjugadas as formas verbais sublinhadas?

   b) Identifique no texto outros verbos conjugados nesse modo.

4. Para você, esse texto cumpre o objetivo a que se propôs? Explique.

TEXTO 7

www.cultura.al.gov.br/politicas-e-acoes/mapeamento-cultural/alagoanos-ilustres/marta-vieira-da-silva

Marta Vieira da Silva

Nasceu em Dois Riachos, no interior de Alagoas, no dia 19 de fevereiro de 1986. De família humilde, seu pai abandonou a casa, mulher e quatro filhos, quando Marta tinha um ano de idade.

Começou a jogar futebol no juvenil do Centro Esportivo Alagoano (CSA), em 1999. No ano seguinte foi contratada pelo Vasco da Gama, jogando no time profissional entre os anos de 2000 e 2002. Do Vasco foi para o Santa Cruz Futebol Clube de Minas Gerais, onde permaneceu até 2004. Em 2003 vestiu a Camisa da Seleção Brasileira nos jogos Pan-Americanos em Santo Domingo, onde a Seleção ganhou medalha de ouro. Em 2004 sua equipe foi medalha de prata nos Jogos Olímpicos de Atenas.

Ainda em 2004 assinou contrato com o UmeaIK da Suécia onde, nas duas primeiras temporadas, o time [foi] classificado em 2º lugar no Campeonato Suíço, sendo Marta o artilheiro com 22 gols.

A jogadora Marta comemora gol em partida disputada no Rio de Janeiro, RJ, em 2016.

Foi eleita pela FIFA cinco vezes consecutivas a melhor jogadora de futebol do mundo entre 2006 e 2010. Foi Bola de Ouro em 2004 e Bola de Ouro e Chuteira de Ouro em 2007.

Secretaria de Estado da Cultura de Alagoas. Disponível em: <www.cultura.al.gov.br/politicas-e-acoes/mapeamento-cultural/alagoanos-ilustres/marta-vieira-da-silva>. Acesso em: 24 abr. 2018.

1. Com que finalidade o texto acima foi escrito?

2. Em que esferas circulam textos como esse?

3. Volte aos textos 3 a 7. Indique o número do texto que corresponde a cada um destes objetivos comunicativos.

a) Argumentar para convencer o leitor a aderir a uma ideia.

b) Expor informações.

c) Narrar ações de um personagem, ocorridas em um espaço e um tempo.

d) Instruir o leitor sobre como fazer algo.

e) Relatar fatos, vivências reais, ocorridas em um espaço e um tempo.

O que são tipologias textuais?

Ao ler o **Texto 6**, você notou que as formas verbais no modo imperativo e a própria organização do conteúdo ao longo do texto indicam que são dadas orientações ao leitor. Quando, em um texto, empregam-se palavras, expressões e construções organizadas de modo a exprimir instrução ao leitor a respeito de algo – como acontece com as receitas, os manuais de instruções e os tutoriais, por exemplo –, dizemos que ele é um texto instrucional e que emprega a tipologia injuntiva ou instrucional.

Tipologias são formas de organização das frases e de encadeamento entre elas que revelam se o texto é injuntivo (ou instrucional), argumentativo, narrativo, descritivo ou expositivo.

O texto injuntivo é o que dá instruções; o argumentativo contém argumentos em defesa de um ponto de vista; o narrativo registra ações de personagens ocorridas em um tempo e um lugar; o descritivo é aquele que apresenta detalhes dos personagens, pessoas, objetos, paisagens etc.; o expositivo traz informações e dados sem incluir a opinião do autor.

É comum um texto não ter apenas uma tipologia. Por exemplo, nos contos predomina a tipologia narrativa, mas pode haver trechos com descrições de personagens ou paisagens.

E o que são gêneros do discurso?

Você acabou de ler e analisar diferentes textos. É provável que, ao observar o tema de cada um, a linguagem que usam, o leitor a quem se dirigem, a presença ou ausência de título, subtítulo, imagem e outros recursos gráficos, você tenha percebido o que estava lendo: se era um anúncio, um conto ou uma placa, por exemplo.

Esse conhecimento que temos dos textos – até mesmo antes de lê-los – acontece porque já sabemos qual conteúdo, linguagem, intenção comunicativa e forma de veiculação são próprios de cada tipo de enunciado. E, a cada vez que interagimos com alguém pela linguagem, nós usamos esses enunciados, os chamados gêneros do discurso.

Roupas podem funcionar como suportes textuais.

> **Gêneros do discurso** são os enunciados que empregamos nas situações de interação e que são relativamente estáveis quanto à forma, ao tipo de conteúdo e de linguagem.
>
> A escolha do gênero a ser usado em cada situação depende de critérios como a finalidade da interação, o conteúdo, o interlocutor a quem nos dirigimos, nossa relação com ele e nossa visão de mundo. Exemplos de gênero do discurso: crônica, conto, romance, mensagens instantâneas, *tweet*, bate-papo por telefone, discurso de formatura, seminário, enquete, redação escolar, história em quadrinhos, notícia, reportagem, entrevista e muitos outros.
>
> Para serem divulgados e chegarem a seu interlocutor, os gêneros necessitam ser fixados ou materializados em lugares físicos ou virtuais, os **suportes**. Por exemplo, o livro é um suporte que pode conter o gênero romance, o gênero biografia, o gênero poema. Outros exemplos de suporte: revista, rádio, televisão, telefone, embalagem, roupas, muros, *sites* etc.

1. Com base em seus conhecimentos como leitor e produtor de textos de gêneros diversos, indique o gênero a que pertencem os textos 3 a 7, lidos anteriormente.

> ### PENSE SOBRE ISSO
>
> #### Gênero ou suporte?
>
> Alguns suportes confundem-se com gêneros, e mesmo os linguistas ora os classificam como suporte, ora como gêneros. Você certamente já viu *outdoors*: o *outdoor* é um gênero ou um suporte?

Amor *I love you*

Deixa eu dizer que te amo
Deixa eu pensar em você
Isso me acalma, me acolhe a alma
Isso me ajuda a viver

Hoje contei pras paredes
Coisas do meu coração
Passei no tempo
Caminhei nas horas
Mais do que passo a paixão
É um espelho sem razão
Quer amor, fique aqui

Meu peito agora dispara
Vivo em constante alegria
É o amor que está aqui

Amor, *I love you*
Amor, *I love you*
Amor, *I love you*
Amor, *I love you*

Trecho de *O Primo Basílio*, de Eça de Queiroz, publicado em 1878. [...] Tinha suspirado, tinha beijado o papel devotamente! Era a primeira vez que lhe escreviam aquelas sentimentalidades, e o seu orgulho dilatava-se ao calor amoroso que saía delas, como um corpo ressequido que se estira num banho tépido; sentia um acréscimo de estima por si mesma, e parecia-lhe que entrava enfim numa existência superiormente interessante, onde cada hora tinha o seu encanto diferente, cada passo conduzia a um êxtase, e a alma se cobria de um luxo radioso de sensações!

MONTE, Marisa; BROWN, Carlinhos. Amor *I love you*.
In: MONTE, Marisa. *Memórias, crônicas e declarações*.
Phonomotor Records/EMI, 1999. Faixa 1.

---

1. Qual das alternativas abaixo indica o assunto dessa letra de canção?
   a) Amor.
   b) Declaração de amor.
   c) Amor contrariado.

2. Qual é o tema?
   a) Amor.
   b) Declaração de amor.
   c) Amor contrariado.

> ### AMPLIANDO O CONHECIMENTO
>
> **Tema e assunto**
>
> O assunto de um texto remete a algo mais amplo, genérico. A delimitação do assunto gera o tema. Por exemplo, a cidadania é um assunto presente em diversos discursos que circulam no Brasil atual. Dentro desse assunto, porém, é possível tratar de diversos temas, como a importância do voto, o combate à injustiça social, o combate à corrupção, os direitos humanos etc.

As relações entre textos

1. Na letra de "Amor *I love you*", uma estrofe foi tirada do romance *O primo Basílio*, do escritor português Eça de Queiróz (1845-1900). Leia a seguir uma parte do capítulo 6 desse romance e identifique nele o trecho citado na canção de Marisa Monte e Carlinhos Brown.

> Enfim, mais tarde, sentindo o cuco dar horas, decidiu-se a ir dizer a Luísa, com uma voz meiga:
>
> — São dez e meia, minha senhora!
>
> Luísa, na cama, tinha lido, relido o bilhete de Basílio: Não pudera — escrevia ele — estar mais tempo sem lhe dizer que a adorava. Mal dormira! Se de manhã muito cedo para lhe jurar que estava louco, e que punha a sua vida aos pés dela. Compusera aquela prosa na véspera, no Grêmio, às três horas, depois de alguns **rubbers** de **uíste**, um bife, dois copos de cerveja e uma leitura preguiçosa da **ilustração**. E terminava, exclamando: — "Que outros desejem a fortuna, a glória as honras, eu desejo-te a ti! Só a ti, minha pomba, porque tu és o único laço que me prende à vida, e se amanhã perdesse o teu amor, juro-te que punha um termo, com uma boa bala, a esta existência inútil!" — Pedira mais cerveja, e levara a carta para a fechar em casa, num envelope com o seu monograma, porque sempre fazia mais efeito.
>
> E Luísa tinha suspirado, tinha beijado o papel devotamente! Era a primeira vez que lhe escreviam aquelas sentimentalidades, e o seu orgulho dilatava-se ao calor amoroso que saía delas, como um corpo ressequido que se estira num banho tépido; sentia um acréscimo de estima por si mesma, e parecia-lhe que entrava enfim numa existência superiormente interessante, onde cada hora tinha o seu encanto diferente, cada passo conduzia a um êxtase, e a alma se cobria de um luxo radioso de sensações!
>
> Ergueu-se de um salto, passou rapidamente um roupão, veio levantar os transparentes da janela... Que linda manhã! Era um daqueles dias do fim de agosto em que o **estio** faz uma pausa; há prematuramente, no calor e na luz, uma tranquilidade outonal; o sol cai largo, resplandecente, mas pousa de leve, o ar não tem o embaciado **canicular**, e o azul muito alto reluz com uma nitidez lavada; respira-se mais livremente; e já não se vê na gente que passa o abatimento mole da calma enfraquecedora. Veio-lhe uma alegria: sentia-se ligeira, tinha dormido a noite de um sono são, contínuo, e todas as agitações, as impaciências dos dias passados pareciam ter-se dissipado naquele repouso.
>
> Foi-se ver ao espelho; achou a pele mais clara, mais fresca, e um enternecimento úmido no olhar — seria verdade então o que dizia Leopoldina, que não havia como uma maldadezinha para fazer a gente bonita?
>
> Tinha um amante, ela!

QUEIRÓS, Eça de. *O primo Basílio*. São Paulo: Ática, 1994. p. 133-134.

Canicular: relativo à canícula (calor muito forte).
Estio: verão.
Ilustração: publicação que contém estampas, gravuras, desenhos.
Rubber: série de três partidas para definir o vencedor; melhor de três.
Uíste: jogo disputado com baralho de 52 cartas.

> A letra de "Amor *I love you*", ao incorporar um trecho de um romance, exemplifica a **intertextualidade**, que é uma espécie de diálogo estabelecido entre diferentes textos.

2. Qual é a relação entre as primeiras estrofes de "Amor *I love you*" e a estrofe que reproduz um trecho de *O primo Basílio*?

AMPLIANDO O CONHECIMENTO

Retrato da vida burguesa no século XIX

O romance *O primo Basílio*, de Eça de Queiróz, de 1878, faz uma crítica aos costumes da família burguesa de Lisboa da época. A trama gira em torno de Luísa, casada com o engenheiro Jorge. Durante uma viagem de trabalho do marido, Luísa recebe a visita de seu primo e antiga paixão, Basílio. Os dois se envolvem e acabam flagrados por Juliana, a criada de Luísa, que passa a chantagear a patroa. Jorge retorna e descobre a traição da esposa. Escancara-se, então, o frágil equilíbrio do estilo de vida pequeno-burguês.

Companhia das Letras/Penguin Companhia

3. A reprodução, na letra da canção, de um trecho de um romance criou que efeito de sentido? Valorizou a letra da canção? Alterou o sentido das primeiras estrofes? Reforçou o sentido delas?

4. Esse efeito se produz também para quem não conhece o romance *O primo Basílio* e não percebe a intertextualidade? Explique.

> A **intertextualidade** se dá quando um texto remete a outro texto (ou a um trecho de outro texto), necessariamente mais antigo, com o qual estabelece algum tipo de relação.
>
> O texto que é inserido em outro chama-se intertexto. Ele pode reforçar o sentido do que foi dito no texto retomado, pode contestar o discurso manifestado no texto anterior, pode ser usado para criar humor e ironia, entre outros sentidos.

As relações entre gêneros

1. Observe as imagens abaixo.

VERMEER, Johannes. *Moça com brinco de pérola*, 1665. Óleo sobre tela, 44,5 cm × 39 cm.

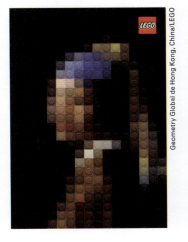

a) A imagem à esquerda é uma pintura. Você a conhecia? Dê sua opinião sobre ela.
b) Identifique, na legenda ao lado da pintura, as seguintes informações: nome do pintor, título da obra, data em que foi realizada e técnica usada.
c) Agora observe a imagem à direita. O que ela tem em comum com a pintura de Vermeer?
d) A que gênero essa imagem pertence? Que elemento permite dar essa resposta?

> Quando um texto pertencente a certo gênero se utiliza das características estruturais, de conteúdo ou de linguagem de outro gênero, dizemos que há entre eles uma relação de **intertextualidade genérica** ou **intergenericidade**.
>
> A intertextualidade genérica é comum na publicidade e na literatura. Ela pode ocorrer, por exemplo, em um anúncio que tem a estrutura e a linguagem de uma carta, ou em um poema escrito como uma receita.

2. Explique a relação de intergenericidade estabelecida entre a obra de Vermeer e o anúncio.

3. Pesquise em *sites*, revistas e jornais mais exemplos de intertextualidade genérica e compartilhe-os com os colegas. Não deixe de mencionar a fonte dos dados pesquisados.

Agrupando os gêneros

Os gêneros do discurso podem ser agrupados com base na tipologia textual predominante neles e em seu objetivo principal. Para entender melhor essa relação, observe no quadro abaixo os textos estudados nesta unidade.

Tipologia textual O objetivo principal do texto é...	Gênero do discurso	Texto
"POETAR", criar um texto poético.	Letra de canção (Texto 8)	"Amor *I love you*", de Marisa Monte e Carlinhos Brown
NARRAR uma história, contar ações de um ou mais personagens (texto de ficção).	Conto (Texto 5)	"Circuito fechado", de Ricardo Ramos
RELATAR um fato ou vivências reais, ocorridas em determinado espaço e tempo.	Reportagem (Texto 1) Biografia (Texto 7)	"Programação é o inglês do século XXI", de Ocimara Balmant Biografia de Marta Vieira da Silva

Unidade 1 Texto, discurso e outros conceitos

Tipologia textual O objetivo principal do texto é...	Gênero do discurso	Texto
INSTRUIR o leitor, orientar sobre como fazer algo.	Dicas (Texto 6) _____ _____ _____	"Como ler muitos livros: dicas & mais dicas", jornal *Joca* _____ _____ _____
ARGUMENTAR sobre um assunto, defender uma opinião.	Entrevista (Texto 2) Anúncio (Texto 3)	"Em entrevista, especialista diz que tecnologia aproxima aluno e professor", *Correio Braziliense* "Adote uma caneca"
EXPOR, transmitir conhecimentos.	Placa de sinalização (Texto 4)	"Ponte da Saudade..."

Nas próximas unidades deste livro, você vai ler textos que pertencem a diferentes gêneros do discurso. À medida que completar o estudo de cada um deles, você vai indicá-los no quadro destas páginas seguindo o mesmo critério empregado para os textos desta unidade. Ao final, quando o quadro estiver completo, você poderá perceber com clareza a relação entre os gêneros que circulam socialmente.

Língua e linguagem

Coesão e coerência

Você acabou de conhecer alguns conceitos importantes e viu que a interação pela linguagem verbal se realiza por meio de textos, sejam eles orais, sejam escritos.

Mas, para que haja efetiva interação entre os envolvidos na situação comunicativa, um texto precisa ter propriedades que possibilitem ao leitor/ouvinte a construção dos sentidos pretendidos pelo produtor/autor.

Por isso, ao produzi-lo, o produtor/autor deve atender a certos critérios. É necessário, por exemplo, atentar para:

- o sentido geral do texto;
- a relação de sentido entre um parágrafo e outro;
- a relação de sentido entre os parágrafos e o título;
- a maneira como diferentes ideias se articulam ao longo do texto;
- a manutenção do tema ao longo de todo o texto, ainda que vários aspectos dele sejam apresentados.

Responda às questões a seguir para refletir sobre formas de articular as partes de um texto e de deixar claros seus sentidos.

1. Observe os quadrinhos abaixo.

LAERTE. *Folha de S.Paulo*, 12 mar. 2018. Disponível em: <www1.folha.uol.com.br/ilustrada/cartum/cartunsdiarios/#12/3/2018>. Acesso em: 15 mar. 2018.

a) Indique as afirmações que contêm leituras possíveis dos quadrinhos.

- O professor é representado pelo telefone celular.
- O professor não tem controle sobre o comportamento dos alunos.
- Somente uma aluna usa um livro como objeto para aprendizagem.
- O elemento visual que articula o tema geral dos quadrinhos é o telefone.
- O telefone celular representa o professor e o telefone fixo, o diretor da escola.
- O professor repreendeu a garota com palavras agressivas.
- A aluna foi repreendida por usar um livro em vez de um celular.
- Telefone celular e telefone fixo representam as autoridades no ambiente escolar.

b) A forma como o diretor foi representado leva o leitor a construir que imagem dele?

c) Que efeito de sentido a repetição da imagem do telefone celular promove nesses quadrinhos?

d) No contexto desses quadrinhos, pode-se dizer que o celular é usado para controlar os alunos e mantê-los passivos? Opine e justifique.

2. Agora leia o poema de Carlos Drummond de Andrade.

Quadrilha

João amava Teresa que amava Raimundo
que amava Maria que amava Joaquim que amava Lili
que não amava ninguém.
João foi para os Estados Unidos, Teresa para o convento,
Raimundo morreu de desastre, Maria ficou para tia,
Joaquim suicidou-se e Lili casou com J. Pinto Fernandes
que não tinha entrado na história.

ANDRADE, Carlos Drummond de. QUADRILHA - In: *Alguma Poesia*, de Carlos Drumond de Andrade, Editora Record, Rio de Janeiro; Carlos Drummond de Andrade © Graña Drummond www.carlosdrummond.com.br

Qual é a relação entre o título e o poema?

3. Releia os versos a seguir observando as palavras destacadas.
I. "João amava Teresa **que** amava Raimundo"
II. "Joaquim suicidou-se **e** Lili casou com J. Pinto Fernandes"
Identifique a alternativa correta.
a) As duas palavras destacadas são conjunções.
b) O **que** é pronome relativo e o **e** é conjunção.
c) As duas palavras destacadas são pronomes relativos.

4. No poema de Drummond compare o sentido estabelecido pelo **que** no verso I com o sentido que o **e** estabelece no verso II. Qual dessas palavras retoma um termo já mencionado e introduz uma informação sobre ele e qual conecta informações adicionando uma a outra?

5. Identifique no poema outras ocorrências do **que** com o mesmo uso que você apontou na atividade anterior.

6. Você pôde perceber que os elementos de ligação têm uma função importante nesse poema. Comente o efeito que eles promovem no sentido geral do texto.

> Quando um texto se mantém dentro do assunto que se propõe a tratar, ao longo de todos os parágrafos, porém apresentando em cada parágrafo um aspecto desse assunto e desenvolvendo-o de forma lógica, dizemos que esse texto é **coerente**.
>
> Uma das formas de obter coerência – ou unidade temática –, é usar recursos de **coesão**, como retomar ou substituir termos já referidos, empregar conectivos que liguem frases e parágrafos estabelecendo uma relação entre eles etc.

7. Leia a seguir o título de uma matéria publicada na versão *on-line* de uma revista de circulação nacional. Observe que esse título é representado pela pergunta de uma mãe.

Meu filho adolescente é solitário e sai pouco. Isso é normal?

Veja/Abril Comunicações S.A., 8 mar. 2018. Disponível em: <https://veja.abril.com.br/tveja/familia/meu-filho-adolescente-e-solitario-e-sai-pouco-isso-e-normal/>. Acesso em: 20 mar. 2018.

27

a) Na primeira frase, a mãe declara seu problema. Que palavra na segunda frase resume tudo o que foi dito anteriormente?

b) Leia um trecho da resposta que a psicóloga consultada pela reportagem deu à questão.

> A psicóloga responde que não existe uma cartilha que aponte o que é normal. "É um **comportamento** muito frequente entre garotos dessa idade. Mas o contrário também é frequente: pais reclamando que filhos de 17 anos saem muito", explica.
>
> Rosely tranquiliza a mãe dizendo que jogos *on-line* são interessantes e promovem o trabalho em grupo, mas aconselha que os pais não deixem os adolescentes presos muito tempo numa coisa só. "**Nessa idade, eles** precisam descobrir o mundo", completa.
>
> É importante também atentar para o fato de que, apesar de promoverem contato, a interação virtual não substitui o contato pessoal. "No mundo virtual é possível evitar conflitos, mas é preciso enfrentá-los. É preciso aprender a negociar e **isso** só se faz no mundo real", diz Rosely.
>
> *Veja*/Abril Comunicações S.A., 8 mar. 2018. Disponível em: <https://veja.abril.com.br/tveja/familia/meu-filho-adolescente-e-solitario-e-sai-pouco-isso-e-normal/>. Acesso em: 24 abr. 2018.

Os termos em destaque retomam ideias citadas anteriormente no texto, inclusive no título. Quais são elas?

c) Releia o segundo parágrafo. Quem é Rosely? Identifique o trecho do texto que permite ao leitor saber de quem se trata.

d) Qual é a função, nesse texto, da retomada feita pelos termos destacados?

8. Agora leia a tirinha.

ITURRUSGARAI, Adão. *Folha de S.Paulo*, 1 ago. 2017. Disponível em: <www1.folha.uol.com.br/ilustrada/cartum/cartunsdiarios/#1/8/2017>. Acesso em: 15 mar. 2018.

a) Como se estabelece a coesão entre cada parte da tirinha, isto é, o que nos permite perceber que os quatro personagens são parte da mesma história?

b) Em que parte da tira se cria o humor e por quê?

9. Leia o poema de José Paulo Paes.

Apocalipse

o dia em que cada

habitante da China

tiver seu volkswagen

PAES, José Paulo. *Socráticas*. São Paulo: Companhia das Letras, 2001. p. 23.

a) Comente a relação de sentido entre o título e o conteúdo dos versos.

b) Converse com os colegas sobre o sentido do poema: Como ele nos faz pensar sobre a incoerência de alguns de nossos desejos?

10. Leia o texto a seguir.

Violência inibe futebol

O que era para ser um evento esportivo de alto nível, colocando em lados opostos os protagonistas do maior clássico do futebol catarinense, reviveu momentos de conflito que pareciam ter sido varridos da rotina desse confronto. Tudo começou com declarações de atletas durante a semana em tom provocativo, o que poderia ser tomado como um componente de saudável rivalidade, mas que também tende – dependendo do foco dado pelos atores do espetáculo – a descambar para a polêmica e para as agressões verbais. Foi a partir daí que o jogo entre Figueirense e Avaí, pelo campeonato estadual, acabou chamando mais a atenção pelas brigas dentro e fora de campo do que pelo futebol apresentado.

Já antes da partida torcedores do time visitante se envolveram em atrito com a polícia. Foram pedras e garrafas atiradas que poderiam ferir pessoas inocentes que queriam apenas torcer e se divertir. De sua parte, os policiais extrapolaram de sua tarefa e feriram quem nada tinha a ver com a confusão, atirando balas de borracha a esmo, de forma precipitada e aleatória. Para piorar, dentro das quatro linhas houve agressões, jogadas ríspidas e expulsões – inclusive dos dois treinadores – que prejudicaram substancialmente o aspecto técnico da partida.

O resultado [...] (o empate) não ajudou a nenhum dos contendores, mas o **pior** saldo foi fora do campo esportivo, do futebol propriamente dito. A partir do apito final do árbitro, passaram a ser mais comentadas as **agressões** entre **adversários** do que a performance técnica e a situação de cada clube na tabela do campeonato. Já é hora de o "esporte das multidões" voltar a ser um pretexto para o congraçamento entre as pessoas em vez de um **subterfúgio** para justificar a **violência** e a **intolerância** contra quem torce pelo time **rival**.

Notícias do Dia, 12 mar. 2018.

a) O título apresenta o tema a ser desenvolvido no texto. Identifique os parágrafos que contêm:

I. relato de violência no futebol. II. efeito da violência.

b) Comente a proximidade de sentido entre as palavras destacadas no último parágrafo e a relação de sentido que elas estabelecem com o título.

c) O título indica uma crítica à violência no futebol. Você acha que a crítica foi construída de maneira progressiva e coerente?

A análise dos textos evidenciou as estratégias usadas pelos autores para manter neles a unidade semântica e a progressão temática.

> A **coerência** refere-se à semântica do texto, à unidade de sentido que o texto contém e que permitirá ao interlocutor compreendê-lo e interpretá-lo.

11. Observe a tira e converse com os colegas sobre como a intertextualidade contribui para o leitor perceber a coerência entre os elementos verbais e visuais empregados nela.

LANGONA, Fabiane. *Folha de S.Paulo*, 11 mar. 2018. Disponível em: <www1.folha.uol.com.br/ilustrada/cartum/cartunsdiarios/#11/3/2018>. Acesso em: 15 mar. 2018.

Enem e vestibulares

1. Enem

TEXTO I

Seis estados zeram fila de espera para transplante da córnea

Seis estados brasileiros aproveitaram o aumento no número de doadores e de transplantes feitos no primeiro semestre de 2012 no país e entraram para uma lista privilegiada: a de não ter mais pacientes esperando por uma córnea.

Até julho desse ano, Acre, Distrito Federal, Espírito Santo, Paraná, Rio Grande do Norte e São Paulo eliminaram a lista de espera no transplante de córneas, de acordo com balanço divulgado pelo Ministério da Saúde, no Dia Nacional de Doação de Órgãos e Tecidos. Em 2011, só São Paulo e Rio Grande do Norte conseguiram zerar essa fila.

TEXTO II

Disponível em: http://noticias.uol.com.br.
Acesso em: 11 ago. 2013 (adaptado).

A notícia e o cartaz abordam a questão da doação de órgãos. Ao relacionar os dois textos, observa-se que o cartaz é:

a) contraditório, pois a notícia informa que o país superou a necessidade de doação de órgãos.

b) complementar, pois a notícia diz que a doação de órgãos cresceu e o cartaz solicita doações.

c) redundante, pois a notícia e o cartaz têm a intenção de influenciar as pessoas a doarem seus órgãos.

d) indispensável, pois a notícia fica incompleta sem o cartaz, que apela para a sensibilidade das pessoas.

e) discordante, pois ambos os textos apresentam posições distintas sobre a necessidade de doação de órgãos.

2. Unicamp-SP

A publicidade acima foi divulgada no *site* da agência FAMIGLIA no dia 24 de janeiro de 2007, véspera do aniversário de São Paulo, no período em que foi proposta a campanha "Cidade Limpa". Na base da foto, em letras bem pequenas, está escrito: *Tomara, mas tomara mesmo, que nos próximos aniversários o paulistano comemore uma cidade nova de verdade.*

Considerando os sentidos produzidos por esse anúncio, é correto afirmar:

a) As duas perguntas e as duas respostas que configuram o texto do *outdoor* na publicidade acima pressupõem que os paulistanos estão discutindo o número de *outdoors* e também o abandono de muitos dos moradores da cidade.

b) O texto escrito em letras pequenas tem a função de exortar os paulistanos a refletir sobre as próximas eleições e sobre como fazer para que seja estabelecido um conjunto de prioridades socialmente relevantes para toda a sociedade.

c) A publicidade pretende levar os leitores a perceber que as prioridades estabelecidas pela gestão municipal da cidade não permitem que os paulistanos enxerguem os verdadeiros problemas que estão nas ruas de São Paulo.

d) A publicidade, composta de texto verbal e imagem, tem como objetivo principal encampar o projeto "Cidade Limpa" elaborado pela gestão municipal e também propor a discussão de outras prioridades para a cidade.

3. **UEL-PR**

O gordo é o novo fumante

Nunca houve tanta gente acima do peso – nem tanto preconceito contra gordos.

De um lado, o que há por trás é uma positiva discussão sobre saúde. Por outro, algo de podre: o nascimento de uma nova eugenia.

(Adaptado de: *Super Interessante*. Editora Abril. 306. ed. jul. 2012. p. 21.)

Em relação ao texto, considere as afirmativas a seguir:

I. O código não verbal, principalmente no que se refere ao segundo desenho, revela o discurso preconceituoso e, consequentemente, um aspecto ideológico.

II. O sentido de proibição é captado por meio da intertextualidade estabelecida entre os códigos não verbais, a qual, por sua vez, revela aspectos ligados ao gênero do humor.

III. O conteúdo expresso na placa revela que, futuramente, indivíduos obesos sofrerão ainda mais discriminação social.

IV. O efeito de sentido expresso pelo conteúdo não verbal serve para reforçar o caráter polissêmico da placa.

Assinale a alternativa correta:

a) Somente as afirmativas I e II são corretas.

b) Somente as afirmativas I e IV são corretas.

c) Somente as afirmativas III e IV são corretas.

d) Somente as afirmativas I, II e III são corretas.

e) Somente as afirmativas II, III e IV são corretas.

4. **UERJ-RJ**

Ideologia

Meu partido
É um coração partido
E as ilusões estão todas perdidas
Os meus sonhos foram todos vendidos
5 Tão barato que eu nem acredito
Eu nem acredito
Que aquele garoto que ia mudar o mundo
(Mudar o mundo)
Frequenta agora as festas do "Grand Monde"

10 Meus heróis morreram de overdose
Meus inimigos estão no poder
Ideologia
Eu quero uma pra viver
Ideologia
Eu quero uma pra viver

O meu prazer
Agora é risco de vida
Meu sex and drugs não tem nenhum rock 'n' roll
Eu vou pagar a conta do analista
20 Pra nunca mais ter que saber quem eu sou
Pois aquele garoto que ia mudar o mundo
(Mudar o mundo)
Agora assiste a tudo em cima do muro

Meus heróis morreram de overdose
25 Meus inimigos estão no poder
Ideologia
Eu quero uma pra viver
Ideologia
Eu quero uma pra viver

Cazuza e Roberto Frejat – 1988
www.cazuza.com.br

E as ilusões estão todas perdidas (v. 3)

Este verso pode ser lido como uma alusão a um livro intitulado *Ilusões perdidas*, de Honoré de Balzac. Tal procedimento constitui o que se chama de:

a) metáfora

b) pertinência

c) pressuposição

d) intertextualidade

UNIDADE 2

SER JOVEM

Roda de conversa

Observe, ao lado, a obra *Totem*, criação da dupla estadunidense JBAK.

1. Descreva o que vê.

2. Que sensações e impressões essa imagem lhe desperta?

3. Retome o tema da unidade. Que relações podem ser estabelecidas entre o tema da unidade e o que está representado no mural?

4. O título da unidade é "Ser jovem". O que significa ser jovem nos dias atuais?

Mural *Totem*, produzido em 2014 na lateral de um prédio na cidade de Berlim (Alemanha), da dupla de artistas estadunidenses JBAK (James Bullough e Karl Addison).

Mural in Berlin by James Bullough and Karl Addison. Photo: Boris Niehaus

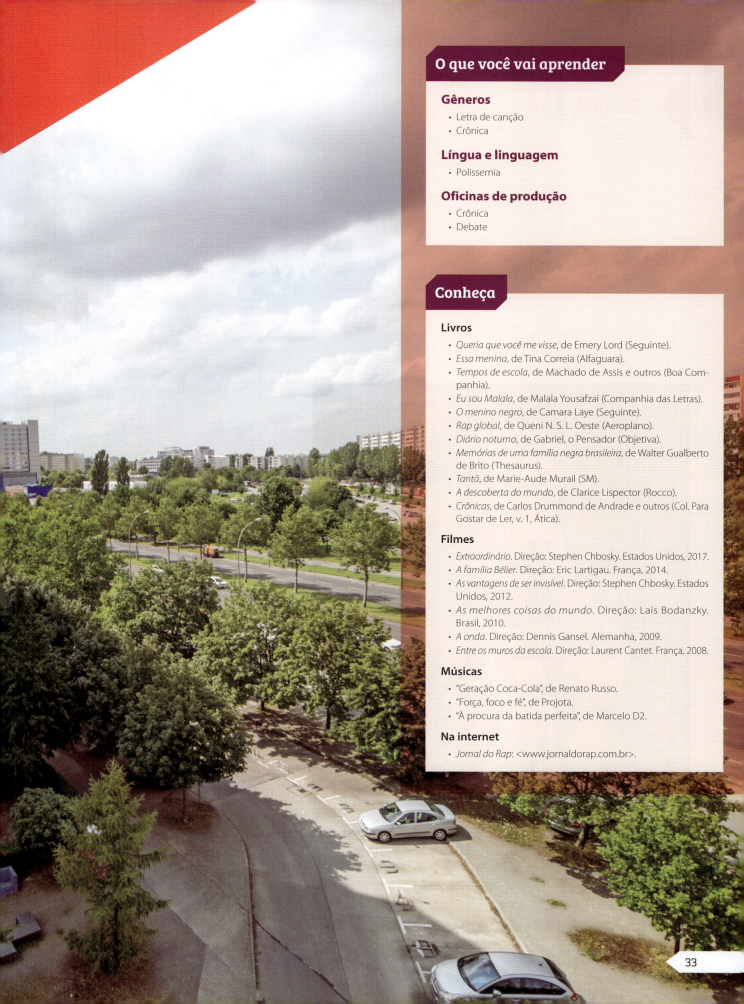

O que você vai aprender

Gêneros
- Letra de canção
- Crônica

Língua e linguagem
- Polissemia

Oficinas de produção
- Crônica
- Debate

Conheça

Livros
- *Queria que você me visse*, de Emery Lord (Seguinte).
- *Essa menina*, de Tina Correia (Alfaguara).
- *Tempos de escola*, de Machado de Assis e outros (Boa Companhia).
- *Eu sou Malala*, de Malala Yousafzai (Companhia das Letras).
- *O menino negro*, de Camara Laye (Seguinte).
- *Rap global*, de Queni N. S. L. Oeste (Aeroplano).
- *Diário noturno*, de Gabriel, o Pensador (Objetiva).
- *Memórias de uma família negra brasileira*, de Walter Gualberto de Brito (Thesaurus).
- *Tantã*, de Marie-Aude Murail (SM).
- *A descoberta do mundo*, de Clarice Lispector (Rocco).
- *Crônicas*, de Carlos Drummond de Andrade e outros (Col. Para Gostar de Ler, v. 1, Ática).

Filmes
- *Extraordinário*. Direção: Stephen Chbosky. Estados Unidos, 2017.
- *A família Bélier*. Direção: Eric Lartigau. França, 2014.
- *As vantagens de ser invisível*. Direção: Stephen Chbosky. Estados Unidos, 2012.
- *As melhores coisas do mundo*. Direção: Laís Bodanzky. Brasil, 2010.
- *A onda*. Direção: Dennis Gansel. Alemanha, 2009.
- *Entre os muros da escola*. Direção: Laurent Cantet. França, 2008.

Músicas
- "Geração Coca-Cola", de Renato Russo.
- "Força, foco e fé", de Projota.
- "À procura da batida perfeita", de Marcelo D2.

Na internet
- *Jornal do Rap*: <www.jornaldorap.com.br>.

33

TEXTO 1

1. Antes de ler o texto a seguir, observe como ele se organiza no espaço das páginas, leia o título e o nome do autor. A qual gênero você supõe que o texto pertence?

2. As palavras que compõem o título estão em que língua?

3. Tendo como base os primeiros versos, qual é, provavelmente, o tema do texto?

....

Loadeando (*rude boy*)

Stephan: "E aí pai, blz?"

Marcelo: "Blz, filho. E tu? Tudo certo?"

Stephan: "Certo. E você? À procura da batida perfeita?"

Marcelo: "Sempre, rapaz. E aí? Como é que tá o colégio?"

Stephan: "Ah! O colégio tá bem! Eu que... você sabe como é que é, né?"

Round one...

Marcelo: O jogo começou, aperta o *Start*, na vida você ganha, cê perde, meu filho. Faz parte.

Stephan: Ih! É ruim, eu não gosto de perder. Nem me lembro há quanto tempo que eu não perco pra você.

Marcelo: Han. Calma, filho, você ainda tem que crescer. O jogo apenas começou e você tem muito pra aprender.

Stephan: É! Eu sei. Eu tava só zoando. Você que loadeou e eu tô jogando.

Marcelo: Eu me desenvolvo e evoluo com meu filho.

Stephan: Eu me desenvolvo e evoluo com meu pai.

Round two...

Stephan: Se o papo for futebol?

Marcelo: Ah! Isso é comigo.

Stephan: E se o assunto é Playstation?

Marcelo: Tudo bem, contigo. A evolução aqui é de pai pra filho. A família é Peixoto e representa o Rio.

Marcelo D2 em espetáculo da primeira edição do Festival de Verão de São Paulo, realizado na cidade de São Paulo, SP, em 2016.

Unidade 2 Ser jovem

Stephan: Eu me desenvolvo e evoluo com meu pai. Mas aquele passeio na Disney, quando a gente vai, hein?

Marcelo: Han! Sabia. Tava demorando. Deixa o dólar dá uma baixada, aí nós vamos, certo?

Stephan: Ih! Beleza. A comida tá na mesa. Mas pro dólar dá uma baixada é uma tristeza.

Marcelo: É! Tu sabe que a vida não tá mole pra toda família, que segue firme e forte, na correria.

Stephan: Me lembro. É só olhá pra trás. Mas pra vida melhorar, como é que faz?

Marcelo: Não fico parado, esperando a ajuda da Unesco. Na minha vida, ando pra frente, sempre em passo gigantesco.

Marcelo: Eu me desenvolvo e evoluo com meu filho.

Stephan: Eu me desenvolvo e evoluo com meu pai.

Stephan: O pensamento é rápido. Não enrola. Três pra frente, "x" diagonal pra cima e bola.

Marcelo: É! Já vi que tu tem o poder. O controle tá na tua mão e o jogo é pra você. Mas a persistência é o que leva à perfeição. Eu que loadiei, você joga e é exemplo pro teu irmão.

Stephan: Você é o reflexo do espelho do seu pai. Eu também. Uma coisa eu aprendi, planto amor pra colher o bem.

Marcelo: Ah, moleque! Assim que é meu filho, assim você me deixa orgulhoso, uma coisa que a gente tem que ter muito no coração é amor. E é por essas e outras...

Marcelo: Que eu me desenvolvo e evoluo com meu filho.

Stephan: Eu me desenvolvo e evoluo com meu pai.

David Corcos e Marcelo D2, com participação de Stephan. Loadeando (*rude boy*). In: Marcelo D2. *Marcelo D2 – Acústico MTV*. Sony/BMG, 2004, faixa 13.

Quem é o compositor?

Marcelo Maldonado Peixoto, conhecido como **Marcelo D2**, nasceu no Rio de Janeiro (RJ), em 1967. Foi camelô, *office-boy* e faxineiro antes de iniciar-se na música integrando a banda Planet Hemp. Atualmente, faz carreira solo. É conhecido por misturar o samba ao *rap*, iniciativa que contribuiu para dar a esse ritmo uma identidade brasileira. Em 2008, ocupou o 73º lugar na lista dos cem maiores artistas da música brasileira, organizada pela edição brasileira da revista *Rolling Stone*, publicação voltada à música e à cultura *pop*.

Interagindo com a letra de canção

AMPLIANDO O CONHECIMENTO

Música ou canção?

Música é o conjunto de sons vocais ou instrumentais em que há ritmo, harmonia e melodia. Já o termo **canção** designa os diversos tipos de composição musical, populares ou eruditos, próprios para serem cantados, geralmente com acompanhamento de instrumento(s) musical(is). Assim, toda canção é uma música, mas nem toda música é uma canção.

Dinho Ouro Preto, vocalista da banda de rock Capital Inicial, durante *show* em São Paulo, SP, 2016.

AMPLIANDO O CONHECIMENTO

Interlocutores

Você já sabe que interlocutores são as pessoas envolvidas em uma situação de comunicação. No universo criado pela letra de "Loadeando (*rude boy*)", Marcelo e Stephan são interlocutores, interagem um com o outro pela linguagem. Em outro nível, o autor da canção interage com o público por meio da canção: nesse caso, compositor e público é que são os interlocutores.

1. Releia a primeira estrofe da letra da canção e responda.
    a) Por que, nesses versos, alternam-se os nomes **Stephan** e **Marcelo**? Quem são eles?
    b) Qual é a função dos dois-pontos e das aspas nessa estrofe?
    c) De acordo com seus conhecimentos musicais, a forma como esse texto foi construído é comum em letras de canção? Explique sua resposta.
    d) Ao perguntar a Stephan como está o colégio, o que Marcelo deseja saber de fato?
    e) As "falas" de Stephan levam a imaginar que ele seja criança ou adolescente?

2. Em relação à letra de "Loadeando (*rude boy*)", indique **V** para as alternativas verdadeiras e **F** para as falsas.
    a) O texto é estruturado em versos, mas, como a estrutura composicional do *rap* é bastante livre, os versos podem se confundir com turnos de fala, como em uma conversa.
    b) Para a sonoridade da letra, contribui o uso de rimas, como as criadas entre **start** e **parte**, **crescer** e **aprender**, **zoando** e **jogando**, **mesa** e **tristeza**.
    c) A letra de "Loadeando (*rude boy*)" não tem ritmo, já que os versos têm tamanhos diferentes.
    d) Dois versos se repetem marcando o fim da 2ª, da 3ª e da 4ª estrofes: trata-se do refrão.

3. Na letra de "Loadeando (*rude boy*)", são utilizadas algumas palavras estrangeiras cujo significado pode ser entendido com base no contexto. Explique o sentido de *rude boy* e de *start*.

4. Releia o título da canção e os versos abaixo.

    Stephan: É! Eu sei. Eu tava só zoando. Você que loadeou e eu tô jogando.

    Marcelo: É! Já vi que tu tem o poder. O controle tá na tua mão e o jogo é pra você. Mas a persistência é o que leva à perfeição. Eu que loadiei, você joga e é exemplo pro teu irmão.

    a) Poderíamos encontrar no dicionário o infinitivo das formas verbais **loadeando**, **loadeou** e **loadiei**? Faça uma pesquisa, se necessário.
    b) De que palavra essas formas verbais se originam?
    c) O que elas significam no contexto da letra de *rap* lida?

5. Releia alguns trechos do texto e observe as palavras destacadas.
    • *Blz*, filho. E tu? Tudo certo?
    • Eu *tava* só zoando. Você que loadeou e eu *tô* jogando.
    • [...] na vida você ganha, *cê* perde, meu filho.
    • [...] O jogo apenas começou e você tem muito *pra* aprender.

    a) As palavras destacadas estão abreviadas. Qual é a grafia convencional de cada uma delas?
    b) Que efeito o uso dessas abreviações produz na letra da canção?

36 **Unidade 2** Ser jovem

6. Releia o trecho. "Eu tava só zoando. Você que loadeou e eu tô jogando".

   a) O que quer dizer **zoar** no contexto da letra da canção?

   b) Na letra da canção, o verbo **zoar** foi empregado como gíria, mas, conforme o contexto, esse verbo pode ter outros sentidos. Consulte o dicionário e copie-os.

   c) No trecho "Tu sabe que a vida não tá mole pra toda família", a palavra **mole** também foi empregada como gíria. O que ela quer dizer?

7. Observe nos versos abaixo as interjeições **han** e **ih**.

   > Marcelo: Han! Sabia. Tava demorando. Deixa o dólar dá uma baixada aí nós vamos, certo?
   >
   > Stephan: Ih! Beleza. A comida tá na mesa. Mas pro dólar dá uma baixada é uma tristeza.

   Marque a resposta certa: Essas interjeições:

   a) tornam a linguagem mais formal e próxima da norma-padrão.

   b) contribuem para simular o diálogo oral entre pai e filho.

   c) revelam que o autor tem pouco domínio da linguagem culta.

> É comum as letras de canção procurarem aproximar-se da fala informal, por isso utilizam **marcas de oralidade**: gírias, expressões coloquiais, palavras grafadas da forma como são pronunciadas, interjeições etc.

8. Sobre a letra do *rap*, é correto afirmar que:

   a) utiliza registro formal, já que precisará ser compreendida por todas as pessoas que ouvirem a canção.

   b) utiliza registro informal, pois o *rap* nasceu em meio à cultura popular e a comunidades marginalizadas e procura reproduzir a linguagem informal dos jovens e das ruas.

9. Discuta com os colegas: Que tipo de relação entre pai e filho essa letra representa? Essa canção retrata a realidade ou idealiza o relacionamento entre pais e filhos adolescentes?

> A letra de *rap* que você analisou exemplifica características comuns ao gênero **letra de canção**. Entre elas: destinar-se ao canto, sendo complementada por uma melodia que se harmoniza com o texto escrito; estruturar-se em versos e estrofes; apresentar um refrão, versos que são repetidos ao longo da letra e se intercalam com as estrofes; ter rimas.
>
> As letras de canção podem usar registro mais formal ou mais informal, de acordo com o assunto, o estilo musical e o público ao qual a canção se destina.

AMPLIANDO O CONHECIMENTO

Rap

A palavra *rap* é formada pelas iniciais de *rhythm and poetry* (em português, "ritmo e poesia"). O *rap* surgiu nos Estados Unidos nos anos 1970 como um dos pilares da cultura *hip-hop*, que reúne outros elementos de expressão artística: a dança (*break*), as artes plásticas (grafite), a música (DJ: *disc jockey*) e a poesia (MC: mestre de cerimônias).

Emicida em espetáculo da primeira edição do Festival de Verão de São Paulo, em São Paulo, SP, 2016.

AMPLIANDO O CONHECIMENTO

Variações de registro

As variações no grau de formalidade da linguagem, de acordo com as diversas situações comunicativas, são chamadas de **variações de registro**. O registro informal é mais comum em conversas e textos trocados entre pessoas íntimas, e o formal é adequado em situações que envolvem contato com pessoas com quem não temos intimidade ou que devem ser tratadas com formalidade.

Assim, o mesmo falante que adota um registro informal ao trocar mensagens com amigos pode adotar um registro mais formal em uma entrevista de emprego, por exemplo.

TEXTO 2

1. Os jornais não são feitos só de notícias. Você costuma ler jornal? Tem familiaridade com os outros gêneros que são publicados nos jornais, além da notícia? Converse com os colegas sobre esses outros gêneros.

2. Observe o texto a seguir. Leia o **antetítulo**, o título e a legenda. Por esses elementos e pela forma de apresentação do texto, a que gênero você acha que ele pertence?

Antetítulo: palavra, expressão ou frase que vem antes do título dos textos de jornal.

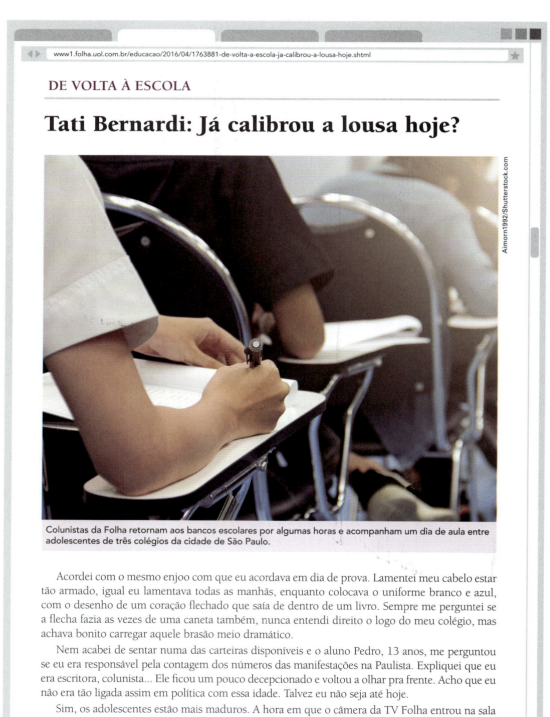

www1.folha.uol.com.br/educacao/2016/04/1763881-de-volta-a-escola-ja-calibrou-a-lousa-hoje.shtml

DE VOLTA À ESCOLA

Tati Bernardi: Já calibrou a lousa hoje?

Colunistas da Folha retornam aos bancos escolares por algumas horas e acompanham um dia de aula entre adolescentes de três colégios da cidade de São Paulo.

Acordei com o mesmo enjoo com que eu acordava em dia de prova. Lamentei meu cabelo estar tão armado, igual eu lamentava todas as manhãs, enquanto colocava o uniforme branco e azul, com o desenho de um coração flechado que saía de dentro de um livro. Sempre me perguntei se a flecha fazia as vezes de uma caneta também, nunca entendi direito o logo do meu colégio, mas achava bonito carregar aquele brasão meio dramático.

Nem acabei de sentar numa das carteiras disponíveis e o aluno Pedro, 13 anos, me perguntou se eu era responsável pela contagem dos números das manifestações na Paulista. Expliquei que eu era escritora, colunista... Ele ficou um pouco decepcionado e voltou a olhar pra frente. Acho que eu não era tão ligada assim em política com essa idade. Talvez eu não seja até hoje.

Sim, os adolescentes estão mais maduros. A hora em que o câmera da TV Folha entrou na sala da oitava série C, achei que a aula de História, a minha preferida, viraria uma bagunça. Que nada, seguiram prestando atenção, fazendo perguntas que eu não saberia mais responder. Ato de Supremacia, Invencível Armada, Catarina de Aragão, Bill of Rights? Socorro. A única coisa em comum é que, quando eu tinha a idade deles, meu professor de História, o Iberê, também era bonitão.

Da primeira série ao **terceiro colegial**, foram 11 anos comendo na mesma cantina. Até comprei um misto pra matar as saudades. Na minha época não tinha o tal nono ano e entrei para a faculdade com recém completos 17 anos. Nunca fui exatamente uma ótima aluna: eu estava muito preocupada em ser engraçada e sonhar com garotos. Os boletins, que revi em minha visita à secretaria, estavam lotados de notas seis e sete. Ainda assim passei, de primeira, em três boas faculdades, o que comprova que o colégio Agostiniano São José já era muito bom.

Uma aluna perguntou ao professor se ele já tinha "calibrado a lousa hoje". Um vídeo do YouTube, na lousa, exemplificaria o que tínhamos acabado de aprender. O garoto, ao ler sua narração "Minha bicicleta", começou contando sobre uma busca na **OLX**. Tudo isso foi me dando certa melancolia.

Os professores me pareceram, em atitudes e técnicas educativas, também mais modernizados, as aulas tinham uma dinâmica que prendia a atenção apesar do horário e da fome. Na minha época, quando dava uma vontade louca de "dar um rolê", eu levantava a mão e pedia para ir beber água. Agora, a maior parte dos estudantes exibe *squeezes* em cima da carteira, ao lado do estojo.

Na minha época, a calça do uniforme era muito larga (ao menos pra mim, que era muito magrela) e eu odiava, não me sentia nem um pouco bonita com ela. Agora as meninas todas usam **calças "fusô"** (*sorry*, sou uma tia). Fiquei com mais inveja da calça agarrada do que da lousa **high-tech**.

Mas, em meio aos alunos, exatamente no prédio e no andar em que estudei por tantos anos (escorreram lagriminhas em vários momentos), percebi que nem tudo mudou: cadernos, livros, canetas coloridas, garotos se exibindo para as meninas mais bonitas, amigas de mãos dadas e muita correria durante o sinal de intervalo.

A professora de interpretação de texto ensinou o que era uma crônica. Pra isso, falou sobre a importância do tempo. Eu estava ali, justamente emocionada com o tempo e pensando em quantas crônicas aquela visita me renderia.

Depois da leitura do brilhante texto "Sexa", de Luis Fernando Verissimo, a pergunta foi "qual a crítica que o escritor fez aqui?". A resposta correta era "que os adultos nem sempre sabem lidar com a dúvida das crianças", mas um garoto respondeu "que a gramática é machista". Calou a boca de todo mundo!

Encontrei meu antigo professor de Ciências, o Cláudio, que, ao me apresentar seus alunos da sexta série, contou que eu era ex-aluna e agora trabalhava no maior jornal do país. As crianças bateram palmas, um pouco (muito) pra tirar sarro da gente.

Uma garotinha usava batom lilás e me olhava curiosa. Senti uma saudade profunda de mim, dos meus pais mais jovens, dos amigos tão íntimos que fui perdendo ao longo dos anos, das brincadeiras no recreio, das apresentações no teatro, do medo da loira do banheiro e das paixonites que mudavam a cada semana. Ao mesmo tempo, senti um desejo profundo de ser logo mãe e poder ter por perto uma garotinha como aquela, de batom esquisito e olhos espertos.

Perguntaram se eu queria visitar a capela, achei engraçado e respondi que não. Passei a manhã inteira com crianças dentro de uma escola: nada pode ser mais sagrado do que isso.

BERNARDI, Tati. *Folhapress*. Coluna: De volta à escola, 28 abr. 2016. Disponível em: <www1.folha.uol.com.br/educacao/2016/04/1763881-de-volta-a-escola-ja-calibrou-a-lousa-hoje.shtml>. Acesso em: 7 mar. 2018.

Calça "fusô" (*fuseau*): modelo de calça justa com o comprimento até o tornozelo.

High-tech: expressão em inglês que quer dizer "alta tecnologia".

OLX: *site* de compra e venda de produtos pela internet.

(*I am*) *sorry*: expressão em inglês que quer dizer "desculpe; sinto muito".

Squeeze: garrafinha para água.

Terceiro colegial: equivale ao terceiro ano do Ensino Médio.

Quem é a autora?

Tatiane Bernardi Teixeira Pinto, a **Tati Bernardi**, nasceu em São Paulo (SP), em 1978. Formada em Publicidade, trabalhou em agências de publicidade antes de tornar-se roteirista de novelas, filmes e programas humorísticos. Em 2006, lançou o primeiro livro de contos e hoje tem diversos livros publicados, incluindo romances infantojuvenis. Escreve regularmente para revistas e tem uma coluna no jornal *Folha de S.Paulo*.

Interagindo com a crônica

1. O que serviu de inspiração para que a autora escrevesse essa crônica, ou seja, qual é o assunto da crônica?

2. Leia novamente estes trechos do início da crônica.

   <u>Acordei</u> com o mesmo enjoo com que eu <u>acordava</u> em dia de prova. <u>Lamentei</u> meu cabelo estar tão armado [...]

   Nem <u>acabei</u> de sentar numa das carteiras disponíveis e o aluno Pedro, 13 anos, me perguntou se eu <u>era</u> responsável pela contagem dos números das manifestações na Paulista. <u>Expliquei</u> que eu <u>era</u> escritora, colunista... Ele ficou um pouco decepcionado e voltou a olhar pra frente. <u>Acho</u> que eu não <u>era</u> tão ligada assim em política com essa idade. Talvez eu não <u>seja</u> até hoje.

   a) Observe as formas verbais sublinhadas. Elas estão flexionadas em que pessoa e número?
   b) Identifique nesse trecho os pronomes em primeira pessoa.
   c) Identifique na crônica outras formas verbais e pronomes nessa pessoa do discurso.
   d) Conclua: Essa crônica tem narrador em:
   - primeira pessoa.
   - segunda pessoa.
   - terceira pessoa.

AMPLIANDO O CONHECIMENTO

Na aula de História

A crônica de Tati Bernardi menciona alguns eventos históricos.

- Ato de Supremacia: ato por meio do qual Henrique VIII (1509-1553), ao tornar-se rei da Inglaterra, rompeu com a Igreja Católica e criou uma igreja nacional.
- Invencível Armada: esquadra reunida por Filipe II da Espanha, em 1588, para tentar invadir a Inglaterra.
- Catarina de Aragão (1485-1536): princesa de Espanha, primeira esposa de Henrique VIII da Inglaterra.
- Bill of Rights ("Declaração de Direitos"): carta aprovada pelo Parlamento da Inglaterra, em 1689, que declarava os direitos dos súditos e a sucessão da Coroa.
- Manifestações na Paulista: manifestações de caráter político e reivindicatório que ocorrem com frequência na Avenida Paulista, importante via da cidade de São Paulo (SP).

Marcha Mundial das Mulheres, ocorrida na Avenida Paulista, em São Paulo, SP, 2013.

3. Indique a relação que pode ser estabelecida entre os elementos analisados nos itens anteriores – assunto e tipo de narrador – e o gênero textual crônica.

   a) Como partem de uma vivência do autor ou mostram a visão pessoal dele sobre um acontecimento, as crônicas tendem a ser escritas em primeira pessoa.
   b) Como as crônicas relatam fatos que o autor testemunha sem deles participar, elas tendem a ser escritas em terceira pessoa.

> A **crônica** é um gênero que transita entre a realidade e a ficção. Ela pode se basear em um acontecimento simples da vida do cronista ou em uma notícia de jornal, por exemplo. Mas, qualquer que seja o tema, o cronista não narra ao leitor os fatos tal como aconteceram, e sim sua interpretação da realidade, suas impressões, muitas vezes descortinando novos aspectos e nuances dela.

4. Em que espaço se passam os acontecimentos relatados na crônica?

5. Dois tempos se misturam ao longo da crônica. Quais são eles?

6. Releia a primeira frase da crônica. Ao retomar o que a cronista sentia nos dias de prova em seu tempo de estudante, que efeito essa frase produz?

7. No início do terceiro parágrafo, a cronista opina: "Sim, os adolescentes estão mais maduros". Que fato ela apresenta para comprovar tal opinião?

8. O quinto parágrafo termina com a frase "Tudo isso foi me dando certa melancolia". A que a expressão **tudo isso** se refere?

9. Releia este trecho.

> Agora as meninas todas usam calças "fusô" (*sorry*, sou uma tia). Fiquei com mais inveja da calça agarrada do que da lousa *high-tech*.
>
> Mas, em meio aos alunos, exatamente no prédio e no andar em que estudei por tantos anos (escorreram lagriminhas em vários momentos), percebi que nem tudo mudou: cadernos, livros, canetas coloridas, garotos se exibindo para as meninas mais bonitas, amigas de mãos dadas e muita correria durante o sinal de intervalo.

a) Qual é a função dos parênteses nas duas vezes em que aparecem nesses parágrafos?

b) Qual destes efeitos de sentido os trechos entre parênteses ajudam a criar no texto?

- Acentuam o tom de conversa da cronista com o leitor.
- Criam certo distanciamento entre a cronista e o leitor.
- Mostram o sentimentalismo da cronista.

c) Se no primeiro parágrafo acima a cronista afirma que é "uma tia" – portanto, muito distante do que acontece hoje em dia nas escolas –, no segundo ela chega a uma conclusão que, de certa forma, se opõe à ideia de que hoje a escola não é a mesma. Qual é essa conclusão?

d) Que palavra indica essa oposição no texto?

10. No penúltimo parágrafo, a garotinha de batom lilás e olhar curioso despertou quais sentimentos na cronista?

11. Releia o desfecho da crônica.

> Perguntaram se eu queria visitar a capela, achei engraçado e respondi que não. Passei a manhã inteira com crianças dentro de uma escola: nada pode ser mais **sagrado** do que isso.

a) O que significa o adjetivo **sagrado**?

b) Que sentimento pelas crianças e pelo estudo a cronista exprime ao usar esse adjetivo para qualificar a manhã passada na escola?

> A **crônica** é considerada um gênero tanto jornalístico como literário, pois parte de fatos extraídos do cotidiano e apresenta a visão subjetiva do autor sobre eles. Como em uma conversa com o leitor, o cronista aponta – mesmo em acontecimentos simples, comuns – aquilo que poderia nos passar despercebido, revelando, então, uma percepção mais sensível e rica da realidade.
>
> As crônicas podem ser narrativas ou argumentativas. São narrativas quando têm personagens, espaço e tempo, aproximando-se do gênero conto. Quando defendem um ponto de vista, são chamadas de argumentativas.

12. Você acredita que a realidade escolar mostrada na crônica é a realidade vivida pelos adolescentes na maioria das escolas brasileiras? Explique sua resposta.

Vamos comparar?

Letra de canção e crônica

1. Observe novamente a forma de apresentação dos textos desta unidade.

▶ **Texto 1**

Loadeando (*rude boy*)

Stephan: "E aí pai, blz?"

Marcelo: "Blz, filho. E tu? Tudo certo?"

Stephan: "Certo. E você? À procura da batida perfeita?"

Marcelo: "Sempre, rapaz. E aí? Como é que tá o colégio?"

Stephan: "Ah! O colégio tá bem! Eu que... você sabe como é que é, né?"

Round one...

▶ **Texto 2**

DE VOLTA À ESCOLA

Tati Bernardi: Já calibrou a lousa hoje?

Colunistas da Folha retornam aos bancos escolares por algumas horas e acompanham um dia de aula entre adolescentes de três colégios da cidade de São Paulo.

Acordei com o mesmo enjoo com que eu acordava em dia de prova. Lamentei meu cabelo estar tão armado, igual eu lamentava todas as manhãs, enquanto colocava o uniforme branco e azul, com o desenho de um coração flechado que saía de dentro de um livro. Sempre me perguntei se a flecha fazia as vezes de uma caneta também, nunca entendi direito o logo do meu colégio, mas achava bonito carregar aquele brasão meio dramático.

a) Qual dos textos é escrito em versos?

b) Qual deles é escrito em prosa?

2. Tanto "Loadeando (*rude boy*)" como "Já calibrou a lousa hoje?" constroem uma imagem do jovem de hoje. Trata-se de uma visão positiva ou negativa? Justifique sua resposta.

3. A linguagem usada em um texto varia conforme a situação comunicativa, isto é, de acordo com:

- quem produz o texto e para quê;
- o suporte e o meio em que o texto circula;
- o público a que ele é destinado;
- o tema do texto.

Com base nessa concepção, responda às questões.

a) O registro informal usado na letra de canção é adequado? Por quê?

b) A crônica utiliza registro mais formal que o da letra de *rap*. Como você justifica essa maior formalidade na linguagem da crônica?

4. Indique com **V** as afirmações verdadeiras e com **F** as falsas.

a) A letra de "Loadeando (*rude boy*)" é um texto narrativo.

b) A letra de "Loadeando (*rude boy*)" é um texto poético.

c) A letra dessa canção busca uma sonoridade peculiar construída por meio de rimas e repetições, entre outros recursos.

d) Na crônica "Já calibrou a lousa hoje?", a realidade de um dia em uma escola aparece mesclada às impressões e sentimentos da autora.

e) O principal objetivo comunicativo da crônica "Já calibrou a lousa hoje?" é dar informações sobre os jovens.

5. Volte à página 24 e anote no quadro o título dos textos lidos nesta unidade e o gênero a que pertencem, de acordo com o principal objetivo comunicativo de cada um.

Este objeto digital apresenta 11 imagens que compõem um verdadeiro passeio pelo cotidiano. Como um cronista que sai em busca de inspiração, você escolherá uma delas para escrever uma crônica.

O cotidiano, visto de uma maneira pessoal, subjetiva, é a matéria-prima do gênero crônica, além de já ter rendido grandes clássicos da música *pop*.

43

Língua e linguagem

Polissemia

A cronista Tati Bernardi, convidada pelo jornal *Folha de S.Paulo* a acompanhar um dia de aula em um colégio paulistano, apresenta ao leitor lembranças de sua adolescência e, também, impressões sobre o comportamento atual dos estudantes. Ao longo do texto, ela aponta semelhanças e diferenças entre esses dois universos usando um estilo particular de linguagem, com palavras e expressões carregadas de significados únicos.

1. Releia o trecho a seguir e observe como a cronista conversa com o leitor.

> Sim, os adolescentes estão mais maduros. A hora em que o câmera da TV Folha entrou na sala da oitava série C, achei que a aula de história, a minha preferida, viraria uma bagunça. Que nada, seguiram prestando atenção, fazendo perguntas que eu não saberia mais responder.

a) O que a palavra **maduro** quer dizer em "os adolescentes estão mais maduros"?

b) Que outros sentidos essa palavra pode ter conforme o contexto?

c) No contexto da crônica, seria possível compreender a palavra **maduro** de mais de uma forma? Por quê?

d) Quais são os possíveis sentidos da palavra **câmera**? No caso dessa crônica, que elemento linguístico determinou o sentido dessa palavra?

2. Agora leia este trecho da letra da canção atentando para o sentido da palavra **jogo**.

> Marcelo: O **jogo** começou, aperta o *Start*, na vida você ganha, cê perde, meu filho. Faz parte.
>
> Stephan: Ih! É ruim, eu não gosto de perder. Nem me lembro há quanto tempo que eu não perco pra você.
>
> Marcelo: Han. Calma, filho, você ainda tem que crescer. O **jogo** apenas começou e você tem muito pra aprender.

Com base no contexto da canção, nesse trecho a palavra **jogo** pode ser entendida com mais de um sentido. Quais são eles?

Pelos exemplos anteriores e por sua experiência como leitor, você já deve ter percebido que uma mesma palavra pode ter mais de um sentido. Essa propriedade das palavras de assumirem mais de um sentido é chamada de **polissemia**.

Nos textos literários, a polissemia é empregada como um recurso para permitir diferentes interpretações de um mesmo trecho, tornando a leitura mais rica.

▶ AMPLIANDO O CONHECIMENTO

Partes da gramática

Para dominar uma língua, precisamos estudar seus diversos aspectos:

- na morfologia, estuda-se como se formam e se transformam as palavras;
- na sintaxe, estuda-se a relação entre as palavras na frase;
- na fonologia, o foco é o sistema de sons da língua;
- na semântica, analisa-se o sentido das palavras e expressões em cada contexto comunicativo.

A polissemia, portanto, faz parte da área da semântica.

44 **Unidade 2** Ser jovem

3. Leia a tira de Armandinho.

BECK, Alexandre. *Armandinho*. Disponível em: <https://tirasarmandinho.tumblr.com/post/109389328889/do-armandinho-três-livros>. Acesso em: 5 fev. 2018.

a) O sentido da tira é construído com base no caráter polissêmico de uma palavra. Qual é ela?
b) Com qual sentido essa palavra é compreendida pelo adulto?
c) Com que sentido Armandinho a usou?
d) O fato de a frase estar anotada em uma placa leva, inicialmente, a supor qual dos sentidos?

> Em tiras, é comum a polissemia ser empregada como recurso para obter efeitos de humor.

4. Observe a propaganda ao lado.

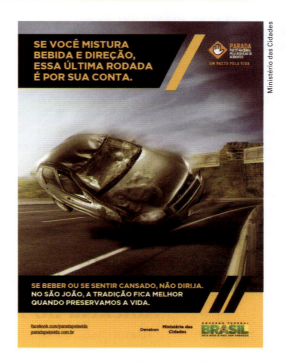

a) Comente o jogo semântico criado pelo uso da palavra **rodada**: que sentidos ela tem no contexto?
b) Qual é o objetivo da propaganda?
c) A polissemia é utilizada na propaganda como recurso argumentativo, isto é, para convencer o leitor. Que argumento está implícito no jogo de palavras do texto?

> **PENSE SOBRE ISSO**
>
> ### Ambiguidade
>
> Por vezes, a polissemia é utilizada para provocar ambiguidade, isto é, para que o leitor se veja diante de palavras ou expressões que podem ser compreendidas de mais de uma forma. Quando é intencional, a ambiguidade é um recurso estilístico que amplia as possibilidades de leitura, gerando efeitos de sentido inusitados.
>
> Observe a manchete publicada na primeira página do jornal *Meia Hora*.
>
>
>
> Primeira página do jornal *Meia Hora*, edição de 1º de setembro de 2010.
>
> 1. O palhaço Bozo, personagem criado nos Estados Unidos, em 1946, teve diversos intérpretes. Discuta com os colegas as questões a seguir.
>   a) A palavra **palhaço** é ambígua nessa manchete? Por quê?
>   b) Que tipo de efeito de sentido é criado ao se reportar uma fala da ex-esposa em que ela chama o Bozo de palhaço?
>   c) Qual é, possivelmente, o objetivo de se colocar na primeira página do jornal uma manchete como essa?
> 2. Agora observe a ambiguidade inscrita no título de notícia abaixo.
>
> > ### Família ia dar carro blindado a médica morta por temer violência no Rio
> >
> > MARTINS, Marco Antônio. *Folha de S.Paulo*, 26 jun. 2016.
>
> a) Em sua opinião, a ambiguidade foi criada intencionalmente nesse caso? Que efeito de sentido ela provoca?
> b) O texto da notícia esclarece que a família temia a violência no Rio, por isso havia planos de comprar um carro blindado para a médica. Sabendo disso, reescreva o título evitando a ambiguidade.

Oficina de produção
Texto oral

Debate

Que tal você, como jovem, refletir um pouco sobre a juventude atual? Para motivar um debate sobre o assunto, selecionamos esta crônica. Leia-a.

A crueldade dos jovens

Conheci uma mulher cujo filho de 14 anos queria um par de tênis de marca. Separada, ganhava pouquíssimo como vendedora. Dia e noite o garoto a atormentava com a exigência. Acrescentou mais horas à sua carga horária para comprar os tênis. Exausta, ela presenteou o filho. Ganhou um beijo e outro pedido: agora ele queria uma camiseta "da hora". E dali a alguns dias a mãe estava abrindo um crediário! Já conheci um número incrível de adolescentes que estabelecem um verdadeiro cerco em torno dos pais para conquistar algum objeto de consumo. Uma garota quase enlouqueceu a mãe por causa de um celular cor-de-rosa. Um rapaz queria um MP3. Novidades são lançadas a cada dia e os pedidos renascem com a mesma velocidade. Pais e mães com frequência não conseguem resistir. Em parte, por desejarem contemplar o sorriso no rosto dos filhos. Uma senhora sempre diz:

– Quero que minha menina tenha o que eu não tive.

Pode ser. Mas isso não significa satisfazer todas as vontades! Muita gente é praticamente chantageada pelos filhos. A crueldade de um adolescente pode ser tremenda quando se trata de conseguir alguma coisa. Uma vez ouvi uma jovem gritar para o pai:

– Você é um fracassado!

Já conheci uma garota cujo pai se endividou porque ela insistiu em ir à Disney. Os juros rolaram e, dois anos depois, ele vendeu a casa para comprar outra menor e quitar o empréstimo. Outro economizou centavos porque a menina quis fazer plástica. Conselhos não adiantaram:

– Você é muito nova para colocar implante de silicone.

Ficava uma fúria. Queria ser atriz e, segundo afirmava, não teria chance alguma sem a intervenção. (Não conseguiu. Hoje trabalha como vendedora em uma loja.) [...] É óbvio que o jovem tem o direito de pedir. O que me assusta é a absoluta falta de freio, a insistência e a total incompreensão diante das dificuldades financeiras da família. Recentemente, assisti a uma situação muito difícil. Mãe solteira, uma doméstica conseguiu juntar, ao longo de anos, o suficiente para comprar uma quitinete no centro de São Paulo.

– Vou sair do aluguel! – comemorou.

A filha, 16 anos, no 2º grau, recusou-se:

– Quero um quarto só para mim!

Não houve quem a convencesse. A mãe não conseguiu enfrentar a situação. Continuam no aluguel. O valor dos apartamentos subiu e agora o que ela tem não é suficiente para comprar mais nada.

Muitas vezes, os filhos da classe média estudam em colégio particular ao lado de herdeiros de grandes fortunas. Passam a desejar os relógios, as roupas, o modo de vida dos amigos milionários.

– De repente a minha filha quer tudo o que os coleguinhas têm! Até bolsa de grife.

Uma coisa é certa: algumas equiparações são impossíveis. A única solução é a sinceridade. E deixar claro que ninguém é melhor por ter mais grana, o celular de último tipo, o último lançamento no mundo da informática. Pode ser doloroso no início. Também é importante não criar uma pessoa invejosa, que sofre por não ter o que os outros têm. Mas uma família pode se desestabilizar quando os pais se tornam reféns do pequeno tirano. A única saída para certas situações é o afeto. E, quando o adolescente está se transformando em uma fera, talvez seja a hora de mostrar que nenhum objeto de consumo substitui uma conversa olho no olho e um abraço amoroso.

CARRASCO, Walcyr. *Veja São Paulo*, 5 dez. 2016. Disponível em: <https://vejasp.abril.com.br/cidades/a-crueldade-dos-jovens>. Acesso em: 1 jun. 2018.

Marcos Guilherme

1. Observe o trecho destacado em azul na crônica. De quem é essa opinião?

2. Como argumentos para comprovar a validade dessa opinião, são apresentados:

   a) dados estatísticos sobre tipos de produto que os jovens mais desejam.

   b) pontos de vista dos pais de adolescentes consumistas.

   c) exemplos de jovens que são cruéis com os pais quando desejam obter algo.

3. Que solução é apresentada na crônica para "a crueldade dos jovens"?

4. E você? Que opinião tem sobre a atitude de pais e filhos relatada pelo cronista?

▶ Recordar as características do gênero

Em sua vida escolar, é possível que você já tenha participado de debates em sala de aula organizados pelo professor. Provavelmente, já assistiu a debates na TV, em programas esportivos ou políticos, por exemplo, e certamente já participou de conversas em que havia discordância de opiniões e em que os participantes tentavam fazer valer seu ponto de vista.

Ouça a leitura de um verbete sobre o gênero debate que o professor fará. Em seguida enumere, com os colegas, as principais características dos debates.

▶ Planejar e pesquisar

1. Nesta proposta, você e os colegas irão debater o desejo de consumo dos jovens e a atitude das famílias em relação à pressão dos filhos. A turma será dividida em três grupos.

   • O **grupo 1** defenderá o direito dos jovens de obter o que desejam, mesmo quando a família não tem condições financeiras para isso.

   • O **grupo 2** defenderá a tese de que a família não deve ceder às pressões de consumo dos filhos nem quando tem condições financeiras para adquirir o que eles pedem.

   • O **grupo 3** deverá defender uma tese própria sobre o assunto, a ser amadurecida com a ajuda do professor.

2. Um de vocês ficará fora dos grupos para mediar o debate. As funções do mediador serão:

   • iniciar o debate apresentando o tema a ser discutido;
   • passar a palavra de um debatedor a outro;
   • controlar o tempo de fala de cada um;
   • moderar os ânimos, caso necessário;
   • encerrar o debate fazendo um resumo do que foi discutido e das principais conclusões.

3. Antes do debate, definam algumas regras gerais:

   • o tempo que cada grupo terá para a apresentação inicial de seu ponto de vista;
   • o número de perguntas que cada grupo poderá fazer aos outros grupos;
   • se cada pergunta será feita a todos os grupos ou se haverá sorteio para definir quem responde;
   • o tempo para cada réplica e tréplica;
   • o tempo de cada grupo para concluir sua participação.

AMPLIANDO O CONHECIMENTO

Replicando

Em um debate, chama-se **réplica** a resposta com a qual um debatedor contesta o que foi dito por outro debatedor.

Já a resposta dada a uma réplica chama-se **tréplica**, e ela é um contra-argumento, ou seja, uma resposta para desarmar a réplica.

4. Decidam onde o debate acontecerá (se na sala de aula ou em outro espaço da escola) e como os grupos ficarão organizados no ambiente.

5. Cada grupo deverá pesquisar mais informações sobre o tema do debate por meio de leituras ou de conversas com familiares e amigos – jovens e adultos –, professores, psicólogos, orientadores pedagógicos etc. As informações e impressões colhidas serão discutidas em grupo.

6. Com base nessa conversa, cada grupo preparará uma lista dos argumentos a serem apresentados no debate para comprovar a validade da opinião defendida pelo grupo ou, inversamente, para apontar a fragilidade da opinião dos oponentes. Tipos de argumento que podem ser usados:
   - exemplos de situações vividas por pessoas conhecidas ou relatadas na mídia;
   - dados estatísticos e numéricos;
   - opinião de especialistas no assunto;
   - experiências pessoais.

7. Por fim, cada grupo pode tentar se antecipar às possíveis refutações dos demais grupos a seus argumentos e montar uma lista de **contra-argumentos** para responder a essas refutações.

Contra-argumento: argumento que se opõe a outro a fim de suprimi-lo.

▶ **Debater**

8. É hora de debater! Cada um na sua vez, ao falar, deve manter uma postura corporal ereta e olhar para a pessoa a quem se dirige, pois isso demonstra segurança. Deve também usar um tom de voz audível e pronunciar as palavras com clareza. Cada debatedor pode ter à mão um papel com anotações para lembrar-se dos argumentos e contra-argumentos elaborados.

9. Empregue a linguagem adequada à situação comunicativa – um debate realizado na escola e orientado pelo professor. Ou seja, siga as regras de concordância verbal e nominal, evite expressões coloquiais, repetitivas ("né?", "sabe?", "daí" etc.) e gírias.

10. O moderador pode utilizar um cronômetro para acompanhar a duração.

11. Se possível, gravem o debate em vídeo.

12. Ao final, o moderador encerrará o debate retomando o tema e resumindo o que cada grupo apresentou de mais relevante.

▶ **Avaliar**

Converse sobre o debate com os colegas e, caso tenha sido gravado, assistam ao vídeo para observar os destaques e pontos que precisam ser aprimorados. Observe, por exemplo:
- Todos participaram?
- Foram apresentados bons argumentos para defender cada lado da questão?
- A argumentação e a contra-argumentação trouxeram a vocês um esclarecimento maior sobre o assunto, ainda que vocês não tenham mudado de opinião?
- As regras combinadas para o debate foram seguidas?
- Os debatedores apresentaram suas opiniões e argumentos com clareza e em linguagem adequada à situação?

49

Oficina de produção
Texto escrito

Crônica

Existem gêneros textuais que têm uma espécie de compromisso com a realidade. São gêneros em que se procura explicar, descrever, relatar ou publicar o que acontece no mundo com a máxima fidelidade aos fatos e com neutralidade – a neutralidade não é possível, mas nesses gêneros o autor procura não opinar e criar efeitos de objetividade.

Um desses gêneros é a notícia, que usa o cotidiano como matéria-prima e tem a objetividade como base. Porém, o mundo pode ser visto por outra ótica: com mais pessoalidade e emoção. Quando isso acontece, nasce a crônica, na qual situações corriqueiras aparecem filtradas pelo olhar do autor, um olhar que às vezes é mais poético, outras vezes mais humorístico ou crítico.

Nesta **Oficina de produção**, o objetivo é que você produza uma crônica com base em uma situação cotidiana. No final, você e os colegas editarão um livro com as crônicas da turma para ser divulgado à comunidade escolar, à família e aos amigos.

▶ Recordar as características do gênero

1. Quando uma crônica é narrativa? E quando é argumentativa?
2. As crônicas pertencem tanto à esfera jornalística como à literária. Além do jornal, em que publicações esse gênero pode ser veiculado?
3. Qual é a relação entre crônica e cotidiano?

▶ Ler mais crônicas

Para escrever uma boa crônica, é importante que você tenha alguma intimidade com esse gênero. Prepare-se para esta produção pesquisando e lendo crônicas de escritores brasileiros consagrados, como Carlos Drummond de Andrade, Luis Fernando Verissimo, Clarice Lispector e outros. Crônicas são textos curtos, muitas vezes divertidos. Será uma leitura prazerosa. Sugestões:

- *As cem melhores crônicas brasileiras*, organização de Joaquim Ferreira dos Santos. Rio de Janeiro: Objetiva, 2007.
- *Crônicas para jovens*, de Rubem Braga. São Paulo: Global, 2014.
- *Machado de Assis*, seleção de Salete de Almeida Cara. São Paulo: Global, 2003.
- *Mais comédias para ler na escola*, de Luis Fernando Verissimo. Rio de Janeiro: Objetiva, 2008.
- *Nu, de botas*, de Antônio Prata. São Paulo: Companhia das Letras, 2013.

Edson Grandisoli/Pulsar Imagens

▶ Planejar

4. Sua crônica terá como tema uma situação corriqueira que você vivenciou ou presenciou. Você contará ao leitor sua visão pessoal da situação, a impressão que ela lhe causou e as reflexões que lhe trouxe. Outra opção é você se basear no tema das crônicas lidas nesta unidade.

5. Decida o tom da crônica (mais poético e emotivo, mais crítico, mais político, mais cômico) de acordo com os efeitos de sentido que pretende produzir.

▶ Produzir

6. Definido o tema, é hora de escrever. Redija, em uma folha de rascunho, uma primeira versão da crônica. Lembre-se de que crônicas são textos curtos.

7. Dê ao leitor as informações de que ele precisa para situar-se em relação ao fato cotidiano que deu origem a sua crônica.

8. Seu público leitor inclui colegas, familiares, professores e funcionários, portanto é um público heterogêneo, variado. Tenha em mente esse dado ao pensar na linguagem do texto. Ela pode ter certa informalidade, mas, assim como nas crônicas lidas nesta unidade, não deixe de empregar a norma-padrão no que se refere à grafia das palavras, à pontuação, aos plurais e aos tempos verbais.

9. Pense em um título para a crônica. Ele precisa estar relacionado ao tema, contribuir para o leitor construir os sentidos do texto e ser bem criativo para atrair a atenção do leitor.

▶ Revisar

10. Reescreva a crônica ou trechos dela quantas vezes achar necessário. Depois passe-a a limpo e entregue-a a um colega para que ele a avalie considerando os pontos a seguir.
- O texto é curto e apresenta a visão pessoal do autor (no caso, a sua) acerca de um fato do cotidiano ou sobre o mesmo assunto de uma das crônicas lidas na unidade?
- O texto segue as regras da norma-padrão?
- A crônica tem um título coerente com o conteúdo do texto e que atrai a atenção do leitor?

11. Depois de ter recebido as observações do colega, faça as alterações que julgar necessárias. Entregue o texto ao professor e, considerando os apontamentos dele, finalize o texto.

▶ Compartilhar

12. Com os colegas e o professor, organize um livro com as crônicas escritas pela turma. Vocês devem definir quem será responsável pelas etapas da produção:
- composição da capa;
- elaboração de uma apresentação ou de um **prefácio**;
- organização do sumário da coletânea;
- digitação dos textos;
- diagramação do livro.

> **Prefácio:** texto curto de apresentação de um livro, escrito pelo autor ou por outra pessoa, publicado no começo da obra, com explicações sobre o conteúdo ou sobre o autor.

13. Preparem a publicação em um *software* de edição de texto e de imagem – é importante que as crônicas (todas ou algumas) sejam ilustradas. Sigam as orientações do professor para a produção das páginas iniciais – a página de rosto e o sumário.

14. Com capa e páginas internas editadas, imprimam o material e montem o livro.

15. Outra opção é publicar o livro em uma plataforma digital na qual seja possível carregar as páginas e visualizá-las como um livro.

16. Divulguem o livro na escola.

DIÁLOGOS

Artes plásticas e polissemia

Nesta unidade, você viu que o sentido das palavras e expressões é moldado ao contexto em que elas são usadas. Isso é possível porque as palavras têm caráter polissêmico, uma qualidade que possibilita a construção de enunciados que podem ser compreendidos com diferentes sentidos. Entretanto, é importante lembrar que essa peculiaridade não é exclusiva do texto verbal.

Compare as imagens abaixo para observar como a polissemia ocorre na linguagem visual. A imagem à esquerda é uma fotografia de Marilyn Monroe (1926-1962); à direita, a reprodução de uma obra de Andy Warhol, produzida pouco depois da morte da atriz.

A atriz estadunidense Marilyn Monroe em fotografia de 1953.

WARHOL, Andy. *Gold Marilyn Monroe*, 1962. Tinta para serigrafia e tinta de polímero sintético sobre tela. 211,4 cm × 144,7 cm.

Note que o artista, para criar sua obra, baseou-se em uma fotografia de Marilyn Monroe que se destinava à divulgação de um filme e buscava registrar a beleza da atriz de maneira fiel. Warhol, porém, fez algumas modificações nessa imagem: colocou-a no centro de uma grande moldura dourada e reforçou os traços da atriz com cores fortes, de modo que a figura deixou de ser uma representação fiel do rosto dela e tornou-se mais artificial, mostrando uma Marilyn Monroe distante da vida comum. Assim, ele a mostrou não como um ser humano comum, mas como um ícone a ser cultuado.

Dessa maneira, a mesma fotografia que, na publicidade do filme, tinha um sentido e era "lida" de uma forma passou a ter outro sentido e possibilitou uma nova leitura na obra de arte.

Agora observe a reprodução de uma pintura do italiano Giuseppe Arcimboldo (1527-1593).

ARCIMBOLDO, Giuseppe. *Vertumnus*, 1590. 70,5 cm × 57,5 cm. Óleo sobre painel. Essa famosa obra de Arcimboldo retrata Vertumnus, deus das estações do ano, dos jardins e dos pomares na mitologia romana.

1. Nessa pintura, que figuras o artista utilizou para representar Vertumnus?
2. Comente o novo sentido que essas figuras adquirem na pintura.
3. Que efeito de sentido o arranjo promove no ato da leitura? E que impressão esse arranjo provoca em você?

O conjunto das imagens que você analisou nesta seção mostra que a linguagem tem plasticidade, ou seja, ela pode ser moldada, modelada de acordo com a intenção comunicativa, com os efeitos de sentido que se deseja produzir e com os diferentes contextos comunicativos.

AMPLIANDO O CONHECIMENTO

Andy Warhol

Pintor e cineasta, o estadunidense Andy Warhol (1928-1987) foi precursor do movimento denominado *pop art*, caracterizado pelo uso de cores fortes e pelo emprego, em obras de arte, de imagens próprias da estética popular e da publicidade.

Andy Warhol em fotografia de 1981.

53

Enem e vestibulares

1. Unicamp-SP

Canção é tudo aquilo que se canta com inflexão melódica (ou entoativa) e letra. Há um "artesanato" específico para privilegiar ora a força entoativa da palavra ora a forma musical; nem só poesia nem só música. Um dos equívocos dos nossos dias é justamente dizer que a canção tende a acabar porque vem perdendo terreno para o *rap*! Ora, nada é mais radical como canção do que uma fala que conserva a entoação crua. A fala no *rap* é entoada com certa regularidade rítmica, o que a torna diferente de uma fala usual. Apesar de convivermos hoje "com uma diversidade cancional jamais vista", prevalece na mídia, nos meios cultural e musical "a opinião uniforme de que estamos mergulhados num 'lixo' de produção viciada e desinteressante". Vivemos uma descentralização, com eventos musicais ricos e variados, "e a força do talento desses novos cancionistas também não diminuiu".

O *rap* serve-se da entoação quase pura, para transmitir informações verbais, normalmente intensas, sem perder os traços musicais da linguagem da canção. Seu formato, menos música mais fala, é ideal para se fazer pronunciamentos, manifestações, revelações, denúncias etc., sem que se abandone a seara cancional. Podemos dizer que o trabalho musical, no *rap*, é para restabelecer as balizas sonoras do canto, mas nunca para perder a concretude da linguagem oral ou conter a crueza e o peso de seus significados pessoais e sociais. Atenuar a musicalização é reconhecer que as melodias cantadas comportam figuras entoativas (modos de dizer) que precisam ser reveladas por suas letras.

> (Adaptado de Luiz Tatit. Artigos disponíveis em http://www.luiztatit.com.br/artigos/artigo?id=29/CancionistasInvis%C3%ADveis.html e http://www.scielo.br/pdf/rieb/n59/0020-3874-rieb-59-00369.pdf. Acessados em 11/12/2017).

A partir da leitura dos textos acima:

a) aponte dois argumentos de Luiz Tatit que defendem a ideia de que o *rap* é um tipo de canção;

b) cite duas características, apresentadas nos textos, que corroboram que o *rap* é uma forma ideal de "canção de protesto".

2. Enem

Nuances

Euforia: alegria barulhenta. *Felicidade*: alegria silenciosa.
Gravar: quando o ator é de televisão. *Filmar*: quando ele quer deixar claro que não é de televisão.
Grávida: em qualquer ocasião. *Gestante*: em filas e assentos preferenciais.
Guardar: na gaveta. *Salvar*: no computador. *Salvaguardar*: no Exército.
Menta: no sorvete, na bala ou no xarope. *Hortelã*: na horta ou no suco de abacaxi.
Peça: quando você vai assistir. *Espetáculo*: quando você está em cartaz com ele.

> DUVIVIER, G. *Folha de S.Paulo*, 24 mar. 2014 (adaptado).

O texto trata da diferença de sentido entre vocábulos muito próximos. Essa diferença é apresentada considerando-se a(s):

a) alternâncias na sonoridade.

b) adequação às situações de uso.

c) marcação flexional das palavras.

d) grafia na norma-padrão da língua.

e) categorias gramaticais das palavras.

3. Enem

TEXTO I

Criatividade em publicidade: teorias e reflexões

Resumo: O presente artigo aborda uma questão primordial na publicidade: a criatividade. Apesar de aclamada pelos departamentos de criação das agências, devemos ter a consciência de que nem todo anúncio é, de fato, criativo. A partir do resgate teórico, no qual os conceitos são tratados à luz da publicidade, busca-se estabelecer a compreensão dos temas. Para elucidar tais questões, é analisada uma campanha impressa da marca XXXX. As reflexões apontam que a publicidade criativa é essencialmente simples e apresenta uma releitura do cotidiano.

> DEPEXE, S. D. Travessias: *Pesquisas em Educação, Cultura, Linguagem e Artes*, n. 2, 2008.

TEXTO II

Ninguém entende melhor de criação do que elas.

13 de maio - Dia das Mães

Homenagem ao Dia das Mães 2012.
Disponível em: www.comunicacao.com.
Acesso em: 3 ago. 2012 (adaptado).

Os dois textos apresentados versam sobre o tema criatividade. O Texto I é um resumo de caráter científico e o Texto II, uma homenagem promovida por um *site* de publicidade. De que maneira o Texto II exemplifica o conceito de criatividade em publicidade apresentado no Texto I?

a) Fazendo menção ao difícil trabalho das mães em criar seus filhos.
b) Promovendo uma leitura simplista do papel materno em seu trabalho de criar os filhos.
c) Explorando a polissemia do termo "criação".
d) Recorrendo a uma estrutura linguística simples.
e) Utilizando recursos gráficos diversificados.

4. Unifesp-SP

"Acreditava-se que era a vontade de Deus que alguns nascessem nobres, outros, vilões, uns, ricos, outros, pobres, uns, livres, outros, escravos." (1º parágrafo)

No contexto em que se insere, o termo "vilão" deve ser entendido na seguinte acepção:

a) "camponês medieval que trabalhava para um senhor feudal".
b) "aquele que é indigno, abjeto, desprezível".
c) "aquele que não pertence à nobreza, plebeu".
d) "aquele que não tem religião, ateu".
e) "aquele que reside em vila".

5. Enem

Disponível em: www.ivancabral.com. Acesso em: 27 fev. 2012.

O efeito de sentido da charge é provocado pela combinação de informações visuais e recursos linguísticos. No contexto da ilustração, a frase proferida recorre à

a) polissemia, ou seja, aos múltiplos sentidos da expressão "rede social" para transmitir a ideia que pretende veicular.
b) ironia para conferir um novo significado ao termo "outra coisa".
c) homonímia para opor, a partir do advérbio de lugar, o espaço da população pobre e o espaço da população rica.
d) personificação para opor o mundo real pobre ao mundo virtual rico.
e) antonímia para comparar a rede mundial de computadores com a rede caseira de descanso da família.

UNIDADE 3

SER JOVEM NO BRASIL

O que você vai aprender

Gêneros
- Notícia
- Entrevista

Língua e linguagem
- O gênero entrevista e as modalidades oral e escrita da língua

Oficina de produção
- Entrevista

Roda de conversa

Os gráficos ao lado representam dados estatísticos do sistema educacional brasileiro publicados no Anuário Brasileiro da Educação Básica de 2017. Leia as informações neles contidas para responder às questões.

1. Os dados indicam crescimento na taxa de matrículas no Ensino Médio entre 2001 e 2015. Apesar disso, qual era o percentual de jovens de 15 a 17 anos não matriculados no Ensino Médio em 2015?

2. Em sua opinião, isso é um problema? Justifique sua resposta.

3. Que dados comprovam que a dificuldade de acesso ao Ensino Médio atinge, principalmente, os mais pobres, os negros e os pardos?

4. Leve em conta seu conhecimento de mundo e de história do Brasil e aponte algumas possíveis causas da desigualdade constatada pela pesquisa.

TAXA LÍQUIDA DE MATRÍCULA NO ENSINO MÉDIO*

Considera-se a taxa líquida de matrícula o percentual de jovens de 15 a 17 anos matriculados na série/ano correspondente às suas idades. [...]

No Brasil — 62,7% (2015)

* Observação: Sem dados disponíveis para os anos de 2000 e 2010.

Conheça

Livros
- *A maçã envenenada*, de Michel Laub (Companhia das Letras).
- *O apanhador no campo de centeio*, de J. D. Salinger (Editora do Autor).
- *Vida de droga*, de Walcyr Carrasco (Ática).
- *Angústia de Fausto*, de Paula Mastroberti (Rocco).
- *O mundo de Sofia*, de Jostein Gaarder (Companhia das Letras).
- *Sombras no asfalto*, de Luís Dill (Companhia das Letras).

Filmes
- *Hoje eu quero voltar sozinho*. Direção: Daniel Ribeiro. Brasil, 2014.
- *Nunca me sonharam*. Direção: Cacau Rhoden. Brasil, 2017.
- *Quase 18*. Direção: Kelly Fremon Craig. Estados Unidos, 2016.

Série
- *Merlí*. Direção: Héctor Lozano. Espanha, 2015.

Músicas
- "Que país é este?", de Renato Russo.
- "Somos quem podemos ser...", de Humberto Gessinger e Paulinho Galvão.
- "Marvin (Patches)", de Ronald Dunbar e General N. Johnson, versão de Sérgio Britto e Nando Reis.

Na internet
- Revista *Capitolina*: <revistacapitolina.com.br>.
- Ministério dos Direitos Humanos – Crianças e Adolescentes: <sdh.gov.br/assuntos/criancas-e-adolescentes>.
- Unicef – Cenário da exclusão escolar no Brasil: <unicef.org/brazil/pt/cenario_exclusao_escolar_brasil.pdf>.

Por Raça/Cor, em 2015

Brancos: 71% matriculados | 29%
Pardos: 58% matriculados | 42%
Pretos: 57% matriculados | 43%

Por renda, em 2015

25% mais pobres da população: 53% matriculados | 47%
25% mais ricos da população: 87% matriculados | 13%

OSTETTI, Vitória; ALMEIDA, Rodolfo. *Nexo*, 12 jul. 2017. Disponível em: <www.nexojornal.com.br/grafico/2017/07/12/Quantos-e-quem-são-jovens-matriculados-na-escola-no-Brasil>. Acesso em: 14 mar. 2018.

TEXTO 1

1. Antes de iniciar a leitura do texto a seguir, observe alguns de seus elementos estruturais: título, subtítulo, intertítulos, imagem e legenda. Com base nesses elementos, é possível antecipar o assunto do texto e o principal objetivo dele?

2. O que significa a expressão "Por G1" e as datas e horários que se encontram abaixo do subtítulo?

3. Com base em suas respostas anteriores, a qual gênero você supõe que o texto pertence?

---

https://g1.globo.com/economia/noticia/geracao-que-nao-trabalha-nem-estuda-aumenta-em-2015.ghtml

Geração que não trabalha nem estuda aumenta em 2015

De 2014 para 2015, o percentual aumentou de 20% para 22,5%. Síntese de Indicadores Sociais do IBGE foi divulgada nesta sexta-feira.

Por G1
02/12/2016 10h02 Atualizado 02/12/2016 12h38

A geração de jovens que não estudam nem trabalham, chamada de "nem nem", cresceu em 2015 e representava quase um quarto do total de jovens brasileiros, segundo a Síntese de Indicadores Sociais (SIS 2016), do Instituto Brasileiro de Geografia e Estatística (IBGE), divulgada nesta sexta-feira (2). De 2014 para 2015, o percentual aumentou de 20% para 22,5%.

O avanço foi ainda maior em relação a 2005, quando a proporção era de 19,7%, de acordo com a pesquisa.

O percentual de homens que não estudavam nem trabalhavam cresceu de 11,1% em 2005 para 15,4% em 2015. Mesmo assim, a proporção de mulheres nessa condição ainda é muito superior (29,8%). Segundo o IBGE, os cuidados com a casa e filhos acabam sendo uma barreira para a entrada de muitas mulheres no mercado de trabalho.

"Quando a gente investiga os jovens homens 'nem nem', você tem um meio a meio entre aqueles que procuraram ou não trabalho. E quando você investiga a relação desses homens com afazeres domésticos, vê que não é um vínculo tão forte como acontece com as mulheres. Entre os homens, 47,4% cuidavam dos afazeres. Entre as mulheres, foi 91,6%", disse a pesquisadora do IBGE, Luanda Botelho [...]

De acordo com a pesquisadora, as características dos "nem nem" se mantêm com o tempo. "São características estruturais. A gente observa que dentre os 'nem nem' há uma predominância dos jovens que, além de não estudarem e não trabalharem, não procuraram trabalho. E dentre estes jovens, a gente percebe também uma predominância das mulheres."

Além disso, a pesquisadora enfatizou que a desocupação não pode ser apontada como causa principal da condição de "nem nem", embora, conforme apontou a Pesquisa Nacional por Amostra de Domicílios, tenha sido maior a queda da ocupação entre a população jovem em 2015.

Luanda Botelho, pesquisadora do IBGE.

Marina Cardoso

Geração de jovens que não estudam nem procuram emprego aumentou em 2015.

"Nem nem nem"

André Simões, analista da coordenação de população e indicadores sociais do IBGE, destacou que, dentro do grupo dos "nem nem", pode ser feito um recorte do que pode ser chamado "nem nem nem", que além de não trabalhar e não estudar, não procura emprego, ou seja, são inativos. A proporção desse "nem nem nem" é maior que a do "nem nem" – são 14,4% contra 8,1% entre os jovens de 15 a 29 anos.

Na casa dos pais

A proporção de pessoas de 25 a 34 anos que estavam na condição de filho no arranjo familiar passou de 21,7%, em 2005, para 25,3%, em 2015.

Evasão escolar

A evasão escolar é uma questão conjuntural que responde pelo fenômeno dos "nem nem", segundo Luanda. "A gente tem uma predominância dos 'nem nem' na faixa etária de 18 a 24 anos. Então, entre os 15 e os 17 anos você tem um percentual de 'nem nem' muito menor porque são os jovens que têm a maior frequência escolar. Quando essa frequência escolar cai, aumenta o nível dos 'nem nem'", ressaltou.

No grupo dos jovens de 18 a 24 anos – idade formalmente adequada para cursar o ensino superior –, a pesquisa aponta que há uma forte queda na frequência escolar com relação à faixa etária precedente, de 15 a 17 anos.

O grupo etário de 18 a 24 anos tem a maior incidência de jovens que não estudam nem trabalham, com 27,4%, seguido pelo grupo de 25 a 29 anos, com 24,1%, "de modo que é possível afirmar que não estudar nem trabalhar é uma característica mais marcante entre os jovens que já deveriam ter concluído o Ensino Médio".

Cabe enfatizar, ainda, que a média de anos de estudo dos jovens que não estudavam nem trabalhavam (8,9) é menor do que a dos jovens que responderam só estudar (9), estudar e trabalhar (10,6) ou só trabalhar (10).

G1. Disponível em: <https://g1.globo.com/economia/noticia/geracao-que-nao-trabalha-nem-estuda-aumenta-em-2015.ghtml>. Acesso em: 26 fev. 2018.

Conjuntural: que depende da conjuntura, isto é, da situação, das circunstâncias.
Evasão: fuga, escapada.
Incidência: ocorrência.
Precedente: anterior, que vem antes.

Interagindo com a notícia

1. O que você havia suposto sobre o assunto e o objetivo do texto antes de lê-lo se confirmou? Explique sua resposta.

2. Releia o título e o subtítulo da notícia.

Geração que não trabalha nem estuda aumenta em 2015

De 2014 para 2015, o percentual aumentou de 20% para 22,5%. Síntese de Indicadores Sociais do IBGE foi divulgada nesta sexta-feira.

A respeito do título e do subtítulo, indique as afirmações corretas.

a) O título dá informações completas e todos os detalhes sobre o fato noticiado.

b) O título é mais curto e sintético do que o subtítulo.

c) O título, sendo curto, pode ser rapidamente lido e compreendido pelo leitor, que então decide se continua a ler a notícia ou não.

d) O subtítulo complementa o título apresentando mais detalhes sobre o fato noticiado.

e) Não há uma relação aparente entre o título e o subtítulo.

3. Agora releia o primeiro parágrafo da notícia.

> A geração de jovens que não estudam nem trabalham, chamada de "nem nem", cresceu em 2015 e representava quase um quarto do total de jovens brasileiros, segundo a Síntese de Indicadores Sociais (SIS 2016), do Instituto Brasileiro de Geografia e Estatística (IBGE), divulgada nesta sexta-feira (2). De 2014 para 2015, o percentual aumentou de 20% para 22,5%.

a) Notícias relatam fatos recém-ocorridos. Qual é o fato recém-ocorrido relatado nessa notícia?

b) Quem foi o responsável por esse fato?

c) Quando aconteceu o fato?

d) Onde aconteceu o fato?

e) Por que o fato aconteceu?

AMPLIANDO O CONHECIMENTO

Para fazer um bom título

A criação do título de uma notícia exige cuidado, pois ele deve ser curto e claro, para permitir que a comunicação com o leitor seja objetiva e direta, além de assegurar a atualidade do fato. Um recurso para isso é o uso de verbos no presente do indicativo, como em "Tremor de terra é sentido na cidade" e "China reage a ameaças". Outra tática válida é a retirada de palavras desnecessárias à compreensão do fato, como artigos e numerais. Assim, em lugar de um título como "Um grande grupo de artistas faz um manifesto", se reduziria a frase a "Artistas fazem manifesto". A redução da frase ao essencial auxilia o processo de diagramação do texto no espaço da página impressa ou da tela.

Nas notícias, o primeiro parágrafo é chamado de **lide** – esse termo se origina do inglês *lead* ("liderar").

O lide deve apresentar as informações essenciais a respeito do fato noticiado respondendo às questões: o quê, quem, quando, como, onde e por quê.

O detalhamento de cada aspecto do fato é dado nos parágrafos seguintes, que compõem o **corpo da notícia**.

4. Sobre a notícia lida, indique **V** para as afirmações verdadeiras e **F** para as falsas.

a) São apresentados dados numéricos de fontes confiáveis com o objetivo de comprovar as informações apresentadas e conferir credibilidade ao texto.

b) A fim de auxiliar o leitor no dimensionamento das informações divulgadas, no texto é feita uma comparação entre a pesquisa noticiada e pesquisas anteriores.

c) As informações sobre os diferentes recortes da pesquisa foram organizadas em blocos introduzidos por subtítulos.

d) As legendas trazem informações novas, que não são mencionadas no corpo da notícia.

> **AMPLIANDO O CONHECIMENTO**
>
> ### Pirâmide invertida
>
> Na linguagem jornalística, dizemos que as notícias, geralmente, são estruturadas como **pirâmides invertidas**, pois começam com a parte mais importante, que é apresentada logo no primeiro parágrafo, o lide. As informações menos importantes são dadas ao longo do corpo da notícia.
>
> *lide*
>
> *corpo da notícia*

e) As legendas explicam as fotografias e fazem uma ligação entre o conteúdo das imagens e o texto verbal.

f) O jornalista responsável pela notícia deixou clara sua opinião sobre os jovens "nem nem", porém não assinou o texto.

5. Segundo a Síntese de Indicadores Sociais do IBGE, as taxas mostram diferentes tendências entre os homens e as mulheres da geração "nem nem".

a) Em que parágrafos da notícia é apresentada essa diferença?

b) Estabeleça uma relação entre os dados apresentados nesses parágrafos e a realidade da população brasileira.

6. Explique o que é a geração "nem nem nem".

7. Duas pessoas foram ouvidas pelo autor da notícia.

a) Quem são elas e o que as autoriza a falar sobre a geração "nem nem"?

b) O objetivo de citar essas pessoas é:

• mostrar ao leitor o ponto de vista do próprio jovem "nem nem".

• aumentar o grau de informatividade do texto e conferir credibilidade à notícia.

8. Releia este trecho, em que uma fala de Luanda Botelho foi transcrita tal como ela a disse.

> "Quando a gente investiga os jovens homens 'nem nem', você tem um meio a meio entre aqueles que procuraram ou não trabalho. E quando você investiga a relação desses homens com afazeres domésticos, vê que não é um vínculo tão forte como acontece com as mulheres. Entre os homens, 47,4% cuidavam dos afazeres. Entre as mulheres, foi 91,6%", disse a pesquisadora do IBGE, Luanda Botelho [...]

a) Que sinal marca o início e o fim da transcrição da fala da pesquisadora?

b) Agora releia este outro trecho. Nele também se reproduz literalmente a fala de um entrevistado?

> André Simões, analista da coordenação de população e indicadores sociais do IBGE, destacou que, dentro do grupo dos "nem nem", pode ser feito um recorte do que pode ser chamado "nem nem nem", que além de não trabalhar e não estudar, não procura emprego, ou seja, são inativos.

c) Qual das expressões a seguir indica que, no parágrafo destacado no item **b**, uma fala do analista foi incorporada ao enunciado do jornalista?

• destacou que

• dentro do grupo dos "nem nem"

• ou seja

No jornalismo, as pessoas e os documentos consultados para embasar uma notícia ou reportagem são chamados de **fontes**. As fontes podem ser oficiais – representantes de uma instituição ou especialistas no assunto da matéria, por exemplo, ou não oficiais – como os personagens da notícia, pessoas que têm ligação com o fato noticiado porque o vivenciaram ou presenciaram, por exemplo.

As fontes podem ser citadas de modo direto ou indireto. A **citação direta** é marcada, na escrita, por meio das aspas, que introduzem e finalizam a fala da pessoa entrevistada. Já na **citação indireta**, a pessoa que escreve utiliza as informações dadas pela fonte e as transcreve, incorporando-as a seu texto.

Observação: nas notícias transmitidas pela TV ou pelo rádio, a citação direta pode ser feita por meio de vídeo ou gravação em que o próprio entrevistado fala. Outra maneira é o locutor iniciar e finalizar uma citação dizendo "abre aspas" e "fecha aspas".

9. Busque no texto outras palavras e expressões utilizadas para indicar as citações diretas ou indiretas dos entrevistados.

10. A notícia lida divulga os resultados de uma pesquisa que indica aumento do número de jovens que não trabalha nem estuda. Essa notícia pode interessar a que tipo de leitor?

11. Volte à notícia e verifique se aparecem no texto pronomes e verbos em primeira pessoa (como **eu**, **meu**, **minha**, **falei**, **acho**, **penso**) referindo-se ao autor da notícia. O que você constatou?

12. As notícias não expressam o ponto de vista do repórter; o objetivo delas é relatar acontecimentos da forma mais fiel possível à realidade e em linguagem que possa ser compreendida por todos os leitores. Por isso, a linguagem das notícias é:

a) pessoal, simples e distante da norma-padrão.

b) impessoal, simples e de acordo com a norma-padrão.

c) pessoal, acessível e de acordo com a norma-padrão.

A **notícia** é um gênero da esfera jornalística que tem como objetivo principal relatar um acontecimento recente que seja relevante para a população em geral ou especificamente para o leitor da publicação.

A linguagem da notícia segue as regras da norma-padrão e é impessoal, ou seja, não contém marcas explícitas da presença do autor ou de sua opinião. O registro costuma ser formal, mas em publicações destinadas a certos públicos, como crianças e adolescentes, pode haver alguma informalidade.

A notícia é formada pelos seguintes elementos:

- **título**, que resume o assunto da notícia e procura atrair a atenção do leitor para o texto;
- **subtítulo**, que complementa as informações do título e/ou subdivide o texto em blocos. Pode haver mais de um subtítulo em uma notícia;
- **lide**, primeiro parágrafo do texto, que responde às perguntas o que, quem, quando, como, onde e por quê;
- **corpo da notícia**, demais parágrafos que detalham as informações.

O texto verbal pode ser complementado por uma ou mais imagens legendadas.

TEXTO 2

1. A partir dos 14 anos, o jovem pode trabalhar legalmente na condição de aprendiz. Você já trabalhou ou trabalha como aprendiz?
2. Leia o título e o subtítulo do texto a seguir: Qual é o assunto tratado?
3. Para você, o que é "dar certo" na vida?

---

www.nexojornal.com.br/entrevista/2017/06/08/O-que-é-'dar-certo'-para-os-jovens-hoje-segundo-esta-antropóloga

O que é "dar certo" para os jovens hoje, segundo esta antropóloga

Para Regina Novaes, o êxito é associado a "não sobrar" em um mercado de trabalho mutante e desigual em oportunidades

Alunos do terceiro ano do Ensino Médio de um colégio [...] se vestiram como garis, vendedores ambulantes, faxineiros e cozinheiros no dia 17 de maio, em uma atividade com o tema "se nada der certo".

O objetivo, segundo o colégio, era "trabalhar o cenário de não aprovação no vestibular", incentivando os alunos a "lidar melhor com essa fase".

As imagens dos alunos [...] foram recebidas nas redes sociais com indignação. A instituição pediu desculpas em nota, dizendo não ter tido intenção de discriminar determinadas profissões.

O *Nexo* questionou Regina Novaes, antropóloga, professora da UFRJ e pesquisadora do tema da juventude, sobre o que significa "dar certo" hoje para os jovens brasileiros, que ideias estão por trás desses modelos e a partir de qual campo de possibilidades eles são traçados.

Regina Novaes, antropóloga.

Por que, na sua avaliação, o assunto trazido à tona pelo evento do colégio [...] repercutiu tanto?

REGINA NOVAES Em primeiro lugar devo dizer que as fotos da festa causam indignação. O deboche é revelador. Por meio da depreciação a certas profissões, uma parcela privilegiada de jovens expressa sua visão elitista e (re)marca sua posição de classe.

Mas, em uma perspectiva mais otimista, devo dizer que certas repercussões do debate também revelam algumas mudanças em nosso país. Várias reações via internet demonstram que tem mais gente hoje disposta a criticar tais manifestações que naturalizam as persistentes desigualdades da sociedade brasileira. O melhor exemplo foi o grande número de compartilhamentos da resposta de Marcio, filho de porteiro, que coloca o foco na relação contraditória, complementar e de dependência entre os brasileiros "que deram certo" e os "que não deram certo".

Outros jovens – cujos pais trabalham ou trabalharam em profissões socialmente desvalorizadas – também usaram as redes sociais para contar suas histórias e questionar preconceitos.

Em muitos *posts* a que tive acesso, jovens internautas – vários deles participantes de projetos culturais e políticas sociais implementadas nos últimos 14 anos –, revelando seu conhecimento e interessantes reflexões sobre o que se passa hoje no Brasil, questionaram as "bolhas sociais" em que vivem certos segmentos juvenis. Este é o lado bom da história!

O que é "dar certo" para o jovem no Brasil hoje? Esse conceito difere de acordo com a classe social? Como?

REGINA NOVAES Para os jovens de hoje, o desejo de "dar certo" vem acompanhado com o "medo de

---

Repercutir: causar impressão, gerar consequências, provocar comentários.

63

Estigma: marca, cicatriz. Emprega-se o termo em sentido figurado para referir-se a algo desonroso.

Fazer face a: enfrentar.

Inserção: inclusão.

Mutante: que muda frequentemente.

Precarizado: em condições precárias, deficientes; impossibilitado de cumprir adequadamente seus propósitos.

sobrar". Esse medo está relacionado ao mercado de trabalho, cada vez mais mutante devido a incessantes mudanças tecnológicas. A cada dia se enterram velhas profissões que dão lugar a inserções parciais, precarizadas e sem continuidade garantida no mundo do trabalho.

Mas é claro que este "medo de sobrar" é diferente para jovens de classes sociais distintas. Se a insegurança em relação ao futuro atinge a todos, os recursos sociais e culturais para fazer face a esse medo são profundamente desiguais. O acesso à escola, a qualidade do ensino, o acesso à cultura, as possibilidades de escolha afastam jovens nascidos na mesma época, da mesma geração. Cor, gênero, aparência, local de moradia funcionam como filtros reprodutores de desigualdades que acentuam o "medo de sobrar". Porém, não há como negar que mesmo entre os jovens privilegiados há mais insegurança em relação ao futuro do que havia na geração de seus pais.

Em que medida a ideia de meritocracia molda o que é ou não "dar certo"? Como você define essa ideia?

REGINA NOVAES A ideia de meritocracia se ancora no reconhecimento do esforço individual e no "não reconhecimento" de características das histórias pessoais, que impulsionam ou dificultam as trajetórias de inserção produtiva e social. Por meio da meritocracia se propõe um pretenso tratamento igualitário que – na realidade – funciona como um poderoso reprodutor de desigualdades.

Neste sentido, "dar certo" depende do campo de possibilidade em que se move o jovem em questão. É dentro de um campo de possibilidades (socialmente determinado) que os jovens fazem seus projetos de vida e negociam com a realidade.

O que significa "dar certo" para um jovem de classe média ou alta que não consegue atender as expectativas de seus pais, que "investem" nos melhores colégios, em cursos de línguas, em viagens e intercâmbios?

O que significa "dar certo" hoje para os jovens das classes populares que interrompem o estudo para trabalhar; voltam a estudar; conciliam estudo e trabalho; enfrentam preconceitos raciais, de identidade e orientação sexual; vivem em territórios ameaçados pela violência do narcotráfico e da polícia?

Certamente as respostas para estes jovens sobre "dar certo" são diferentes, mas a "meritocracia" funciona com um "democrático" pano de fundo comum que está presente mesmo entre os mais pobres, que interiorizam critérios e valores dominantes na sociedade.

De onde vem o estigma da sociedade brasileira em torno do trabalho manual? O que significa, no contexto brasileiro, assumir que garis, domésticas e porteiros "deram errado"?

REGINA NOVAES Essas perguntas exigem um olhar para o passado e um olhar para o presente. Ao buscar um olhar histórico encontramos uma sociedade de passado escravocrata. Essa característica é marcante na construção de uma contraditória lógica republicana. Por um lado, desvaloriza-se o trabalho manual, resistindo-se em reconhecer direitos dos trabalhadores e reinventando-se novas formas de escravidão.

Por outro lado, afirma-se que "todo trabalho é digno", fazendo uma ode ao "trabalho" para se contrapor ao "não trabalho", aos desocupados e transgressores que ameaçam a ordem instituída. Nesta ótica, o trabalhador que reproduz – de geração a geração – a posição subalterna "deu

"Medo de sobrar" é diferente para jovens de classes sociais distintas.

certo". Assim como "deram certo" aqueles que reproduziram seus privilégios de classe.

Não deram certo os transgressores, aqueles que ficaram "à margem", se tornaram bandidos. Essa tensão é constitutiva da nossa sociedade hierárquica e excludente que se vê como democrática.

Já ao olhar o presente, temos a soma de novas tensões: para esta geração a escolaridade (concluir o Fundamental, Ensino Médio, Técnico ou Universitário) não tem o mesmo peso do passado. Nem sempre o estudo garante o futuro. O diploma é como um passaporte: necessário, mas não garante a viagem.

É verdade que os jovens brasileiros de hoje têm mais escolaridade do que seus pais. Porém, a partir de certas mudanças (globais e nacionais) na estrutura produtiva, a experiência de jovens (de diferentes classes sociais) hoje inclui histórias pessoais ou de outros jovens que se empregam em profissões que exigem menos escolaridade do que conseguiram obter ou, então, estão em empregos distantes daqueles para os quais se prepararam. Assim o desemprego e o subemprego chegam também aos diplomados. O que, ainda que de maneira indireta e fragmentada, faz com que a hipocrisia da meritocracia possa ser colocada em xeque.

[...]

O que se esperaria hoje é que – para apoiar seus alunos – as escolas motivassem reflexões sobre características do mundo do trabalho de hoje e fossem além desses valores elitistas parados no tempo.

"Dar certo" poderia ser pensado na ótica da criatividade, da invenção social, da reinvenção da vida e principalmente fora da antiga dicotomia trabalho manual × trabalho intelectual. [...] Na verdade, os jovens de hoje [...] precisam ser apoiados para ampliar suas possibilidades de escolha em um mundo que não está dando conta de suas promessas de sucesso baseadas no consumo e na meritocracia.

> **Colocar em xeque:** colocar em dúvida o valor ou a importância de algo.
>
> **Dicotomia:** divisão de um conceito em dois outros conceitos contrários e complementares.
>
> **Hipocrisia:** farsa, falsidade.

LIMA, Juliana Domingos de. *Nexo*, 8 jun. 2017. Disponível em: <www.nexojornal.com.br/entrevista/2017/06/08/O-que-é-'dar-certo'-para-os-jovens-hoje-segundo-esta-antropóloga>. Acesso em: 6 mar. 2018.

▶ AMPLIANDO O CONHECIMENTO

O que um antropólogo estuda?

Antropólogo, ou antropologista, é o especialista em antropologia, uma ciência que procura dar conta de diversas dimensões do ser humano. A palavra **antropologia** tem origem no grego – *anthropos* ("homem") + *logia* ("estudo, tratado") –, e esse estudo do homem compreende aspectos biológicos, sociais e culturais.

O antropólogo pode se dedicar ao estudo das origens e da evolução do ser humano no tempo e em determinadas regiões. São objetos desse estudo: o desenvolvimento físico e os processos vitais; as características do desenvolvimento material e cultural de agrupamentos, como a linguagem, os costumes, as relações sociais, as crenças, os comportamentos e a produção cultural.

Objetos da etnia guarani pertencentes ao setor de antropologia do Museu Paranaense, em Curitiba, PR.

Interagindo com a entrevista

1. A entrevista lida foi publicada em um jornal digital, e na esfera jornalística é comum os textos terem título e subtítulo. Releia.

   ### O que é "dar certo" para os jovens hoje, segundo esta antropóloga

   Para Regina Novaes, o êxito é associado a "não sobrar" em um mercado de trabalho mutante e desigual em oportunidades

   a) A quem se refere a expressão "esta antropóloga"?
   b) Indique a resposta incorreta. O subtítulo da entrevista tem a função de:
   - delimitar o que se diz no título informando o nome da antropóloga e explicando o que, segundo ela, é "dar certo" para os jovens.
   - repetir, sem nenhum acréscimo de informação, aquilo que o título diz de forma resumida.
   - apresentar um ponto de vista da entrevistada e, assim, permitir ao leitor decidir se deseja ler a entrevista ou não.

   c) Por que as expressões "dar certo" e "não sobrar" estão entre aspas?
   d) Que acontecimento suscitou a entrevista?

2. Qual é a função dos parágrafos iniciais do texto, que antecedem a primeira pergunta feita à antropóloga?

3. Releia a terceira pergunta feita pela jornalista à antropóloga.

   > Em que medida a ideia de meritocracia molda o que é ou não "dar certo"? Como **você** define essa ideia?

   O que o termo em destaque revela sobre a interação entre a entrevistadora e a entrevistada?

4. Segundo a antropóloga, qual é, para os jovens, a relação entre "dar certo" e o "medo de sobrar"?

5. Por que, para Regina Novaes, o "medo de sobrar" é diferente para cada classe social?

6. Releia a terceira pergunta da entrevista e a resposta da antropóloga.
   a) Com base no texto e em seus conhecimentos de mundo, o que você entende por **meritocracia**?
   b) Nessa resposta, a palavra **democrático** está entre aspas. Que efeito de sentido é criado pelo uso desse sinal?
   c) Indique se as afirmações a seguir são verdadeiras ou falsas de acordo com a opinião da entrevistada.
   - A base da meritocracia é o reconhecimento do esforço pessoal.
   - A meritocracia reconhece que a história de vida de uma pessoa (a classe social a que pertence, seu acesso à educação de qualidade, a viagens etc.) pode facilitar ou dificultar sua trajetória.
   - A meritocracia deixa de ser um instrumento democrático na medida em que não considera as diferentes oportunidades sociais de cada pessoa.
   - Todo jovem de classe média ou alta será bem-sucedido, já que os pais investiram em sua formação escolar e lhes deram outras oportunidades de ampliar o conhecimento.
   - Todo jovem vindo das classes populares tem que interromper os estudos ou conciliar estudo e trabalho, além de enfrentar preconceitos de várias formas, por isso é vulnerável à violência e ao narcotráfico.

7. Explique o sentido da comparação criada pela entrevistada no trecho destacado a seguir.

> Já ao olhar o presente, temos a soma de novas tensões: para esta geração a escolaridade (concluir o Fundamental, Ensino Médio, Técnico ou Universitário) não tem o mesmo peso do passado. Nem sempre o estudo garante o futuro. **O diploma é como um passaporte: necessário, mas não garante a viagem**.

8. Com base na entrevista que você acabou de analisar e em outras entrevistas que já tenha lido, ouvido ou a que tenha assistido, indique a alternativa correta a respeito do gênero entrevista.

a) É um gênero jornalístico formado por perguntas do entrevistador e respostas do entrevistado.

b) É um gênero jornalístico em que um pesquisador obtém informações sobre os hábitos de diferentes pessoas por meio de uma série de perguntas.

c) É um gênero oral, definido como o diálogo entre dois personagens sobre determinado assunto.

9. Releia as perguntas formuladas pelo entrevistador e considere as afirmações a seguir.

I. A linguagem usada pelo entrevistador é clara e objetiva, de modo que a entrevistada pôde entender a que cada pergunta se referia.

II. Nas perguntas foi empregada a norma-padrão, que é a variedade da língua predominante nos textos jornalísticos.

III. O entrevistador orienta a discussão empregando expressões interrogativas como "por que", "o que", "como", "em que medida".

IV. As perguntas parecem ter sido formuladas no próprio momento da entrevista, seguindo o fluxo da conversa, e o entrevistador demonstra pouco conhecimento sobre o assunto.

São corretas apenas as alternativas:

a) I e II. **b)** I, II e III. **c)** II, III e IV.

10. De acordo com o veículo em que a entrevista é divulgada, o público a que se destina, o perfil do entrevistado e o objetivo da entrevista, ela pode ser mais expositiva, mais opinativa etc. Qual dos tipos de entrevista a seguir corresponde à entrevista concedida pela antropóloga Regina Novaes?

a) Entrevista expositiva: o entrevistado dá informações sobre um assunto no qual é especialista.

b) Entrevista opinativa: o entrevistado dá opiniões sobre um assunto.

c) Entrevista biográfica: o entrevistado é uma personalidade pública que responde sobre sua vida pessoal.

d) Entrevista informativa: o entrevistado fala sobre um fato de interesse público que ele vivenciou ou testemunhou.

O gênero **entrevista** pertence à esfera jornalística e é definido como uma conversa em que um entrevistador faz perguntas a um entrevistado. O objetivo pode ser trazer aos leitores, ouvintes ou espectadores esclarecimentos sobre fatos públicos; aprofundar conhecimentos sobre um assunto específico; satisfazer o interesse do público acerca da vida e das opiniões pessoais do entrevistado, entre outros.

As entrevistas podem ser feitas pessoalmente, por telefone, por *e-mail*, por videochamada etc. Quando realizadas oralmente, podem ser transcritas e veiculadas por escrito.

Em geral o entrevistador prepara com antecedência as perguntas que vai fazer. Essa organização prévia não impede que, durante a entrevista, ele redirecione a conversa aproveitando questões levantadas pelo entrevistado. Entretanto, esse redirecionamento não é possível quando as perguntas da entrevista são enviadas prontas ao entrevistado, por escrito.

Vamos comparar?

Notícia e entrevista

1. Nesta unidade você leu uma notícia e uma entrevista. Indique as alternativas que associam corretamente os dois gêneros.

    a) O objetivo principal das notícias e das entrevistas é divulgar as opiniões de um especialista ou de uma pessoa envolvida em um fato relevante e recente.

    b) Ambos os gêneros divulgam pesquisas feitas por especialistas, porém apenas a notícia é um gênero jornalístico.

    c) Os gêneros notícia e entrevista circulam na esfera jornalística.

    d) Uma das formas de obter informações para uma notícia é por meio de entrevistas com pessoas que viveram ou testemunharam o fato noticiado ou com especialistas.

2. A notícia lida como **Texto 1** foi publicada em um portal de notícias da internet.

    a) E onde foi publicada a entrevista apresentada como **Texto 2**?

    b) Em que suportes ou meios de comunicação podemos encontrar notícias e entrevistas escritas?

3. Em relação à linguagem e ao registro empregados nos textos, escolha a alternativa correta.

    a) A linguagem é subjetiva, pois apresenta a opinião pessoal de pessoas entrevistadas antes da elaboração dos textos.

    b) O registro é formal, com linguagem objetiva, clara e acessível.

    c) Em ambos os textos, o registro é formal, mas há marcas de oralidade.

    d) A notícia é sempre escrita com registro formal, enquanto nas entrevistas predomina a linguagem coloquial.

4. Em relação ao leitor, compare a notícia e a entrevista lidas nesta unidade. Elas têm o mesmo público-alvo? O que você observou para dar essa resposta?

5. Agora compare a notícia e a entrevista em relação ao assunto abordado. Pode-se dizer que a leitura da entrevista contribui para a compreensão dos dados apresentados na notícia? Explique.

6. Volte à página 24 e anote no quadro o título dos textos lidos nesta unidade e o gênero a que pertencem, de acordo com o principal objetivo comunicativo de cada um.

AMPLIANDO O CONHECIMENTO

Novos tempos para o jornalismo

Desde a popularização do acesso à internet, o jornalismo passa por grandes mudanças, não apenas referentes ao suporte dos textos jornalísticos, mas também à forma como são escritos e publicados.

Publicações de grande circulação passaram a ter portais na internet e novas fontes noticiosas surgiram. Há, então, uma descentralização do domínio da informação, e diferentes pontos de vista sobre os fatos começaram a circular em *sites* de notícias, em redes sociais, em plataformas de vídeos, em *blogs* etc. Conteúdos diversos são disponibilizados em diferentes formatos, atualizados e acessados em tempo real e o tempo todo.

Nesses meios, os canais de comunicação entre o veiculador da informação e o público leitor estão geralmente abertos, o que permite maior interação na medida em que há espaço para opiniões, sugestões e questionamentos.

Não se trata, portanto, de uma transposição do conteúdo do jornal impresso para o meio digital, mas sim de uma nova forma de produção e acesso à informação. Surge uma nova linguagem e diferentes interlocutores de textos jornalísticos.

68 Unidade 3 Ser jovem no Brasil

Língua e linguagem

O gênero entrevista e as modalidades oral e escrita da língua

A entrevista se encontra entre a modalidade oral e a modalidade escrita da língua, pois ela pode ser produzida e veiculada oralmente, produzida oralmente e depois transcrita ou, ainda, realizada por meio de perguntas entregues ao entrevistado por escrito e respondidas também por escrito. No caso da entrevista oral, o entrevistador pode estabelecer com o entrevistado uma conversa face a face, ou por telefone, ou por meio de um *software* de chamada de vídeo e voz. Ele grava ou anota as respostas do entrevistado e depois as transcreve.

Na passagem do oral para o escrito, o entrevistador é obrigado a fazer certas adaptações para traduzir por escrito o sentido criado por pausas, hesitações, risos, pronúncias que exprimam ironia, gestos e expressões faciais que complementem o sentido das palavras.

Outra razão para as adaptações é a necessidade de eliminar marcas de oralidade que comprometam a compreensão do texto e de seguir as regras da norma-padrão, pois essa é a linguagem geralmente empregada nos veículos de comunicação direcionados a um público amplo.

Embora a tarefa pareça simples, a adaptação da linguagem exige amplo conhecimento da língua, pois é preciso, de certa forma, reorganizar o discurso do entrevistado.

Podemos dizer, então, que a entrevista muitas vezes surge do enunciado oral, produzido no ato da conversação, e se concretiza na publicação do texto escrito.

Em uma boa entrevista precisa haver equilíbrio entre as perguntas que foram elaboradas previamente, as que foram elaboradas na hora e os comentários do entrevistador. Veja, neste objeto digital, um exemplo de entrevista que revela ao mesmo tempo preparo do entrevistador e espontaneidade.

1. Leia este trecho de uma entrevista concedida pela *youtuber* Jout Jout a uma revista.

Jout Jout, BFF da geral

Júlia Tolezano, a Jout Jout.
Felipe Gabriel/Folhapress

De pijama, de toalha ou com a louça por lavar aparecendo ali atrás, **Júlia Tolezano** entra semanalmente na vida de mais de 750 mil seguidores. Com intimidade, vai versando sobre angústias e aflições que todo mundo tem. Sua capacidade de abordar com leveza até os assuntos mais cabeludos a transformou na melhor amiga de muita gente e em uma influenciadora digital de alto calibre. A seguir, o que há por trás do jeitinho **Jout Jout** de ser.

[...]

Tpm. Você sempre teve este jeitinho Jout Jout de ser? Desde pequena?
Júlia Tolezano. Eu sempre fui assim do jeito que sou hoje. Digamos que eu não era oradora de turma, mas era o tipo legal de passar o recreio junto. As pessoas sempre me encontram na rua e falam: "Meu Deus, é igual nos vídeos!". Ficam surpresas porque todo mundo acha que tem um personagem. Nem sempre é assim. Aquela sou eu.

Por que era legal passar o recreio com você? Eu era muito legal, então todo mundo era meu amigo. Soa arrogante isso "eu era muito legal", né? A gente não tá acostumado a falar bem da gente mesmo. Fica achando que é ruim, mas é bom gostar de si. Eu era a melhor amiga de todo mundo. Os meninos não queriam ser meus namorados, mas queriam ser meus amigos [risos]. Eu era meio esquisitinha.

Esquisitinha como? Quando entrei na puberdade, meu queixo parou de crescer e meu cabelo virou uma coisa sem definição, aí comecei a alisar, que foi a pior ideia que tive na minha vida. Pra piorar, amarrava sempre num rabo baixo simplesmente horrível, péssimo. Sério, eu não me ajudava nunca. Mas eu era divertida, engraçadinha, e as pessoas gostavam de mim. Só que vivia pra pensar: "Quero um namorado. Todo mundo namora menos eu". Meu foco era nisso...
[...]

BOCK, Lia. *TPM*, São Paulo, 13 abr. 2016.

AMPLIANDO O CONHECIMENTO

Youtubers, um fenômeno

O YouTube é uma plataforma de compartilhamento de vídeos na internet acessada por mais de 1 bilhão de usuários (quase um terço das pessoas que usam a internet no mundo). Uma imensa quantidade de vídeos amadores é compartilhada por ele, e alguns alcançam enorme popularidade, levando pessoas comuns a se tornarem famosas. Conhecidas como *youtubers*, essas pessoas produzem vídeos sobre temas diversos e, na medida em que essa atividade ganhou destaque, elas passaram a receber uma porcentagem do valor pago por anunciantes ao YouTube.

Um *youtuber* deve conhecer as regras da plataforma, estar atento à adequação do conteúdo disponibilizado e manter-se antenado com as tecnologias de informação.

a) A primeira pergunta do entrevistador imprime um tom coloquial à conversa. Que expressão estabelece essa coloquialidade?

b) Observe estes trechos das respostas de Jout Jout:
- "[...] era o tipo legal de passar o recreio junto."
- "A gente não tá acostumado a falar bem da gente mesmo."
- "Eu era meio esquisitinha."
- "Só que vivia pra pensar [...]"

Que marcas de oralidade há nesses trechos?

c) A presença de marcas de oralidade torna o texto mais formal ou mais informal?

2. O que significa a marcação **[risos]**?

3. Alguns trechos das respostas estão escritos entre aspas. Qual é a função das aspas em cada caso?

4. Releia o texto introdutório da entrevista. A linguagem utilizada pela repórter tem o mesmo grau de formalidade que a usada pela entrevistada? Justifique sua resposta.

5. A revista em que foi publicada a entrevista destina-se ao público feminino jovem. Em sua opinião, a linguagem utilizada no texto introdutório atende às expectativas do público-alvo?

6. Leia este trecho de uma entrevista publicada em uma revista para adolescentes.

Entrevista com Luan Santana: ele é o cara!

Foi em uma segunda-feira que encontramos Luan Santana. Super bem-humorado, o gato chegou de óculos de sol, calça *jeans* e camiseta. Fez questão de cumprimentar (com beijinho e tudo! \o/) nossa equipe inteira, respondeu todas as perguntas e encarou a sessão de fotos com um sorriso (divino) no rosto. Pode apostar, ele é lindo, simpático, educado, talentoso... Ok, você já sabe de tudo isso, né? Então, se joga na entrevista TDB que a gente trouxe especialmente pra você!

[...]

Qual a pior parte da fama?
A falta de liberdade. Não dá pra sair na rua a qualquer hora ou ir em qualquer lugar. Ficar longe da família e dos amigos também é difícil.

Então você sente falta do anonimato?
Eu sinto, sim. Às vezes me dá saudade de sair na rua, de ir ao supermercado, à padaria, de boa mesmo. É meio difícil...

Show de Luan Santana realizado em São Francisco do Conde, BA, em 2011.

> **Qual a música que você mais gosta de cantar em seus *shows*?**
> A música que eu mais gosto de cantar nos meus *shows*? Hum... difícil. Acho que é "Você não sabe o que é o amor".
> **Você tem feito muitos *shows* por mês, sobra tempo pra compor?**
> Sobra. Tem que sobrar, né? No hotel, nas viagens, eu consigo compor, sim.
> [...]

COIMBRA, Thaís. *Todateen*, 17 out. 2016. Disponível em: <https://todateen.com.br/entrevista-luan-santana>. Acesso em: 28 fev. 2018.

a) Comente o efeito de sentido produzido pelas reticências nos trechos abaixo.

- "É meio difícil…"
- "Hum… difícil."

b) Observe o terceiro par de pergunta e resposta. Considerando que o cantor acha difícil saber que música prefere cantar nos *shows*, qual pode ter sido o objetivo de iniciar sua resposta repetindo a pergunta da entrevistadora?

7. Releia o texto introdutório da entrevista e observe o tom informal da linguagem.

a) Na frase a seguir, que expressão foi usada para referir-se ao cantor?

Super bem-humorado, o gato chegou de óculos de sol, calça *jeans* e camiseta.

b) Além dessa expressão e do nome do cantor, que outras palavras e expressões foram usadas no texto da entrevista para referir-se a ele? Qual é a função dessas substituições?

c) Na passagem a seguir, a repórter parece conversar com o leitor. Identifique os recursos utilizados para estabelecer esse efeito de proximidade com o leitor.

Fez questão de cumprimentar (com beijinho e tudo! \o/) nossa equipe inteira, respondeu todas as perguntas e encarou a sessão de fotos com um sorriso (divino) no rosto.

d) Você conhece o símbolo **\o/**? O que ele significa e em que situações costuma ser usado?

8. Releia este trecho.

> **Você tem feito muitos *shows* por mês, sobra tempo pra compor?**
> Sobra. Tem que sobrar, né? No hotel, nas viagens, eu consigo compor, sim.

a) O que quer dizer a palavra **né** e qual é a função dela nessa frase?

b) Você conhece outras palavras usadas com a mesma finalidade? Quais?

Ao transcrever uma entrevista oral passando-a para a modalidade escrita, é necessário cumprir algumas etapas.

1. Ouvir a entrevista e identificar:	2. Escrever o texto organizando os pares de pergunta e resposta e acrescentando:	3. Revisar e reescrever o texto para que siga as regras da norma-padrão em relação:
• o conteúdo principal de cada resposta; • marcas de oralidade, como **né**, **tipo**, **então** etc.; • palavras inadequadas ao contexto, como termos ofensivos ou palavrões; • partes com truncamento (corte) de ideias, repetições desnecessárias, retomadas desnecessárias por meio de palavras como **então** ou **aí**, sobreposição de vozes do entrevistador e do entrevistado.	• elementos de coesão; • pontuação adequada ao sentido de cada resposta; • referências ao estado emocional do entrevistado, se necessário, como **[risos]** e **[choro]**; • quebra de linhas para separar diferentes assuntos tratados na mesma resposta; • sinônimos para palavras impróprias; • colchetes com explicações, caso o entrevistado mencione algo que o leitor possa não conhecer; • texto de apresentação.	• à ortografia e acentuação; • à pontuação; • à concordância verbal e nominal; • ao encadeamento entre as orações.

9. Releia a entrevista apresentada na página 69 e compare-a quanto à linguagem com os trechos das entrevistas feitas com Jout Jout e Luan Santana. Na entrevista concedida por Regina Novaes, não há marcas de oralidade. Como você explicaria essa particularidade?

10. Releia os trechos abaixo, retirados da entrevista das páginas 63 e 64, e indique:
- **I** para o trecho que contém uma seleção e enumeração de elementos;
- **II** para o trecho em que duas partes do período são encadeadas por meio de pronome ou conjunção;
- **III** para o trecho que contém os dois recursos.

a) "O diploma é como um passaporte: necessário, mas não garante a viagem."

b) "O acesso à escola, a qualidade do ensino, o acesso à cultura, as possibilidades de escolha afastam jovens nascidos na mesma época, da mesma geração."

c) "Cor, gênero, aparência, local de moradia funcionam como filtros reprodutores de desigualdades que acentuam o 'medo de sobrar.'"

> Quer a entrevista com a antropóloga tenha sido feita oralmente e em seguida transcrita, quer tenha sido realizada por escrito, observamos nas respostas dela a linguagem própria da escrita formal. Entre os recursos característicos dessa linguagem, estão:
> - a enumeração de elementos selecionados de acordo com a intenção comunicativa;
> - o encadeamento (a ligação) de orações ou períodos por meio de elementos de coesão – como pronomes e conjunções – que explicitam o tipo de relação entre eles.

11. Na entrevista com Regina Novaes, a linguagem não indica intimidade entre entrevistador e entrevistada. Eles se dirigem um ao outro? A entrevistada se dirige ao entrevistador? A quem ela se dirige?

12. Agora elabore hipóteses.
a) Com base na linguagem da entrevista com a antropóloga, a que público ela se dirige?
b) A linguagem das entrevistas com Jout Jout e Luan Santana é mais informal. Qual é a relação da opção pela informalidade com o objetivo da entrevista e os perfis do entrevistado e do leitor?

> A entrevista caracteriza-se, em geral, por traços de oralidade, porque costuma surgir de um diálogo oral entre entrevistador e entrevistado. A presença de marcas de oralidade no texto escrito torna a linguagem mais informal, mas ela pode ser adequada ao objetivo da entrevista, ao perfil do entrevistado e ao do leitor. Entretanto, mesmo quando a linguagem das entrevistas é informal, devem ser seguidas as regras da norma-padrão quanto à grafia, concordância verbal e nominal, pontuação etc.

72 **Unidade 3** Ser jovem no Brasil

Oficina de produção
Texto escrito e oral

Entrevista

Provavelmente você já teve acesso a diversas entrevistas orais, pois elas são comuns em programas jornalísticos e de entretenimento veiculados na televisão, no rádio e em *sites*. Nesta unidade, você viu que as entrevistas escritas que circulam nos diferentes veículos podem ser feitas oralmente e depois transcritas, ou podem ser feitas apenas por escrito. Nesta atividade você fará uma entrevista oral sobre a juventude brasileira para ser gravada em vídeo e apresentada aos colegas. Será uma oportunidade de observar que, mesmo quando a entrevista é oral, ela se origina em um texto escrito: o roteiro de perguntas.

▶ Recordar as características do gênero

Para recordar algumas características do gênero entrevista, responda às questões a seguir.

1. Indique a alternativa que define a linguagem das entrevistas.
   a) Formal e com emprego de termos técnicos próprios da área de conhecimento do entrevistado, independentemente do público a que se destina.
   b) Informal, como em uma conversa entre amigos ou conhecidos.
   c) Adequada à norma-padrão e com grau de formalidade que varia de acordo com o objetivo da entrevista e o perfil do entrevistado e o do leitor.
   d) Adequada à norma-padrão e formal, independentemente do objetivo da entrevista e do perfil do entrevistado e o do leitor.

2. Em relação às perguntas que compõem a entrevista, indique as alternativas corretas.
   a) Devem ser curtas e relacionar-se à profissão exercida pelo entrevistado.
   b) Devem relacionar-se ao objetivo e ao tema da entrevista.
   c) Devem, obrigatoriamente, expressar a opinião do entrevistador sobre o tema da entrevista.
   d) Devem ser objetivas e diretas.

3. Que relação deve ser estabelecida entre o título e o subtítulo de uma entrevista?

4. Que elementos devem constar da introdução da entrevista, que antecede a série de perguntas e respostas?

AMPLIANDO O CONHECIMENTO

Perfil digital do adolescente brasileiro

Em 2016, uma pesquisa realizada pela empresa Amdocs mapeou o comportamento digital dos adolescentes na atualidade. Foram entrevistados mais de quatro mil jovens, com idades entre 15 e 18 anos, de dez países diferentes (Brasil, México, Reino Unido, Estados Unidos, Canadá, Índia, Alemanha, Rússia, Filipinas e Cingapura). Alguns dados sobre os jovens brasileiros indicam que:

- 62% conferem suas redes sociais assim que acordam;
- 51% preferem usar *emojis* a palavras, para expressarem o que estão sentindo;
- 55% pensam que seu *smartphone* os torna mais "legais";
- 88% gostariam de ter, dentro de seus braços, um dispositivo conectado à internet;
- 71% nunca ouviram música em um disco de vinil;
- 49% nunca usaram telefone público ou enviaram uma carta escrita à mão;
- 32% nunca compraram um jornal ou revista impressa.

▶ Planejar

1. Junte-se a dois colegas para elaborar uma entrevista sobre o perfil da juventude brasileira. O entrevistado será alguém que, por sua experiência pessoal ou pela área de atuação profissional, esteja habilitado a falar a respeito do assunto, dar informações interessantes e esclarecedoras ou mostrar um ponto de vista menos conhecido.

2. Para fazer perguntas adequadas ao tema e que resultem em respostas interessantes, pesquisem o tema da entrevista em livros, revistas e na internet, preferencialmente no *site* do Instituto Brasileiro de Geografia e Estatística ou em *sites* de universidades e de jornais de circulação nacional.

3. Preparem um roteiro de cinco ou seis perguntas considerando o tipo de conhecimento do entrevistado sobre o tema.
   - Lembrem-se de que, conforme as respostas do entrevistado, novas perguntas podem surgir.
   - É possível também, durante a entrevista, modificar as perguntas de forma a dar continuidade a algum assunto oportuno que o próprio entrevistado tenha trazido à discussão.
   - Caso o entrevistado se interesse por um aspecto específico do tema e queira falar mais sobre ele, isso pode ser valorizado pelo entrevistador.

4. Preparem um roteiro do que será dito na introdução da entrevista, que é o momento de apresentar o entrevistado ao público – quem é, em que trabalha, por que é uma pessoa que tem algo relevante a dizer sobre o jovem brasileiro – e explicar o objetivo da entrevista.

5. Entreguem os roteiros ao professor para ele verificar se estão adequados; em seguida, façam os ajustes sugeridos por ele.

6. Decidam o papel que cada integrante do grupo vai desempenhar no momento da entrevista.
   - O entrevistador fará as perguntas e encaminhará a conversa com o entrevistado. Lembrem-se de que o bom entrevistador é alguém capaz de ouvir e de incentivar o entrevistado a falar.
   - O responsável pela gravação da entrevista irá manipular o celular ou a filmadora (pode ser uma câmera portátil simples) e deve testar o aparelho antes da entrevista e cuidar para que áudio e imagem tenham boa qualidade.
   - O terceiro integrante do grupo atuará no apoio ao entrevistador, ao entrevistado e ao responsável pela gravação.

7. Entreguem ao entrevistado, com alguma antecedência, a lista de perguntas que pretendem fazer para que ele tenha tempo de se preparar.

8. Planejem o local onde será feita a entrevista e comuniquem ao professor o que for decidido. O ideal é que seja em um lugar calmo e silencioso para que nada atrapalhe o diálogo com o entrevistado nem a gravação.

▶ Produzir

9. Durante a entrevista, o integrante do grupo que fará as perguntas deve:
   - dirigir-se ao entrevistado usando a forma de tratamento adequada à situação, ao grau de intimidade entre vocês, e à idade dele, entre outras condições: o senhor/a senhora, você, doutor/doutora, professor/professora etc.;
   - procurar seguir as regras da norma-padrão quanto à concordância verbal e nominal, à escolha dos tempos verbais e à pronúncia;
   - iniciar a gravação apresentando o entrevistado ao público e explicando o objetivo da entrevista; nesse momento ele deve falar voltado para a câmera;
   - falar em tom de voz audível e com boa articulação e ser cordial na conversa com o entrevistado;
   - ficar atento às respostas do entrevistado para elaborar novas e interessantes perguntas ao longo da entrevista;
   - no final, agradecer ao entrevistado pela participação e, voltando-se novamente para a câmera, encerrar a entrevista e despedir-se do público.

10. Salvem o arquivo da entrevista e editem-no utilizando um *software* de edição de vídeo.
    - Verifiquem se há algum trecho que deve ser cortado por ser repetitivo ou por causa de eventuais ruídos e interferências externas, ou, ainda, por algum "engasgo" do entrevistador ou do entrevistado.
    - Acrescentem legendas, como o nome do entrevistado, do entrevistador etc.

▶ Compartilhar e avaliar

11. O professor combinará um dia para que a turma assista a todas as entrevistas. Enquanto veem cada vídeo, vocês devem fazer anotações acerca das questões a seguir.
    - As perguntas feitas pelo entrevistador foram claras e relacionadas ao objetivo da entrevista?
    - O entrevistador apresentou o entrevistado e o objetivo da entrevista antes de iniciar as perguntas?
    - O entrevistador explorou bem o assunto com o entrevistado, de modo que foram levantadas informações e opiniões relevantes?
    - Ele empregou a norma-padrão, mantendo grau de formalidade adequado à situação e ao perfil do entrevistado?
    - O vídeo está bem gravado e editado?

12. No final da seção de vídeos, conversem com a turma e com o professor sobre os trabalhos, em uma avaliação coletiva. Exponham as anotações que fizeram sobre cada trabalho e ouçam o que os colegas têm a dizer sobre a entrevista de seu grupo. Aproveitem o momento para contar como foi, para vocês, a experiência de gravar uma entrevista.

13. Por fim, avaliem se as informações, as vivências, as opiniões e os testemunhos trazidos pelas entrevistas contribuíram para vocês compreenderem melhor esse importante grupo do qual fazem parte: os jovens brasileiros.

Fernando Favoretto/Criar Imagem

DIÁLOGOS

Tribos urbanas

No livro *O tempo das tribos* (no original, *Le temps des tribus*), de 1988, o sociólogo francês Michel Maffesoli (1944-) descreveu e analisou a maneira como muitos de nós nos apresentamos e agimos quando estamos em grupo. Por meio de seu estudo, ele concluiu que, nas grandes cidades, as pessoas se reúnem em grupos que ele denominou **tribos urbanas**. Esse termo ainda é usado atualmente em sociologia, publicidade, *marketing* e outras áreas do conhecimento para designar grupos de pessoas com interesses comuns.

No passado, quando os hábitos, os conhecimentos e os valores da comunidade eram transmitidos de geração a geração, a cultura própria do local onde as pessoas nasciam definia o grupo a que pertenciam. Com o desenvolvimento e o crescimento das cidades, muitas culturas passaram a coexistir no mesmo espaço geográfico, o que proporcionou mudanças na forma como as pessoas se vinculam umas às outras.

Segundo o autor, hoje é comum as pessoas optarem por ligar-se a grupos com os quais mantêm interesses comuns, independentemente da tradição local ou familiar. Elas se reúnem para compartilhar gostos musicais, *hobbies*, ideologias políticas, o que leva o grupo a ter mais evidência do que os indivíduos que o compõem. Assim, pode-se dizer que vivemos uma época marcada por dissoluções e novas maneiras de conexão.

Leia alguns trechos de uma reportagem em que foram apresentadas 35 diferentes tribos urbanas. Depois discuta com os colegas as questões propostas.

[...]

2. *Hip-hop* – O *hip-hop* foi um movimento da década de 1970 iniciado nas áreas centrais de comunidades jamaicanas, latinas e afro-americanas da cidade de Nova York, nos EUA. Esses guetos enfrentavam diversos problemas sociais, e os jovens encontravam na rua o único espaço de lazer, onde usavam a arte, música e dança para canalizar a violência. Os adeptos do *hip-hop* usam roupas largas, bonés e bermudas.

[...]

5. Surfistas – A tribo dos surfistas surgiu nos Estados Unidos durante a década de 1950, com a popularização do surfe no Estado da Califórnia. Os membros dessa tribo idolatram a natureza, as ondas do mar e as energias, e se vestem com roupas leves como bermudas e saias, e também trajes esportivos.

[...]

76 Unidade 3 Ser jovem no Brasil

7. *Nerds* – O termo *nerd* surgiu em 1951 numa citação da revista *Newsweek* e, já em 1960, era usado nos Estados Unidos e Escócia para descrever pessoas apaixonadas por leitura e pouco sociáveis. A tribo dos *nerds* é composta por pessoas vistas socialmente como excessivamente intelectuais, tímidas, excêntricas e com falta de habilidade social, porém, o grupo é apaixonado por ficção científica, tecnologia e *games*.
[...]

9. Metaleiros – A tribo dos metaleiros é composta por fãs de *heavy metal* e surgiu em meados de 1970 na Inglaterra e Estados Unidos. O termo é associado ao "bater cabeça" que os fãs praticam durante os *shows*, incentivado inicialmente pelas bandas Black Sabbath, Deep Purple e Led Zeppelin. Os metaleiros usam cabelos compridos, roupas pretas, casacos de couro, *patches* e camisetas de bandas de metal.
[...]

Tribos urbanas ontem e hoje: conheça 35 grupos que fazem história na sociedade. *Bol Listas*. Disponível em: <https://noticias.bol.uol.com.br/fotos/bol-listas/2017/06/07/tribos-urbanas-ontem-e-hoje-conheca-35-grupos-que-fazem-historia-na-sociedade.htm>. Acesso em: 26 fev. 2018.

1. A maneira como cada tribo urbana se veste, fala e se comporta colabora para marcar a diferença entre os integrantes dessa tribo e o restante da sociedade?

2. Você faz parte de alguma tribo urbana? Compartilha os valores e a estética de algum grupo? O que você pensa sobre as tribos urbanas?

3. Muitas tribos urbanas são formadas por jovens. A adesão a uma tribo pode revelar o desejo de romper com a tradição, comum entre jovens? Comente com os colegas.

Enem e vestibulares

1. Enem

Assaltantes roubam no ABC 135 mil figurinhas da Copa do Mundo

Cinco assaltantes roubaram 135 mil figurinhas do álbum da Copa do Mundo 2010 na noite de quarta-feira (21), em Santo André, no ABC. Segundo a assessoria da Treelog, empresa que distribui os cromos, ninguém ficou ferido durante a ação.

O roubo aconteceu por volta das 23h30. Armados, os criminosos renderam 30 funcionários que estavam no local, durante cerca de 30 minutos, e levaram 135 caixas, cada uma delas contendo mil figurinhas. Cada pacote com cinco cromos custa R$ 0,75.

Procurada pelo G1, a Panini, editora responsável pelas figurinhas, afirmou que a falta dos cromos em algumas bancas não tem relação com o roubo. Segundo a editora, isso se deve à grande demanda pelas figurinhas.

Disponível em: http://g1.globo.com. Acesso em: 23 abr. 2010 (adaptado).

A notícia é um gênero jornalístico. No texto, o que caracteriza a linguagem desse gênero é o uso de:

a) expressões linguísticas populares.

b) palavras de origem estrangeira.

c) variantes linguísticas regionais.

d) termos técnicos e científicos.

e) formas da norma-padrão da língua.

2. Enem

O dia em que o peixe saiu de graça

Uma operação do Ibama para combater a pesca ilegal na divisa entre os Estados do Pará, Maranhão e Tocantins incinerou 110 quilômetros de redes usadas por pescadores durante o período em que os peixes se reproduzem. Embora tenha um impacto temporário na atividade econômica da região, a medida visa preservá-la a longo prazo, evitando o risco de extinção dos animais. Cerca de 15 toneladas de peixes foram apreendidas e doadas para instituições de caridade.

Época, 23 mar. 2009 (adaptado).

A notícia, do ponto de vista de seus elementos constitutivos:

a) apresenta argumentos contrários à pesca ilegal.

b) tem um título que resume o conteúdo do texto.

c) informa sobre uma ação, a finalidade que a motivou e o resultado dessa ação.

d) dirige-se aos órgãos governamentais dos estados envolvidos na referida operação do Ibama.

e) introduz um fato com a finalidade de incentivar movimentos sociais em defesa do meio ambiente.

3. Enem

Texto I

Entrevistadora – Eu vou conversar aqui com a professora A.D. ... O português então não é uma língua difícil?

Professora – Olha se você parte do princípio... que a língua portuguesa não é só regras gramaticais... não se você se apaixona pela língua que você... já domina... que você já fala ao chegar na escola se teu professor cativa você a ler obras da literatura... obra da/dos meios de comunicação... se você tem acesso a revistas... é... a livros didáticos... a... livros de literatura o mais formal o e/o difícil é porque a escola transforma como eu já disse as aulas de língua portuguesa em análises gramaticais.

Texto II

Professora – Não, se você parte do princípio que língua portuguesa não é só regras gramaticais. Ao chegar à escola, o aluno já domina e fala a língua. Se o professor motivá-lo a ler obras literárias e se tem acesso a revistas, a livros didáticos, você se apaixona pela língua. O que torna difícil é que a escola transforma as aulas de língua portuguesa em análises gramaticais.

MARCUSCHI, L. A. Da fala para a escrita: atividades de retextualização. São Paulo: Cortez, 2001 (adaptado).

O Texto I é a transcrição de entrevista concedida por uma professora de português a um programa de rádio. O Texto II é a adaptação dessa entrevista para a modalidade escrita. Em comum, esses textos:

a) apresentam ocorrências de hesitações e reformulações.

b) são modelos de emprego de regras gramaticais.

c) são exemplos de uso não planejado da língua.

d) apresentam marcas da linguagem literária.

e) são amostras do português culto urbano.

4. Enem

A substituição do haver por ter em construções existenciais, no português do Brasil, corresponde a um dos processos mais característicos da história da língua portuguesa, paralelo ao que já ocorrera em relação à ampliação do domínio de ter na área semântica de "posse", no final da fase arcaica. Mattos e Silva (2001:136) analisa as vitórias de ter sobre haver e discute a emergência de ter existencial, tomando por base a obra pedagógica de João de Barros. Em textos escritos nos anos quarenta e cinquenta do século XVI, encontram-se evidências, embora raras, tanto de ter "existencial", não mencionado pelos clássicos estudos de sintaxe histórica, quanto de haver como verbo existencial com concordância, lembrado por Ivo Castro, e anotado como "novidade" no século XVIII por Said Ali.

Como se vê, nada é categórico e um purismo estreito só revela um conhecimento deficiente da língua. Há mais perguntas que respostas. Pode-se conceber uma norma única e prescritiva? É válido confundir o bom uso e a norma com a própria língua e dessa forma fazer uma avaliação crítica e hierarquizante de outros usos e, através deles, dos usuários? Substitui-se uma norma por outra?

CALLOU, D. A propósito de norma, correção e preconceito linguístico: do presente para o passado. In: *Cadernos de Letras da UFF*, n. 36, 2008. Disponível em: www.uff.br. Acesso em: 26 fev. 2012 (adaptado).

Para a autora, a substituição de "haver" por "ter" em diferentes contextos evidencia que:

a) o estabelecimento de uma norma prescinde de uma pesquisa histórica.

b) os estudos clássicos de sintaxe histórica enfatizam a variação e a mudança na língua.

c) a avaliação crítica e hierarquizante dos usos da língua fundamenta a definição da norma.

d) a adoção de uma única norma revela uma atitude adequada para os estudos linguísticos.

e) os comportamentos puristas são prejudiciais à compreensão da constituição linguística.

5. **Enem**

eu acho um fato interessante… né… foi como meu pai e minha mãe vieram se conhecer… né… que… minha mãe morava no Piauí com toda a família… né…meu… meu avô… materno no caso… era maquinista… ele sofreu um acidente… infelizmente morreu… minha mãe tinha cinco anos… né… e o irmão mais velho dela… meu padrinho… tinha dezessete e ele foi obrigado a trabalhar… foi trabalhar no banco… e… ele foi…o banco… no caso… estava… com um número de funcionários cheio e ele teve que ir para outro local e pediu transferência prum mais perto de Parnaíba que era a cidade onde eles moravam e por engano o… o… escrivão entendeu Paraíba… né… e meu… minha família veio parar em Mossoró que exatamente o local mais perto onde tinha vaga pra funcionário do Banco do Brasil e: ela foi parar na rua do meu pai… né…e começaram a se conhecer…namoraram onze anos …né… pararam algum tempo… brigaram… é lógico… porque todo relacionamento tem uma briga… né…e eu achei esse fato muito interessante porque foi uma coincidência incrível…né… como vieram se conhecer… namoraram e hoje… e até hoje estão juntos… dezessete anos de casados.

(CUNHA, M. F. A. (org.) **Corpus discurso & gramática**: a língua falada e escrita na cidade de Natal. Natal: EdUFRN, 1998.)

Na transcrição de fala, há um breve relato de experiência pessoal, no qual se observa a frequente repetição de "né". Essa repetição é um:

a) índice de baixa escolaridade do falante.

b) estratégia típica da manutenção da interação oral.

c) marca de conexão lógica entre conteúdos na fala.

d) manifestação característica da fala nordestina.

e) recurso enfatizador da informação mais relevante da narrativa.

6. **Enem**

Só há uma saída para a escola se ela quiser ser mais bem-sucedida: aceitar a mudança da língua como um fato. Isso deve significar que a escola deve aceitar qualquer forma de língua em suas atividades escritas? Não deve mais corrigir? Não!

Há outra dimensão a ser considerada: de fato, no mundo real da escrita, não existe apenas um português correto, que valeria para todas as ocasiões: o estilo dos contratos não é o mesmo dos manuais de instrução; o dos juízes do Supremo não é o mesmo dos cordelistas; o dos editoriais dos jornais não é o mesmo do dos cadernos de cultura dos mesmos jornais. Ou do de seus colunistas.

(POSSENTI, S. Gramática na cabeça. **Língua Portuguesa**, ano 5, n. 67, maio 2011 – adaptado).

Sírio Possenti defende a tese de que não existe um único "português correto". Assim sendo, o domínio da língua portuguesa implica, entre outras coisas, saber:

a) descartar as marcas de informalidade do texto.

b) reservar o emprego da norma-padrão aos textos de circulação ampla.

c) moldar a norma-padrão do português pela linguagem do discurso jornalístico.

d) adequar as formas da língua a diferentes tipos de texto e contexto.

e) desprezar as formas da língua previstas pelas gramáticas e manuais divulgados pela escola.

UNIDADE 4

ALIMENTAÇÃO: DESPERDÍCIO *VERSUS* SUSTENTABILIDADE

Roda de conversa

1. Descreva a imagem principal do cartaz ao lado e, depois, responda: O que ela representa?

2. Para ler textos multimodais, é preciso relacionar os recursos verbais aos não verbais. A principal imagem do cartaz relaciona-se diretamente a que trecho do texto verbal?

3. Que efeito de sentido a polissemia da palavra **digerir** cria na frase "Se você acha que isso nada tem a ver com o seu prato, é melhor digerir um pouco mais o assunto"?

4. Que palavras no texto se referem diretamente ao interlocutor do cartaz? Que efeito o uso dessas palavras produz?

5. Esse cartaz fez parte de uma campanha promovida por uma indústria de cabos para automóveis, motocicletas e máquinas agrícolas. Sabendo que a campanha foi realizada dentro da própria empresa, opine: Qual pode ter sido a intenção dela ao conscientizar seus funcionários?

Todos os anos, mais de **UM BILHÃO** de toneladas de alimentos são desperdiçados no mundo.

Se você acha que isso nada tem a ver com o seu prato, é melhor digerir um pouco mais o assunto.

COMIDA NÃO É LIXO
CONSCIÊNCIA VAI BEM EM QUALQUER PRATO.

ControlFlex GROUP

Unidade 4 Alimentação: desperdício *versus* sustentabilidade

O que você vai aprender

Gêneros
- Dicas
- Relato pessoal

Língua e linguagem
- Mecanismos de coesão

Oficinas de produção
- Enquete
- Texto instrucional

Conheça

Livros
- *A história da alimentação no Brasil*, de Luís da Câmara Cascudo (Global).
- *Aproveitamento integral de alimentos*, de Michelle Gomes Lelis (AS Sistemas). E-book.
- *Arte de cozinha (1680)*, de Domingos Rodrigues (Senac Rio).
- *Larousse da cozinha brasileira – Raízes culturais da nossa terra*, de Dolores Freixa e Guta Chaves (Larousse Brasil).
- *O que tem na geladeira?*, de Rita Lobo (Senac Panelinha).

Filmes
- *O veneno está na mesa*. Direção: Sílvio Tendler. Brasil, 2014.
- *Muito além do peso*. Direção: Estela Renner. Brasil, 2013.
- *Lixo extraordinário*. Direção: Lucy Walker, João Jardim e Karen Harley. Reino Unido/Brasil, 2010.
- *Food, Inc.* (Comida S.A.). Direção: Robert Kenner. Estados Unidos, 2008.
- *Ilha das Flores*. Direção: Jorge Furtado. Brasil, 1989. Curta-metragem.

Música
- *Comida*, de Arnaldo Antunes, Marcelo Fromer e Sérgio Britto.

Na internet
- Alimentação Consciente Brasil: <http://alimentacaoconsciente.org>.
- Guia alimentar para a população brasileira: <http://portalarquivos.saude.gov.br/images/pdf/2014/novembro/05/Guia-Alimentar-para-a-pop-brasileira-Miolo-PDF-Internet.pdf>.
- Banco de alimentos e colheita urbana – Aproveitamento integral dos alimentos (cartilha): <www.sesc.com.br/mesabrasil/cartilhas/cartilha7.pdf>.
- Saúde Brasil: <http://saudebrasilportal.com.br/eu-quero-me-alimentar-melhor>.
- Instituto Akatu: <www.akatu.org.br>.

FAO – Organização das Nações Unidas para Alimentação e a Agricultura. Arte e redação: Agência NucleoTCM.

TEXTO 1

1. O texto a seguir trata de uma importante questão relacionada à alimentação. Leia o título, o subtítulo e a fonte do texto. Qual é, provavelmente, o objetivo dele?

www.akatu.org.br/dica/como-evitar-o-desperdicio-de-alimentos-em-casa

Como evitar o desperdício de alimentos em casa

Medidas de economia podem reduzir impactos negativos no meio ambiente e no seu bolso

O desperdício de alimentos tem uma série de impactos sociais e ambientais e deve ser evitado a todo custo. Água, energia e trabalho são desperdiçados junto com os alimentos.

Além de todos os impactos negativos mencionados, desperdiçar alimentos traz mais um prejuízo: para o bolso.

Uma família que gasta, em média, R$ 650 ao mês com alimentos e desperdiça quase um terço disso "joga fora" mais de R$ 180 ao mês!

Com medidas simples, como comprar e cozinhar somente o necessário, consumir os alimentos antes de estragarem e os aproveitar bem no momento da preparação, por exemplo, é possível diminuir bastante esse desperdício, tanto de comida quanto de dinheiro. Se o desperdício da mesma família caísse pela metade, seriam economizados R$ 91,20 por mês, ou quase R$ 1.095 ao ano.

E mais, se esse dinheiro – facilmente economizado – fosse depositado mensalmente em uma poupança com rendimento anual de 6%, ao final de 70 anos renderia mais de um milhão de reais. Vale a pena reduzir o desperdício.

- Planeje o cardápio semanal, liste os ingredientes necessários para produzir esses pratos e compre a quantidade necessária para o preparo. Não esqueça de verificar o que você já tem em casa antes de preparar a lista.
- Dedique atenção especial aos alimentos perecíveis, que se estragam mais rápido, buscando comprar em quantidades menores e mais vezes por semana se possível.

Unidade 4 Alimentação: desperdício *versus* sustentabilidade

- Não vá às compras de alimentos com fome, pois isso pode induzi-lo a comprar em excesso.
- Dê preferência a frutas, a verduras e a legumes da época. Assim, esses produtos não virão de tão longe e chegarão mais frescos, durando mais sem estragar. Além disso, os alimentos produzidos na época mais propícia para o seu crescimento exigem uma menor utilização de agroquímicos e insumos em sua produção do que os produtos fora de sua época ideal.
- Dê preferência aos alimentos produzidos em locais próximos ao que você vive. Essas escolhas diminuem o tempo de transporte e o alimento dura mais tempo. Além disso, você contribui para a economia e governança local [...].
- Ao estocar os produtos no armário ou na geladeira, coloque na frente ou em cima os mais antigos e atrás ou embaixo os mais recentes.
- Se for congelar os alimentos, separe-os em pequenas porções, equivalentes ao consumo de uma refeição.
- Atente-se às recomendações de armazenamento nas embalagens. Boa parte das perdas de alimentos em residências é derivada da estocagem inadequada dos produtos: alguns devem ir à geladeira, outros precisam ficar em ambientes secos e sem incidência solar etc.
- Utilize os alimentos integralmente, ou seja, inclua sementes, talos, folhas e cascas nas receitas. Muitas vezes as partes dos alimentos que jogamos fora são extremamente nutritivas e ricas em fibras. [...]
- Reaproveite alimentos que são sobras de uma refeição e que muitas vezes ficam "perdidos" na geladeira, que podem se transformar em bolinhos, tortas, sopas etc.
- Use os alimentos "feiozinhos" – frutas, legumes e verduras um pouco machucados ou com formato diferente do usual são tão nutritivos quanto os que não estão machucados ou têm o formato usual. Coloque no prato só o que você vai comer.
- Coloque os restos de alimentos em composteiras para produzir adubo para seu jardim ou horta caseira, para o jardim do prédio ou uma praça comunitária. Assim, as partes dos produtos que não puderam ser consumidas como alimento retornam ao solo como nutrientes! Cuidado, pois nem todo o tipo de resto de alimentos pode ser colocado na composteira, como é o caso das carnes.

Agroquímico: agrotóxico; qualquer produto químico usado para prevenir ou exterminar pragas e doenças agrícolas.

Composteira: recipiente empregado na reciclagem de lixo orgânico. Nele são depositados materiais orgânicos que passam por processo de decomposição controlada e geram um material rico em nutrientes usado como adubo.

Incidência solar: ocorrência de luz solar.

Governança: administração.

Composteira.

Este objeto digital traz um infográfico com variadas formas de apresentação dos dados. Ao clicar em diferentes partes da imagem, é possível observá-las detalhadamente e saber mais detalhes da adequação dos diferentes tipos de apresentação da informação ao objetivo e aos dados, além de uma análise das cores, imagens e proporções.

Como evitar o desperdício de alimentos em casa. *Instituto Akatu*, 3 maio 2017. Disponível em: <www.akatu.org.br/dica/como-evitar-o-desperdicio-de-alimentos-em-casa>. Acesso em: 17 maio 2018.

Interagindo com as dicas

1. As hipóteses que você levantou antes da leitura sobre o objetivo do texto e o gênero ao qual pertence se confirmaram? A que gênero ele pertence e qual é seu objetivo?

2. Releia o título e o subtítulo do texto.

   ### Como evitar o desperdício de alimentos em casa
   Medidas de economia podem reduzir impactos negativos no meio ambiente e no seu bolso

   a) Que palavras ou expressões sinalizam o objetivo do texto?

   b) Observe novamente o cartaz da campanha educativa na abertura da unidade. Com relação à finalidade, ele tem alguma coisa em comum com o texto "Como evitar o desperdício de alimentos em casa"?

3. O texto lido dá instruções, recomendações. Quais dos gêneros a seguir têm o mesmo objetivo?

   a) Receita de bolo de chocolate.
   b) História em quadrinhos da Mulher Maravilha.
   c) Manual de instruções para usuário de um *tablet*.
   d) Bula de antibiótico.
   e) Documentário sobre o destino do lixo doméstico urbano.
   f) Folheto com recomendações para os visitantes de um parque ecológico.
   g) Tutorial para instalação de aplicativo no celular.
   h) Abaixo-assinado para pavimentação de rua.

4. Releia, no final do texto, a fonte da qual ele foi tirado.

   a) Com base no veículo em que o texto foi publicado, levante hipóteses sobre o público ao qual ele se destina.

   b) O que significa a informação "Acesso em: 17 maio. 2018"?

5. No texto, o autor utiliza dados numéricos para indicar informações sobre gastos com alimentos e economia, em caso de diminuição do desperdício. Indique a resposta certa. Esses dados são utilizados:

   a) como recurso para respaldar o texto em dados concretos que contribuam para convencer o leitor sobre a necessidade de não desperdiçar alimentos;

   b) demonstrar a necessidade de o leitor analisar informações relacionadas ao desperdício de alimentos.

> **AMPLIANDO O CONHECIMENTO**
> **Campanhas educativas**
>
> As campanhas educativas são chamadas dessa forma porque têm caráter pedagógico. Suas orientações e informações são voltadas à promoção da saúde da população, à prevenção de acidentes, ao respeito aos direitos humanos, à valorização da cultura e da diversidade étnica etc.
>
> Elas são consideradas um tipo de propaganda social, pois promovem causas sociais. Diferentemente delas, as campanhas publicitárias têm por objetivo vender produtos e serviços.
>
> Sejam campanhas de propaganda social ou publicitárias, as campanhas costumam incluir peças como cartazes, *outdoors*, folhetos, vídeos para a TV e a internet, *banners*, *spots* (áudios) etc.

6. Releia o trecho a seguir.

> **Planeje** o cardápio semanal, liste os ingredientes necessários para produzir esses pratos e compre a quantidade necessária para o preparo. Não se esqueça de verificar o que **você** já tem em casa antes de preparar a lista.

a) O verbo **planejar**, no trecho, é utilizado no modo imperativo, assim como os outros verbos que iniciam cada uma das dicas. Usados nesse modo, os verbos expressam o sentido de dúvida, ordem ou orientação?

b) Levando em consideração que se trata de um texto instrucional, explique por que os verbos são utilizados nesse modo.

c) Que efeito o uso do pronome **você** produz nesse trecho?

d) Identifique no texto palavras usadas para fazer referência ao leitor.

7. Associe as colunas conforme as ações sugeridas no texto.

a) Planejamento do cardápio.

b) Cuidado com alimentos perecíveis.

c) Preferência por alimentos da estação.

d) Cuidado com a estocagem dos alimentos.

e) Máximo aproveitamento de frutas, legumes e verduras.

f) Reaproveitamento de sobras de alimentos.

g) Compostagem de restos de alimentos.

I. Transformar o que iria para o lixo em nutrientes para o solo.

II. Verificar o que há disponível em casa.

III. Consumir partes de alimentos que seriam jogadas fora aproveitando, assim, todos os nutrientes.

IV. Evitar que os alimentos se percam por causa de umidade e má refrigeração.

V. Comprar em menor quantidade e com mais frequência.

VI. Conseguir alimentos mais frescos e com menos aditivos.

VII. Ser criativo e inventar novas receitas.

8. O texto foi escrito conforme a norma-padrão e apresenta um registro formal da língua escrita. Considerando a circulação do texto, explique para que essa opção do autor pode contribuir.

Você leu um texto que tem o objetivo de ensinar formas de evitar desperdício de alimentos. Textos como esse, com dicas para o leitor alcançar objetivos diversos – economizar água, reciclar o lixo, relacionar-se melhor na escola, fazer amigos, entre outros –, circulam cotidianamente no meio impresso e no digital. Trata-se do gênero **dicas**.

Nesse gênero, uma série de recursos contribui para que o leitor conheça o passo a passo de ações ou procedimentos a adotar para fazer algo. Alguns desses recursos: organização das instruções em itens; uso de verbos no modo imperativo ou no infinitivo; uso de pronomes que se dirigem diretamente ao leitor.

Por conter instruções, as dicas são consideradas um gênero instrucional ou injuntivo. Outros gêneros instrucionais são: receita culinária, bula de remédio, tutorial em vídeo, manual de instruções impresso ou digital etc.

A linguagem, nos gêneros instrucionais, costuma ser próxima da norma-padrão e objetiva, para que possa ser entendida pelo maior número de pessoas e não dê margem à dupla interpretação.

---

9. Forme dupla com um colega e pensem em mais ações para evitar o desperdício de alimentos não apenas no ambiente doméstico, mas na escola, no trabalho, em passeios etc. Descrevam as ações em que pensaram aplicando o formato das dicas lidas.

TEXTO 2

1. Com base no título do texto a seguir, responda: De que assunto ele trata? O que você sabe desse assunto?
2. Considerando o título do texto, a que você imagina que se refere o subtítulo "Viva e deixe viver"?

AMPLIANDO O CONHECIMENTO

Veganos e vegetarianos

O **veganismo** é uma filosofia de vida fundamentada na não exploração animal. Quem é vegano segue uma alimentação à base de vegetais, cereais, grãos e outros produtos que não sejam de origem animal. Os veganos não consomem produtos e serviços que explorem animais, como entretenimento (zoológico, aquário, pesca), vestimenta (couro, lã, seda), cosméticos e medicamentos testados em animais etc. O termo **vegano** também descreve alimentos sem ingredientes de origem animal.

Já o **vegetarianismo** é uma dieta baseada no consumo de produtos vegetais. Quando, além dos vegetais, são incluídos produtos lácteos e ovos, tem-se a dieta ovo-lácteo-vegetariana.

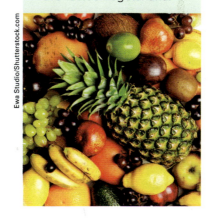

www.mapaveg.com.br/8-anos-de-veganismo-um-relatopessoal

8 anos de veganismo: um relato pessoal

Viva e deixe viver

Há exatamente 8 anos, eu tomava uma das maiores decisões da minha vida. De alguém que remava a favor da maré para alguém que rema contra. Neste caso em particular, uma maré ruim, responsável pelos maiores problemas da humanidade, embora poucas pessoas façam tal conexão.

A violência, tão presente de várias maneiras, permeava minha vida de muitas formas "sutis", inteligentemente disfarçadas sob justificativas elaboradas. Todos falam das grandes guerras, dos conflitos entre nações etc., mas poucos são os que atentam para o fato de que estas situações nascem e crescem de sementes que estão dentro de cada um de nós, e que germinam todos os dias nos menores gestos violentos, enquanto não as arrancamos.

[...]

Para se livrar da violência é preciso ir além. Poucas pessoas estão conscientes de que a zona de conforto é, na verdade, uma zona de desconforto, que resiste ao tempo e nos torna imunes à compaixão, a menos que façamos alguma coisa, sem esperar que alguém nos siga ou nos apoie. Quando criança, um dos meus maiores desejos era ser um adulto que teria em casa as melhores guloseimas industrializadas disponíveis no mercado, principalmente sobremesas lácteas, queijos e carnes de todos os tipos. E realizei esse desejo por alguns anos.

Aos 24 anos, lembro de ter assistido ao documentário "Terráqueos" e me enganado mais uma vez com justificativas inteligentes. "Os animais podem ser melhor tratados e morrerem sem dor", pensava eu. Uma ideia muito comum, mas eu ainda não sabia que não existe forma humanitária de matar alguém que não quer morrer, ou de explorar alguém que não quer ser explorado.

Dois anos depois, enquanto trabalhava, me veio "do nada" a ideia de que eu deveria me alimentar melhor [...].

Após algumas pesquisas, eu estava decidido a me tornar vegetariano, ou melhor, ovo-lacto-vegetariano, que é a palavra exata conhecida como sinônimo de vegetariano, embora tecnicamente seja incorreto. Pesquisa vai, pesquisa vem, descubro que, não apenas as carnes, mas laticínios e ovos também estão ligados a várias doenças.

A internet, naquele ano de 2009, já apresentava muita informação a respeito do vegetarianismo. Portanto, era de se esperar que logo eu entrasse em contato mais uma vez com este conceito que era novo pra mim: o veganismo. Desta vez eu estava atento, pois não me lembro de a palavra ter sido citada de forma explícita em "Terráqueos".

Eu diria que o vegetarianismo é só mais uma dieta, mas que o veganismo é algo que você pode preferir não conhecer, para não ter que fazer nada a respeito. Após conhecer, de uma forma ou de outra, você não tem como voltar atrás. Há

86 **Unidade 4** Alimentação: desperdício *versus* sustentabilidade

uma frase que diz o seguinte: "Você nunca vai ganhar um debate com um vegano, porque o debate nunca é com ele, e sim com a sua consciência".

Arthur Schopenhauer disse certa vez que toda verdade passa por três estágios: no primeiro, ela é ridicularizada; no segundo, é rejeitada com violência; no terceiro, é aceita como evidente por si própria. Essa mesma frase está presente no início de "Terráqueos", com adaptações. Portanto, não há como voltar atrás, porque você estará, no mínimo, passeando entre o primeiro e o segundo estágio, ainda que ridicularize a ideia apenas dentro de sua própria mente, ou parta para "pequenas" violências, como as piadas que vai começar a fazer sobre pessoas veganas, pois elas são uma forma de aliviar o peso constante em sua consciência. Ah, você também poderá assumir outra postura: admirar quem consegue, mas dizer que não é para você, por ser uma pessoa viciada em carnes, laticínios e ovos; a propósito, eu também era.

Portanto, eu lhe darei a escolha de não querer conhecer, e você pode parar a leitura aqui, se for o seu caso. Em algum momento, eu acredito que você queira voltar ao assunto. Já existe muita gente fazendo ativismo nas ruas, e você talvez depare com algum grupo por aí, ou com um cartaz, e seja forçado a encarar sua consciência, assim como são forçados os animais não humanos que você prefere ignorar. Mas, certamente, seu pequeno sofrimento diante de sua consciência não é nada perto do que estes animais sofrem diariamente.

Se você decidiu continuar a leitura, o veganismo é uma forma de viver sem explorar e causar sofrimento a animais não humanos, tanto quanto possível e praticável, o que também se estende aos humanos com quem convivemos, e a nós mesmos, em primeiro lugar, pois tudo o que fazemos aos demais é resultado de como nos tratamos. Quando nos tratamos melhor, fica mais fácil termos atitudes mais amorosas com os outros animais, sejam humanos ou não humanos. Mas também é possível começar pelo seu exterior, usando a inteligência. No entanto, o foco principal do veganismo está em dar voz a quem não tem voz, e libertar quem dificilmente consegue libertar a si mesmo, e este é precisamente o caso dos animais não humanos.

Assim, eu estava novamente em contato com as mesmas verdades inconvenientes que vi no documentário "Terráqueos", mas dessa vez mais aberto às informações, com menos resistências. Quando algo faz sentido, tudo fica mais fácil. Percebi, então, que não bastava uma alimentação livre de carnes, assim como também não bastava uma dieta livre de produtos de origem animal. Eu estava disposto a abandonar todo o sofrimento e exploração animal da minha vida, mas ainda não sabia quando. Já tinha cortado as carnes da dieta em 18 de julho de 2009, até que, ao compartilhar o tema com um grande amigo, ele se dispôs a iniciar uma dieta sem carnes em 1 de agosto de 2009. Foi o que me moveu a escolher a mesma data para me tornar vegano.

Foi interessante descobrir que, ao me tornar vegano, eu parecia voltar ao ponto em que perdi a conexão com os animais não humanos. Me lembrei de que eles fazem parte de nossas vidas e crescem conosco, como animais chamados "de estimação", nos desenhos animados, nas estampas de roupas, nos bichinhos de pelúcia e outros brinquedos, e, embora muitos desenhos, frutos de mentes doentes, os mostrem trapaceando e cometendo atrocidades, nós temos uma forte ligação com estes animais, pois no fundo sabemos que eles são nossos amigos.

Eles não são seres inferiores. Muitos deles podem ver mais longe que você, enxergar cores que você não enxerga, escutar frequências que você não escuta, voar com asas próprias, reagirem a uma situação de **stress**, mas logo voltarem a viver sem traumas, e podem viver livres de preocupações, quando estão na Natureza, algo que você não consegue nesta tão agitada vida humana. Você se acha mesmo superior?

[...]

Por Leandro Chaves, fundador do Mapa Veg.

Mapa Veg, 1 ago. 2017. Disponível em: <www.mapaveg.com.br/8-anos-de-veganismo-um-relato-pessoal>. Acesso em: 9 abr. 2018.

AMPLIANDO O CONHECIMENTO

Schopenhauer

Arthur Schopenhauer (1788-1860) nasceu em Dantzig, na Polônia, e tornou-se um dos grandes filósofos do mundo ocidental. Em 1818, publicou sua obra-prima, em quatro volumes, intitulada *O mundo como vontade e representação*. Nela, Schopenhauer desenvolve teorias sobre a relação do ser humano com o mundo, com as ideias e com a realidade; sobre a razão, a verdade, a vida e a morte; sobre o sofrimento, entre outros temas.

O filósofo Arthur Schopenhauer em retrato pintado em 1885 por Jules Lunteschütz.

Interagindo com o relato pessoal

1. Depois de concluída a leitura, responda: De que assunto o texto trata?

2. No título, o autor define o texto como um relato pessoal. Releia o trecho a seguir e responda às questões.

   Quando criança, um dos meus maiores desejos era ser um adulto que teria em casa as melhores guloseimas industrializadas disponíveis no mercado, principalmente sobremesas lácteas, queijos e carnes de todos os tipos. [...]

   Aos 24 anos, lembro de ter assistido ao documentário "Terráqueos" e me enganado mais uma vez com justificativas inteligentes. [...]

   Dois anos depois, enquanto trabalhava, me veio "do nada" a ideia de que eu deveria me alimentar melhor [...].

   Após algumas pesquisas, eu estava decidido a me tornar vegetariano, ou melhor, ovo-lacto-vegetariano, que é a palavra exata conhecida como sinônimo de vegetariano, embora tecnicamente seja incorreto. [...]

   Se você decidiu continuar a leitura, o veganismo é uma forma de viver sem explorar e causar sofrimento a animais não humanos, tanto quanto possível e praticável, o que também se estende aos humanos com quem convivemos, e a nós mesmos, em primeiro lugar, pois tudo o que fazemos aos demais é resultado de como nos tratamos. Quando nos tratamos melhor, fica mais fácil termos atitudes mais amorosas com os outros animais, sejam humanos ou não humanos. Mas também é possível começar pelo seu exterior, usando a inteligência. No entanto, o foco principal do veganismo está em dar voz a quem não tem voz, e libertar quem dificilmente consegue libertar a si mesmo, e este é precisamente o caso dos animais não humanos.

   a) Qual é a função dos termos destacados nos quatro primeiros parágrafos?

   b) De que maneira essa forma de organização textual contribui para estabelecer coerência do texto?

   c) O último parágrafo do trecho citado apresenta uma tese, um ponto de vista. Explique a relação entre ele e os parágrafos anteriores, estabelecendo conexão entre a intenção de relatar e a de argumentar.

   d) Nos primeiros parágrafos, o autor utiliza a 1ª pessoa do singular. Indique os termos que comprovam essa característica.

   e) Qual mudança ocorre no último parágrafo do trecho citado? Que efeito de sentido ela provoca?

   f) Que outro recurso linguístico promove o mesmo efeito de sentido observado na atividade anterior?

3. Releia este trecho.

   Arthur Schopenhauer disse certa vez que toda verdade passa por três estágios: no primeiro, ela é ridicularizada; no segundo, é rejeitada com violência; no terceiro, é aceita como evidente por si própria. Esta mesma frase está presente no início de "Terráqueos", com adaptações. Portanto, não há como voltar atrás, porque você estará, no mínimo, passeando entre o primeiro e o segundo estágio, ainda que ridicularize a ideia apenas dentro de sua própria mente [...]. Ah, você também poderá assumir outra postura: admirar quem consegue, mas dizer que não é pra você, por ser uma pessoa viciada em carnes, laticínios e ovos; a propósito, eu também era.

   a) Segundo o autor do texto, quais são os três estágios de reconhecimento da verdade de acordo com o filósofo Schopenhauer? Explique com suas palavras.

   b) O autor do texto cita o filósofo como um argumento para defender sua tese. Explique.

   c) No trecho, pode-se observar o uso de pelo menos dois recursos comuns na estruturação de uma argumentação: o argumento de autoridade e a interlocução com o leitor. Explique de que maneira isso ocorre.

4. Nos trechos a seguir, localize e explique dois outros argumentos usados pelo autor para defender sua opção pelo veganismo.

   Foi interessante descobrir que, ao me tornar vegano, eu parecia voltar ao ponto em que perdi a conexão com os animais não humanos. Me lembrei que eles fazem parte de nossas vidas e crescem conosco, como animais chamados "de estimação", nos desenhos animados, nas estampas de roupas [...].

   Eles não são seres inferiores. Muitos deles podem ver mais longe que você, enxergar cores que você não enxerga, escutar frequências que você não escuta, voar com asas próprias, reagirem a uma situação de *stress*, mas logo voltarem a viver sem traumas, e podem viver livres de preocupações, quando estão na Natureza, algo que você não consegue nesta tão agitada vida humana. Você se acha mesmo superior?

Unidade 4 Alimentação: desperdício *versus* sustentabilidade

5. E você? Como se posiciona diante das ideias defendidas no texto?

Escreva um parágrafo criando mais um argumento que poderia ser acrescido aos já apresentados pelo autor ou contra-argumente, contradizendo a tese ou os argumentos dele.

6. Apesar do título "8 anos de veganismo: um relato pessoal", esse texto não é composto apenas do relato de vivências pessoais do autor. Ele também contém opiniões e argumentos que as embasam. Discuta com os colegas:

a) Qual é o objetivo principal desse texto?

b) Podemos dizer que os trechos desse texto que contêm relato pessoal do autor são, no contexto, um recurso de convencimento, uma forma de atingir o leitor e levá-lo a aderir ao ponto de vista do autor?

Você acabou de ler um **relato pessoal**. Os textos que pertencem a esse gênero caracterizam-se por conter o relato de experiências vividas pelo autor. São, por isso, textos em 1ª pessoa.

O objetivo principal dos relatos pessoais é narrar vivências, mas eles também costumam trazer descrições de lugares e pessoas, trechos em que o autor expõe sentimentos e impressões.

Quanto à linguagem, ela varia conforme a situação comunicativa, os interlocutores e a modalidade da língua (oral ou escrita). Assim, ela pode ser mais próxima ou menos próxima da norma-padrão e mais formal ou menos formal.

O relato "8 anos de veganismo" foi publicado em um *site*, mas esse gênero é comum também em revistas, livros, jornais etc.

AMPLIANDO O CONHECIMENTO

Sem crueldade e sem tabus

Um dos nomes mais importantes da filosofia contemporânea é Peter Singer. Nascido em Melbourne, na Austrália, em 1946, ele atua na área de ética prática e aborda questões polêmicas como a libertação animal, a eutanásia e o aborto. Entre suas obras mais importantes estão *A ética da alimentação – como nossos hábitos alimentares influenciam o meio*, em que coloca em xeque nossas escolhas alimentares, e *Libertação animal*, em que expõe sem subterfúgios a realidade da indústria pecuária e dos testes de laboratório.

Peter Singer, ideias para diminuir a quantidade de sofrimento no mundo.

Quaisquer que sejam nossas posições, o certo é que as abordagens criativas de Singer permitiram um avanço no pensamento sobre questões antes vistas como tabu ou como problemas menores. Tanto é assim que hoje existe um movimento pelo fim do sofrimento animal e pela ética na alimentação.

Vamos comparar?

Dicas e relato pessoal

Releia trechos dos dois textos estudados nesta unidade.

▶ Texto 1

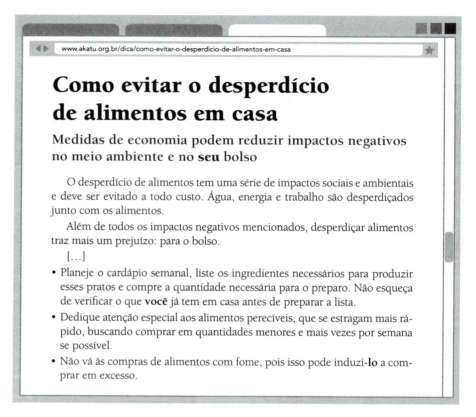

www.akatu.org.br/dica/como-evitar-o-desperdicio-de-alimentos-em-casa

Como evitar o desperdício de alimentos em casa

Medidas de economia podem reduzir impactos negativos no meio ambiente e no seu bolso

O desperdício de alimentos tem uma série de impactos sociais e ambientais e deve ser evitado a todo custo. Água, energia e trabalho são desperdiçados junto com os alimentos.

Além de todos os impactos negativos mencionados, desperdiçar alimentos traz mais um prejuízo: para o bolso.

[...]

- Planeje o cardápio semanal, liste os ingredientes necessários para produzir esses pratos e compre a quantidade necessária para o preparo. Não esqueça de verificar o que **você** já tem em casa antes de preparar a lista.
- Dedique atenção especial aos alimentos perecíveis, que se estragam mais rápido, buscando comprar em quantidades menores e mais vezes por semana se possível.
- Não vá às compras de alimentos com fome, pois isso pode induzi-**lo** a comprar em excesso.

▶ Texto 2

www.mapaveg.com.br/8-anos-de-veganismo-um-relatopessoal

8 anos de veganismo: um relato pessoal

Viva e deixe viver

Há exatamente 8 anos, **eu** tomava uma das maiores decisões da **minha** vida. De alguém que remava a favor da maré para alguém que rema contra. Neste caso em particular, uma maré ruim, responsável pelos maiores problemas da humanidade, embora poucas pessoas façam tal conexão.

A violência, tão presente de várias maneiras, permeava **minha** vida de muitas formas "sutis", inteligentemente disfarçadas sob justificativas elaboradas. Todos falam das grandes guerras, dos conflitos entre nações etc., mas poucos são os que atentam para o fato de que estas situações nascem e crescem de sementes que estão dentro de cada um de nós, e que germinam todos os dias nos menores gestos violentos, enquanto não as arrancamos.

Astrid Gast/Shutterstock.com

Unidade 4 Alimentação: desperdício *versus* sustentabilidade

1. Observe os pronomes destacados nos dois textos. A que pessoa do discurso eles se referem e o que isso indica?

2. Levando em conta o objetivo central dos gêneros a que cada texto pertence, relacione os dois textos aos gêneros a seguir.
   a) tutorial
   b) receita
   c) autobiografia
   d) relato de memória
   e) regras de jogo
   f) anedota
   g) manual
   h) diário pessoal

3. Os dois textos foram publicados em *sites*. Em que outros veículos podem ser encontrados relatos pessoais e dicas, sejam orais ou escritos?

4. É possível afirmar que os dois textos se dirigem ao mesmo público-alvo? O que você observou para dar sua resposta?

5. Nesta unidade, você leu um texto de dicas e um relato pessoal. Indique as alternativas corretas sobre as características dos dois gêneros.
   a) O relato pessoal relaciona-se à esfera de relatar, e o texto de dicas, à esfera de instruir ou prescrever.
   b) A linguagem do relato pessoal é subjetiva, pois o autor relata experiências, impressões e sentimentos; já a linguagem das dicas é objetiva e direta, pois são apresentadas orientações de forma precisa.
   c) O relato pessoal é usado para descrever experiências do passado, enquanto as dicas concentram-se em acontecimentos no presente.
   d) A descrição é um recurso presente nos dois gêneros. No relato pessoal, é empregada para caracterizar os elementos presentes nele; e nas dicas, para instruir melhor o leitor.

6. Volte à página 24 e anote no quadro o título dos textos lidos nesta unidade e o gênero a que pertencem, de acordo com o principal objetivo comunicativo de cada um.

AMPLIANDO O CONHECIMENTO

Relato de viagem nas mídias digitais

Um tipo de relato pessoal que tem se destacado nas mídias digitais é o relato de viagem. Apresentado de forma oral e/ou escrita, é basicamente um registro de acontecimentos marcantes ocorridos durante a viagem do autor. O relato pode ser oral, ou seja, gravado em áudio e vídeo, ou publicado de forma escrita e divulgado em diversas plataformas, como redes sociais, *blogs*, *vlogs*, estes acompanhados de imagens e/ou vídeos.

Jovem viajante na Ponte da Torre, Londres.

O relato de viagem apresenta sequências narrativas (com tempo e espaço definidos) e descritivas (descrição do local, de pessoas, de objetos etc.), e é escrito em primeira pessoa (ponto de vista do autor). A linguagem usada pode ser formal ou informal, dependendo do público-alvo.

Língua e linguagem

Mecanismos de coesão

Na primeira unidade deste livro, você viu que na produção de textos, escritos ou orais, são utilizados recursos para que esses textos sejam claros e inteligíveis.

Esses mecanismos têm a função de organizar o texto. A repetição de uma mesma estrutura gramatical, a enunciação de algo que já foi dito por meio de palavras diferentes, a referência a elementos do próprio texto, a antecipação de informações, e a ligação de ideias, frases e parágrafos, garantem o desenvolvimento, a progressão e a sequência de informações e ideias.

Paralelismo

1. Compare as duas versões do trecho a seguir.

Versão I

- **Utilize** os alimentos integralmente, ou seja, **inclua** sementes, talos, folhas e cascas nas receitas. Muitas vezes as partes dos alimentos que jogamos fora são extremamente nutritivas e ricas em fibras. [...]
- **Reaproveite** alimentos que são sobras de uma refeição e que muitas vezes ficam "perdidos" na geladeira, que podem se transformar em bolinhos, tortas, sopas etc.

Versão II

- **Utilize** os alimentos integralmente, ou seja, **inclua** sementes, talos, folhas e cascas nas receitas. Muitas vezes as partes dos alimentos que jogamos fora são extremamente nutritivas e ricas em fibras. [...]
- **Reaproveitar** alimentos que são sobras de uma refeição e que muitas vezes ficam "perdidos" na geladeira, que podem se transformar em bolinhos, tortas, sopas etc.

a) Na versão I, pode-se notar que o modo imperativo foi usado de maneira repetida nas orientações para o leitor. Qual é o objetivo dessa repetição e em que medida ela favorece a leitura do texto?

b) Qual é a diferença entre as duas versões e que efeito essa diferença atribui à leitura do trecho?

2. Agora releia outra passagem do texto.

- Dê preferência a frutas, a verduras e a legumes da época. Assim, esses produtos não virão de tão longe e chegarão mais frescos, durando mais sem estragar. Além disso, os alimentos produzidos na época mais propícia para o seu crescimento exigem uma menor utilização de agroquímicos e insumos em sua produção do que os produtos fora de sua época ideal.
- Dê preferência aos alimentos produzidos em locais próximos ao que você vive. Essas escolhas diminuem o tempo de transporte e o alimento dura mais tempo. Além disso você contribui para a economia e governança local.

a) Identifique a expressão que se repete.

b) Que efeito de sentido essa repetição produz?

3. Leia o trecho do texto "8 anos de veganismo: um relato pessoal" a seguir.

Todos falam das grandes guerras, dos conflitos entre nações etc., mas poucos são os que atentam para o fato de que estas situações nascem e crescem de sementes que estão dentro de cada um de nós, e que germinam todos os dias nos menores gestos violentos, enquanto não as arrancamos.

a) Que elemento linguístico se repete em "Todos falam das grandes guerras, dos conflitos entre nações"?

b) Identifique, nesse trecho, outra repetição de estrutura linguística:

92 **Unidade 4** Alimentação: desperdício *versus* sustentabilidade

> Um dos mecanismos utilizados para estabelecer coesão entre as partes de um texto é o **paralelismo**. Ele se caracteriza pela repetição de estruturas, palavras ou temas para estabelecer a unidade semântica do texto. Exemplos:
>
> Passei o dia ouvindo músicas, lendo meu livro e comendo pipoca.
>
> Meu time será campeão, quer queira, quer não.

Há também casos em que o paralelismo acontece pela relação de sentido estabelecida entre partes do texto. Nesse caso, vê-se que o emissor apresenta, lado a lado, ideias que fazem parte de um mesmo campo semântico, buscando explicar mais claramente a mensagem. Note como isso ocorre no seguinte trecho:

> Poucas pessoas estão conscientes de que a zona de conforto é, na verdade, uma zona de desconforto, que resiste ao tempo e nos torna imunes à compaixão, a menos que façamos alguma coisa, sem esperar que alguém nos siga ou nos apoie.

Nesse trecho o autor estabelece igualdade entre "zona de conforto" e "zona de desconforto" para provocar a percepção do leitor sobre o tema.

4. Comente o paralelismo semântico do trecho a seguir considerando todas as ideias ligadas à palavra **estágios**.

> Arthur Schopenhauer disse certa vez que toda verdade passa por três estágios: no primeiro, ela é ridicularizada; no segundo, é rejeitada com violência; no terceiro, é aceita como evidente por si própria.

Paráfrase

1. Identifique no fragmento abaixo o trecho que explica o sentido da expressão destacada.

- **Utilize os alimentos integralmente**, ou seja, inclua sementes, talos, folhas e cascas nas receitas. Muitas vezes as partes dos alimentos que jogamos fora são extremamente nutritivas e ricas em fibras. [...]

Elabore uma hipótese: Por que uma informação já dada foi repetida com outras palavras?

> Outro mecanismo de coesão é a **paráfrase**, que consiste em repetir uma ideia já exposta no texto, porém usando palavras e expressões diferentes, que possibilitem explicá-la de outra forma, acrescentando informações e/ou estabelecendo alguma avaliação sobre o que se diz. Exemplos:
>
> Ele fez uma ótima tradução, isto é, redigiu um texto em português fiel ao original em francês.
>
> No sábado, as crianças foram ao zoológico, local onde estão reunidas várias espécies de animais.

2. Identifique a paráfrase no trecho abaixo e indique a que termo ela se refere.

- Use os alimentos "feiozinhos" – frutas, legumes e verduras um pouco machucados ou com formato diferente do usual são tão nutritivos quanto os que não estão machucados ou têm o formato usual. Coloque no prato só o que você vai comer.

Anáfora

1. Releia este trecho.

- Não vá às compras de alimentos com fome, pois **isso** pode induzi-lo a comprar em excesso.

- Dê preferência a frutas, a verduras e a legumes da época. Assim, **esses produtos** não virão de tão longe e chegarão mais frescos, durando mais sem estragar. Além disso, os alimentos produzidos na época mais propícia para o **seu** crescimento exigem uma menor utilização de agroquímicos e insumos em **sua** produção do que os produtos fora de **sua** época ideal.

A que se refere cada termo destacado, ou seja, qual é o referente desses termos?

2. Identifique o referente do conectivo destacado no trecho a seguir.

Dedique atenção especial aos alimentos perecíveis, **que** se estragam mais rápido, buscando comprar em quantidades menores e mais vezes por semana se possível.

3. Em cada frase a seguir, que expressão retoma o termo destacado?

a) Paulo, **João** e **Maria** estiveram na escola ontem. Os três foram aprovados no vestibular.

b) Trump voltou a Washington. O político esteve em Nova York para tratamento médico.

c) Trump voltou a Washington. O empresário que vem provocando polêmicas esteve em Nova York para tratamento médico.

> Quando uma palavra ou expressão retoma algo já dito em um texto, tem-se uma **anáfora**.
>
> A anáfora pode ser realizada, por exemplo, por meio de pronomes, expressões com valor de substantivo e mesmo por orações. Exemplo:
>
> > Arthur Schopenhauer disse certa vez que toda verdade passa por três estágios: no primeiro, **ela** é ridicularizada; no segundo, é rejeitada com violência; no terceiro, é aceita como evidente por si própria. **Essa mesma frase** está presente no início de "Terráqueos", com adaptações.
>
> O pronome **ela** retoma e substitui a palavra **verdade**.
>
> A expressão **essa mesma frase** retoma e substitui a citação de Schopenhauer apresentada no início do parágrafo.

Catáfora

1. Releia este trecho.

Além de todos os impactos negativos mencionados, desperdiçar alimentos traz mais um prejuízo: para o bolso.

a) Qual é a função dos dois-pontos nesse trecho?

b) A expressão "mais um prejuízo" retoma algo que foi dito ou antecipa uma informação que será apresentada a seguir?

2. Nas frases abaixo, qual é o referente dos termos destacados?

a) A lei é **esta**: não beba quando for dirigir.

b) Na nova escola, **tudo** será diferente: professores, colegas, sala de aula.

c) De agora em diante vai ser **assim**: estudar todos os dias.

d) As metas são **duas**. Acordar mais cedo é uma delas; tomar um bom café da manhã é outra.

3. A que classe de palavras pertencem os termos destacados na questão anterior?

94 **Unidade 4** Alimentação: desperdício *versus* sustentabilidade

> Quando uma palavra ou expressão antecipa uma ideia que ainda será apresentada e desenvolvida no texto, tem-se uma **catáfora**. A catáfora é feita por meio de pronomes, expressões com valor de substantivo, advérbios, numerais etc. Exemplos:
>
> **Esta** sempre foi a minha ideia: **estudar em uma universidade pública**.
>
> Ela olhou-**o** ternamente e disse:
>
> – **Luís**, faça uma ótima viagem!

Uso de conectivos

1. Indique a relação semântica que os elementos coesivos destacados estabelecem nos trechos a seguir.
   - Ao estocar os produtos no armário **ou** na geladeira, coloque na frente ou em cima os mais antigos **e**, atrás **ou** embaixo, os mais recentes.
   - Dê preferência a frutas, a verduras e a legumes da época. **Assim**, esses produtos não virão de tão longe e chegarão mais frescos, durando mais sem estragar. **Além disso**, os alimentos produzidos na época mais propícia para o seu crescimento exigem uma menor utilização de agroquímicos e insumos em sua produção do que os produtos fora de sua época ideal.

> Alguns **conectivos** não retomam ideias anteriores, mas colaboram na progressão temática do texto e indicam o tipo de relação que se estabelece entre o que foi dito antes e o que vem a seguir. Exemplo:
>
> Há exatamente 8 anos, eu tomava uma das maiores decisões da minha vida. De alguém **que** remava a favor da maré para alguém **que** rema contra.

2. Leia a tirinha de Armandinho, personagem criado por Alexandre Beck, e responda às questões a seguir.

Disponível em: <https://baudatanocas.blogs.sapo.pt/armandinho-zero-e-armandinho-um-de-26999>. Acesso em: 28 maio 2018.

a) Identifique os conectivos e a que classe gramatical eles pertencem.
b) Na fala, qual sentido eles expressam?
c) Qual sentido esses elementos coesivos estabelecem na sequência dos quadros?

AMPLIANDO O CONHECIMENTO

A língua se modifica

De acordo com a norma-padrão, o uso dos pronomes demonstrativos não é aleatório. Veja:

- **este** e **isto** antecipam informações, aparecem antes do referente (são catafóricos);
- **esse** e **isso** retomam informações, aparecem depois do referente (são anafóricos).

É importante lembrar, porém, que o emprego da língua é um processo dinâmico e que os falantes, ao adotar usos diferentes do preconizado pela norma-padrão, muitas vezes modificam o que é considerado "regra", fazendo com que formas antes consideradas "erros" passem a ser usadas nas variedades linguísticas de prestígio.

Oficina de produção
Texto oral

Enquete

Você sabe o que é uma enquete? Já respondeu a alguma pesquisa de opinião? Enquete é uma pesquisa, da esfera jornalística ou científica, sobre a opinião de um grupo sobre determinado assunto para elucidar uma questão de interesse comum. A enquete é feita geralmente em forma de entrevista, preenchimento de formulário ou depoimento, e envolve um número estipulado de entrevistados, que pode ser alterado para um grupo maior.

Nesta seção, propomos a realização de uma enquete feita em grupo. Cada membro do grupo entrevistará algumas pessoas com o apoio de uma ficha e as respostas serão reunidas para a elaboração de uma conclusão.

A seguir, você lerá um texto escrito com base em uma enquete sobre aproveitamento dos alimentos no cotidiano domiciliar.

www.akatu.org.br/noticia/maioria-das-pessoas-nao-aproveita-integralmente-os-alimentos

Maioria das pessoas não aproveita integralmente os alimentos

Enquete do Akatu indica que mais de 60% dos consumidores jogam fora cascas e talos de frutas, legumes e verduras, que têm grande valor nutritivo.

Uma das principais atitudes do consumidor consciente é evitar o desperdício, minimizando os impactos ambientais do ato de consumo. A melhor maneira de fazer isto é aliar o consumo com moderação ao aproveitamento máximo dos produtos comprados.

Quando se trata de alimentos (cuja produção implica uma série de impactos ambientais, do uso maciço de água à emissão de gases-estufa, causadores do aquecimento global), isto significa fazer uso inclusive de partes consideradas menos nobres (embora tenham grande valor nutritivo) dos alimentos, como cascas e talos. Mas, de acordo com uma enquete proposta pelo *site* do Akatu, esta atitude ainda está restrita a uma minoria.

Das mais de 1 200 pessoas que responderam à pergunta "O que você faz com restos de comida (cascas, sementes etc.)?", 57,3% afirmaram que simplesmente jogam no lixo estas partes, que possibilitam variações no cardápio. Outros 8% também disseram jogar tudo fora, mas com o cuidado de separar os alimentos secos dos molhados e encaminhá-los para reciclagem.

Uma família que desperdiça 350 gramas de alimentos por dia, em um mês acaba jogando fora mais de 10 quilos de comida, quantidade suficiente para fornecer uma refeição para 30 pessoas.

Entre os participantes da enquete do Akatu, apenas 8,3% disseram reaproveitar talos, cascas e folhas em outras receitas. 19,4% declararam usá-los para fazer composto orgânico, reciclando-os; 6,9% afirmaram não deixar restos, pois sempre os comem.

A máxima, aqui, permanece: lixo de uns, tesouro de outros. Segundo pesquisadores da Universidade Estadual de São Paulo (Unesp) em Botucatu, [...] boa parte de talos e cascas é rica em vitaminas (especialmente A e C), além de ferro, potássio e outros nutrientes. Ou seja, aproveitar integralmente os alimentos faz bem ao corpo, à mente, ao meio ambiente e à sociedade.

Maioria das pessoas não aproveita integralmente os alimentos. *Instituto Akatu*, 30 dez. 2010. Disponível em: <www.akatu.org.br/noticia/maioria-das-pessoas-nao-aproveita-integralmente-os-alimentos>. Acesso em: 17 maio 2018.

▶ Recordar as características do gênero

Responda oralmente às questões abaixo.

1. Quantas pessoas foram entrevistadas para a pesquisa, segundo o texto?

2. Quantas perguntas foram feitas?

3. Qual foi o resultado da enquete? Responda citando os dados levantados.

4. Pelo que você compreendeu da leitura do texto, responda: O que é uma enquete?

▶ Planejar

1. Hoje você será o pesquisador. Junte-se a três colegas e formem um grupo. Vocês farão uma enquete para pesquisar o destino dos restos de alimentos nas casas de alunos e funcionários da escola, de pessoas do bairro em que vocês vivem ou do bairro em que a escola está localizada.

2. A pergunta da enquete é a seguinte:

> O que é feito com restos de comida (como cascas, sementes ou sobras) em sua casa?

3. Façam cópias impressas ou manuscritas da pergunta e das opções de resposta, organizadas como uma ficha. Tenham em mãos a quantidade necessária de folhas para o número de enquetes definido pelo grupo e pelo professor. Veja a seguir um modelo de ficha.

O que é feito com restos de comida (como cascas, sementes ou sobras) em sua casa?

( ) Tudo é jogado no lixo.

( ) Restos de comida vão para o lixo, separado do que é reciclável.

( ) Restos de comida são usados para compostagem (processo no qual é gerado um composto orgânico que serve de adubo).

( ) Tudo é reaproveitado.

( ) Outra resposta.

_____

_____

_____

_____

4. Selecionem as pessoas que responderão à pesquisa, como pais, parentes, professores, alunos da escola ou pessoas da comunidade em que vocês vivem. Ao escolher pessoas da escola, cuidem para que um mesmo entrevistado não responda a grupos diferentes, pois isso alteraria os números da pesquisa.

5. Com o professor, delimitem um número mínimo de pessoas a serem entrevistadas por vocês.

▶ Produzir

1. Informem, previamente, o tema da enquete à pessoa que vai responder. Combinem um momento para que ela possa fazê-lo com calma e atenção.

2. Sejam claros ao ler a pergunta e as opções de respostas. Quando for citada outra resposta, que não esteja nas opções especificadas, não deixem de anotá-la no espaço correspondente.

3. Quanto mais pessoas responderem, mais representativa e significativa será a pesquisa.

4. Quando tiverem o número estipulado de respostas, é hora de passar os dados a limpo: anotem o total de entrevistados, contem o total de respostas para cada item e calculem o percentual da quantidade de respostas de cada item em relação ao total de pessoas que responderam à pesquisa.

5. Em seguida, organizem um relatório para apresentar os resultados da pesquisa. Em uma folha de papel, escrevam a quantidade total de pessoas que responderam à enquete e os percentuais relativos a cada resposta, incluindo outras respostas que tenham sido citadas e que não estavam na ficha.

6. Preparem-se para a apresentação oral do resultado em sala de aula. Comparem os resultados com os dos colegas do grupo e, juntos, interpretem os dados das pesquisas.

7. Apresentem à turma os dados obtidos com a enquete e a conclusão a que se pode chegar com base neles. Não se esqueçam de usar elementos coesivos no ato da fala, como **para começar**, **então**, **assim**, **portanto**, **de acordo com**, **finalmente**.

▶ Avaliar

Avaliem o trabalho de seu grupo considerando as seguintes questões:

- A participação de todos os alunos foi efetiva e colaborativa?
- Você se apresentou de maneira adequada ao entrevistado?
- O entrevistado foi orientado quanto à forma de responder à enquete?
- Você agradeceu ao entrevistado a participação na atividade?
- Foi utilizado um registro linguístico adequado à situação?
- O que foi interessante na realização da atividade?
- O que poderia ter sido feito de maneira diferente?

▶ Compartilhar

1. Organizem um mural com os resultados da pesquisa de todos os grupos. Para isso, é necessário que sejam feitos os cálculos referentes a todas as pessoas entrevistadas por todos os grupos. Procedam da mesma maneira que fizeram com os cálculos do grupo.

2. Produzam um cartaz com os dados da pesquisa em forma de gráfico. Ao elaborar o cartaz: criem um título para a pesquisa, exponham a folha do questionário e exponham o gráfico dos dados contabilizados.

   Assim, os resultados ficarão mais visíveis e atraentes para que sejam compartilhados na escola, em local que alunos de outras turmas, professores e demais funcionários possam ver o resultado da enquete feita por vocês.

Oficina de produção
Texto escrito e multimodal

Receita

Como vimos anteriormente, há textos específicos para quando se precisa dar instruções a alguém ou para quando se deseja saber como utilizar um objeto ou desenvolver uma atividade: são os textos que pertencem aos gêneros instrucionais.

Agora é sua vez de criar um texto instrucional, mais especificamente uma receita de suco que possa agradar a vegetarianos, a veganos e às pessoas em geral que desejem consumir uma bebida saudável. Depois, em grupos e com base no texto escrito, vocês gravarão um vídeo ensinando a preparar a receita.

▶ Ler uma receita

Prepare-se para a produção lendo a receita a seguir.

Suco refrescante

Ingredientes

1 limão grande (116 g)

1 colher (sopa) de hortelã (2 g)

1/4 de melão (675 g)

4 folhas de agrião (2 g)

1/4 xícara (chá) de gelo (38 g)

2 colheres (sopa) de açúcar (28 g)

1 xícara (chá) de água (240 ml)

Modo de preparo

Esprema o suco do limão. Bata todos os ingredientes no liquidificador, coe com uma peneira e reserve. Distribua 2 cubos de gelo em cada copo e acrescente o suco reservado.

Tempo de preparo: 25 minutos.

Rendimento: 4 porções.

Peso da porção: 200 ml.

[...]

Grezova Olga/Shutterstock.com

Sucos. Secretaria de Agricultura e Abastecimento. Coordenadoria de Desenvolvimento dos Agronegócios. Disponível em: <www.codeagro.sp.gov.br/cesans/receitas/sucos>. Acesso em: 25 abr. 2018.

1. Você gostou da receita? Com as instruções dadas, seria capaz de prepará-la?

2. Que itens compõem a receita? E que informações são indispensáveis para a compreensão do texto?

3. Releia o "Modo de preparo". Com relação ao modo verbal, o que todas as etapas do preparo do suco têm em comum? Qual é a relação entre esse modo e a intencionalidade da receita?

4. Comente a linguagem utilizada na receita quanto ao registro e à proximidade com a norma-padrão.

▶ Planejar

Vocês produzirão uma receita por escrito e, em seguida, gravarão um vídeo ensinando as pessoas a prepararem-na. Para corresponder ao tema desta unidade, a receita deverá ter como ingrediente principal uma parte de um alimento que normalmente seria descartada. Ou seja, vocês deverão elaborar uma receita com o reaproveitamento de talo, folha, casca, caule, semente etc.

1. Reúnam-se em trios ou quartetos para uma produção em grupo.

2. Pesquisem informações na internet, na biblioteca da escola ou conversem com pessoas conhecidas que gostem de cozinhar.

3. Façam uma pequena coletânea de receitas que utilizam partes de alimentos que iriam para o lixo. Vocês podem separar por assunto: receitas com talos, receitas com cascas, receitas com folhas, receitas com sementes etc.

▶ Produzir

1. Elaborem uma receita inédita. O ingrediente principal deverá ser talo, casca, folha, semente ou outro ingrediente que seria descartado. A receita poderá ser quente ou fria, mas deverá ter pelo menos 5 ingredientes e 5 etapas de preparo.

2. Redijam o texto pensando em cada parte que ele deve ter:
   - Quais são os ingredientes necessários?
   - Quais são as etapas de preparação da receita?
   - Qual é o tempo de preparo?
   - Quantas porções a receita rende, ou seja, quantas pessoas podem ser servidas com uma receita?

3. Lembrem-se de colocar as medidas adequadas: gramas, litros, xícaras, colheres de sopa, sobremesa ou café etc.

4. Lembrem-se também de utilizar verbos no modo imperativo ou no infinitivo para indicar as orientações da receita.

5. Testem a receita: observem se os ingredientes combinaram e se o modo de preparo contém orientações claras. Atentem aos itens a seguir:
   - Utilizem porções pequenas de ingredientes no momento do teste da receita para que não haja desperdício se algo der errado.
   - Prestem atenção às medidas e proporções utilizadas: se não for utilizada a quantidade correta de cada ingrediente, a receita não vai funcionar. Além disso, a ordem como os ingredientes são misturados, às vezes, interfere no resultado.
   - Façam os ajustes necessários na receita, inclusive detalhando, ao máximo, as etapas de preparo.

6. É hora de colocar a receita no papel. Primeiramente, façam um rascunho.
   - Observem se o texto contém os ingredientes, as etapas, o modo de preparo, o tempo de preparo e o rendimento.
   - A receita pode, ainda, ter alguma dica, ou seja, um diferencial, que a torne ainda melhor ou mais atraente.

Unidade 4   Alimentação: desperdício *versus* sustentabilidade

- Pode ser que no momento dos testes, vocês percebam que poderia ser acrescentado ou trocado algum ingrediente que daria um novo sabor, uma variação à sua receita. Escrevam no fim como poderia ocorrer essa substituição.

▶ Avaliar e reescrever

1. Antes de finalizar o texto, revisem-no com base nos tópicos a seguir.
   - O registro está adequado? Lembrem-se de que o texto servirá de base para a gravação de um vídeo.
   - As instruções estão claras, na sequência correta do preparo, com orientações indicadas por verbos no modo imperativo ou infinitivo?
   - A receita tem, no mínimo, 5 ingredientes e 5 etapas de preparação?

2. Depois de fazer os ajustes necessários, passem o texto a limpo.

3. Troquem as receitas entre os grupos, para que todos vejam as receitas uns dos outros.
   - Conversem sobre a clareza da receita. Perguntem aos colegas se eles acham viável preparar o que está no papel.
   - Caso seja necessário ou o grupo deseje, incorporem sugestões dos colegas, acrescentando informações à receita.

▶ Socializar

1. Vocês divulgarão a receita em alguma plataforma de compartilhamento de vídeos na internet. Então, é hora de gravar o vídeo.
   - Criem um roteiro com a ordem em que as imagens serão gravadas, pois isso facilita a organização do vídeo.
   - Separem os ingredientes e utensílios que serão utilizados e organizem-nos em uma bancada.
   - Escolham um lugar adequado, de preferência uma cozinha. Como haverá uma gravação, o espaço precisa estar limpo, organizado e bem iluminado.
   - Escolham entre vocês o componente do grupo que vai apresentar a receita (pode ser mais de uma pessoa).
   - Gravem o vídeo quantas vezes forem necessárias até que tudo funcione.

2. Assistam ao vídeo, observando se a linguagem está clara e compreensível, se o apresentador utilizou o grau de formalidade adequado ao público em geral, já que, como a receita ficará disponível na internet, ela poderá ser vista por muitas pessoas e, portanto, precisa ser facilmente compreendida.

3. Caso seja necessária alguma correção, gravem outras cenas.

4. Editem o vídeo para finalizá-lo.

5. Com os demais grupos, criem um canal em alguma plataforma de compartilhamento de vídeos, ao qual vocês darão um nome.

6. Postem os vídeos gravados pelos grupos.

7. Agora é só acompanhar os comentários dos seguidores do canal com elogios, críticas ou até mesmo para tirar alguma dúvida.

DIÁLOGOS

Para onde vai a comida?

Leia este infográfico que foi publicado na seção Ambiente do *site* do jornal *Folha de S.Paulo*.

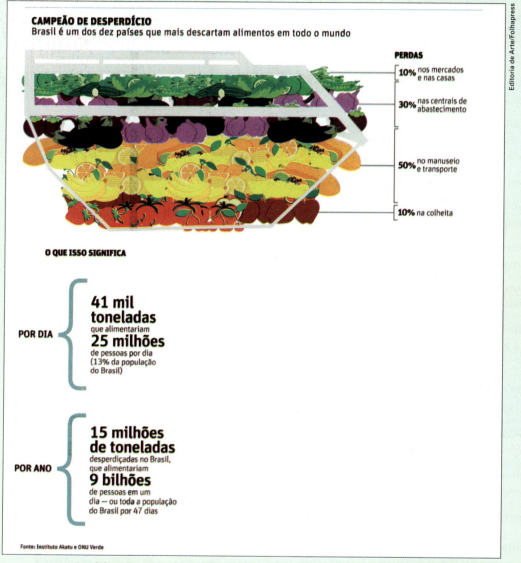

Brasil descarta 1/3 da comida que produz; iniciativas reduzem perdas. *Folha de S.Paulo*. 5 jun. 2016. Disponível em: <www1.folha.uol.com.br/ambiente/2016/06/1777711-brasil-descarta-13-da-comida-que-produz-iniciativas-reduzem-perdas.shtml>. Acesso em: 25 jun. 2018.

1. Como se trata de um texto multimodal, é importante relacionar os recursos verbais aos não verbais para interpretá-lo. Explique de que maneira a ilustração dos alimentos sobrepostos contribui para a leitura do infográfico.

2. Comente a distribuição da perda de alimentos ao longo do processo de produção representada no infográfico. Em que etapas há mais desperdício de alimentos?

3. Que fatores humanos podem ser responsáveis pelas perdas nessas etapas em que o desperdício de alimentos é maior?

102 Unidade 4 Alimentação: desperdício *versus* sustentabilidade

4. Considerando a etapa do consumo, de que maneira você acha que poderia contribuir para reverter o problema do desperdício de alimentos?

5. O infográfico apresenta a informação de que 28,5% da humanidade poderia ser alimentada com a comida que é desperdiçada no mundo. Leia a reportagem a seguir – publicada no *site* do jornal digital *Nexo* –, que relaciona a produção de alimentos à fome.

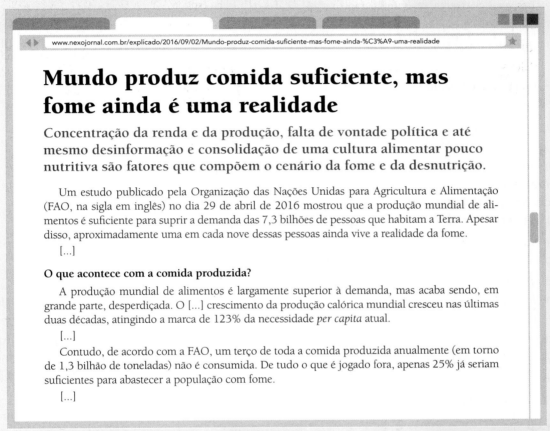

Mundo produz comida suficiente, mas fome ainda é uma realidade

Concentração da renda e da produção, falta de vontade política e até mesmo desinformação e consolidação de uma cultura alimentar pouco nutritiva são fatores que compõem o cenário da fome e da desnutrição.

Um estudo publicado pela Organização das Nações Unidas para Agricultura e Alimentação (FAO, na sigla em inglês) no dia 29 de abril de 2016 mostrou que a produção mundial de alimentos é suficiente para suprir a demanda das 7,3 bilhões de pessoas que habitam a Terra. Apesar disso, aproximadamente uma em cada nove dessas pessoas ainda vive a realidade da fome.
[...]

O que acontece com a comida produzida?

A produção mundial de alimentos é largamente superior à demanda, mas acaba sendo, em grande parte, desperdiçada. O [...] crescimento da produção calórica mundial cresceu nas últimas duas décadas, atingindo a marca de 123% da necessidade *per capita* atual.
[...]
Contudo, de acordo com a FAO, um terço de toda a comida produzida anualmente (em torno de 1,3 bilhão de toneladas) não é consumida. De tudo o que é jogado fora, apenas 25% já seriam suficientes para abastecer a população com fome.
[...]

Rafael Iandoli. Mundo produz comida suficiente, mas fome ainda é uma realidade. *Nexo*, 2 set. 2016. Disponível em: <www.nexojornal.com.br/explicado/2016/09/02/Mundo-produz-comida-suficiente-mas-fome-ainda-%C3%A9-uma-realidade>. Acesso em: 2 maio 2018.

6. Releia um trecho do texto "8 anos de veganismo: um relato pessoal – Viva e deixe viver".

[...] o veganismo é uma forma de viver sem explorar e causar sofrimento a animais não humanos, tanto quanto possível e praticável, o que também se estende aos humanos com quem convivemos, e a nós mesmos, em primeiro lugar, pois tudo o que fazemos aos demais é resultado de como nos tratamos. Quando nos tratamos melhor, fica mais fácil termos atitudes mais amorosas com os outros animais, sejam humanos ou não humanos. Mas também é possível começar pelo seu exterior, usando a inteligência. No entanto, o foco principal do veganismo está em dar voz a quem não tem voz, e libertar quem dificilmente consegue libertar a si mesmo, e este é precisamente o caso dos animais não humanos. [...]

Apesar de ter um tema diferente, o texto sobre o veganismo aborda um assunto semelhante ao tratado nos textos desta seção. Explique a relação entre os três textos.

7. Com base nos dados apresentados pelo infográfico e pela reportagem, discorra sobre a questão: Há alimento para todos no mundo?

Enem e vestibulares

1. Enem

Receita

Tome-se um poeta não cansado,
Uma nuvem de sonho e uma flor,
Três gotas de tristeza, um tom dourado,
Uma veia sangrando de pavor.
Quando a massa já ferve e se retorce
Deita-se a luz dum corpo de mulher,
Duma pitada de morte se reforce,
Que um amor de poeta assim requer.

SARAMAGO, J. *Os poemas possíveis.*
Alfragide: Caminho, 1997.

Os gêneros textuais caracterizam-se por serem relativamente estáveis e podem reconfigurar-se em função do propósito comunicativo. Esse texto constitui uma mescla de gêneros, pois

a) introduz procedimentos prescritivos na composição do poema.

b) explicita as etapas essenciais à preparação de uma receita.

c) explora elementos temáticos presentes em uma receita.

d) apresenta organização estrutural típica de um poema.

e) utiliza linguagem figurada na construção do poema.

2. ESPM-SP

Em um dos itens abaixo há falta de paralelismo na construção da frase. Assinale-o:

a) Bebida alcoólica caseira causa intoxicação e mata 51 pessoas na Líbia.

b) Três policiais são acusados de desviar drogas e ligação com traficantes internacionais.

c) Plano de saúde muda de nome e escapa de punição da Agência Nacional de Saúde.

d) Problema técnico na PF afetou não só emissão de passaportes, como também retirada.

e) Exposição marca Dia Mundial da Água e incentiva consumo consciente.

3. UFG-GO

Leia o poema a seguir.

br

um ônibus
na estrada
é só uma faixa
contínua
que puxa
   & piche
& placas & postes
& mais & mais
     asfalto
& pastos
    & bois
& soja & cana
ao longo da estrada
   interminável
& monótona
     & sem fim

PEREIRA, Luís Araujo. *Minigrafias*. Goiânia:
Cânone Editorial, 2009. p. 75.

A anáfora é um recurso de linguagem cuja função é de organização textual, de retomada referencial ou de repetição da mesma palavra ou construção. No poema apresentado, emprega-se "&" por meio dessa figura de linguagem, fazendo a anáfora produzir efeito de sentido equivalente ao

a) panorama econômico da rodovia, reiterado nas palavras "piche", "placas", "postes", "asfalto", "pasto", "bois", "soja" e "cana".

b) tipo de vida monótono dos motoristas de ônibus implicado na anáfora e na repetição de consoantes e de vogais.

c) som do ônibus na estrada, sugerido pelo emprego de aliterações e assonâncias ao longo do poema.

d) movimento acelerado do ônibus, evidente na imagem "um ônibus/ na estrada/ é só uma faixa/ contínua/ que puxa".

e) cenário da rodovia, igual a todas as estradas, presente na imagem "interminável/ & monótona/ & sem fim".

Unidade 4 Alimentação: desperdício *versus* sustentabilidade

4. UFU-MG

Texto 4

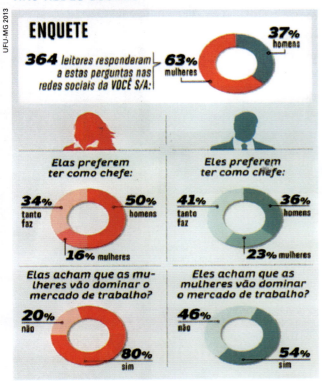

DA REDAÇÃO. Você S/A nas redes sociais. *Você S/A*. Ed. 180, maio, 2013. São Paulo: Editora Abril. p. 11.

A partir das informações apresentadas na enquete do Texto 4, infere-se que:

a) As mulheres acreditam muito no seu potencial, mas, por serem muito competitivas, não gostam de se submeter a lideranças femininas.

b) Os homens não gostam de se submeter a lideranças femininas porque não reconhecem o potencial das mulheres no mercado de trabalho.

c) O mercado de trabalho tem beneficiado mais as mulheres que os homens, porque elas são maioria.

d) O mercado de trabalho tem mantido a hegemonia dos homens nos cargos de chefia, porque eles são menos preconceituosos em relação às mulheres que elas mesmas.

5. UFGD-MS

Ao final da peça "Quase ministro", o personagem Silveira narra uma história que é uma espécie de alegoria de tudo o que aconteceu anteriormente na peça:

> SILVEIRA Mas esperem: onde vão? Ouçam ao menos uma história. É pequena, mas conceituosa. Um dia anunciou-se um suplício. Toda gente correu a ver o espetáculo feroz. Ninguém ficou em casa: velhos, moços, homens, mulheres, crianças, tudo invadiu a praça destinada à execução. Mas, porque viesse o perdão à última hora, o espetáculo não se deu e a forca ficou vazia. Mais ainda: o enforcado, isto é, o condenado, foi em pessoa à praça pública dizer que estava salvo e confundir com o povo as lágrimas de satisfação. Houve um rumor geral, depois um grito, mais dez, mais cem, mais mil romperam de todos os ângulos da praça, e uma chuva de pedras deu ao condenado a morte de que o salvara a real clemência.

ASSIS, Machado de. Quase Ministro. In: *Teatro de Machado de Assis*. FARIA, João Roberto (Org.). São Paulo: Martins Fontes, 2003. p. 26.

O período "Mas, porque viesse o perdão à última hora, o espetáculo não se deu e a forca ficou vazia" pode ser mais adequadamente parafraseado, sem prejuízo das relações de causa e consequência originais, por:

a) Mas, como o perdão veio à última hora, o espetáculo não se deu e a forca ficou vazia.

b) O perdão veio à última hora, mas o espetáculo não se deu e a forca ficou vazia.

c) Mas, embora o perdão viesse à última hora, o espetáculo não se deu e a forca ficou vazia.

d) Mas, quando o perdão veio à última hora, o espetáculo não se deu e a forca ficou vazia.

e) Mas, se o perdão viesse à última hora, o espetáculo não se daria e a forca ficaria vazia.

UNIDADE 5

TODAS AS FORMAS DE AMOR

Léo Burgos.© KOBRA, Eduardo/ AUTVIS, Brasil, 2018

O que você vai aprender

Gêneros
- Roteiro cinematográfico
- Conto

Língua e linguagem
- Metalinguagem

Oficina de produção
- Roteiro cinematográfico

Conheça

Livros
- *Garota online*, de Zoe Sugg (Verus).
- *Seis personagens à procura de um autor*, de Luigi Pirandello (Peixoto Neto).
- *Romeu e Julieta*, de William Shakespeare (Penguin/Companhia das Letras).
- *A história de amor de Fernando e Isaura*, de Ariano Suassuna (José Olympio). E-book.
- *Sonetos de amor*, de Luís Vaz de Camões (Penguin/Companhia das Letras).

Filmes
- *A culpa é das estrelas*. Direção: Josh Boone. Estados Unidos, 2014.
- *Amor*. Direção: Michael Haneke. França; Alemanha; Áustria, 2013.
- *Intocáveis*. Direção: Olivier Nakache e Éric Toledano. França, 2011.
- *O carteiro e o poeta*. Direção: Massimo Troisi e Michael Radford. Itália, 1994.
- *Como fazer um filme de amor*. Direção: José Roberto Torero. Brasil, 2004.

Músicas
- *Eu sei que vou te amar*, de Antonio Carlos Jobim e Vinicius de Moraes.
- *Primavera*, de Cassiano e Sílvio Rochael.
- *De toda cor*, de Renato Luciano.

Na internet
- Eduardo Kobra: <www.eduardokobra.com>.
- Nações Unidas: <https://nacoesunidas.org/vagas/voluntariado>.
- Médicos sem Fronteiras: <www.msf.org.br>.

Roda de conversa

Fachadas, muros, pontes e outras edificações das grandes cidades são suportes para a expressão de diversas vozes. Materiais como pincéis, *sprays*, chapas de estêncil, papéis e tinta são usados na criação de formas, símbolos e imagens que expressam ideias. Duas manifestações que, apesar de distintas, relacionam-se em alguns aspectos são o grafite e a pichação. A fotografia ao lado mostra uma dessas intervenções.

1. A obra *Viver, reviver e ousar*, de Eduardo Kobra, foi feita na fachada do muro da Igreja do Calvário, em São Paulo. Ela é um grafite ou uma pichação?

2. Observe atentamente o grafite e descreva os elementos que o compõem, como cores, formas e personagens.

3. Leia novamente o título da obra – *Viver, reviver e ousar* – e compare-o com a cena. Para você, qual é o tema do grafite?

4. E que relação você vê entre a imagem e o tema desta unidade? Explique.

5. Opine: O grafite pode ser comparado às obras de arte expostas em galerias e museus? Por quê?

Viver, reviver e ousar, de Eduardo Kobra. Muro da Igreja do Calvário no bairro de Pinheiros. São Paulo (SP), 2018.

TEXTO 1

1. Observe o título e a organização do texto a seguir. O que lhe chama a atenção?

2. A que gênero você imagina que ele pertence?

3. Com base no título, o leitor pode esperar que o texto apresente certo humor? Por quê?

Como fazer um filme de amor (vide bula)

Descrição química: Comédia romântica sobre comédias românticas.

Embalagem: Longa-metragem de 84 minutos.

Ingredientes: Denise Fraga, Cássio Gabus Mendes, Marisa Orth, André Abujamra, Paulo José, Ana Lúcia Torre e Abrão Farc, José Rubens Chachá, Ilana Kaplan, Carlos Mariano e Maria Manuela.

Indicações: Dores de cotovelo, olhar **macambúzio**, romantismo agudo e, principalmente, mau humor.

Contraindicações: O produto deve ser evitado por menores de 12 anos.

Advertência: Pode causar perda de ingenuidade, riso frouxo e perda de sono (caso seja consumido à noite).

Posologia: Em geral, a dose única é suficiente. Em caso de necessidade ou vontade, repetir a dose.

Depois de seis meses, rever em DVD ou VHS.

Farmacêutico responsável: José Roberto Torero.

Laboratório: Superfilmes.

[...]

1. Abertura. Letreiros.

Entram letreiros com caracteres em branco e fundo negro. Ao fundo, ouve-se uma música esquisita. De repente a música é interrompida de forma brusca e o letreiro para. Entra a voz do Narrador em *off*:

Narrador

Não, não... Nada disso! Esses letreiros são coisa de intelectual. Isso é um filme de amor! E o público precisa saber disso desde o começo. Para começar, vamos mudar esta música (entra outra música mais suave). *Assim está melhor.*

E os letreiros têm que ser mais alegres (o letreiro muda, fica com cores alegres e as letras são maiores e coloridas).

Isso! Melhorou. Mas ainda está faltando mais alguma coisa...

Surgem desenhos decorativos com flores em torno dos caracteres.

Narrador

Pronto! Isso sim é uma abertura de filme de amor. [...]

[...]

Macambúzio: triste, melancólico.

---

108 **Unidade 5** Todas as formas de amor

Abertura do filme *Como fazer um filme de amor*. Direção de José Roberto Torero. Brasil, 2004.

2. Rua. Exterior. Dia.

Multidão transita em rua movimentada.

Narrador

Muito bem. Agora vamos começar com a história. A primeira coisa é escolher a personagem principal. Vai ser uma mulher, é claro.

[...]

Uma mulher de uns 29 anos, bonita porém discreta, corta, de repente, a frente da perua, andando com rapidez.

Narrador

É essa!

Passamos a acompanhar a mulher em seu trajeto. Ela entra num banco de modo atabalhoado.

3. Agência bancária. Int. Dia.

Cena 1: Entrada do banco.

Narrador

Essa moça é a ideal. Bela, mas nem tanto. Jovem, mas nem tanto... Segura de si...

Ao passar por uma porta giratória, ela se atrapalha. [...]

[...]

Narrador

... Mas nem tanto.

Finalmente ela consegue entrar no banco.

Cena 2: Fila de banco

Narrador

Mas ela não pode ser só bonita, tem que ter um bom coração.

Ela está de pé na fila. O caixa chama o próximo. Ela então cede a vez a uma mulher de idade, que agradece. Então ela olha para trás e percebe que a fila, comprida, está totalmente tomada por senhoras de idade. Ela vai dando passagem às velhinhas.

Cena 3: Caixa do banco.

Após a última velhinha, Laura, última da fila, finalmente consegue chegar ao caixa.

Caixa

Bom dia, dona... Como é mesmo o seu nome?

Laura abre a boca para falar, mas antes que diga qualquer coisa, sua imagem congela.

Narrador

Essa é uma boa pergunta. Como a nossa heroína vai se chamar?

Mulher

Urraca.

A imagem congela. A trilha sonora para.

Narrador

Não! Urraca não é um nome muito romântico!

Mulher

Emengarda, Robervalda, Genefrósia, Sigmunda, Astrogilda, Laura...

A cada nome ouvimos o Narrador falar "*Não*". Depois de "*Laura*", a imagem congela.

Narrador

Para. É isso! Laura... É um nome bonito e simples.

A imagem volta a mover-se.

Mulher

Meu nome é Laura.

Caixa do banco

Bom dia, dona Laura. A senhora quer retirar ou depositar?

Laura

Retirar, claro...

[...]

5. Interior. Dia. Agência de modelos.

Aparece um homem de quase 40 anos, bonito e bem-vestido à sua mesa. Mulheres de biquínis passam à sua frente. A câmera abre e vemos que há um desfile sendo feito exclusivamente para ele.

Narrador

Passemos agora ao nosso herói. Ele deve ser bonito, rico e ter um ótimo emprego. Por exemplo...

O dono de uma agência de modelos. E seu nome, pode ser... Alan. Isso, Alan McDermont. [...]

[...]

Ele aponta para uma das modelos (que será a modelo da sequência 20).

6. Int. Dia. Garagem/rua. Ext. Dia.

Numa montagem paralela, vemos uma sucessão de cenas intercaladas entre Alan e Laura.

– Alan destrava a porta com um chaveiro × Laura dá um soco para abrir a porta.

– Ele abaixa o vidro elétrico × Laura vira a maçaneta, que sai na sua mão.

Narrador

Bem, está chegando a hora do encontro. O primeiro contato entre nossos heróis.

– Ele põe um CD de música clássica × Ela liga um rádio ruim, cheio de chiados.

– Ele sai de carro mansamente × Ela sai com o carro aos trancos.

Narrador

E como será que eles vão reagir ao primeiro encontro? Vão se apaixonar à primeira vista, certo? [...]

[...]

7. Locadora. Ext. Dia.

Alan e Laura tentam entrar ao mesmo tempo numa única vaga do estacionamento de uma locadora.

Narrador

Errado! Uma das regras dos filmes românticos é que o primeiro encontro é sempre ríspido. [...]

[...]

Os dois freiam ao mesmo tempo, quase batendo os carros. Conversam de suas janelas.

Alan

Ei! Essa vaga é minha!

Laura

Não estou vendo o seu nome escrito nela.

Alan

Sim, mas eu já tava entrando.

Cena de *Como fazer um filme de amor*.

Laura

Mas eu vi primeiro! É que o meu carro é mais lento.

Alan dá a ré com nervosismo. Alan sai irritado, olhando friamente para Laura. Ela lhe devolve o olhar de hostilidade.

8. Exterior. Dia. Locadora

Na extremidade de uma longa prateleira de uma locadora de vídeos, Laura procura uma fita. Na outra ponta está Alan. Sem que um veja o outro, de olhos fixos nas fitas, eles começam a se aproximar. A trilha sonora de suspense vai se intensificando à medida que eles se aproximam. Vamos passando pelas fitas, ora da esquerda para a direita, ora no sentido contrário. Eles se aproximam cada vez mais. Até que ambos, lado a lado, demonstram ter encontrado o filme que procuravam: *Quando dois corações se encontram*.

Ambos pegam a fita ao mesmo tempo.

Alan

Eu pensei que você só roubasse vagas, mas você também rouba fitas.

Laura

O senhor já ouviu falar em cavalheirismo?

Cena de *Como fazer um filme de amor*.

Alan

Eu sou cavalheiro. Mas só para as damas.

Ambos puxam a fita. Ameaçam disputá-la, mas ela a larga.

Laura

Pode ficar com essa fita. Não vou brigar por essa bobagem...

Alan

Nem eu, querida.

Ele também solta a fita.

Laura

Não me chame de querida!

Alan

Querida, querida, querida!

Laura faz menção de responder, mas um Funcionário da locadora os surpreende.

Funcionário

Ah, que romântico, que romântico! (Para ela) *É tão raro hoje em dia ouvir uma declaração de amor... Vocês estão procurando algum título em especial?*

Alan (olhando para Laura)

O senhor tem Mulheres à beira de um ataque de nervos?

Laura (olhando com raiva para Alan)

E Um homem Chamado Cavalo?

Os dois ficam se encarando com ódio.

Funcionário

Não, serve Rastros de ódio?

Os dois saem, um para cada lado, com raiva.

[...]

11. Exterior. Dia. Casa

À frente de uma grande casa, um carro luxuoso para. Uma mão feminina sai do carro e bate uma piteira.

Narrador

E chegou o momento de conhecermos a nossa vilã: a perversa Lilith.

Adolf, o motorista, sai do seu lado e abre a porta de Lilith.

Narrador

E obviamente ela não está sozinha. Lilith conta com os serviços de Adolf, seu devotado assistente.

Lilith sai do carro. Ela usa roupas esvoaçantes e negras que, com uma trilha tétrica, reforçam seu ar malévolo.

Lilith

Fora, Adolf!

Adolf

Sim, senhorra. [...]

12. Exterior. Dia. Jardim.

Lilith vê Alan e vai ao seu encontro. As pessoas abrem passagem para ela. Um padre faz o sinal da cruz. Sem que ele perceba, ela se aproxima por trás e dá-lhe um beijo no pescoço.

Alan

Lilith!

Lilith

Como vai o meu chefinho favorito?

Alan

Quero acabar logo com isso. Detesto casamentos!

Lilith

Calma, só vamos ser os padrinhos, não vamos casar. (para si) Infelizmente...

Alan

O quê?

Lilith

Nada, nada não...

13. Exterior. Dia. Jardim

Vemos o casamento em velocidade rápida. [...]

[...]

Narrador

Bom, como todas as cenas de casamento são iguais e muito chatas, vamos rápido com essa. Primeiro, Laura, tirando suas fotos; lá está. Depois entram os padrinhos, cada um vai para o seu lugar. Lá vem o noivo! Laura continua fazendo suas fotos, grande profissional. O noivo cumprimenta seus padrinhos, vai para o centro e espera... A noiva, que lá vem, trazida pelo pai, sempre a última a chegar. Ela caminha majestosamente até o altar, deixa o buquê de lado... Os noivos trocam alianças com muita emoção, e se unem para todo o sempre – pelo menos até o divórcio. Aí todos começam a sair: primeiro os noivos, naturalmente; depois os padrinhos; Laura continua fazendo suas últimas fotos... E finalmente os convidados, que só vieram para comer de graça. Pronto, acabou, foi rápido. Pena que os vídeos de casamento não sejam todos assim.

Cena de *Como fazer um filme de amor*.

[...]
Ouve-se a voz da noiva:

Noiva

Lá vai o buquê!

Dama de honra (gritando)

Ai, o buquê!

A dama de honra sai correndo. Laura prepara-se para fotografar.

Narrador

Agora, espectador, é hora de dar um tom sobrenatural ao filme. É sempre bom pensar que há um destino, uma decisão divina por trás das coisas.

A noiva atira o buquê. Mãos se esticam para pegá-lo (uma com luvas de goleiro, outra com luva de beisebol, outra com rede de borboletas), mas nenhuma o alcança.

De volta à velocidade normal, o buquê cai nas mãos de Alan. Ele se assusta. Ouve-se o barulho da câmera. Ele olha para Laura e se surpreende. Ela tira os olhos do visor da máquina e, surpresa, reconhece Alan.

Laura (irônica)

Parabéns! Você vai ficar muito bem de noiva.

Alan

Escuta, eu quero essa foto.

Laura (sorrindo)

Pode deixar, depois eu mando uma cópia.

Alan

Não, você não entendeu. Eu quero o negativo. Eu pago o que você quiser.

Laura

Já vi tudo. Você é daqueles que pensa que pode comprar todo mundo.

Alan

Todo mundo, não. Mas você...

Laura fica indignada. Ouvimos a voz de Lilith.

Lilith

Cena de *Como fazer um filme de amor.*

Alan!

Alan livra-se do buquê atirando-o longe. Ouve-se um barulho de luta e gritaria, das mulheres disputando o buquê.

Lilith

Alan, eu tenho duas notícias: uma boa e uma ruim.

Alan

Comece pela boa.

Lilith

Eu falei com nosso produtor. Está tudo certo para a nossa sessão de fotos. Eu consegui encaixar toda a equipe pro próximo voo.

Alan

Ótimo, ótimo. Mas pra quando vai ser isso?

Lilith

Para daqui a quatro horas.

Alan

O quê?! Você ficou louca?!

Lilith

O outro voo é só na próxima semana. O prazo ia estourar... E a notícia ruim é que nós estamos sem fotógrafo.

Alan

Mas como? Nós temos um monte de fotógrafos!

Lilith

Geraldo sofreu um acidente de carro. (entra foto de um carro batido. Deve ser alguma posição estranha.)

Lilith (off)

O Valdomiro, que fazia esqui, não faz mais. (vemos uma foto em que Valdomiro está numa cadeira de rodas e com esquis)

Lilith (off)

O Satoru não vai dar pé. (foto de um jacaré comendo um fotógrafo)

Lilith (off)

E o Caetano, que gostava tanto de flores... (vemos uma foto de flores)

Lilith (off)

Virou adubo.

Temos um zoom e notamos que as flores estão em um túmulo. [...]

[...]

15. Interior do bufê. Int. Dia.

Cena 1: Alan e Lilith conversam.

Lilith

Cancelamos tudo?

Alan

Cancela.

Alan olha para fora do quadro.

Alan

Espera, eu tive uma ideia...

Lilith

Ideia?

Cena 2: Alan aproxima-se de Laura, que faz uma foto do bolo. Vemos o início da cena pela câmera de Laura.

Narrador

Está chegando o momento da primeira virada na história. Vocês podem reparar que em todos os filmes isso sempre acontece ali pelos quinze, vinte minutos. Atenção! Lá vai!

Alan

Ei... Você tem algum nome?

Cena de *Como fazer um filme de amor.*

Laura

Laura.

Alan

Alan McDermont.

Laura surpreende-se.

Laura

Alan McDermont? Você é Alan McDermont da Alan McDermont Models, a maior agência do país?

Alan (um pouco aborrecido)

Em carne, osso e gravata italiana. O que você vai fazer nos próximos três dias?

Laura (com estranheza)

Como assim?

Alan

Quero que você faça um catálogo fotográfico para mim.

Laura

Mas você nem conhece meu trabalho!

Alan

Sei identificar um bom fotógrafo. Nunca errei. Aceita ou não?

Laura

Não sei... Eu...

Alan

Eu ofereço dez mil por dois dias de trabalho.

Laura fica atônita.

Laura

Dez mil?

Alan (olhando no relógio)

Tá bom. Doze mil reais. Mas você tem que decidir logo. O avião parte em menos de quatro horas.

Laura perde a fala.

Alan

E mais uma coisa. Aquela foto é minha. Feito?

Laura

Você acha que eu trocaria aquela foto por um trabalho de doze mil?

Alan

Acho.

Laura

E está certo. Vamos embora!

Eles saem e passam pela dama de honra, segurando o buquê.

Dama de honra (bêbada)

Olha, te vejo no meu casamento.

[...]

MOURA, Luiz; TORERO, José Roberto. *Como fazer um filme de amor*. Disponível em: <http://aplauso.imprensaoficial.com.br/edicoes/12.0.812.978/12.0.812.978.pdf>. Acesso em: 8 maio 2018.

Quem são os autores?

José Roberto Torero (1963) é escritor, jornalista, roteirista e cineasta. Começou sua carreira como cronista no *Jornal da Tarde* em São Paulo e passou a escrever textos sobre futebol. É autor de diversos livros, incluindo obras de literatura infantil, e foi roteirista de diversas produções para a televisão, peças de teatro, filmes longa-metragem e curta-metragem, como *Uma história de futebol*, que concorreu ao Oscar em 2001.

Luiz Moura é roteirista de vídeos e séries de TV educativas e de entretenimento para os públicos infantil e adulto. Além disso, atua como jornalista e na edição de conteúdo dirigido aos segmentos de telecomunicações, mídia, propaganda e cinema publicitário.

Interagindo com o roteiro cinematográfico

1. Observe a capa do livro em que foi publicado o roteiro.

   Sobre a relação entre a imagem e o texto lido, quais destas conclusões são possíveis?

   a) A imagem da capa indica que o tema principal do roteiro é o casamento.

   b) A capa ilustrada pela foto dos atores Cássio Gabus Mendes e Denise Fraga dá credibilidade ao roteiro.

   c) A publicação do roteiro em um livro foi anterior à produção do filme.

   d) A publicação do roteiro em um livro foi posterior à produção do filme.

   e) As palavras "aplauso", "cinema" e "Brasil" indicam que o livro faz parte de uma coleção de roteiros de filmes que fizeram sucesso no Brasil.

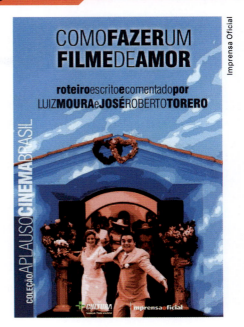

2. Leia a sinopse do filme *Como fazer um filme de amor* e, em seguida, releia a introdução do roteiro. Observe como as informações são apresentadas em cada texto.

Texto A

Adorocinema. Disponível em: <www.adorocinema.com/filmes/filme-202048> e <www.adorocinema.com/filmes/filme-202048/creditos>. Acessos em: jun. 2018.

Texto B

Como fazer um filme de amor
(vide bula)

Descrição química: Comédia romântica sobre comédias românticas.

Embalagem: Longa-metragem de 84 minutos.

Ingredientes: Denise Fraga, Cássio Gabus Mendes, Marisa Orth, André Abujamra, Paulo José, Ana Lúcia Torre e Abrão Farc, José Rubens Chachá, Ilana Kaplan, Carlos Mariano e Maria Manuela.

Indicações: Dores de cotovelo, olhar macambuzio, romantismo agudo e, principalmente, mau humor.

Contraindicações: O produto deve ser evitado por menores de 12 anos.

Advertência: Pode causar perda de ingenuidade, riso frouxo e perda de sono (caso seja consumido à noite).

Posologia: Em geral, a dose única é suficiente. Em caso de necessidade ou vontade, repetir a dose.

Depois de seis meses, rever em DVD ou VHS.

Farmacêutico responsável: José Roberto Torero.

Laboratório: Superfilmes.

a) Qual texto apresenta informações empregando a linguagem própria do universo do cinema? Justifique sua resposta com exemplos do texto.

b) Retome o conceito de intergenericidade apresentado na unidade 1 e responda: Em qual dos textos se percebe intergenericidade? Explique sua resposta.

c) Em qual dos textos se busca produzir humor? Indique um trecho que comprove sua resposta.

3. Forme dupla com um colega e, juntos, elaborem um parágrafo descrevendo o narrador e os personagens principais do filme. Além de traços físicos, infiram traços de personalidade de cada um deles.

a) narrador   **b)** personagem: Lilith   **c)** personagem: Alan   **d)** personagem: Laura

4. Releia o trecho a seguir, observando como o diálogo está organizado.

Laura (irônica)

Parabéns! Você vai ficar muito bem de noiva.

Alan

Escuta, eu quero essa foto.

Laura (sorrindo)

Pode deixar, depois eu mando uma cópia.

Alan

Não, você não entendeu. Eu quero o negativo. Eu pago o que você quiser.

Laura

Já vi tudo. Você é daqueles que pensa que pode comprar todo mundo.

Alan

Todo mundo, não. Mas você...

Lilith

Alan!

Alan livra-se do buquê atirando-o longe. Ouve-se um barulho de luta e gritaria, das mulheres disputando o buquê.

118 **Unidade 5** Todas as formas de amor

a) No roteiro cinematográfico, as falas dos personagens são escritas na forma como deverão ser enunciadas pelos atores. Indique como se chama o discurso que se apresenta dessa forma.

- discurso direto
- discurso indireto
- discurso indireto livre

b) Como um exercício de escrita, reescreva a cena em forma de prosa adotando um narrador que conte as ações dos personagens e incorpore a seu discurso a voz dos personagens.

> **AMPLIANDO O CONHECIMENTO**
>
> **Tipos de discurso nos textos literários**
>
> - **Discurso direto:** o próprio personagem fala.
> - **Discurso indireto:** o narrador incorpora ao próprio discurso as falas dos personagens.
> - **Discurso indireto livre:** ocorre uma mescla entre a fala direta do personagem e a voz do narrador – assim, a fala do personagem é reproduzida pelo narrador sem qualquer marcação evidente, mas perceptível pelo contexto.

5. Releia os trechos a seguir e responda às questões.

Trecho A

Narrador

... Mas nem tanto.

Finalmente ela consegue entrar no banco.

Cena 2: Fila de banco.

[...]

Cena 3: Caixa do banco.

Após a última velhinha, Laura, última da fila, finalmente consegue chegar ao caixa.

a) O que indicam as marcações "Cena 2: Fila de banco" e "Cena 3: Caixa do banco"?

Trecho B

15. Interior do bufê. Int. Dia.

Cena 1: Alan e Lilith conversam.

Lilith

Cancelamos tudo?

Alan

Cancela.

Alan olha para fora do quadro.

Alan

Espera, eu tive uma ideia...

Cena de *Como fazer um filme de amor*.

b) Além do nome dos personagens e de suas falas, há outras informações no trecho acima. Qual é a função delas?

Trecho C

Alan (um pouco aborrecido)

Em carne, osso e gravata italiana. O que você vai fazer nos próximos três dias?

Laura (com estranheza)

Como assim?

119

c) Qual é a finalidade das informações apresentadas entre parênteses?

> Nos roteiros cinematográficos – assim como em textos teatrais –, além das falas dos personagens, há as **rubricas**: indicações aos atores, ao diretor e aos demais profissionais envolvidos na produção do filme ou da peça sobre a maneira de atuar, o cenário, os sons, a iluminação etc.

Este objeto digital aborda a importância das rubricas em um roteiro ao exibir dois curtas-metragens e seus respectivos roteiros: um com as rubricas e outro sem.

6. Quais destas afirmações são verdadeiras em relação ao roteiro lido?
   a) Foi produzido para conduzir a ação das pessoas envolvidas na produção do filme *Como fazer um filme de amor (vide bula)*, como diretor, atores, figurinistas, cenógrafos, iluminadores etc.
   b) Sua finalidade é auxiliar os espectadores que assistem ao filme, para que, com o roteiro em mãos, compreendam melhor o enredo.
   c) Destina-se unicamente aos atores, que devem decorar suas falas.
   d) Destina-se não só aos envolvidos na produção do filme, mas também, quando publicado em livro, às pessoas em geral que apreciam a leitura do gênero roteiro, pois permite apreciar a história do filme e conhecer aspectos da produção.

7. Volte ao texto do roteiro e identifique trechos em que a linguagem é informal e com marcas de oralidade, depois responda às questões.
   a) A linguagem informal e com marcas de oralidade aparece nas falas dos personagens ou nas rubricas?
   b) A informalidade e as marcas de oralidade são adequadas nos trechos em que aparecem? Por quê?

> **Roteiro cinematográfico** é o texto escrito para ser usado na produção de um filme. Também conhecido como argumento, *script* ou guião, ele contém a história que será representada e filmada. O texto organiza-se em cenas e é constituído das falas dos personagens, de rubricas, de orientações sobre o lugar onde as cenas serão filmadas, o momento do dia em que ocorrerá a gravação, os sons e outros elementos cênicos.
>
> Os roteiros destinam-se a dois grupos de leitores: atores e demais profissionais envolvidos na produção da obra; pessoas em geral que apreciam o gênero.

AMPLIANDO O CONHECIMENTO

Os personagens

Nos filmes, séries, romances, contos, há normalmente um protagonista, que é o personagem principal, aquele que aparece mais vezes e é central para o desenvolvimento da história. O personagem que se opõe ao protagonista, ou seja, seu adversário, é o chamado antagonista. Os demais personagens são secundários. Nos filmes românticos, entretanto, costuma haver não apenas um protagonista, mas dois.

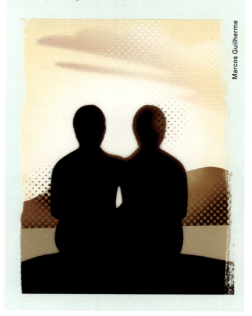

Marcos Guilherme

120 **Unidade 5** Todas as formas de amor

TEXTO 2

1. Antes de iniciar a leitura, observe a organização do texto. A qual gênero você imagina que ele pertence? Por quê?

2. Leia o título e, com base nele, responda: Qual será o tema do texto? O que o levou a levantar essa hipótese?

Amor na boca do túnel

Notícia Regina, 52, e Jonathan, 41, conheceram-se catando papel e vivem juntos pelas calçadas.

Cena Carros, ônibus e caminhões passam em alta velocidade na direção de Copacabana totalmente alheios à cena que se desenrola na entrada do túnel, envolta em muita fumaça e carinho.

Ação O casal se beija apaixonadamente, bem ali, os dois sentados na calçada suja do Túnel Novo sem ligar para a chuva fina que começa a cair.

Comentário (em *off*) E nem a grande diferença de idade nem a miséria representam obstáculos para os amantes. Vivem intensa história de amor que começou há três anos, em outra calçada mas na mesma pobreza.

Ação Jonathan abraça Regina carinhosamente, como se tentasse protegê-la da fumaça liberada pelos carros que entram no túnel e do vento frio do fim de tarde.

Comentário (em *off*) Jonathan conta que conheceu Regina numa calçada da Barata Ribeiro, em Copacabana, quando ambos catavam papel para vender.

Jonathan Foi amor à primeira vista, e logo a gente resolveu trabalhar e enfrentar tudo juntos. A gente gosta de variar os lugares de dormir. A Zona Sul tem preferência porque é mais bonita.

Regina A gente é ajuntada. Não pode casar porque não tem documento nenhum de nós dois.

Comentário (em *off*) Ela não tem dentes e conserva invejável alegria de viver. Jonathan é mais retraído do que a companheira. Usa calça *jeans* imundas e tem ao seu lado uma mochila com o cobertor, uns trocados que irão garantir o lanche da noite e o radinho de pilha, presente de um turista, maior patrimônio do casal.

Jonathan Tudo que a gente tem tá aqui. Estou na rua porque não vou jogar meu sofrimento na porta de ninguém.

Regina A gente não fica perturbando galante rico algum. Catamos papel e compramos nossa comida.

Comentário (em *off*) Em frente ao casal, um pedaço de plástico protege dois mamões semipodres que ganharam de um feirante no Bairro do Peixoto. No radinho de pilha, Cazuza – o doce roqueiro – parece cantar só para eles:

Nosso amor a gente inventa

pra se distrair…

COUTINHO, Edilberto. *Amor na boca do túnel*: antologia. Rio de Janeiro: Tempo Brasileiro, 1992. p. 15-16.

Quem é o autor?

Edilberto Coutinho nasceu em Bananeiras (PE), em 1933, e faleceu em Recife (PE), em 1995. Cursou direito na Universidade Federal de Pernambuco (UFPE) e foi doutor em literatura brasileira pela Universidade Federal do Rio de Janeiro (UFRJ). Foi jornalista, contista, ensaísta e professor universitário. Entre suas obras estão: *Onda boiadeira e outros contos* (1954); *O romance do açúcar: José Lins do Rego, vida e obra* (1980); *Maracanã, adeus: Onze histórias de futebol* (1980); *Zé Lins: Flamengo até morrer* (1984) e *Ensaios sobre José Lins do Rego* (1988).

Interagindo com o conto

1. Antes da leitura, você levantou algumas hipóteses sobre o tema e o gênero do texto. Elas se confirmaram? Explique.

2. Identifique no conto lido os seguintes elementos: lugar, tempo e personagens.

3. Há narrador no conto lido? Em caso afirmativo, como acontece a narração?

4. Os contos que seguem a estrutura tradicional do gênero são histórias curtas com começo, meio e fim. Essa estrutura está presente no conto de Edilberto Coutinho? Explique.

> ## AMPLIANDO O CONHECIMENTO
>
> ### Tipos de narrador
>
> Quem conta a história? Ao refletir sobre isso, é importante levar em consideração que o narrador é uma figura criada pelo autor e que indica por qual ponto de vista a história é contada. Há diferentes tipos de narrador:
>
> - **narrador onisciente:** conta a história, não apenas como observador, mas como alguém que conhece o pensamento e as intenções dos personagens;
> - **narrador-observador:** conta a história como se a observasse de fora, não sabe o que se passa no íntimo dos personagens;
> - **narrador-personagem:** conta a história participando dela.

> Os textos narrativos, caso do conto, geralmente se estruturam da seguinte forma:
>
> - **Situação inicial:** parte inicial da narrativa, em que ainda não surgiu a complicação que irá gerar a história. Nessa parte alguns dos elementos básicos são apresentados ao leitor, como narrador, tempo e espaço e personagens da história.
> - **Desenvolvimento:** o surgimento de uma **complicação** ou **conflito** quebra a estabilidade inicial e dá origem à história propriamente dita. O conflito atinge um **clímax**, geralmente o momento mais tenso da história.
> - **Desfecho:** acontece logo após o clímax e corresponde ao desenlace da história. É o momento em que se apresenta uma solução para o conflito – que pode ser positiva ou não – e em que há uma volta à estabilidade.

5. Associe os termos da primeira coluna com as características do gênero conto descritas na segunda coluna.

a) definição de conto

b) personagens

c) tempo

d) espaço

e) narrador

f) enredo

I. Quem participa da história, podendo ser de três tipos: protagonista (principal), antagonista (vilão) ou coadjuvante (secundário).

II. Momento em que decorre a narrativa.

III. Quem conta a história, podendo ser onisciente, observador ou personagem.

IV. Sequência de ações da narrativa, que inclui introdução, clímax e desfecho.

V. Narrativa curta, com poucos personagens e sequência de ações que ocorre em espaço e tempo restritos.

VI. Ambiente onde a narrativa ocorre.

Unidade 5 Todas as formas de amor

6. Que afirmações podem ser depreendidas do conto lido?

   a) O amor não vê idade nem condição social.

   b) Em "envolta em muita fumaça e carinho", a associação entre fumaça e carinho intensifica o que há de inusitado no amor do casal em meio à pobreza e à dureza da cidade.

   c) O casal pretende se casar.

   d) A frase "Ela não tem dentes e conserva invejável alegria de viver" inverte a esperada relação entre ter condições de cuidar da aparência e da saúde e ser feliz.

   e) O casal gostaria de ter uma vida diferente, saindo das ruas para morar na Zona Sul.

7. O final do conto remete à canção "*O nosso amor a gente inventa*", de Cazuza, Jo e Rogerio Meanda, eternizada na voz do primeiro. Conheça a letra completa.

> O teu amor é uma mentira
> Que a minha vaidade quer
> E o meu, poesia de cego
> Você não pode ver
> Não pode ver que no meu mundo
> Um troço qualquer morreu
> Num corte lento e profundo
> Entre você e eu
> **O nosso amor a gente inventa**
> **Pra se distrair**
> E quando acaba a gente pensa
> Que ele nunca existiu
>
> O nosso amor
> A gente inventa
> Inventa
> O nosso amor
> A gente inventa
> Te ver não é mais tão bacana
> Quanto a semana passada
> Você nem arrumou a cama
> Parece que fugiu de casa
> Mas ficou tudo fora de lugar
> Café sem açúcar, dança sem par
> Você podia ao menos me contar
> Uma história romântica

CAZUZA; REBOUÇAS, João; MEANDA, Rogério. O nosso amor a gente inventa (Estória romântica). In: *Só se for a dois*. Warner Chappell Edições Musicais Ltda. Todos os direitos reservados.

   a) Como é o relacionamento amoroso vivenciado pelo eu lírico da letra da canção?

   b) Releia o desfecho do conto e levante hipóteses: Por que o narrador afirma que Cazuza parece cantar só para o casal?

   c) O relacionamento amoroso vivenciado pelos personagens do conto é semelhante ao manifestado na letra da canção? Explique?

> **AMPLIANDO O CONHECIMENTO**
> **Cazuza**
>
> O artista nasceu em 1958, no Rio de Janeiro, como Agenor de Miranda Araújo Neto, mas ficou conhecido pelo apelido, que se transformou em seu nome artístico, desde antes do nascimento. Foi cantor e compositor. Começou como vocalista da banda Barão Vermelho e, anos depois, seguiu carreira solo, tornando-se conhecido como um grande poeta da música brasileira. Faleceu em 1990. Em 2008, ocupou a 34ª posição entre os cem maiores artistas brasileiros, em *ranking* promovido pela revista de música *Rolling Stone*.

Cazuza, em *show* no Rio de Janeiro (RJ), 1988.

> O **conto** é uma narrativa curta, com poucos personagens e breve sequência de ações localizadas em espaço e tempo restritos. O narrador pode ser onisciente, observador ou personagem.
>
> Assim como outros gêneros narrativos, o conto organiza-se por meio de um enredo, que é a sequência de ações da narrativa, e inclui: situação inicial, surgimento de um conflito, clímax e desfecho.

123

Vamos comparar?

Roteiro cinematográfico e conto

1. Releia estes trechos dos textos "Como fazer um filme de amor", de José Roberto Torero, e "Amor na boca do túnel", de José Edilberto Coutinho.

▶ **Texto 1**

2. Rua. Exterior. Dia.

Multidão transita em rua movimentada.

Narrador

Muito bem. Agora vamos começar com a história. A primeira coisa é escolher a personagem principal. Vai ser uma mulher, é claro.

[...]

Uma mulher de uns 29 anos, bonita porém discreta, corta, de repente, a frente da perua, andando com rapidez.

Narrador

É essa!

Passamos a acompanhar a mulher em seu trajeto. Ela entra num banco de modo atabalhoado.

▶ **Texto 2**

Cena Carros, ônibus e caminhões passam em alta velocidade na direção de Copacabana totalmente alheios à cena que se desenrola na entrada do túnel, envolta em muita fumaça e carinho.

[...]

Comentário (em *off*) E nem a grande diferença de idade nem a miséria representam obstáculos para os amantes. Vivem intensa história de amor que começou há três anos, em outra calçada mas na mesma pobreza.

a) No trecho do roteiro, vemos que existe uma indicação sobre o lugar onde se passa a cena (uma rua movimentada). No **Texto 2**, o trecho que se inicia com a palavra **Cena** tem essa mesma função? Explique.

b) Como a voz do narrador é apresentada no **Texto 1**?

c) No **Texto 2**, a presença do narrador é indicada da mesma maneira? Explique.

2. Considerando os elementos da narrativa, compare os **Textos 1** e **2**.

a) Em que espaço ocorre a ação da narrativa em cada texto?	
b) É possível identificar o tempo em que as histórias acontecem?	
c) Que tipos de personagens é possível identificar no roteiro cinematográfico e no conto lidos?	

3. Com base nos elementos identificados nas atividades 1 e 2, faça um resumo do enredo de cada um dos textos.

4. Indique semelhanças entre os dois textos, considerando tema e estrutura.

5. Por que, apesar das semelhanças, o leitor percebe que os textos não pertencem ao mesmo gênero?

6. Volte à página 24 e anote no quadro o título dos textos lidos nesta unidade e o gênero a que pertencem, de acordo com o principal objetivo comunicativo de cada um.

PENSE SOBRE ISSO

De onde vem a palavra amor?

Entre os estudos da linguagem, a etimologia corresponde à pesquisa sobre a origem e a história das palavras, bem como de seus significados. Essa investigação pode ser feita por meio da análise dos elementos que compõem as palavras. Alguns vocábulos são derivados de outras línguas, e o etimologista examina e compara textos antigos a fim de reconstruir a história das palavras.

A palavra **amor** tem uma história. Ela provém do vocábulo latino *amor, ōris*, que, desde suas primeiras ocorrências, significava afeição, amizade, desejo intenso, paixão ou, ainda, fazia referência ao objeto do amor.

Já na língua grega havia diferentes palavras para nomear os diferentes tipos de **amor**. O autor britânico C. S. Lewis, em sua obra *Os quatro amores*, apresenta a distinção etimológica da palavra **amor**, diferenciando-a por meio dos vocábulos gregos *storge*, *philia*, *eros* e *ágape*.

O amor para com familiares ou pessoas que compartilham um mesmo grupo social é nomeado pelo termo *storge*. Esse sentimento seria espontâneo e natural, pois se basearia no princípio da familiaridade ou da experiência comunitária.

O termo *philia* designa uma intensa camaradagem entre pessoas que partilham interesses comuns ou têm uma vida em comum. Essa forma de amor é a que se vê na amizade e corresponderia a um sentimento mais profundo do que o mero companheirismo.

Ao amor sensual ou erótico os gregos chamavam de *eros*.

Por fim, tem-se *ágape*, o nome dado pelos gregos ao amor incondicional, perene, imutável e que, segundo Lewis, seria o amor divino por excelência.

1. Você já havia pensado nos diversos sentidos da palavra **amor**?
2. Qual deles chamou mais a sua atenção? Por quê?

Gustav Klimt. *O beijo*, 1907/8. Óleo sobre tela, 180 cm × 189 cm.

AMPLIANDO O CONHECIMENTO

C. S. Lewis

Clive Staples Lewis (1898-1963) foi um professor universitário, escritor e ensaísta irlandês conhecido por seus estudos e trabalhos acadêmicos sobre literatura medieval. Sua série de ficção e fantasia *As crônicas de Nárnia* (1950-1956) tornou-se amplamente conhecida por suas adaptações para o cinema feitas pelos estúdios Walt Disney.

125

Língua e linguagem

Metalinguagem

Quando o roteiro do filme *Como fazer um filme de amor (vide bula)* foi publicado em formato de livro, os autores acrescentaram esta apresentação. Leia-a, observe o assunto do qual ela trata e sua finalidade. Você vai notar que este texto é de grande importância para os leitores do livro e para os produtores do filme.

Como fazer um filme sobre filmes de amor

Pegue quatro amigos sem coisa melhor para fazer (José Paulo Sant'Anna, José Roberto Torero, Luiz Moura e Marcus Pimenta) e coloque-os para ler romances água com açúcar do tipo *Bianca*, *Júlia* e *Sabrina*. Mande-os separar os elementos comuns a todas essas histórias e junte-os num único **argumento**. Depois coloque dois deles (Torero e Moura) para fazer e refazer o roteiro 13 vezes. Pronto, eis o roteiro de um filme sobre filmes de amor.

Pensando melhor, não foi tão simples assim.

Depois de definirmos nosso triângulo amoroso: Laura (a mocinha, que seria fotógrafa de casamentos, pois essas personagens muitas vezes têm profissões que as deixam próximas do casamento), Alan (o mocinho, rico, belo e com algum problema psicológico a superar), Lilith (a vilã, doentiamente apaixonada por Alan e capaz de tudo por seu amor), nos deparamos com um problema: como montar uma história de clichês sem cair no próprio **clichê**, ou sem acabar por desaguar num filme com andamento e conclusão absolutamente previsíveis?

A solução que encontramos foi colocar um Narrador que explicitasse todos os recursos, todos os truques baixos de uma história de amor, desde a escolha dos personagens principais até os elementos básicos de roteiro.

Assim mostraríamos os clichês de forma explícita. Não cometendo-os, mas comentando-os.

Ao longo deste roteiro publicado na forma de livro, o leitor poderá ler observações pontuais sobre como os roteiristas chegaram a determinadas soluções ou mesmo algumas curiosidades sobre a produção do filme. Esperamos que sejam úteis estas informações adicionais, bem como (e por que não?) as próprias dicas do Narrador sobre como fazer um filme de amor.

MOURA, Luiz; TORERO, José Roberto. *Como fazer um filme de amor*. Disponível em: <http://aplauso.imprensaoficial.com.br/edicoes/12.0.812.978/12.0.812.978.pdf>. Acesso em: 8 maio 2018.

> **Argumento:** resumo do enredo de um filme, novela, romance etc.
>
> **Clichê:** palavra ou expressão usada de forma exaustiva, cujo sentido perdeu a originalidade.

AMPLIANDO O CONHECIMENTO

Romances água com açúcar

Bianca, *Julia* e *Sabrina* são títulos de uma coleção de romances vendidos em bancas de jornal. Esse tipo de publicação surgiu no final dos anos 1970 e apresenta o amor romântico como tema central. São chamados de "**romances água com açúcar**", pois sempre retratam o final feliz de um casal apaixonado.

Imagens: Nova Cultural

1. Relacione os itens da primeira coluna com os da segunda coluna, de acordo com o texto.

   a) José Paulo Sant'Anna, José Roberto Torero, Luiz Moura e Marcos Pimenta

   b) elementos da narrativa

   c) argumento

   I. triângulo amoroso

   II. roteiristas

   III. personagens, narrador

2. Releia este fragmento.

   > [...] Alan (o mocinho, rico, belo e com algum problema psicológico a superar), Lilith (a vilã, doentiamente apaixonada por Alan e capaz de tudo por seu amor), nos deparamos com um problema: como montar uma história de clichês sem cair no próprio clichê, ou sem acabar por desaguar num filme com andamento e conclusão absolutamente previsíveis?

   a) Explique por que podemos afirmar que a caracterização das personagens é um clichê.

   b) Comente o papel do narrador nesse roteiro e como ele colabora para a originalidade do filme em questão.

3. Você leu a introdução do livro no qual o roteiro foi publicado. Qual é a função desse texto introdutório?

Metalinguagem é a linguagem usada para descrever ou falar sobre outra linguagem. Ela ocorre quando o enunciador fala para explicar a linguagem que está utilizando no ato comunicativo; em outras palavras, ocorre quando o assunto de um texto é o próprio texto.

---

4. E você, gosta de filmes de amor? Prefere os que têm final previsível ou os que surpreendem no final? Cite algum título que tenha sido marcante para você e explique por que foi marcante.

AMPLIANDO O CONHECIMENTO

As funções da linguagem

A metalinguagem refere-se à função metalinguística do texto no ato comunicativo. Embora os estudos sobre a linguagem tenham surgido na Antiguidade Clássica, em meados do século XX, o linguista russo Roman Jakobson estruturou as funções da linguagem, considerando a predominância de certos traços discursivos de acordo com a finalidade comunicativa de diferentes textos. São elas:

- Função **poética**: evidencia a mensagem, expressada de modo criativo, inovador. Exemplo: poemas, letras de canção.
- Função **metalinguística**: evidencia a linguagem, o código de comunicação. Exemplo: verbetes de dicionário.
- Função **referencial** ou **denotativa**: evidencia a informação, o assunto tratado no texto. Exemplo: notícias, reportagens.
- Função **emotiva**: privilegia as emoções do enunciador. Exemplo: diários, cartas pessoais.
- Função **conativa ou apelativa**: destaca o destinatário, a intenção do enunciador em convencer o destinatário sobre algo. Exemplo: campanhas publicitárias.
- Função **fática**: visa testar o canal de comunicação, estabelecer contato. Exemplo: Alô? Sabe?

Essas funções da linguagem partem da concepção de língua como código, usado pelo enunciador para transmitir uma mensagem a um receptor. Nessa concepção, a linguagem é instrumento de comunicação. Hoje, concebe-se a linguagem como forma de ação e interação social, perspectiva adotada neste livro.

127

5. Comente a metalinguagem presente nos seguintes textos.

a)

Bom dia, poetas velhos.
Me deixem na boca
o gosto de versos
mais fortes que não farei.

Dia vai vir que os saiba
tão bem que vos cite
como quem tê-los
um tanto feito também,
acredite.

LEMINSKI, Paulo. In: *Toda Poesia*. São Paulo: Companhia das Letras, 2013. p. 142.

b)

ANGELI. Disponível em: <www.itaucultural.org.br/ocupacao/angeli/angeli-em-crise>. Acesso em: 5 maio 2018.

c)

Chiclete com banana

Eu só boto bebop no meu samba
Quando Tio Sam tocar um tamborim
Quando ele pegar
No pandeiro e no zabumba.
Quando ele aprender
Que o samba não é rumba.
Aí eu vou misturar
Miami com Copacabana.
Chiclete eu misturo com banana,
E o meu samba vai ficar assim:
Tururururururi bop-bebop-bebop
Tururururururi bop-bebop-bebop
Tururururururi bop-bebop-bebop
Eu quero ver a confusão
Tururururururi bop-bebop-bebop
Tururururururi bop-bebop-bebop
Tururururururi bop-bebop-bebop
Olha aí, o samba-*rock*, meu irmão
É, mas em compensação,
Eu quero ver um *boogie-woogie*
De pandeiro e violão.
Eu quero ver o Tio Sam
De frigideira
Numa batucada brasileira.

GORDURINHA; CASTILHO, Almira.

Oficina de produção

Texto oral e escrito

Roteiro

Nesta unidade, foi estudado o gênero roteiro cinematográfico. Agora, é sua vez de produzir com os colegas um roteiro que pode se transformar em um curta-metragem, ou seja, um filme de poucos minutos. Para isso, vamos lembrar as principais características desse gênero textual.

▶ Recordar

1. Releia a cena 2 do texto *"Como fazer um filme de amor (vide bula)"*.

Cena 2: Alan aproxima-se de Laura, que faz uma foto do bolo. Vemos o início da cena pela câmera de Laura.

Narrador

Está chegando o momento da primeira virada na história. Vocês podem reparar que em todos os filmes isso sempre acontece ali pelos quinze, vinte minutos. Atenção! Lá vai!

Alan

Ei... Você tem algum nome?

Laura

Laura.

Alan

Alan McDermont.

Laura surpreende-se.

Laura

Alan McDermont? Você é Alan McDermont da Alan McDermont Models, a maior agência do país?

Alan (um pouco aborrecido)

Em carne, osso e gravata italiana. O que você vai fazer nos próximos três dias?

Laura (com estranheza)

Como assim?

Alan

Quero que você faça um catálogo fotográfico para mim.

Laura

Mas você nem conhece meu trabalho!

Alan

Sei identificar um bom fotógrafo. Nunca errei. Aceita ou não?

Laura

Não sei... Eu...

Alan

Eu ofereço dez mil por dois dias de trabalho.

Laura fica atônita.

Laura

Dez mil?

129

Alan (olhando no relógio)

Tá bom. Doze mil reais. Mas você tem que decidir logo. O avião parte em menos de quatro horas.

Laura perde a fala.

Alan

E mais uma coisa. Aquela foto é minha. Feito?

Laura

Você acha que eu trocaria aquela foto por um trabalho de doze mil?

Alan

Acho.

Laura

E está certo. Vamos embora!

a) Como os atores, ao lerem o roteiro, sabem como devem agir em cena? Explique sua resposta utilizando exemplos do trecho destacado.

b) Qual parte do trecho mostra que ele contém o início do conflito da história? Quem comunica isso ao leitor?

c) Qual é a estratégia do roteirista para indicar que esse é só o início do conflito da história?

▶ Planejar

1. A criação de um roteiro parte de elementos que são comuns aos textos narrativos: com base em uma situação inicial apresentada ocorre um conflito ou problema – algo que de alguma forma vai mudar esse contexto inicial. Esse conflito chega ao extremo – o clímax – a partir do qual é criado um desfecho – algum tipo de solução ou encerramento do conflito.

Em grupo de três integrantes, planejem uma continuidade ao enredo, criando um triângulo amoroso a partir do encontro dos personagens!

2. Conversem em grupo para criar:

- uma situação que torne o relacionamento dos três personagens um triângulo amoroso;

- um enredo com um triângulo amoroso que seja o conflito gerador de uma série de cenas com diálogos que constituirão a história e a levarão a um clímax;

- algumas situações que vão caracterizar o clímax, desenvolvendo-se até o desfecho da história.

▶ Produzir

1. Produzam o roteiro primeiramente em um rascunho.

2. Lembrem-se dos elementos além do enredo, ou seja, aqueles que constituem a estrutura do roteiro: indicação de cada cena, lugar, momento do dia em que ocorrerá a cena, se ela deve ser gravada em espaço interno ou externo, nomes dos personagens antes de cada fala, rubricas e outros elementos estudados nesta unidade.

3. Leiam o rascunho e observem se vocês escreveram um texto claro, coeso e coerente. Caso ainda sejam necessários alguns ajustes, façam-nos e passem o texto a limpo.

Unidade 5 Todas as formas de amor

4. Agora, é hora de encenar. Escolham um lugar adequado, reúnam os elementos cênicos necessários para a gravação e, mais importante, decorem as falas previstas no roteiro. Ensaiem bem antes de gravar, para evitar ter de gravar repetidas vezes.

5. Com tudo pronto, escolham alguém que filmará as cenas e realizem a gravação do curta-metragem, a partir do roteiro escrito. Não se esqueçam da postura adequada ao personagem e de falarem com boa entonação e clareza, a fim de que a gravação fique audível. Caso haja algum erro de gravação, parem e gravem novamente, já que essa situação será resolvida no momento de editar o vídeo.

6. Com auxílio de um programa de edição, montem a versão final do curta, que deverá ter em torno de 60 segundos. Lembrem-se de que, como a duração do filme é pequena, é preciso que as cenas escolhidas sejam significativas e reflitam o que foi pensado no roteiro.

▶ Avaliar e reescrever

1. Agora é hora de o professor e os grupos avaliarem o roteiro escrito. Troquem o texto entre grupos e façam uma leitura do texto recebido. Observem, por exemplo, os seguintes elementos:
   - O roteiro tem uma linguagem clara e compreensível?
   - Há uma sequência lógica nas informações sobre tempo e espaço apresentados?
   - A caracterização dos personagens está adequada e clara?
   - Os diálogos estão identificados de acordo com cada personagem?
   - Há rubricas de movimento e de interpretação ao longo do texto e junto às falas das personagens?
   - A encenação contemplou o que estava previsto no roteiro?
   - A interpretação e as falas ficaram claras?
   - A seleção das cenas no curta ficou significativa e conseguiu transmitir a ideia do roteiro?

2. Se vocês ou os colegas responderam "não" para algumas dessas questões, é necessário reescrever o texto, fazendo os ajustes necessários para tornar o roteiro do grupo ainda melhor. Além disso, será necessário gravar novamente as cenas que apresentaram problemas e editar uma nova versão do curta-metragem.

▶ Divulgar

Para que a comunidade escolar conheça os filmes produzidos, a turma vai organizar um **Festival de Curtas**. Façam um cartaz bem criativo divulgando o evento e convidem as outras turmas da escola, bem como familiares e amigos. Caso a escola não tenha um auditório, organizem um espaço com cadeiras, uma parede ou tela branca e um projetor e exibam os curtas produzidos. Preparem a pipoca e divirtam-se!

DIÁLOGOS

Poemas - relações de intertextualidade

Faça uma leitura silenciosa dos textos a seguir, procurando entender a concepção de amor que eles manifestam.

▶ **Texto 1**

Para o Zé

Eu te amo, homem, hoje como
toda vida quis e não sabia,
eu que já amava de extremoso amor
o peixe, a mala velha, o papel de seda e os riscos
de bordado, onde tem
o desenho cômico de um peixe – os
lábios carnudos como os de uma negra.
Divago, quando o que quero é só dizer
te amo. Teço as curvas, as mistas
e as quebradas, industriosa como abelha,
alegrinha como florinha amarela, desejando
as finuras, violoncelo, violino, menestrel
e fazendo o que sei, o ouvido no teu peito
pra escutar o que bate. Eu te amo, homem, amo
o teu coração, o que é, a carne de que é feito,
amo sua matéria, fauna e flora,
seu poder de perecer, as aparas de tuas unhas
perdidas nas casas que habitamos, os fios
de tua barba. Esmero. Pego tua mão, me afasto, viajo
pra ter saudade, me calo, falo em latim pra requintar meu gosto:
"Dize-me, ó amado da minha alma, onde apascentas
o teu gado, onde repousas ao meio-dia, para que eu não
ande vagueando atrás dos rebanhos de teus companheiros".
Aprendo. Te aprendo, homem. O que a memória ama
fica eterno. Te amo com a memória, imperecível.
Te alinho junto das coisas que falam
uma coisa só: Deus é amor. Você me espicaça como
o desenho do peixe da guarnição de cozinha, você me guarnece,
tira de mim o ar desnudo, me faz bonita
de olhar-me, me dá uma tarefa, me emprega,
me dá um filho, comida, enche minhas mãos.
Eu te amo, homem, exatamente como amo o que

Andrea Ebert

acontece quando escuto oboé. Meu coração vai desdobrando
os panos, se alargando aquecido, dando
a volta ao mundo, estalando os dedos pra pessoa e bicho.
Amo até a barata, quando descubro que assim te amo,
o que não queria dizer amo também, o piolho. Assim,
te amo do modo mais natural, vero-romântico,
homem meu, particular homem universal.
Tudo que não é mulher está em ti, maravilha.
Como grande senhora vou te amar, os alvos linhos,
a luz na cabeceira, o abajur de prata;
como criada ama, vou te amar, o delicioso amor:
com água tépida, toalha seca e sabonete cheiroso,
me abaixo e lavo teus pés, o dorso e a planta deles
eu beijo.

> **Apascentar:** nutrir, sustentar, pastorear.
> **Espicaçar:** instigar, estimular, afligir, magoar.
> **Guarnecer:** prover as necessidades.
> **Tépido:** morno, aquecido.

PRADO, Adélia. *Bagagem*. São Paulo: Siciliano, 1993. p. 99.

▶ **Texto 2**

Lisboa

Já era hora de partir e corria a passos líquidos entre as pedras da calçada.

Se lembra quando a vira, aquela noite, o Terreiro do Paço apinhado e só a luz de Teresa a irradiar.

Ela já havia lhe dito, não sei se quero ir com você. Ele não podia acreditar.

Há milênios atravessando ondas e descobrindo seus mundos novos.

Por que não queria fazer a viagem com ele? Por que havia faltado ao encontro na Brasileira? Um oceano com ele a viver. E ela não quis.

Terra nova era o ciúme que lhe atormentava.

Levantou as âncoras de seu amor lusitano e se foi, atlântico.

AMORIM, Maria José. *Contos de geografia*. Produção da autora. Lançado em Portugal (Óbidos), 2016.

1. E então? Que concepção de amor cada texto manifesta?
2. Você concorda com alguma das concepções lidas? Explique.

Enem e vestibulares

1. Enem

Tudo no mundo começou com um sim. Uma molécula disse sim a outra molécula e nasceu a vida. Mas antes da pré-história havia a pré-história da pré-história e havia o nunca e havia o sim. Sempre houve. Não sei o quê, mas sei que o universo jamais começou.

[...]

Enquanto eu tiver perguntas e não houver resposta continuarei a escrever. Como começar pelo início, se as coisas acontecem antes de acontecer? Se antes da pré-pré-história já havia os monstros apocalípticos? Se esta história não existe, passará a existir. Pensar é um ato. Sentir é um fato. Os dois juntos – sou eu que escrevo o que estou escrevendo. [...] Felicidade? Nunca vi palavra mais doida, inventada pelas nordestinas que andam por aí aos montes.

Como eu irei dizer agora, esta história será o resultado de uma visão gradual – há dois anos e meio venho aos poucos descobrindo os porquês. É visão da iminência de. De quê? Quem sabe se mais tarde saberei. Como que estou escrevendo na hora mesma em que sou lido. Só não inicio pelo fim que justificaria o começo – como a morte parece dizer sobre a vida – porque preciso registrar os fatos antecedentes.

LISPECTOR, C. *A hora da estrela*. Rio de Janeiro: Rocco, 1998 (fragmento).

A elaboração de uma voz narrativa peculiar acompanha a trajetória literária de Clarice Lispector, culminada com a obra *A hora da estrela*, de 1977, ano da morte da escritora. Nesse fragmento, nota-se essa peculiaridade porque o narrador:

a) observa os acontecimentos que narra sob uma ótica distante, sendo indiferente aos fatos e às personagens.

b) relata a história sem ter tido a preocupação de investigar os motivos que levaram aos eventos que a compõem.

c) revela-se um sujeito que reflete sobre questões existenciais e sobre a construção do discurso.

d) admite a dificuldade de escrever uma história em razão da complexidade para escolher as palavras exatas.

e) propõe-se a discutir questões de natureza filosófica e metafísica, incomuns na narrativa de ficção.

2. Enem

E como manejava bem os cordéis de seus títeres, ou ele mesmo, títere voluntário e consciente, como entregava o braço, as pernas, a cabeça, o tronco, como se desfazia de suas articulações e de seus reflexos quando achava nisso conveniência. Também ele soubera apoderar-se dessa arte, mais artifício, toda feita de sutilezas e grosserias, de expectativa e oportunidade, de insolência e submissão, de silêncios e rompantes, de anulação e prepotência. Conhecia a palavra exata para o momento preciso, a frase picante ou obscena no ambiente adequado, o tom humilde diante do superior útil, o grosseiro diante do inferior, o arrogante quando o poderoso em nada o podia prejudicar. Sabia desfazer situações equívocas, e armar intrigas das quais se saía sempre bem, e sabia, por experiência própria, que a fortuna se ganha com uma frase, num dado momento, que este momento único, irrecuperável, irreversível, exige um estado de alerta para a sua apropriação.

RAWET, S. O aprendizado. In: *Diálogo*. Rio de Janeiro: GRD, 1963 (fragmento).

No conto, o autor retrata criticamente a habilidade do personagem no manejo de discursos diferentes segundo a posição do interlocutor na sociedade. A crítica à conduta do personagem está centrada:

a) na imagem do títere ou fantoche em que o personagem acaba por se transformar, acreditando dominar os jogos de poder na linguagem.

b) na alusão à falta de articulações e reflexos do personagem, dando a entender que ele não possui o manejo dos jogos discursivos em todas as situações.

c) no comentário, feito em tom de censura pelo autor, sobre as frases obscenas que o personagem emite em determinados ambientes sociais.

d) nas expressões que mostram tons opostos nos discursos empregados aleatoriamente pelo personagem em conversas com interlocutores variados.

e) no falso elogio à originalidade atribuída a esse personagem, responsável por seu sucesso no aprendizado das regras de linguagem da sociedade.

3. FCM-MG

Pessoas e nuvens

1º§ Existe gente que carrega no semblante, nos gestos e nas palavras um jeito de nuvem que chove na roseira de cada um de nós. Molham de afeto a nossa convivência.

134 **Unidade 5** Todas as formas de amor

Parecem trazer sobre a cabeça um regador para banhar os amigos e semelhantes. Incitam o lado bom da vida, a criação, a amizade, o companheirismo. Essas são as pessoas que gosto de encontrar quando ando pelas ruas de nossa e outras cidades. É o tipo que ameniza o calor e nos protege do frio. Inteligentes e interessantes, logo bonitos. Chegam e partem sorrindo. A simples presença contagia e o perfume fica quando se vão.

2º§ Outros carregam tempestade e raios, trovões, reclamações e ódio. Gastam todo o seu tempo para maquinar maldades e desejar que o pior aconteça com os seus desafetos. São minoria, mas têm aptidão para enxergar, no mundo, o lixo e, na humanidade, um exército de adversários e inimigos que devem ser eliminados.

3º§ Seria bom que só existisse gente chuva prazenteira, mas viver em sociedade é complexo e estamos expostos aos chatos e bruxos. São estações inevitáveis, a primavera que traz colheita de frutos e flores e o outono das desesperanças. Confesso que não consigo compreender a razão de alguém somente agir para prejudicar, torcer pela derrota e infelicidade, trabalhar pelo caos. Na cabeça desses eu não entro e nem quero entrar. Tento evitá-los e me proteger de seus projetos de terremotos. Mas é necessário preservar nossas defesas para que não sejamos contaminados.

4º§ Quem reclama já perdeu, dizia o mestre João Saldanha; Quem não se conforma com o sucesso de alguém, e reclama, odeia, xinga e vitupera, perdeu a chance de aproveitar o que a existência tem de bom.

5º§ O mundo não caminha nem nunca caminhou de maneira justa, mas a vida, ah! a vida, é uma aventura deslumbrante que vale a pena ser degustada, em todos os sentidos. Meus olhos se concentram nesse território bendito habitado e irrigado pelos que amo.

(BRANT, Fernando. *Casa aberta*. Sabará, MG: Ed. Dubolsinho, 2012, p. 215-216. Texto adaptado.)

Machado de Assis escreveu um interessantíssimo conto chamado "O enfermeiro", em que o protagonista vai cuidar de um coronel difícil de lidar. Leia o trecho a seguir.

"Chegando à vila, tive más notícias do coronel. Era homem insuportável, estúrdio, exigente, ninguém o aturava, nem os próprios amigos. Gastava mais enfermeiros que remédios. A dois deles quebrou a cara. Respondi que não tinha medo de gente sã, menos ainda de doentes; e depois de entender-me com o vigário, que me confirmou as notícias recebidas, e me recomendou mansidão e caridade, segui para a residência do coronel."

(ASSIS, Machado de. *Várias histórias*. R.J./ B.H.: Garnier/Itatiaia, 1995, p. 95.)

Com base nos textos de Fernando Brant e de Machado de Assis, é **correto** afirmar que:

a) O vigário é incapaz de corroborar as notícias recebidas pelo enfermeiro.

b) Os enfermeiros anteriores demonstraram competência ao tratarem do enfermo.

c) O coronel representa a antítese de gente "chuva prazenteira".

d) O enfermeiro assume a mesma postura do cronista, ao evitar o coronel.

4. Enem

O exercício da crônica

Escrever crônica é uma arte ingrata. Eu digo prosa fiada, como faz um cronista; não a prosa de um ficcionista, na qual este é levado meio a tapas pelas personagens e situações que, azar dele, criou porque quis. Com um prosador do cotidiano, a coisa fia mais fino. Senta-se ele diante de uma máquina, olha através da janela e busca fundo em sua imaginação um assunto qualquer, de preferência colhido no noticiário matutino, ou da véspera, em que, com suas artimanhas peculiares, possa injetar um sangue novo. Se nada houver, restar-lhe o recurso de olhar em torno e esperar que, através de um processo associativo, surja-lhe de repente a crônica, provinda dos fatos e feitos de sua vida emocionalmente despertados pela concentração. Ou então, em última instância, recorrer ao assunto da falta de assunto, já bastante gasto, mas do qual, no ato de escrever, pode surgir o inesperado.

(MORAES, V. *Para viver um grande amor*: crônicas e poemas. São Paulo: Cia. das Letras, 1991).

Predomina nesse texto a função da linguagem que se constitui:

a) nas diferenças entre o cronista e o ficcionista.

b) nos elementos que servem de inspiração ao cronista.

c) nos assuntos que podem ser tratados em uma crônica.

d) no papel da vida do cronista no processo de escrita da crônica.

e) nas dificuldades de se escrever uma crônica por meio de uma crônica.

135

UNIDADE 6

MULHER: PASSADO, PRESENTE, FUTURO

Roda de conversa

A artista plástica Anna Maria Maiolino nasceu na Itália em 1942. Em 1954, emigrou com a família para Caracas, Venezuela, e chegou ao Brasil em 1960. Especializou-se em gravura, pintura, escultura, artes multimídias e desenho.

1. Descreva a imagem.

2. Dá-se o nome de *performance* à expressão artística que reúne elementos de variadas formas de arte, como teatro, dança, artes visuais, música. Originalmente, a artista Anna Maria Maiolino executou uma *performance*: caminhou entre ovos espalhados no chão. Imagine-se diante da artista, assistindo à caminhada dela por entre os ovos. Quais sensações ou percepções você tem ao imaginar essa cena?

3. Você conhece a expressão **pisar em ovos**? Sabe o que ela significa?

4. No Brasil, quando se fala de direitos das mulheres, ainda se "pisa em ovos"?

MAIOLINO, Anna Maria. *Entrevidas* (detalhe), da série Fotopoemação, 1981.

Henri Virgil Stahl/cortesia da artista

O que você vai aprender

Gêneros
- Poema
- Resenha

Língua e linguagem
- Semântica das conjunções

Oficinas de produção
- Sarau
- Resenha

Conheça

Livros
- *Orgulho e preconceito*, de Jane Austen (Penguin/Companhia das Letras).
- *A hora da estrela*, de Clarice Lispector (Rocco).
- *Olga*, de Fernando Morais (Companhia de Bolso).
- *Anne Frank – O outro lado do diário*, de Miep Gies (Best Seller).
- *A cor púrpura*, de Alice Walker (José Olympio).
- *Ponciá Vicêncio*, de Conceição Evaristo (Mazza Edições).
- *A estrutura da bolha de sabão*, de Lygia Fagundes Telles (Companhia das Letras).

Filmes
- *Rainha de Katwe*. Direção: Mira Nair. África do Sul; Estados Unidos, 2016.
- *Joy, o nome do sucesso*. Direção: David O. Russel. Estados Unidos, 2015.
- *What happened, Miss Simone?* Direção: Liz Garbus. Estados Unidos, 2015.
- *Em busca de Iara*. Direção: Flávio Frederico. Brasil, 2014.
- *Como se fosse da família*. Direção: Alice Riff e Luciano Onça. Brasil, 2014.

Músicas
- *Tombei*, de Karol Conka.
- *Desconstruindo Amélia*, de Pitty.
- *Mar vermelho*, de Lay.
- *Velha e louca*, de Mallu Magalhães.
- *Mulher*, de Elba Ramalho.
- *Feminina*, de Joyce.

Na internet
- ONU Mulheres: <www.onumulheres.org.br>.
- Think Olga: <https://thinkolga.com/>.
- Políticas para mulheres: <http://spm.gov.br/>.
- Mulherio das Letras: <www.mulheriodasletras.com>.
- Não me Kahlo: <www.naomekahlo.com>.

TEXTO 1

1. Antes de ler o texto a seguir, observe como ele se organiza no espaço da página. A qual gênero textual você supõe que ele pertença?

2. Você costuma ler textos como este? Onde é possível encontrá-los?

3. Leia o boxe **Quem é a autora?**, da página seguinte, e depois leia o título do texto. Em sua opinião, conhecer a autora poderá auxiliar na leitura do texto ou mesmo modificar a compreensão dele?

Vozes-mulheres

A voz da minha bisavó
Ecoou criança
nos porões do navio.
Ecoou lamentos
de uma infância perdida.
A voz de minha avó
ecoou obediência
aos brancos-donos de tudo.

A voz de minha mãe
ecoou baixinho revolta
no fundo das cozinhas alheias
debaixo das trouxas
roupagens sujas dos brancos
pelo caminho empoeirado
rumo à favela.

138 Unidade 6   Mulher: passado, presente, futuro

A minha voz ainda
ecoa versos perplexos
com rimas de sangue
e
fome.

A voz de minha filha
recolhe todas as nossas vozes
recolhe em si
as vozes mudas caladas
engasgadas nas gargantas.
A voz de minha filha
recolhe em si
a fala e o ato.
O ontem – o hoje – o agora.
Na voz de minha filha
se fará ouvir a ressonância
o eco da vida-liberdade.

EVARISTO, Conceição. *Poemas da recordação e outros movimentos*. Belo Horizonte: Nandyala, 2008. p. 10-11.

Quem é a autora?

A escritora **Conceição Evaristo** nasceu em 1946, em uma comunidade em Belo Horizonte (MG). Conciliou os estudos no Curso Normal (na época, necessário para poder dar aulas a alunos da etapa que hoje equivale ao Ensino Fundamental) com o trabalho como doméstica. Aos 25 anos, mudou-se para o Rio de Janeiro (RJ) e cursou Letras na Universidade Federal do Rio de Janeiro (UFRJ). Sua primeira publicação ocorreu em 1990, com *Cadernos negros*. É militante do movimento negro e dos direitos das mulheres, atuando efetivamente em eventos culturais em que divulga sua obra e defende sua bandeira política.

Interagindo com o poema

1. Releia os versos a seguir, observando as expressões destacadas.

   A voz de minha avó
   ecoou obediência
   aos brancos-donos de tudo.

   A voz de minha mãe
   ecoou baixinho revolta
   [...]

   a) No contexto, o que é **ecoar** obediência e revolta?

   b) Nos versos "A minha voz ainda / ecoa versos perplexos", como o eu lírico define sua própria poesia?

2. Leia novamente a penúltima estrofe.

   A voz de minha filha
   recolhe todas as nossas vozes
   recolhe em si
   as vozes mudas caladas
   engasgadas nas gargantas.

   a) Verifique em um dicionário alguns dos sentidos do verbo **recolher**.

   b) Explique o sentido do verbo **recolher** em "A voz da minha filha / recolhe todas as nossas vozes". Que comparação implícita pode ser percebida nesses versos?

> ### AMPLIANDO O CONHECIMENTO
> #### Metáforas do cotidiano
>
> A metáfora é um recurso da língua empregado em textos que circulam em diferentes esferas, sendo comum em textos literários e publicitários. Mas esse jogo de usar palavras com sentidos diferentes do literal não está presente apenas nessas esferas: a metáfora aparece em situações de interação cotidiana, sendo importante ferramenta na comunicação do dia a dia. Quando a metáfora já tem emprego tão habitual que nos esquecemos de que é uma comparação implícita, passa a ser considerada uma catacrese. A catacrese é um tipo de metáfora que supre a falta de uma palavra específica para designar algo. Exemplos: **céu da boca**, **asa da xícara**, **braços da poltrona**, **boca do túnel**, **laços matrimoniais**, **maçã do rosto** etc.

Marcos Guilherme

> A linguagem poética tende a ser conotativa, figurada, metafórica. Por meio dessa linguagem, o eu lírico cria imagens que permitem ao leitor construir diferentes sentidos para o que lê.
>
> A linguagem figurada proporciona maior expressividade a um texto, seja ampliando o sentido de uma palavra, seja dando-lhe mais de um sentido. Para isso, utiliza-se das chamadas figuras de linguagem.
>
> Uma das figuras de linguagem é a **metáfora**. Nela, um elemento é designado pelo nome de outro elemento, que tem com o primeiro alguma relação de semelhança. Por exemplo, a metáfora "ele é um vulcão" sugere a semelhança entre o temperamento da pessoa e a qualidade explosiva dos vulcões.

3. Explique como foi/é a vida de cada uma das mulheres mencionadas no poema, incluindo a voz lírica, e a atitude e os sentimentos delas perante a realidade vivida.

4. O poema mostra um gradual empoderamento das mulheres apresentadas. Como ele é construído no desenrolar dos versos?

5. Pode-se estabelecer uma relação entre o poema e a militância da autora? Explique.

6. As três estrofes do poema contêm trechos que se repetem. Identifique-os e transcreva-os.

7. Que efeito de sentido as repetições produzem no poema?

8. Que relação existe entre as repetições e o verbo **ecoar**, ele mesmo também repetido em todas as estrofes?

9. Levando em conta os versos finais, o discurso do eu lírico é otimista ou pessimista em relação ao futuro?

10. Uma das principais características de textos líricos – como o poema de Conceição Evaristo – é a subjetividade, pois o eu lírico manifesta suas impressões e sentimentos diante de algo. Justifique essa afirmação com base na expressão do eu lírico de "Vozes-mulheres".

> O **poema**, tradicionalmente, é um gênero textual caracterizado pela composição em versos organizados em estrofes, em que se explora a relação da forma do texto com o conteúdo que se enuncia. O uso da linguagem figurada e de elementos ligados à sonoridade (repetições, rima, métrica, ritmo etc.) é também elemento característico do gênero.

11. O lirismo pode se manifestar em textos de outros gêneros, como letra de canção, conto e romance. Para refletir um pouco mais sobre o assunto, leia os **microcontos**, da escritora Maria José Amorim.

Costureira

1

Lá ia ela, rainha, radiante, todos os olhos e sonhos sobre si. A cada movimento de bandeira, a cada batida da bateria, ouvia: Maravilhosa! Deusa! Gritavam, como se um pouco daquele brilho pudesse também iluminar suas vidas.

A costureira Lucila, de pé à beira da avenida, curtia a emoção de saber que toda aquela fantasia tinha sido realizada por suas mãos.

2

Vinham cantando, eles todos. Aqueles ciganos ruidosos que metiam medo por onde chegavam. Só Dona Eli, a famosa costureira Cidinha, requisitada naquele pedaço entre Rio e Minas, nas terras de Queiroz, foi quem teve coragem de colocar a máquina do lado de fora da casa a arrematar flores e cores daquele povo sabedor das linhas do futuro.

AMPLIANDO O CONHECIMENTO

Eu lírico e lirismo

Eu lírico é o termo literário usado para designar o enunciador de um poema. Não se trata do autor do texto, mas sim da voz que fala nos versos, denominada também voz lírica, pessoa lírica, eu poético ou voz poética.

O termo **lírico** está associado à lira, um instrumento musical de cordas utilizado pelos gregos na Antiguidade. Por muito tempo, a música esteve intrinsecamente associada à declamação de textos, por isso eles eram produzidos de maneira que pudessem ser musicados. A musicalidade, a subjetividade e o modo peculiar de enunciação – orientado pela visão de mundo do poeta – são características que conferem lirismo a um texto. Algumas dessas características podem estar presentes também em outros gêneros, não apenas em poemas.

141

Rio

A irmã jogava o anzol na beira do rio e peixe já vinha esgueirando para ver o encanto dela. Era deste jeito que pegava os mais graúdos e ainda tirava onda devolvendo uns pequenos, que a outra mais nova nem sonhava fisgar, porque mirava mesmo era as marolas, o brilho das árvores deitadas no espelho-d'água, a brisa cantando bonito. Poesia, se defende, é a vida da minhoca.

Meias

Ninguém notou, mas lhe faltava um brinco.

Nem ela. Só quando chegou em casa é que viu.

Vivia assim, neste mundo entre Marte e Júpiter; como amanhecia, não anoitecia. Chegou a reclamar para si uma nova galáxia, onde as meias iguais vivessem aos pares.

Bumerangue

1

A vida lá fora deu volta de bumerangue, o telefone toca, ela diz: Ainda te amo.

Se ouve o silêncio. A ligação caiu.

2

O menino pensava em todos os seus sonhos mais elevados e atirou com força o bumerangue para o alto. Cinquenta anos depois, ele voltou.

Eco

Luz azul, ato idiota, rever a amada, a danada.

(Mas a diva alegra-me a vida)

– Amo-te, toma-me, Ana!

Somos esse reviver em eco. Sem saída, infinito, infinito, infinito…

AMORIM, Maria José. *Contos de geografia*. Produção da autora. Lançado em Portugal (Óbidos), 2016.

a) Dê exemplos de passagens em que podemos perceber a linguagem figurada nesses microcontos.

b) Além da linguagem figurada, que outro elemento lírico podemos apontar nos microcontos de Maria José Amorim?

1. Você gosta de cinema e de TV? O que o faz querer assistir a um filme ou a uma série, por exemplo? Que pessoas ou publicações o levam a formar uma opinião ou o influenciam na hora de decidir o que ver?

2. Você costuma ler textos críticos a respeito de filmes aos quais assistiu ou a que pretende assistir? Onde esses textos costumam ser veiculados?

3. Leia o título e o subtítulo do texto a seguir. Observe também as imagens. Qual é, provavelmente, o assunto do texto?

TEXTO 2

www.adorocinema.com/filmes/filme-222967/criticas-adorocinema

As sufragistas
Introdução ao feminismo

Desde a primeira cena, este drama diz a que veio: enquanto personagens masculinos bradam contra o direito de voto das mulheres, uma personagem feminina joga uma pedra contra uma vitrine, gritando pelo direito de votar. Homens contra mulheres, voto contra não voto – está armado o contexto histórico e político que interessa à diretora Sarah Gavron e à roteirista Abi Morgan.

Maud Watts, protagonista do filme *As sufragistas*, de 2015.

As **sufragistas** adota um ponto de partida interessante ao escolher como protagonista Maud Watts (Carey Mulligan), uma mulher sem formação política. Esta lavadeira, acostumada à opressão masculina, nunca questionou o sistema, mas aos poucos descobre seus direitos como cidadã. É mais fácil ao público médio, a quem o filme se dirige, identificar-se com esta personagem comum do que torcer por uma militante radical. O roteiro acompanha o despertar político de Maud rumo à libertação das regras sociais do início do século XX.

Outro acerto encontra-se no uso da restrição ao voto como símbolo de opressão. Ao invés de se prender ao direito de votar em si, a prática eleitoral é utilizada como metáfora da desigualdade entre os sexos. O verdadeiro tema do filme é a luta pela igualdade, pela defesa das minorias e pela eliminação dos **dogmas** machistas impostos pelo cristianismo. Fala-se pouco sobre o voto em si: o verdadeiro gesto político do roteiro é colocar o dedo em feridas morais que existem até hoje.

Dogma: princípio inquestionável.
Sufragista: quem defende o direito de voto a todos, sem distinção; mulher que lutou pelo direito de voto feminino no início do século XIX.

143

Apático: indiferente, insensível.

Conivente: quem é cúmplice; quem, sabendo de algo negativo a ser praticado por outra pessoa e podendo impedir esse acontecimento, não faz nada para evitá-lo.

Elipse: supressão de um trecho que fica subentendido em um texto ou filme.

Freneticamente: de modo intenso, vibrante.

Grua: espécie de guindaste que, no cinema, porta a câmera para tomadas aéreas.

Maniqueísmo: maneira de compreender o mundo segundo a qual ele se divide em poderes opostos e incompatíveis.

Premissa: alegação, proposição inicial.

Segregação: ato de segregar; discriminação.

Em pleno 2015, pode ser absurda a ideia de mulheres serem impedidas de votar, mas a proibição era considerada tão "natural" quanto são consideradas naturais atualmente as limitações de direitos aos *gays* e transexuais, por exemplo, e como já foram consideradas naturais, pouco tempo atrás, a **segregação** racial, a escravidão e outras formas de privilégio da elite branca. Apesar de ser um filme de época, *As sufragistas* torna-se relevante por sua triste atualidade.

Personagen Maud Watts e Violet Miller em cena do filme *As sufragistas*, 2015.

Infelizmente, partindo de uma **premissa** tão interessante, Sarah Gavron tem um desempenho decepcionante na direção. Ela se limita à cartilha mais básica do cinema dramático e histórico: para mostrar a ambientação nas ruas, uma **grua** se eleva até os prédios, quando as personagens falam, o enquadramento se fecha muito perto dos rostos, quando é preciso demonstrar ação, a câmera treme **freneticamente**, de modo a quase perder as personagens de vista. As escolhas estéticas deste projeto constituem clichês, mas são piores do que isso: elas funcionam como um ponto de vista manipulador e redutor.

Assim, os enquadramentos fechadíssimos te dizem exatamente o que olhar, a trilha sonora tristonha te diz quando chorar, as **elipses** te dizem com quais fatos se preocupar, a fotografia mostra onde as personagens estão seguras (entre amigas, à luz) e quando correm perigo (em casa ou no trabalho, em locais escuros). O filme te diz quem amar e quem detestar, martela o que é certo e o que é errado, sem permitir ambiguidades, discussões ou um mínimo pensamento dialético. O maior exemplo deste **maniqueísmo** encontra-se na imagem dos homens que são, no melhor dos casos, **apáticos** e **coniventes**, no pior dos casos, violentos e estupradores em série.

A protagonista Maud Watts em cena do filme *As sufragistas*, 2015.

Ao mesmo tempo, o roteiro demonstra moralismo, insistindo ao público que, embora Maud tenha se tornado uma militante, ela ainda é uma mãe amorosa, preocupada com o filho e o marido. Igualmente, a única desculpa fornecida a uma mulher para abandonar a luta política é a maternidade. Para tentar sensibilizar um público não acostumado às ideias mais básicas do feminismo, o filme rebaixa a complexidade de seu discurso e faz questão de atribuir virtudes cristãs à protagonista, evitando que o público deixe de torcer por ela.

Apesar dos clichês na direção, o elenco se sai muito bem. Carey Mulligan passa da fragilidade à força de modo comovente, Brendan Gleeson consegue trazer nuances importantes ao papel de vilão e Anne-Marie Duff possui uma energia impressionante em cena. Meryl Streep é apenas uma coadjuvante de luxo (ou instrumento de *marketing*), aparecendo durante menos de cinco minutos, e Helena Bonham Carter demonstra mais uma vez seu talento natural com diálogos.

As sufragistas se destaca pela coragem das intenções, pela representatividade do tema e pela equipe inteiramente feminina, mas deixa um gosto amargo ao fim da sessão. Este é um filme que sabe muito bem o que quer dizer, mas não sabe como; em outras palavras, ele decide enfiar um discurso louvável goela abaixo do público. Uma obra que escreve certo por linhas tortas.

CARMELO, Bruno. *AdoroCinema*. Disponível em: <www.adorocinema.com/filmes/filme-222967/criticas-adorocinema>. Acesso em: 25 abr. 2018.

Interagindo com a resenha

1. O texto "As sufragistas. Introdução ao feminismo" é uma resenha e nele são apresentadas informações sobre um filme. Conforme os itens a seguir, indique os elementos que compõem a resenha e as informações centrais que ela apresenta sobre o filme.

   a) Título da resenha.
   b) Autor da resenha.
   c) Veículo de publicação.
   d) Título do filme.
   e) Ano de lançamento.
   f) Direção.
   g) Roteiro.
   h) Protagonista do filme.
   i) Elenco.
   j) Tema do filme.
   - Esse conjunto de informações tem qual função no texto?

2. O autor da resenha, Bruno Carmelo, apresenta um resumo do enredo do filme *As sufragistas*.
   a) Releia os dois primeiros parágrafos e identifique o que está sendo apresentado.
   b) Qual é o objetivo da apresentação desse resumo na resenha?

3. Releia o segundo parágrafo da resenha.
   a) Além de a resenha ser um gênero textual com intenção de apresentar um resumo e outras informações sobre determinada obra (filme, livro, peça teatral, espetáculo de dança, exposição etc.), ela tem um caráter argumentativo. Explique essa característica com base no parágrafo relido.
   b) Identifique e transcreva trechos em que a avaliação crítica do autor quanto à obra é positiva.
   c) Agora, localize e transcreva trechos em que a avaliação crítica do autor é negativa.

4. Identifique a principal finalidade comunicativa do subtítulo "As sufragistas. Introdução ao feminismo".
   a) Apresentar os componentes do filme *As sufragistas* a fim de orientar o público.
   b) Descrever as cenas mais relevantes do filme *As sufragistas* para os leitores.
   c) Esclarecer ao público o contexto de produção de *As sufragistas*.
   d) Fundamentar uma apreciação crítica do filme *As sufragistas* para o público.

> ## AMPLIANDO O CONHECIMENTO
>
> ### Enredo
>
> O **enredo** de uma obra de ficção — seja ela um filme, uma série, uma novela, um romance etc. — é a sequência de ações e acontecimentos que conduz a narrativa. Também chamado de trama, o enredo corresponde, portanto, à sucessão dos fatos que se dão no tempo e no espaço e que envolvem os personagens.
>
>
>
> Lara Croft (Alicia Vikander) em cena de ação do filme *Tomb Raider*, 2018. O enredo dos filmes de aventura costuma trazer uma sequência de obstáculos que o protagonista deve enfrentar.
>
> O enredo pode ser construído seguindo-se uma ordem linear, cronológica. Nesse caso, o espectador ou leitor vê a situação inicial ser rompida pelo surgimento de uma complicação; a complicação dá início a uma série de ações que culminam no clímax e, por fim, no desfecho da história.
>
> Outro tipo de enredo é aquele que não segue a ordem cronológica: as etapas da narrativa são apresentadas descontinuamente, e há *flashbacks* e saltos para adiante no tempo.

145

5. Releia este trecho do terceiro parágrafo do texto.

Outro acerto encontra-se no uso da restrição ao voto como símbolo de opressão. Ao invés de se prender ao direito de votar em si, a prática eleitoral é utilizada como metáfora da desigualdade entre os sexos.

a) Ao iniciar esse trecho com a expressão **outro acerto**, o resenhista indica já ter mencionado um acerto do filme. Identifique-o no texto.

b) Além de introduzir um acréscimo ao que se disse anteriormente, a expressão **outro acerto** exprime um juízo de valor, isto é, traz um julgamento, uma apreciação. Trata-se de um juízo de valor positivo ou negativo?

c) Que expressão utilizada no trecho em destaque demonstra oposição ou contraste entre duas ideias?

d) Por que, segundo o autor, no filme *As sufragistas* "a prática eleitoral é utilizada como metáfora da desigualdade entre os sexos"?

6. Indique os parágrafos do texto que correspondem a cada parte da estrutura da resenha.

a) Introdução: apresentação do tema e do ponto de vista a ser sustentado.

b) Desenvolvimento: apresentação de informações sobre o filme (nome da diretora e das atrizes principais); resumo do enredo; fundamentação do ponto de vista, por meio de exemplos, e análise de cenas ou elementos da filmagem.

c) Conclusão: retomada do ponto de vista e dos pontos centrais apresentados na argumentação.

7. Em resenhas, é comum o emprego de adjetivos valorativos, ou seja, vocábulos qualificadores que demonstram o julgamento de valor sobre os elementos da crítica.

a) Identifique na resenha o emprego desses adjetivos e transcreva-os.

b) Explique como o uso de adjetivos valorativos auxilia o autor na transmissão de ponto de vista na resenha lida.

8. Considerando o objetivo comunicativo, o contexto de circulação e o público leitor da resenha lida, a linguagem usada na resenha é:

a) mais formal, por ser dirigida a um público jovem ou adulto, e com vistas à garantia de ser acessível a um maior número de pessoas;

b) menos formal, a fim de assegurar que o texto se aproxime de públicos mais diversificados.

9. Releia este parágrafo atentando para os pronomes destacados.

Assim, os enquadramentos fechadíssimos **te** dizem exatamente o que olhar, a trilha sonora tristonha **te** diz quando chorar, as elipses **te** dizem com quais fatos se preocupar, a fotografia mostra onde as personagens estão seguras (entre amigas, à luz) e quando correm perigo (em casa ou no trabalho, em locais escuros). O filme **te** diz quem amar e quem detestar, martela o que é certo e o que é errado, sem permitir ambiguidades, discussões ou um mínimo pensamento dialético. O maior exemplo deste maniqueísmo encontra-se na imagem dos homens que são, no melhor dos casos, apáticos e coniventes, no pior dos casos, violentos e estupradores em série.

a) A quem esses pronomes se dirigem?

b) Que efeito a repetição desses pronomes produz?

10. Ao longo da resenha, percebe-se o uso de expressões no sentido figurado, ou seja, expressões usadas fora de seu sentido literal. Com suas palavras, esclareça o sentido pretendido com o uso das expressões em destaque nos trechos a seguir.

a) "O verdadeiro gesto político do roteiro é **colocar o dedo em feridas** morais que existem até hoje."

b) "Ela **se limita à cartilha mais básica** do cinema dramático e histórico [...]"

c) "[…] ele decide **enfiar um discurso louvável goela abaixo** do público."

d) "Uma obra que **escreve certo por linhas tortas**."

146 **Unidade 6** Mulher: passado, presente, futuro

11. Em um texto, os parênteses ajudam na construção de sentido, pois podem intercalar palavras, expressões ou frases para inserir uma informação. Releia os trechos a seguir e indique a função discursiva do uso dos parênteses em cada um deles.

a) "*As sufragistas* adota um ponto de partida interessante ao escolher como protagonista Maud Watts (Carey Mulligan)".

b) "Assim, os enquadramentos fechadíssimos te dizem exatamente o que olhar, a trilha sonora tristonha te diz quando chorar, as elipses te dizem com quais fatos se preocupar, a fotografia mostra onde as personagens estão seguras (entre amigas, à luz) e quando correm perigo (em casa ou no trabalho, em locais escuros)."

c) [...] Meryl Streep é apenas uma coadjuvante de luxo (ou instrumento de *marketing*), aparecendo durante menos de cinco minutos, e Helena Bonham Carter demonstra mais uma vez seu talento natural com diálogos."

12. Releia a conclusão da resenha.

As sufragistas se destaca pela coragem das intenções, pela representatividade do tema e pela equipe inteiramente feminina, mas deixa um gosto amargo ao fim da sessão. Este é um filme que sabe muito bem o que quer dizer, mas não sabe como; em outras palavras, ele decide enfiar um discurso louvável goela abaixo do público. Uma obra que escreve certo por linhas tortas.

a) Tendo em vista a síntese da apreciação crítica de *As sufragistas* que o último parágrafo deixa evidente, explique o título da resenha.

b) Pela argumentação apresentada e pela síntese feita no final, o autor da resenha parece acreditar que vale a pena ou não ver o filme? Justifique sua resposta.

> A **resenha** é um gênero que, combinando trechos descritivos, expositivos e argumentativos, traz informações resumidas sobre um objeto cultural – livro, filme, série, espetáculo de teatro, de dança, de música, entre outros – e um comentário crítico sobre esse objeto. O objetivo é permitir ao leitor conhecer minimamente a obra em seus aspectos essenciais e apresentar uma avaliação sobre ela.
>
> A linguagem da resenha pode ser mais formal ou mais informal, conforme o veículo ou publicação em que é divulgada, o público leitor a que se destina e o próprio produto cultural.

PENSE SOBRE ISSO

Sororidade

Ainda que não dicionarizada, a palavra **sororidade** tem sido muito utilizada nos últimos anos. Sua origem remonta ao latim (o radical *soror* significa irmã) e o termo corresponde à fraternidade (o radical *frater*, do latim, quer dizer "irmão"), e ele está associado à irmandade e à cooperação entre mulheres.

Existem muitos preconceitos e estereótipos com relação às mulheres e, nesse sentido, a sororidade seria uma alternativa contra essas visões cristalizadas, evitando que as próprias mulheres colaborem para o fortalecimento desses modelos.

Manifestação no Dia Internacional da Mulher. São Paulo, 8 de março de 2018.

Sororidade é, portanto, um termo associado à luta pela igualdade de gênero e pressupõe que as mulheres se solidarizem mutuamente a fim de fortalecer ações pela conquista de direitos.

1. Em sua opinião, o que poderia ser feito para acabar com os estereótipos femininos em nossa sociedade?

2. Você reconhece o conceito de sororidade nos dias de hoje? Em que situações?

3. A luta por igualdade de gênero deve partir só das mulheres? Converse com os colegas sobre essa questão.

Vamos comparar?

Poema e resenha

1. Releia um trecho dos dois textos estudados nesta unidade.

▶ **Texto 1**

Vozes-mulheres

A voz da minha bisavó
Ecoou criança
nos porões do navio.
Ecoou lamentos
de uma infância perdida.

A voz de minha avó
ecoou obediência
aos brancos-donos de tudo.
[...]

▶ **Texto 2**

Maud Watts, protagonista do filme *As sufragistas*, de 2015.

As sufragistas
Introdução ao feminismo

Desde a primeira cena, este drama diz a que veio: enquanto personagens masculinos bradam contra o direito de voto das mulheres, uma personagem feminina joga uma pedra contra uma vitrine, gritando pelo direito de votar. Homens contra mulheres, voto contra não voto – está armado o contexto histórico e político que interessa à diretora Sarah Gavron e à roteirista Abi Morgan.

As sufragistas adota um ponto de partida interessante ao escolher como protagonista Maud Watts (Carey Mulligan), uma mulher sem formação política. Esta lavadeira, acostumada à opressão masculina, nunca questionou o sistema, mas aos poucos descobre seus direitos como cidadã. É mais fácil ao público médio, a quem o filme se dirige, identificar-se com esta personagem comum do que torcer por uma militante radical. O roteiro acompanha o despertar político de Maud rumo à libertação das regras sociais do início do século XX.

a) Qual deles é escrito em versos?
b) Qual deles é escrito em prosa?

2. Ambos os textos constroem uma imagem da mulher na sociedade. Qual é a perspectiva apresentada pelo eu lírico do poema e pelo autor da resenha para a construção dessa imagem?

3. O registro linguístico escolhido por um escritor para seu texto varia conforme a situação. Com base nessa afirmação, explique a diferença entre os dois textos quanto ao registro linguístico.

4. Volte à página 24 e anote no quadro o título dos textos lidos nesta unidade e o gênero a que pertencem, de acordo com o principal objetivo comunicativo de cada um.

148 Unidade 6 Mulher: passado, presente, futuro

Língua e linguagem

Semântica das conjunções

1. Para relembrar o que é conjunção e qual sua função, releia os trechos a seguir e responda às questões.

I. Esta lavadeira [...] nunca questionou o sistema, **mas** aos poucos descobre seus direitos como cidadã.

II. *As sufragistas* se destaca pela coragem das intenções, pela representatividade do tema e pela equipe inteiramente feminina, **mas** deixa um gosto amargo ao fim da sessão.

a) Quantas orações há no período I e quantas no período II?

b) Justifique sua resposta anterior, considerando o que sabe sobre oração e período.

c) Analisando a palavra destacada responda: Qual é a função dela nesses períodos?

> **Conjunções** são palavras relacionais; elas unem orações (ou seja, enunciados que contêm verbo), estabelecendo alguma relação de sentido entre elas.

2. Nos períodos I e II da atividade 1, as conjunções em destaque estabelecem qual relação entre as orações?

a) Explicação.

b) Concessão.

c) Comparação.

d) Oposição.

e) Consequência.

f) Adição.

3. Releia dois trechos da resenha e observe a relação de sentido que as conjunções destacadas estabelecem nos períodos.

Desde a primeira cena, este drama diz a que veio: **enquanto** personagens masculinos bradam contra o direito de voto das mulheres, uma personagem feminina joga uma pedra contra uma vitrine, gritando pelo direito de votar.

Ela se limita à cartilha mais básica do cinema dramático e histórico: para mostrar a ambientação nas ruas, uma grua se eleva até os prédios, **quando** as personagens falam, o enquadramento se fecha muito perto dos rostos, **quando** é preciso demonstrar ação, a câmera treme freneticamente, de modo a quase perder as personagens de vista.

As conjunções em destaque produzem efeitos de sentido semelhantes nos dois períodos. Em ambos os casos, a conjunção mostra que:

a) há conformidade entre as ideias expressas nas orações que compõem cada período.

b) os fatos mencionados são contextualizados temporalmente um em relação ao outro.

c) as ações no filme obedecem a uma sequência temporal.

4. Releia os trechos da atividade 3 e converse com os colegas sobre a seguinte questão: De que maneira as conjunções **enquanto** e **quando** contribuem para um efeito de síntese no período e ajudam o autor a organizar seu relato?

5. Compare os usos da conjunção **e** nos fragmentos de poemas a seguir, escritos sob o heterônimo de Álvaro de Campos. Depois comente o sentido dela em cada um dos trechos.

> [...]
>
> Canto, **e** canto o presente, **e** também o passado **e** o futuro,
>
> Porque o presente é todo o passado **e** todo o futuro
>
> [...]

PESSOA, Fernando. *Ode triunfal*. Disponível em: <http://arquivopessoa.net/textos/2459>. Acesso em: 21 abr. 2018.

149

Apenso: que se juntou ou acrescentou a algo.
Flâmula: bandeira.
Gládio: espada de duas pontas.

Venho dos lados de Beja.
Vou para o meio de Lisboa.
Não trago nada e não acharei nada.
Tenho o cansaço antecipado do que não acharei,
E a saudade que sinto não é nem no passado nem no futuro.
Deixo escrita neste livro a imagem do meu desígnio morto:
Fui como ervas, e não me arrancaram.

PESSOA, Fernando. *Escrito num livro abandonado em viagem.* Disponível em: <http://arquivopessoa.net/textos/2459>. Acesso em: 27 jul. 2018.

AMPLIANDO O CONHECIMENTO

O poeta de múltiplas personalidades

Fernando Pessoa (1888-1935) foi um dos mais famosos poetas portugueses, atuando decisivamente para o desenvolvimento do Modernismo lusitano. Nascido em Lisboa, Pessoa viveu algum tempo na África do Sul, adquirindo fluência no idioma inglês e produzindo textos nessa língua também. Uma das principais marcas do autor é a criação de heterônimos, ou seja, invenção de autores fictícios, com biografia, traços de personalidade, estilo de escrita próprio, dentre outros aspectos que caracterizam cada um. Fernando Pessoa foi o mestre da heteronímia: estima-se que mais de 70 heterônimos tenham sido criados por ele. Dentre tais heterônimos, destacam-se Alberto Caieiro, Ricardo Reis e Álvaro de Campos.

Fernando Pessoa.

6. Leia os versos do poema "Contudo, contudo", de Álvaro de Campos, heterônimo de Fernando Pessoa.

Contudo, contudo,
Também houve **gládios** e **flâmulas** de cores
Na Primavera do que sonhei de mim.
Também a esperança
Orvalhou os campos da minha visão involuntária,
Também tive quem também me sorrisse.

Hoje estou como se esse tivesse sido outro.
Quem fui não me lembra senão como uma história **apensa**.
Quem serei não me interessa, como o futuro do mundo.

[...]

CAMPOS, Álvaro de. Disponível em: <http://arquivopessoa.net/textos/220>. Acesso em: 21 abr. 2018.

a) Qual é o estado de ânimo do eu lírico nos versos lidos?

b) Ao longo dos versos, pode-se perceber que seu estado de ânimo era diferente no passado. Identifique versos que indicam como ele se sentia anteriormente ao momento da escrita.

c) A conjunção **contudo**, nesse poema, tem a função de unir orações?

d) Com o que essa conjunção contribui para que se estabeleça a relação entre o presente e o passado?

Conjunções são palavras que podem ser empregadas com diferentes valores, gerando diferentes sentidos, definidos pela intenção comunicativa do locutor. Algumas vezes as conjunções podem ser intencionalmente usadas de maneira não convencional para a criação de sentidos inusitados.

7. Leia este poema de Mário Quintana.

O adolescente

A vida é tão bela que chega a dar medo.
Não o medo que paralisa e gela,
estátua súbita,
mas

esse medo fascinante e fremente de curiosidade que faz
o jovem felino seguir para a frente farejando o vento
ao sair, a primeira vez, da gruta.

Medo que ofusca: luz!

Cumplicemente,
as folhas contam-te um segredo
velho como o mundo:

adolescente, olha! A vida é nova...
A vida é nova e anda nua
– vestida apenas com o teu desejo!

QUINTANA, Mário. In: FERRAZ, Eucanaã (Org.). *A lua no cinema e outros poemas*. São Paulo: Companhia das Letras, 2011. p. 25.

> ### AMPLIANDO O CONHECIMENTO
>
> #### O poeta das coisas simples
>
> Mário Quintana (1906-1994) foi um reconhecido poeta brasileiro que trabalhou também como tradutor de obras literárias e como jornalista. Nasceu na cidade de Alegrete, no Rio Grande do Sul e, aos 13 anos, mudou-se para Porto Alegre para estudar.
>
>
>
> Mario Quintana, na redação do jornal *Correio popular*, em Porto Alegre (RS), 1979.
>
> Quintana gostava de português, francês e história, mas ia mal em matemática. Os insucessos do garoto no colégio e a tendência literária irritavam o pai, que o queria doutor, não poeta.
>
> Venceu a vocação. A trajetória como escritor começou com a publicação de poemas em jornais de Alegrete, de Porto Alegre e de circulação no estado. Em 1940 foi indicado para a Academia Brasileira de Letras, em 1980 recebeu o prêmio Machado de Assis, da ABL pelo conjunto de sua obra e, em 1981, foi o ganhador do Prêmio Jabuti de Personalidade Literária do Ano.
>
> Entre suas obras estão *A Rua dos Cataventos* (1940), *Canções* (1945), *Sapato florido* (1947), *Espelho mágico* (1948), *O aprendiz de feiticeiro* (1950), *Poesias* (1962), *Pé de pilão* (1968), *Apontamentos de história sobrenatural* (1976), *Quintanares* (1976), *Nova antologia poética* (1982), *Batalhão das letras* (1984), *Baú de espantos* (1986), *Preparativos de viagem* (1987) e *Velório sem defunto* (1990).

a) O conjunto de versos do poema apresenta duas vozes: uma que abre o texto e outra que o encerra. De quem são essas vozes?

b) As duas primeiras estrofes apresentam reações possíveis frente ao medo. Como essas reações se caracterizam?

c) Que efeito de sentido a presença isolada da conjunção **mas** provoca no terceiro verso do poema?

Oficina de produção

Texto oral

Sarau

Saraus são reuniões ou festas literárias, musicais ou culturais. Neles, pode haver declamação de poemas, leitura de contos ou crônicas, exposição de livros para empréstimo ou doação, números musicais, apresentações de dança, esquetes.

Aqui propomos a organização de um sarau da turma em que você, seus colegas e outros membros da comunidade escolar apresentarão suas próprias produções artísticas (pintura, dança, instalações, *performances* etc.), musicais ou literárias, ou produções de outros autores/artistas que vocês admirem.

▶ Produzir

1. A turma deve eleger uma comissão para planejar e orientar as atividades de cada aluno ou grupo. Em comum acordo com os alunos, essa comissão definirá os seguintes pontos:
   - Onde e quando se realizará o sarau? Quem será convidado?
   - Como será feita a divulgação: por meio de cartazes, convites impressos ou convites divulgados pela internet?
   - Qual será o tema disparador para a busca de poemas: amor, saudade, vida em sociedade etc.?
   - Quem fará parte da equipe avaliadora do evento? Que critérios serão utilizados para a avaliação do evento e a participação dos artistas inscritos?

2. Será preciso organizar um programa com a sequência das apresentações para distribuir aos convidados. E se algum convidado quiser se apresentar, poderá se inscrever no início do sarau.

3. Deverão ser providenciadas as instalações e os equipamentos necessários, como palco, cadeiras para a plateia, mesa para as inscrições e microfone.

4. Os alunos que vão se apresentar devem ensaiar com antecedência.

▶ Apresentar

1. No dia do sarau, o(s) apresentador(es), além de cumprimentar o público presente, deve(m) apresentar à plateia os artistas e o que eles irão executar.

2. Apresentadores, artistas e plateia devem adequar a linguagem a ser utilizada, considerando o ambiente escolar, o público e a intenção do sarau.

▶ Avaliar e reescrever

Após o sarau, conversem sobre o evento e se autoavaliem. Seguem algumas questões que podem auxiliá-lo nessa avaliação.
   - Quais foram os pontos fortes e os pontos fracos do evento na percepção de vocês?
   - Tanto quem se apresentou quanto quem assistiu teve uma atitude respeitosa?
   - Ao proporcionar um contato tão próximo com a literatura e a arte, que relevância o sarau teve para vocês e os convidados?

Oficina de produção

Texto escrito

Resenha

Nesta unidade, você analisou uma resenha e viu que esse gênero aborda as informações essenciais a respeito de uma obra (livro, filme, série, *show*, exposição etc.) e faz uma avaliação crítica sobre ela, instrumentalizando o leitor para decidir se lerá o livro, se assistirá ao filme ou à série, se irá ao teatro, ao museu, e assim por diante.

Sua tarefa, agora, será produzir uma resenha sobre um produto cultural para ser divulgada à comunidade escolar em geral, em mídia impressa ou digital. A escolha do produto cultural deverá levar em conta esse público leitor.

Objeto Educacional Digital

Por meio de uma atividade do tipo clicar e arrastar, este objeto digital visa chamar a atenção para o uso de adjetivos e expressões valorativas ou não valorativas em três diferentes resenhas.

▶ **Recordar as características do gênero**

Para relembrar os elementos essenciais de uma resenha, leia o texto a seguir.

www.adorocinema.com/filmes/filme-226879/criticas-adorocinema/

Telefilme com *pedigree*

Após o sucesso de *O lado bom da vida* e *Trapaça*, o diretor David O. Russell volta a se reunir com Jennifer Lawrence, Robert De Niro e Bradley Cooper para seu mais novo projeto: *Joy: o nome do sucesso*. A trama conta a história real de Joy Mangano, empreendedora americana conhecida por uma série de invenções.

Vivida pela sempre competente Jennifer Lawrence, Joy é uma mãe solteira que vive com os dois filhos, a mãe (Virginia Madsen), a avó (Diane Ladd) e o ex-marido (Edgar Ramírez). Ela era uma criança prodígio, com várias ideias. O lar partido pela saída do pai (Robert De Niro) acaba obrigando-a a tomar conta da casa e ela deixa seus sonhos para trás. Com muitas dificuldades financeiras, Joy pausa sua vida para cuidar da família. Mas após ser obrigada a hospedar seu pai em casa, ela decidirá reinvestir em si mesma.

Ela cria um esfregão mais prático e seguro e passa a correr atrás para garantir sua produção e distribuição, o que não vai ser nada fácil, sem contar com o apoio da própria família, que, com exceção da avó, não parece acreditar muito em Joy.

Lawrence está muito bem, numa atuação mais contida do que nos outros filmes de O. Russell. Ela convence nas cenas em que passa dificuldade e também naquelas que demonstra uma natureza empreendedora. Um problema, que já havia acontecido em *Trapaça*, é que ela é muito nova para o papel. É estranho ver a jovem estrela de 20 e poucos anos interpretando uma mulher sofrida com dois filhos e uma grande carga emocional.

Cena do filme *Joy: o nome do sucesso*.

Do núcleo familiar de Joy, destaca-se o trabalho de Madsen. Talvez seja sua melhor atuação desde *Sideways – Entre umas e outras*. Ela interpreta uma mulher deprimida que escapa de seu dia a dia sofrido através de sua novela favorita. De Niro não compromete, mas seu personagem é bem menos interessante que o de *O lado bom da vida*. Sua relação com a filha é pouco natural e o filme não consegue construir de forma bem-sucedida seu relacionamento com Trudy, personagem de Isabella Rossellini.

Cooper, que só aparece na segunda metade da produção, tem uma boa presença como um executivo da TV especializado em vendas de produtos. O personagem é interessante, mas pouco desenvolvido.

Joy é o filme mais fraco de David O. Russell desde *Huckabees*. Tem um bom elenco, uma história interessante, mas é mediano em todos os sentidos. Não inova esteticamente, oferece pouco em termos de reflexão ou diversão, possui uma trilha sonora e uma fotografia nada marcantes.

No final das contas, *Joy* funciona como aqueles telefilmes da TV aberta americana, só que com *pedigree*. Conta uma história interessante sobre uma personagem desconhecida. Vale por isso. Mais do que por qualquer mérito cinematográfico.

SALGADO, Lucas. *Adorocinema*. Disponível em: <www.adorocinema.com/filmes/filme-226879/criticas-adorocinema>. Acesso em: 19 maio 2018.

1. Que informações objetivas sobre o filme são apresentadas na resenha?

2. Que parágrafo(s) da resenha coopera(m) para que o leitor conheça ou relembre a história de *Joy: o nome do sucesso*? Por quê?

3. Além da apresentação dos elementos essenciais da obra resenhada, quais informações o autor apresenta na resenha?

4. Releia o título do texto: "Telefilme com *pedigree*". Como ele se relaciona com o conteúdo do texto?

5. A linguagem empregada pelo autor na resenha "Telefilme com *pedigree*" colabora para que o texto seja compreensível? Justifique.

6. Considerando a circulação do texto, qual é o efeito da linguagem usada?

▶ Planejar

1. É hora de escolher a obra sobre a qual você vai elaborar sua resenha. Dentre os livros, os filmes, as séries, as exposições artísticas, os espetáculos de dança, os álbuns musicais etc. de sua preferência, escolha um para sua apreciação crítica.

2. Pesquise informações relevantes sobre a obra a ser resenhada: nome da obra, nome do autor, ano de publicação/de lançamento/de exposição, contexto de produção, proposta do autor, repercussão, histórico de produção do autor, relevância da obra dentre as demais do autor etc. Prepare-se com o máximo possível de informações para que você possa fazer uma análise consistente.

3. Para aprimorar o olhar e organizar a argumentação crítica da obra escolhida, convém seguir alguns critérios. Se você escolheu um filme para ser o tema de sua resenha, assista-o novamente com um caderno e uma caneta em mãos a fim de registrar pontos positivos e pontos negativos da obra.

4. De posse das informações essenciais sobre a obra escolhida e com suas anotações de aspectos positivos e negativos encontrados em sua releitura, é hora de produzir o texto.

▶ Produzir

1. Organize a introdução de sua resenha. Nessa etapa, é fundamental fornecer informações básicas para que o leitor possa compreender o que encontrará no texto. Uma síntese pode ser apresentada a fim de orientar o leitor. Você pode distribuir a apresentação dessas informações ao longo dos primeiros parágrafos. No entanto, é fundamental que, no primeiro parágrafo, haja menção ao nome da obra a ser resenhada e a apresentação do ponto de vista a ser defendido no texto.

2. Ao longo dos demais parágrafos, é preciso desenvolver a análise crítica. Você pode apresentar os pontos positivos e, depois, os negativos, estabelecendo uma sequência analítica. Uma estratégia interessante é apresentar críticas que pontuem elementos que poderiam ser mais bem explorados e/ou desenvolvidos na obra resenhada. Utilize as informações reunidas na etapa de planejamento textual para desenvolver a fundamentação da crítica.

3. Após redigir a introdução e os parágrafos de análise, releia o que você escreveu. Busque, em seguida, sintetizar a avaliação geral da obra resenhada para elaborar a conclusão de seu texto. Redija o parágrafo final de sua resenha sob essa perspectiva.

▶ Avaliar e reescrever

1. Com o rascunho preparado, peça a um colega – se possível, alguém que conheça a obra resenhada – que faça uma revisão do texto. Além das questões relacionadas à ortografia, à acentuação e à pontuação, é importante verificar os pontos a seguir.
   - Há uma síntese da obra em análise?
   - O leitor tem as informações básicas da obra resenhada para compreender a crítica que se faz a ela?
   - Os pontos positivos e negativos apresentados estão bem fundamentados?
   - Há coerência nos posicionamentos apresentados na resenha?
   - A conclusão consegue sintetizar toda a apreciação crítica apresentada?
   - A linguagem está clara e coesa?

2. Após a revisão do colega, reescreva o que for necessário e, em seguida, redija a versão final de seu texto.

3. Com o professor e os colegas, elabore um guia cultural – impresso ou digital – com as resenhas produzidas pela turma. Caso optem por uma mídia digital, vocês podem veicular as resenhas no *site* da escola ou no *blog* da turma. Outra opção é a produção de um *podcast* para o *site* da escola.

155

DIÁLOGOS

O voto feminino

Nesta unidade você leu textos que propiciaram uma reflexão sobre a situação das mulheres. Leia esta reportagem para conhecer aspectos históricos da luta feminina.

www.dw.com/pt-br/a-longa-luta-das-sufragistas-pelo-direito-de-votar/a-42461154

A longa luta das sufragistas pelo direito de votar

Há cem anos, o Reino Unido aprovou lei que deu direito ao voto a parte das mulheres. Decisão coroou luta radical iniciada pelo movimento das sufragistas, que se tornaram exemplo para mulheres no mundo todo.

Coragem e desespero devem ter agido juntos no momento em que Emily Davison andou alguns passos para a frente. Naquele 4 de junho de 1913, ela passou por baixo de uma barreira e entrou na pista do hipódromo do Epsom Derby – exatamente no momento em que um cavalo do rei George 5º chegava numa galopada estrondosa e veloz.

O cavalo Anmer chegou cada vez mais perto, indo diretamente na direção de Emily Davison. O animal atropelou a mulher. Enquanto caía, segundo testemunhas, ela gritou: "Sufrágio!".

Nesse momento, o jóquei caiu e Davison foi arremessada contra a grade. Ela ficou caída ali, sob os olhos de milhares de espectadores da corrida de cavalos mais conhecida da época – incluindo rainha e rei e câmeras que haviam se posicionado antes da curva Tattenham Corner.

Quatro dias depois, Davison morreu e se tornou a mártir das mulheres que se autodenominavam "As Sufragistas", protagonistas do movimento pelo direito ao voto feminino na Grã-Bretanha. Uma marcha fúnebre por Londres virou uma demonstração de poder.
[...]

Emmeline Pankhurst sendo presa pela polícia londrina. Londres, Inglaterra, maio de 1914.

Agir em vez de falar

Durante décadas, as mulheres lutaram em vão pelo direito ao voto. No Reino Unido, essa luta foi a mais ferrenha entre todos os países da Europa. No início do século 20, algumas mulheres tinham chegado ao ponto de estarem dispostas a transgredir as leis para conquistar seu direito ao voto.

As primeiras foram as mulheres da família Pankhurst. Já em 1903, Emmeline Pankhurst e suas filhas Christabel e Sylvia fundaram a WSPU, a Women's Social and Political Union (União Social e Política das Mulheres, em tradução livre). "Elas eram mulheres muito inteligentes, com verdadeira compreensão da política", lembra Atkinson [...].

"Mas, mais importante: elas eram determinadas, tinham senso de missão. Tinham boa aparência, um bom guarda-roupa, eram inteligentes e brilhantes oradoras. Eram carismáticas. Muitas mulheres jovens queriam ser exatamente como elas. Elas eram *popstars*."

Segundo a historiadora, foi por isso que as mulheres da família Pankhurst conseguiram conquistar mulheres de todas as classes sociais e idades para sua causa. Sua palavra de ordem era: ações em vez de palavras. As mais radicais apedrejavam vitrines, explodiam caixas de correio e incendiavam edifícios vazios. O aparato do Estado respondia duramente, desfazendo manifestações a golpes e pauladas e encarcerando as mulheres. [...]

Mas o movimento continuou encontrando adesão [...].

Cinco anos depois da morte de Emily Davison, em 6 de fevereiro de 1918, [...] foi aprovada uma lei que dava a mulheres acima de 30 anos e com um determinado patrimônio o direito de participar de eleições. Dez anos depois, os direitos de voto das mulheres foram igualados aos dos homens e elas passaram a poder votar com 21 anos.
[...]

156 **Unidade 6** Mulher: passado, presente, futuro

O sufrágio feminino no mundo

Em outros países, as mulheres precisaram lutar durante muitas décadas para finalmente ter o direito de votar. Na Suíça, por exemplo, a luta pelo sufrágio feminino durou até 1971. Na Arábia Saudita, as mulheres votaram pela primeira vez em 2015, mas apenas para escolher câmaras municipais com poucas atribuições. [...]

A autora Diane Atkinson acredita que mulheres que não têm direito ao voto ou que lutam por outros direitos podem aprender com as sufragistas britânicas. "Elas vinham de classes sociais distintas e de muitas profissões diferentes. E tinham experiências de vida muito variadas. Mas elas se uniram para conquistar esse grande direito, o sufrágio feminino. As mulheres deveriam agir assim hoje em dia para conseguir seus objetivos."

[...]

HILLE, Peter. *DW*, 6 fev. 2018. Disponível em: <www.dw.com/pt-br/a-longa-luta-das-sufragistas-pelo-direito-de-votar/a-42461154>. Acesso em: 19 maio 2018.

No Brasil, em 1932, as mulheres casadas – com a autorização do marido –, as viúvas e as solteiras com renda própria passaram a votar. E, finalmente, na Constituição de 1946, o direito ao voto foi ampliado a todas as brasileiras maiores de 18 anos.

1. Leia a seguir um trecho do artigo "De onde surgiram essas mulheres?", de Flávia Biroli.

http://diplomatique.org.br/de-onde-surgiram-essas-mulheres

A política tem sido, historicamente, um espaço masculino. Basta um rápido olhar para as hierarquias nos partidos políticos, o plenário dos legislativos nacionais, estaduais e municipais ou para os gabinetes onde estão instalados os integrantes do primeiro escalão nos governos para que se entenda o que isso significa. Não é de agora que é assim. Embora no Brasil as mulheres tenham direito a voto desde 1932 e o exerçam em condições iguais às dos homens desde 1946, sua presença em cargos políticos tem sido restrita.

A partir de meados do século XX, foi sendo difundido o entendimento de que há algo de errado quando um processo regido por regras apresentadas como neutras em relação ao sexo resulta em assimetrias tão visíveis, eleição após eleição. No Brasil, a sub-representação das mulheres na política passou gradualmente a ser tratada como um problema, no debate público, a partir do processo de transição da ditadura de 1964 para o regime democrático. Em 1997, foi aprovada a lei que reserva para elas 30% das vagas nas listas partidárias, nas eleições para a Câmara dos Deputados, as assembleias estaduais e as câmaras municipais. Embora tenha sido pouco efetiva, com ela mais alguns passos foram dados no reconhecimento público de que a sub-representação das mulheres é algo a ser superado.

[...]

Mulher em urna de votação. Eleições para presidência do Brasil, Rio de Janeiro, 2014.

BIROLI, Flávia. *Le Monde Diplomatique Brasil*. Disponível em: <http://diplomatique.org.br/de-onde-surgiram-essas-mulheres>. Acesso em: 21 maio 2018.

Considerando o trecho do artigo, discuta com os colegas e o professor a participação feminina na política brasileira atual.

Enem e vestibulares

1. UFG-GO

Leia os trechos dos poemas a seguir.

A valsa

Tu, ontem,
Na dança
Que cansa,
Voavas
Co'as faces
Em rosas
Formosas
De vivo,
Lascivo
Carmim;
Na valsa
Tão falsa,
Corrias,
Fugias,
Ardente,
Contente,

Tranquila,
Serena,
Sem pena
De mim!
Quem dera
Que sintas
As dores
De amores
Que louco
Senti!
Quem dera
Que sintas!...
– Não negues,
Não mintas...
– Eu vi!...
[…]

ABREU, Casimiro de. *As primaveras*.
São Paulo: Martin Claret, 2008. p. 83.

Seresta

[...]
Parar à tua porta
e nem bater... A um canto
ficar como afinando
um violão invisível
que será contracanto
ao desencanto e ao canto
que em mim, como falhada
voz de um pássaro, dorme
dentro de mim, bem dentro.
[...]

SOUSA, Afonso Felix de. *Nova antologia poética*. Goiânia:
Cegraf/UFG, 1991. p. 125.

Nestes trechos encontra-se uma característica essencial à identificação do gênero lírico, que é a

a) alusão a desencontros amorosos.

b) valorização de um tempo pretérito.

c) descrição metafórica da mulher.

d) apresentação de estados de alma.

e) tematização de ritmos musicais.

f) autoridade e modelo.

2. Enem

Aí pelas três da tarde

Nesta sala atulhada de mesas, máquinas e papéis, onde invejáveis escreventes dividiram entre si o bom-senso do mundo, aplicando-se em ideias claras apesar do ruído e do mormaço, seguros ao se pronunciarem sobre problemas que afligem o homem moderno (espécie da qual você, milenarmente cansado, talvez se sinta um tanto excluído), largue tudo de repente sob os olhares a sua volta, componha uma cara de louco quieto e perigoso, faça os gestos mais calmos quanto os tais escribas mais severos, dê um largo *"ciao"* ao trabalho do dia, assim como quem se despede da vida, e surpreenda pouco mais tarde, com sua presença em hora tão insólita, os que estiveram em casa ocupados na limpeza dos armários, que você não sabia antes como era conduzida. Convém não responder aos olhares interrogativos, deixando crescer, por instantes, a intensa expectativa que se instala. Mas não exagere na medida e suba sem demora ao quarto, libertando aí os pés das meias e dos sapatos, tirando a roupa do corpo como se retirasse a importância das coisas, pondo-se enfim em vestes mínimas, quem sabe até em pelo, mas sem ferir o decoro (o seu decoro, está claro), e aceitando ao mesmo tempo, como boa verdade provisória, toda mudança de comportamento.

NASSAR, R. *Menina a caminho*. São Paulo: Cia. das Letras, 1997.

Em textos de diferentes gêneros, algumas estratégias argumentativas referem-se a recursos linguístico-discursivos mobilizados para envolver o leitor. No texto, caracteriza-se como estratégia de envolvimento a

a) prescrição de comportamentos, como em: "[...] largue tudo de repente sob os olhares a sua volta [...]".

b) apresentação de contraposição, como em: "Mas não exagere na medida e suba sem demora ao quarto [..]".

c) explicitação do interlocutor, como em: "[...] (espécie da qual você, milenarmente cansado, talvez se sinta um tanto excluído) [...]".

d) descrição do espaço, como em: "Nesta sala atulhada de mesas, máquinas e papéis, onde invejáveis escreventes dividiram entre si o bom-senso do mundo [...]".

158 **Unidade 6** Mulher: passado, presente, futuro

e) construção de comparação, como em: " [...] libertando aí os pés das meias e dos sapatos, tirando a roupa do corpo como se retirasse a importância das coisas [...]".

3. Enem

À garrafa

Contigo adquiro a astúcia
de conter e de conter-me.
Teu estreito gargalo
é uma lição de angústia.

Por translúcida pões
o dentro fora e o fora dentro
para que a forma se cumpra
e o espaço ressoe.

Até que, farta da constante
prisão da forma, saltes
da mão para o chão
e te estilhaces, suicida,

numa explosão
de diamantes.

PAES, J. P. *Prosas seguidas de odes mínimas.*
São Paulo: Cia. das Letras, 1992.

A reflexão acerca do fazer poético é um dos mais marcantes atributos da produção literária contemporânea, que, no poema de José Paulo Paes, se expressa por um(a):

a) reconhecimento, pelo eu lírico, de suas limitações no processo criativo, manifesto na expressão "Por translúcidas pões".

b) subserviência aos princípios do rigor formal e dos cuidados com a precisão metafórica, como se em "prisão da forma".

c) visão progressivamente pessimista, em face da impossibilidade da criação poética, conforme expressa o verso "e te estilhaces, suicida".

d) processo de contenção, amadurecimento e transformação da palavra, representado pelos versos "numa explosão / de diamantes".

e) necessidade premente de libertação da prisão representada pela poesia, simbolicamente comparada à "garrafa" a ser "estilhaçada".

4. Enem

Estrada

Esta estrada onde moro, entre duas voltas do caminho,
Interessa mais que uma avenida urbana.
Nas cidades todas as pessoas se parecem.
Todo mundo é igual. Todo mundo é toda a gente.
Aqui, não: sente-se bem que cada um traz a sua alma.
Cada criatura é única.
Até os cães.
Estes cães da roça parecem homens de negócios:
Andam sempre preocupados.
E quanta gente vem e vai!
E tudo tem aquele caráter impressivo que faz meditar:
Enterro a pé ou a carrocinha de leite puxada por um bodezinho manhoso.
Nem falta o murmúrio da água, para sugerir, pela voz dos símbolos,
Que a vida passa! que a vida passa!
E que a mocidade vai acabar.

BANDEIRA, M. *O ritmo dissoluto.* Rio de Janeiro: Aguilar, 1967.

A lírica de Manuel Bandeira é pautada na apreensão de significados profundos a partir de elementos do cotidiano. No poema Estrada, o lirismo presente no contraste entre campo e cidade aponta para

a) o desejo do eu lírico de resgatar a movimentação dos centros urbanos, o que revela sua nostalgia com relação à cidade.

b) a percepção do caráter efêmero da vida, possibilitada pela observação da aparente inércia da vida rural.

c) a opção do eu lírico pelo espaço bucólico como possibilidade de meditação sobre a sua juventude.

d) a visão negativa da passagem do tempo, visto que esta gera insegurança.

e) a profunda sensação de medo gerada pela reflexão acerca da morte.

UNIDADE 7

POR DENTRO DAS REDES SOCIAIS

NÃO RECLAMA DE ESTAR FAZENDO ENEM DE NOVO

QUE A GENTE ESTÁ LÁ TODO ANO

Roda de conversa

Os memes fazem parte de nossa vida, e mesmo quem não frequenta redes sociais acaba vendo ou ouvindo referências aos memes mais divertidos ou que viralizaram na internet. Observe os memes e converse com os colegas sobre as questões a seguir.

1. Você conhecia esse gênero textual? Se conhecia, conte aos colegas o que sabe sobre ele e sobre as situações em que se costuma ler e compartilhar memes.

2. É possível afirmar que esses dois memes estabelecem um diálogo com vários saberes? Por quê? Utilize seu conhecimento de mundo para responder: Que referências culturais estão presentes em cada um dos textos?

3. Textos do gênero meme têm forte apelo para o humor. Explique como se dá esse apelo em cada um dos memes.

4. Sobre a linguagem utilizada pelos memes, explique o uso do registro coloquial e alguns desvios em relação à norma-padrão.

O que você vai aprender

Gêneros
- Tira
- Reportagem

Língua e linguagem
- A (im)parcialidade da linguagem em reportagens

Oficinas de produção
- Entrevista
- Reportagem

Sexta-feira 13, humano cruza um gato preto e diz que dá azar. Azar do gato, né, querido? 7 bilhões de pessoas no mundo e foi cruzar bem com você.

Cansei de Ser Gato

Conheça

Livros
- *O amor nos tempos de #likes*, de Pam Gonçalves, Bel Rodrigues, Hugo Francioni e Pedro Pereira (Galera Record).
- *AuthenticGames: vivendo uma vida autêntica*, de Marco Túlio (Astral Cultural).
- *O futuro de nós dois*, de Jay Asher e Carolyn Mackler (Galera Record).
- *Twittando o amor: contando uma história em 140 caracteres*, de Teresa Medeiros (Novo Conceito).
- *Socorro, meu vídeo bombou na internet!*, de Marni Bates (Record).

Filmes e documentários
- *Cyberbully*. Direção: Charles Binamé. Estados Unidos, 2011.
- *A rede social*. Direção: David Fincher. Estados Unidos, 2010.
- *Jobs*. Direção: Danny Boyle. Estados Unidos, 2015.
- *Os estagiários*. Direção: Shawn Levy. Estados Unidos, 2013.

Músicas
- *Tribunal do Feicebuqui*, de Tom Zé.
- *Mamãe no Face*, de Zeca Baleiro.
- *Pela internet*, de Gilberto Gil.

Na internet
- #MUSEUdeMEMES: <www.museudememes.com.br>.

161

TEXTO 1

1. Observe os textos a seguir. A qual gênero textual eles pertencem e o que você observou para responder?
2. Em que publicações você já leu ou costuma ler esse gênero?
3. Ainda sem ler os balões de fala, observe a sequência de imagens e a fonte de onde os textos foram extraídos. De que assunto eles tratam?

▶ **Tira 1**

MONTANARO, João. 3 abr. 2011. Disponível em: <http://joaomontanaro.blogspot.com/2011/04/>. Acesso em: 2 ago. 2018.

▶ **Tira 2**

IVO, Pedro.

Quem são os autores?

João Montanaro é cartunista, chargista e ilustrador. Nasceu em São Paulo (SP), em 1996, e começou a desenhar aos 6 anos. Aos 12 anos, publicou o primeiro trabalho profissional na revista *Mad* e, em 2010, tornou-se chargista do jornal *Folha de S.Paulo*. Seus trabalhos também foram publicados na revista *Le Monde Diplomatique Brasil*. É autor dos livros *Cócegas no raciocínio* (que ganhou o Troféu HQ Mix, na categoria "Melhor publicação de cartuns", em 2011) e *Eu não me arrependo de nada*.

Pedro Ivo Barbosa é de Jundiaí (SP) e iniciou a carreira em 2001. Desde então, atua como ator, desenhista, quadrinista, escritor e roteirista. É autor do livro *O cidadão incomum* e publica suas tiras em um *blog*.

Unidade 7 Por dentro das redes sociais

Interagindo com as tiras

1. Releia a tira de João Montanaro.
   a) O que seria um **twitt**?
   b) Resuma a história oralmente.

2. Que elementos da tira ajudaram você a compreender a história? Fale para os colegas.

3. Conclua: Quais recursos essa tira utiliza?
   a) Apenas recursos visuais (imagens e cores).
   b) Apenas recursos verbais (escritos).
   c) Tanto recursos visuais como verbais.

4. Releia a primeira tira e responda às questões.
   a) Na sequência de quadrinhos dessa tira, predomina a linguagem verbal ou a não verbal?
   b) Que efeito o predomínio dessa linguagem provoca, ajudando a reforçar o sentido da tira?
   c) Em textos do gênero tira, qual é, geralmente, a função da linguagem verbal?

5. Ainda sobre a primeira tira, observe o segundo e o quinto quadrinhos.
   a) Que expressão o personagem em pé usa para se dirigir a seu interlocutor?
   b) Essa expressão contribui para caracterizar a relação entre os personagens. Trata-se de uma relação formal ou informal?
   c) Descreva as cenas mostradas nos quadrinhos indicando o que muda, de um quadrinho para o outro, na expressão do personagem ao computador.
   d) O que a fala do personagem no segundo quadrinho deixa subentendido?
   - O personagem sentado acabou de ligar o computador.
   - O personagem sentado costuma passar muito tempo em frente ao computador.
   e) Observe e descreva o ambiente onde se passa a ação.
   f) Essa caracterização do ambiente contribui para mostrar a relação que o personagem mantém com o computador? Explique.
   g) Explique o desfecho da história e o efeito de humor e crítica produzido.

6. Observe a forma de apresentação do diálogo na Tira 2.

Pedro Ivo

   a) Esse diálogo ocorre:
   - oralmente.
   - por meio de mensagens trocadas pelo celular.
   - apenas na imaginação dos personagens.

AMPLIANDO O CONHECIMENTO

Contexto comunicativo

Na análise dos gêneros do discurso, um elemento a ser levado em conta é o contexto comunicativo, isto é, a situação em que determinados interlocutores, em certo tempo e espaço e com certo propósito, interagem por meio de um gênero.

Nas tiras que você leu, existe um contexto comunicativo interno à situação ficcional criada pelos autores. Na tira de Pedro Ivo, por exemplo, a situação comunicativa envolve dois interlocutores fisicamente próximos um do outro, possivelmente um casal, que têm uma conversa amorosa por meio do gênero mensagem instantânea. Em outro nível, você, ao ler a tira neste livro, participa de uma situação comunicativa diferente, a qual envolve outros atores (ou interlocutores) – você e o autor da tira – e acontece em ambiente escolar, cujo propósito comunicativo é, além da fruição, o aprendizado de conteúdos escolares.

b) Pelo conteúdo do texto nesses quadrinhos, qual pode ser a relação entre os personagens?

c) O que significam os símbolos **S2** e **:)**, presentes no primeiro e no segundo quadrinhos respectivamente? Caso não os conheça, troque ideias com os colegas ou pesquise o significado deles.

d) Além dos símbolos, os quadrinhos utilizam as expressões **mozão** e **gata** e as abreviações **ñ** e **vc**. Considerando o contexto, essa linguagem é adequada? Explique.

7. Observe agora o terceiro quadrinho dessa tira.

a) Nesse quadrinho, a posição dos personagens está de acordo com o conteúdo das mensagens? Explique.

b) Nas tiras é comum o humor ser produzido por uma quebra da expectativa do leitor: os primeiros quadrinhos o levam a imaginar que a história terá determinado final, e esse final não acontece. Explique como ocorre a quebra de expectativa na segunda tira.

8. Você concorda que ambas usam o humor para fazer uma crítica? Justifique sua resposta e, caso concorde que há crítica, explique qual é ela.

9. Compare as duas tiras quanto à forma.

a) Quantos quadrinhos formam cada tira?

b) Qual é a principal diferença entre elas quanto à maneira como o texto verbal é apresentado? Qual é o motivo dessa diferença?

c) Pelo tipo de traço, pelas cores e pela situação representada, podemos dizer que ambas as tiras se destinam ao mesmo público? Qual é ele?

Você leu e analisou duas **tiras**, ou seja, duas histórias em quadrinhos curtas, em formato de tira. Trata-se de um gênero multimodal, isto é, que emprega mais de uma linguagem – no caso, a verbal e a visual. Nas tiras, os quadrinhos podem estar dispostos tanto na posição horizontal – caso das tiras apresentadas nesta unidade – como na vertical.

Os balões de fala contêm o que os personagens estão dizendo. A linguagem das falas pode ser mais ou menos formal, conforme a situação vivida pelos personagens e a relação existente entre eles. A linguagem usada em uma tira também é determinada pelo público a que ela se destina: crianças, jovens ou adultos.

10. Escreva sua opinião em um ou dois parágrafos: Já que, como diz o personagem de João Montanaro, "a vida é uma só", passar muito tempo nas redes sociais, diante do computador ou no *smartphone*, é desperdiçar a vida? Justifique.

Antes da leitura do próximo texto, passe os olhos por ele observando sua organização gráfica e as imagens e lendo o título, as legendas e algumas das palavras em destaque. Depois, converse com os colegas sobre as questões a seguir.

TEXTO 2

1. Qual parece ser o assunto do texto?

2. Com base nessa primeira observação do texto, a que gênero você diria que ele pertence?

3. Leia, no final do texto, a fonte de onde ele foi tirado. Você conhece essa publicação? Pesquise ou converse com os colegas e o professor para saber a que público ela se destina.

4. Que tipo de linguagem se pode esperar de um texto extraído dessa publicação?

---

http://revistagalileu.globo.com/Sociedade/noticia/2017/03/o-impacto-dos-memes-na-sociedade-nao-deve-ser-menosprezado.html

"O impacto dos memes na sociedade não deve ser menosprezado"

Coordenador do #MUSEUdeMEMES, Viktor Chagas, da Universidade Federal Fluminense, revela os costumes da fauna "memeística" brasileira

Os memes ganharam um novo hábitat: o meio acadêmico. Pesquisadores da Universidade Federal Fluminense (UFF) vão direto a campo – a internet – para coletar, registrar e analisar as constatações de Glória Maria, os ensinamentos de Gretchen e quaisquer outras piadas e movimentos virais produzidos e espalhados pelos brasileiros na rede.

Trata-se do **#MUSEUdeMEMES**. Pode estranhar, a ideia é essa mesma. Como afirma o coordenador Viktor Chagas, que é doutor em História, Política e Bens Culturais/Cpdoc-FGV, o projeto lança uma série de provocações. "A ideia é questionar o lugar do museu, o lugar da cultura popular", explica ele a *GALILEU*.

O projeto, que começou como um grupo de pesquisa, em 2011, e finalmente virou um *site*, em 2015, já conta com mais de 300 livros e artigos dedicados ao tema, além de entrevistas com criadores de memes famosos e catalogação das obras – sim, obras. O catálogo inclui não só pesquisas brasileiras, mas também de outras partes do mundo, como Rússia, Israel e Hungria. E os pesquisadores se dividem em vários temas, que vão desde política a telenovelas e esportes.

Quando perguntado sobre a importância de manter um museu de grandes "memeidades", Chagas rebate com uma história. "Na universidade, tínhamos um convênio com a **Wikipédia**, no qual, em vez de produzir textos para que os professores engavetassem, os alunos escreviam verbetes que ficavam disponíveis para o público", conta ele. "Em um momento, sugeri fazermos um verbete sobre memes. Então, uma professora respondeu: 'Nós estamos discutindo o caráter de uma enciclopédia virtual, o conteúdo que circula deve ser de relevância, e eu acho que falar de memes não cabe aqui'".

Para defender seu ponto, Chagas olhou para a própria Wikipédia. O professor mostrou que o verbete em inglês do narrador **Galvão Bueno** contava com uma extensa passagem sobre o fenômeno "Cala a boca Galvão", que se popularizou em 2010. Já em sua versão brasileira não existia uma linha sobre o assunto.

"Eu falei que, talvez, muitas pessoas conhecessem o Galvão por causa desse episódio. Tem até uma pesquisadora inglesa que se referiu a isso como a maior piada interna do mundo. É uma piada nossa, que o mundo reconhece, mas que a gente ignora como fonte de estudo", diz Chagas. Para ele, o projeto parte, portanto, de uma preocupação em documentar uma memória que está se perdendo.

165

O coordenador revela que mesmo entre os pesquisadores de cultura popular (de expressões como o **funk** e o **pixo**) existe uma desconfiança em relação aos estudos de memes. "Não chega a ser preconceito, mas um olhar enviesado", explica. "É claro que a gente tem esse viés da zoeira, mas o que fazemos, de fato, é tentar entender o desdobramento do cenário político brasileiro, nossa conjuntura a partir da recepção dos internautas. É uma tentativa de compreender a nossa realidade social, que vai muito além do aspecto lúdico."

A seguir, o coordenador, que se identifica como *Success* Viktor na página do projeto — em referência ao meme do *"success kid"* –, revela alguns costumes da riquíssima fauna "memeística" brasileira:

A determinação do *"success kid"*.

Qual é a diferença da nossa cultura de memes em relação aos outros países?

Uma coisa que tenho percebido tem a ver com os direitos autorais. A gente teve esse *boom* de redes sociais com perfis autorais, por exemplo. Começamos a criar uma cultura que trabalha em cima dessa dinâmica de memes com um autor. [...]

Já nos EUA, os memes que circulam por lá são em grande maioria anônimos. Eles vêm, no geral, de microcomunidades virtuais muito restritas. Não existe a menor possibilidade de descobrir o criador. Mas a gente tem um investimento que talvez seja calcado menos no politicamente incorreto, como acontece nessas microcomunidades norte-americanas, que são baseadas numa relação de anonimato.

Em entrevista a GALILEU, a editora-chefe do BuzzFeed Brasil, Manuela Barem, disse que os memes brasileiros são mais refinados, como os GIF com legenda da Gretchen. Você concorda?

Nos EUA, essas microcomunidades, como o 4Chan, o Reddit e o 9gag, se articulam com uma estética particular: eles investem mais no caráter tosco. Acredito que, no Brasil, a gente acaba sofisticando porque pegamos a internet em um outro momento, quando as redes sociais já estavam consolidadas.

Além disso, nossa relação com a TV é muito forte. Temos esse elemento da cultura *pop* televisiva, que tem uma lógica mais audiovisual. Pegamos essa produção de memes em um momento no qual os *GIFs* já evoluíram como linguagem, como estética. Isso porque eles eram muito diferentes há alguns anos, em relação à quantidade de *frames* e resolução, por exemplo.

Tudo isso acabou configurando um conjunto de peculiaridades que nos distinguem em relação aos outros. E também temos um caráter cultural muito forte que é esse de atrelar as coisas, por mais sofridas que sejam, ao humor. Isso repercute inclusive na política.

Os memes políticos conseguem exercer uma pressão relevante?

Isso tem bastante a ver com o que eu tenho estudado. Acredito que a gente subestima o papel desse tipo de brincadeira política. [...]

Os memes podem então ajudar a mudar a nossa percepção sobre o ativismo de sofá?

É um mecanismo de pressão muito similar ao que acontece quando as pessoas vão à rua. O que acontece é que é muito mais difícil reprimir um movimento *online* do que aquele da rua [...] para um movimento *online* ser contido você precisaria derrubar o Facebook, ou criar um mecanismo que conte com o apoio de um parceiro da iniciativa privada. É complicado. Acho que tem uma série de questões que a política precisa olhar com mais profundidade para entender melhor o cenário.

Os memes ajudam a gente a problematizar essa noção de ativismo de sofá. Não digo que executar uma ação *online* não seja menos custoso do que ir às ruas [...]. Mas, por outro lado, o impacto que esse tipo de ação causa não deve ser menosprezado.

FERNANDES, Nathan. *Galileu*, 24 mar. 2017. Disponível em: <https://revistagalileu.globo.com/Sociedade/noticia/2017/03/o-impacto-dos-memes-na-sociedade-nao-deve-ser-menosprezado.html>. Acesso em: 2 ago. 2018.

Interagindo com a reportagem

1. Em relação à reportagem lida, responda às questões a seguir.
   a) Onde ela foi veiculada?
   b) Quando ela foi publicada?
   c) Quem a escreveu?
   d) Qual é o tema da reportagem?
   e) A quem ela se destina, considerando o público da revista em que a reportagem foi publicada?

2. Releia estes trechos da reportagem.
   Trata-se do #MUSEUdeMEMES [...]
   O projeto, que começou como um grupo de pesquisa, em 2011, e finalmente virou um *site*, já conta com mais de 300 livros e artigos dedicados ao tema [...].

   Que características desse museu são reforçadas pelo uso do símbolo **#** antes do nome dele?

3. Converse com os colegas e o professor sobre o sentido, no contexto da reportagem, das palavras e expressões a seguir.
   a) viral
   b) memeidades
   c) zoeira
   d) *boom*
   e) anônimo
   f) microcomunidade virtual
   g) politicamente incorreto
   h) GIF
   i) peculiaridade

> **AMPLIANDO O CONHECIMENTO**
>
> **Você sabe o que significa o símbolo #?**
>
> Chamado de cerquilha, jogo da velha, tralha, *octothorpe* ou cardinal, o símbolo # tem diversos usos – na linguagem-fonte (isto é, na linguagem original de um programa, aquela em que ele foi escrito) e na matemática (refere-se ao número de elementos de um conjunto), por exemplo. Ele se tornou mais conhecido pelo uso nas *hashtags*: palavras ou expressões-chave que, quando antecedidas por esse símbolo, tornam-se *links* que levam o usuário de redes sociais a outras páginas com publicações relacionadas ao tema.
>
>
> #hashtag

4. Volte ao início da reportagem e releia o subtítulo e o primeiro parágrafo. Em seguida, identifique a(s) alternativa(s) incorreta(s).
   a) No contexto, a palavra **fauna** mantém relação de sentido com a palavra **hábitat**.
   b) O emprego das palavras **fauna** e **hábitat** foi inadequado, pois elas fazem parte do universo discursivo da Biologia, e o texto trata de um museu de memes.
   c) A expressão **vão direto a campo** relaciona-se ao universo acadêmico, já que o trabalho de campo é uma etapa do método científico de pesquisa (a etapa de coleta de dados).
   d) A palavra **memeística** é um neologismo e seu uso é adequado no contexto, tendo em vista o tema do texto.

5. Releia o trecho a seguir.
   Trata-se do #MUSEUdeMEMES. Pode estranhar, a ideia é essa mesma. Como afirma o coordenador Viktor Chagas, que é doutor em História, Política e Bens Culturais/Cpdoc-FGV, o projeto lança uma série de provocações. "A ideia é questionar o lugar do museu, o lugar da cultura popular", explica ele a GALILEU.

   a) A quem se dirige a frase "Pode estranhar, a ideia é essa mesma"? Qual é o objetivo de se utilizar o recurso de falar diretamente com esse interlocutor?
   b) Por que uma das frases desse trecho está entre aspas?
   c) Que efeito o uso de discurso direto produz na reportagem com relação à credibilidade? Explique.
   d) Explique o motivo de a palavra *GALILEU* estar grafada em letras maiúsculas.

6. Releia os parágrafos a seguir atentando para o tipo de conteúdo destacado com cada cor.

==O projeto, que começou como um grupo de pesquisa, em 2011, e finalmente virou um *site*, em 2015, já conta com mais de 300 livros e artigos dedicados ao tema, além de entrevistas com criadores de memes famosos e catalogação das obras – sim, obras. O catálogo inclui não só pesquisas brasileiras, mas também de outras partes do mundo, como Rússia, Israel e Hungria. E os pesquisadores se dividem em vários temas, que vão desde política a telenovelas e esportes.==

Quando perguntado sobre a importância de manter um museu de grandes "memeidades", Chagas rebate com uma história. *"Na universidade, tínhamos um convênio com a Wikipédia, no qual, em vez de produzir textos para que os professores engavetassem, os alunos escreviam verbetes que ficavam disponíveis para o público"*, conta ele. "Em um momento, sugeri fazermos um verbete sobre memes. Então, uma professora respondeu: *'Nós estamos discutindo o caráter de uma enciclopédia virtual, o conteúdo que circula deve ser de relevância, e eu acho que falar de memes não cabe aqui'"*.

  a) O trecho em amarelo exemplifica a intenção do autor da reportagem, que é:
  - fazer entrevistas.
  - dar informações.
  - expor conhecimentos de diversas áreas.

  b) Para escrever uma reportagem, o repórter busca dados sobre o assunto e entrevista com especialistas ou pessoas envolvidas no fato. Por isso, é comum em reportagens o emprego do discurso direto, a reprodução fiel da fala de pessoas entrevistadas. Quais dos trechos acima contêm discurso direto?

  c) Quem é o especialista entrevistado para a produção dessa reportagem?

  d) Em qual dos trechos há discurso direto dentro de discurso direto?

  e) O segundo parágrafo do trecho acima permite inferir a opinião de Chagas sobre a importância de um museu de memes. Para ele, um museu como esse é importante ou não? O que você observou para responder à pergunta?

  f) E quanto à professora mencionada pelo entrevistado, qual é a opinião dela sobre os memes, pelo que se pode inferir do trecho?

7. Além de apresentar o depoimento de Viktor Chagas por meio de discurso direto ao longo dos parágrafos, a reportagem também traz a transcrição completa da entrevista feita com esse especialista. Indique o início e o fim da entrevista, depois responda às questões.

  a) Observe novamente a fotografia que aparece na introdução da entrevista. Qual é a função dela na reportagem? E a da legenda?

  b) Qual é a diferença entre a maneira como as falas do entrevistado são apresentadas ao longo dos parágrafos e a maneira como estão organizadas na entrevista?

  c) Segundo Viktor Chagas, como a origem geográfica do meme interfere em sua interpretação?

  d) O professor afirma que "temos um caráter cultural muito forte que é esse de atrelar as coisas, por mais sofridas que sejam, ao humor". A quem ele se refere quando emprega a forma verbal **temos**?

A determinação do *"success kid"*.

  e) Você concorda com essa afirmação de Chagas? Por quê? Reúna argumentos que sustentem sua opinião.

  f) Na entrevista é mencionado o "ativismo de sofá". O que essa expressão significa?

  g) Quando afirma que "o impacto que esse tipo de ação causa não deve ser menosprezado", a que tipo de ação o entrevistado se refere?

8. Sobre a linguagem utilizada na reportagem, responda às questões.

a) Que tipo de registro predomina: formal ou informal? Qual é o motivo para isso?

b) Cite exemplos que comprovem sua resposta.

c) Antes de ler a reportagem, você tinha uma expectativa quanto à linguagem do texto. A linguagem efetivamente empregada nele correspondeu ao que você havia imaginado?

> **Intertítulo:** cada um dos títulos que introduzem os diversos blocos de um texto jornalístico.

9. Reportagens são um gênero jornalístico que procura dar informações abrangentes sobre determinado assunto.

a) Você diria que a reportagem da *Galileu* cumpre esse objetivo em relação ao assunto "criação do #MUSEUde-MEMES"?

b) Alguns gêneros jornalísticos, como o editorial e a carta do leitor, exprimem explicitamente a opinião do autor do texto ou do veículo em que o texto é publicado ou do autor do texto. Com base na reportagem lida, pode-se concluir que esse é o caso do gênero reportagem? Por quê?

10. Nas reportagens, são empregados diversos recursos para organizar o texto e contribuir para sua informatividade. Indique quais destes recursos foram utilizados na reportagem lida.

a) título

b) subtítulo

c) intertítulo

d) áudio

e) fotografia

f) legenda

g) vídeo

h) entrevista com autoridade no assunto

11. Pensando na reportagem lida, escolha a afirmação mais adequada.

a) O título resume os fatos relatados na reportagem.

b) O título aponta para um aspecto parcial do tema abordado.

c) Ao apresentar a fala de um entrevistado no título, o autor desviou-se do tema a ser explorado no texto.

d) O uso da fala do entrevistado indicia a opinião do autor sobre o tema discutido no texto.

12. Compare o título e o subtítulo. Qual deles é mais informativo? Por quê?

Na reportagem que você leu, podem ser percebidas algumas características desse gênero.

Assim como a notícia, a **reportagem** é um gênero jornalístico que tem como objetivo principal fornecer informações sobre determinado assunto; a diferença é que, enquanto a notícia se limita a relatar um fato ocorrido recentemente, a reportagem, que alguns consideram uma notícia ampliada, procura dar informações abrangentes e mais completas sobre um assunto – o qual pode ou não estar relacionado a um acontecimento recente – e sensibilizar o leitor para refletir sobre ele.

Reportagens não costumam explicitar a opinião do repórter – ainda que essa opinião seja, às vezes, percebida por indícios –, mas podem mencionar a opinião de especialistas no assunto tratado e de pessoas ligadas a ele de alguma forma.

No texto sobre o museu de memes, você analisou o emprego de alguns recursos comuns nas reportagens, como a presença de imagem e legenda, o uso de discurso direto para apresentar declarações de especialista entrevistado e a transcrição de uma entrevista. Elas também podem apresentar dados numéricos, infográficos, mapas etc., que agregam informações ao texto central.

A linguagem das reportagens é formal e segue as regras da norma-padrão. Conforme o público, o tipo de publicação e o assunto da reportagem, cabem certa informalidade e o emprego de algumas gírias e expressões que se dirigem diretamente ao leitor, aproximando-se dele.

Vamos comparar?

Tira e reportagem

1. Observe novamente a forma de apresentação dos textos desta unidade.

▶ **Texto 1**

Tira 1

Tira 2

▶ **Texto 2**

http://revistagalileu.globo.com/Sociedade/noticia/2017/03/o-impacto-dos-memes-na-sociedade-nao-deve-ser-menosprezado.html

"O impacto dos memes na sociedade não deve ser menosprezado"

Coordenador do #MUSEUdeMEMES, Viktor Chagas, da Universidade Federal Fluminense, revela os costumes da fauna "memeística" brasileira

Os memes ganharam um novo hábitat: o meio acadêmico. Pesquisadores da Universidade Federal Fluminense (UFF) vão direto a campo – a internet – para coletar, registrar e analisar as constatações de Glória Maria, os ensinamentos de Gretchen e quaisquer outras piadas e movimentos virais produzidos e espalhados pelos brasileiros na rede.

Trata-se do **#MUSEUdeMEMES**. Pode estranhar, a ideia é essa mesma. Como afirma o coordenador Viktor Chagas, que é doutor em História, Política e Bens Culturais/ Cpdoc-FGV, o projeto lança uma série de provocações. "A ideia é questionar o lugar do museu, o lugar da cultura popular", explica ele a *GALILEU*.

O projeto, que começou como um grupo de pesquisa, em 2011, e finalmente virou um *site*, em 2015, já conta com mais de 300 livros e artigos dedicados ao tema, além de entrevistas com criadores de memes famosos e catalogação das obras – sim, obras. O catálogo inclui não só pesquisas brasileiras, mas também de outras partes do mundo, como Rússia, Israel e Hungria. E os pesquisadores se dividem em vários temas, que vão desde política a telenovelas e esportes.

Qual é o objetivo comunicativo dos textos do gênero tira? E o dos textos que pertencem ao gênero reportagem?

2. O grau de formalidade de um texto varia conforme a situação comunicativa. Ele depende do gênero textual, do suporte e do meio em que esse suporte circula; do público a que o texto é destinado; e do tema tratado:

Partindo dessa concepção, responda às questões a seguir.

a) O registro informal é adequado no caso das tiras lidas nesta unidade? Por quê?

b) Por que na reportagem sobre o Museu de Memes predomina o registro formal?

3. Leia os itens abaixo e copie no caderno os que exprimem características do gênero reportagem. Em seguida, organize um parágrafo sistematizando o que aprendeu sobre ele.

a) Pertence à esfera jornalística.

b) Tem como objetivo principal dar instruções ao leitor acerca de um assunto.

c) Pode apresentar título, subtítulo e intertítulos.

d) Pode utilizar imagens, acompanhadas de legendas explicativas, para complementar as informações dadas no texto ou para acrescentar informações.

e) Pode lançar mão de infográficos, que contribuem para complementar as informações.

f) Faz uso de linguagem clara e objetiva e segue as regras da norma-padrão.

g) Usa linguagem expressiva e pessoal.

h) Sempre relata um fato ocorrido recentemente.

i) Para mostrar diferentes ângulos de um mesmo assunto e permitir ao leitor comparar pontos de vista, apresenta entrevistas com pessoas habilitadas a falar do assunto.

4. Volte à página 24 e anote no quadro o título dos textos lidos nesta unidade e o gênero a que pertencem, de acordo com o principal objetivo comunicativo de cada um.

AMPLIANDO O CONHECIMENTO

Gêneros jornalísticos e a infografia

Os infográficos são amplamente utilizados em textos jornalísticos da atualidade como recurso para complementar ou explicar conteúdos, tornando-os mais acessíveis ao apresentá-los associados a imagens ou a representações gráficas.

Como gênero multimodal, que combina texto verbal e imagens, o infográfico pode ter essa função de integrar outros gêneros jornalísticos, como notícias e reportagens, mas pode operar como um texto jornalístico independente, contendo todo o conteúdo a ser veiculado. O objetivo comunicativo do infográfico jornalístico não é apenas ilustrar ou tornar as informações mais atrativas, ele auxilia o leitor a compreender essas informações de forma mais simples.

JESUS, Aline. Pesquisa revela que 86% dos brasileiros admitem se expor demais em redes sociais. *TechTudo*, 17 ago. 2012. Disponível em: <www.techtudo.com.br/artigos/noticia/2012/08/pesquisa-revela-que-86-dos-brasileiros-admitem-se-expor-demais-em-redes-sociais.html>. Acesso em: 3 jul. 2018.

Língua e linguagem

A (im)parcialidade da linguagem em reportagens

A função social dos textos que circulam na esfera jornalística é a transmissão da informação. Os suportes em que eles são publicados (jornal, revista e *site* jornalístico) reúnem um conjunto considerável de textos sobre diferentes assuntos com características típicas de cada suporte. Esse conjunto de textos proporciona ao leitor atualização sobre os acontecimentos de seu tempo.

Você já viu que um dos gêneros comumente encontrados nessa esfera é a reportagem. Com enfoque em informação e comentário, a linguagem empregada na reportagem tende a ser impessoal para criar um efeito de neutralidade. Apesar disso, há momentos em que é possível identificar no texto a opinião do jornalista ou a do veículo que publica o texto.

Para entender a busca pela imparcialidade, compare os trechos a seguir e faça o que se pede.

Os memes ganharam um novo hábitat: o meio acadêmico. Pesquisadores da Universidade Federal Fluminense (UFF) vão direto a campo – a internet – para coletar, registrar e analisar as constatações de Glória Maria, os ensinamentos de Gretchen e quaisquer outras piadas e movimentos virais produzidos e espalhados pelos brasileiros na rede.

Trata-se do **#MUSEUdeMEMES**. Pode estranhar, a ideia é essa mesma. Como afirma o coordenador Viktor Chagas, que é doutor em História, Política e Bens Culturais/Cpdoc-FGV, o projeto lança uma série de provocações. "A ideia é questionar o lugar do museu, o lugar da cultura popular", explica ele a *GALILEU*.

O cofundador do WhatsApp, Jan Koum, está deixando o Facebook, segundo o jornal *The Washington Post*. Koum está saindo depois de ter discutido com executivos do Facebook sobre a estratégia a ser empregada no WhatsApp.

A discussão teria envolvido a tentativa do Facebook de usar dados de usuários do WhatsApp e enfraquecer a criptografia que protege a troca de mensagens, disseram fontes anônimas ao *Post*.

Cofundador do WhatsApp deixa conselho do Facebook por divergências. *Valor Econômico*, 30 abr. 2018. Disponível em: <www.valor.com.br/empresas/5493709/cofundador-do-whatsapp-deixa-conselho-do-facebook-por-divergencias>. Acesso em: 28 maio 2018.

1. Observe as seguintes passagens.

    I. "Trata-se do #MUSEUdeMEMES."

    II. "A discussão teria envolvido a tentativa do Facebook de usar dados de usuários do WhatsApp e enfraquecer a criptografia."

    a) Como as formas linguísticas destacadas imprimem tom mais impessoal ao discurso?

    b) A forma verbal **teria envolvido** revela que o autor do texto não tem provas sobre o fato. Comente a afirmação, considerando a função do jornalista na apuração dos fatos.

    c) Em "explica ele a *GALILEU*" e "disseram fontes anônimas ao *Post*", percebe-se que o autor do texto parece desaparecer para dar lugar ao veículo em que o texto foi publicado. Que efeito de sentido isso promove no leitor?

O emprego da terceira pessoa, da voz passiva e do futuro do pretérito, entre outros recursos gramaticais, apagam as marcas autorais, ou seja, afastam a figura do autor do texto, inibindo a manifestação de sua opinião.

2. Releia este trecho.

Pesquisadores da Universidade Federal Fluminense (UFF) vão direto a campo – a internet – para coletar, registrar e analisar as constatações de Glória Maria, os ensinamentos de Gretchen e quaisquer outras piadas e movimentos virais produzidos e espalhados pelos brasileiros na rede.

a) O texto estabelece humor ao relacionar a tarefa de pesquisadores acadêmicos aos memes. Por que os memes parecem brincadeira e não tema de pesquisa científica?

b) Agora converse com os colegas e responda: Como o uso do humor revela a opinião do autor sobre os memes?

3. Compare os seguintes trechos.

A seguir, o coordenador, que se identifica como *Success* Viktor na página do projeto – em referência ao meme do *"success kid"* –, revela alguns costumes da fauna "memeística" brasileira:

A seguir, o coordenador, que se identifica como *Success* Viktor na página do projeto – em referência ao meme do *"success kid"* –, revela alguns costumes da **riquíssima** fauna "memeística" brasileira:

a) O adjetivo **riquíssima** agrega valor positivo ou negativo ao termo a que se liga na oração? Comente o sentido da palavra no contexto.

b) Na expressão "fauna memeística brasileira", qual sentido é possível depreender do emprego da palavra **fauna**?

4. Agora elabore hipóteses para responder às seguintes questões: Como se caracteriza a imparcialidade na linguagem usada em reportagens? Que procedimentos devem ser usados no ato da leitura crítica de textos?

PENSE SOBRE ISSO

O efeito de imparcialidade nos textos jornalísticos

No primeiro semestre de 2018, o presidente norte-americano Donald Trump anunciou a criação de novas taxas para a importação de aço e alumínio. Esse anúncio gerou grande tensão nas relações comerciais dos Estados Unidos com outras nações. Veja os títulos de notícias sobre esse fato publicadas em diferentes veículos de comunicação.

EUA definem sobretaxa para aço; Brasil vai recorrer

O Estado de S. Paulo, 9 mar. 2018. Disponível em: <https://digital.estadao.com.br/o-estado-de-s-paulo/20180309>. Acesso em: 3 jul. 2018.

Brasil será o país mais prejudicado com a sobretaxa do aço

R7, 10 mar. 2018. Disponível em: <https://noticias.r7.com/economia/brasil-sera-o-pais-mais-prejudicado-com-a-sobretaxa-do-aco-10032018>. Acesso em: 3 jul. 2018.

Mundo se revolta contra sobretaxa de Trump

GS Notícias, 3 mar. 2018. Disponível em: <www.gsnoticias.com.br/noticia-detalhe/todas/mundo-se-revolta-contra-sobretaxa-trump>. Acesso em: 3 jul. 2018.

Os três títulos se referem ao mesmo acontecimento. Observe que há diferenças na forma como ele é apresentado.

1. Em qual dos títulos se apresenta maior isenção da opinião do autor da notícia ou do veículo em que ela foi publicada?

2. Há, em algum dos títulos, indicativos de interpretação ou julgamento do fato noticiado? Como é possível reconhecer esse juízo de valor?

3. Observe os meios de comunicação em que as notícias foram publicadas. Considerando o público a que eles se destinam, reflita: Por que a observação do contexto de produção e de recepção de um texto torna o leitor mais crítico?

Oficina de produção
Texto oral e escrito

Entrevista

Você já deve ter visto e ouvido entrevistas veiculadas na TV, no rádio ou em *sites*. Neste capítulo, você estudou uma reportagem que incluía uma entrevista. Pela presença de expressões próprias da oralidade – como "viés da zoeira", "tem a ver", "a gente" –, podemos supor que essa entrevista foi realizada oralmente e, depois, passada para a modalidade escrita.

Este objeto digital revela as adequações feitas em função da passagem de uma entrevista oral para sua publicação escrita. São disponibilizados o vídeo da entrevista com um famoso *rapper* brasileiro, uma transcrição das falas e o texto publicado no *site* da revista.

▶ Recordar as características do gênero

Um dos recursos usados na reportagem sobre o Museu de Memes para que o leitor entenda o projeto é a transcrição das respostas dadas pelo entrevistado, o coordenador do museu. Essa é a função comunicativa das entrevistas: coletar informações e opiniões de pessoas de destaque em diferentes esferas da sociedade e divulgá-las em meios de comunicação.

As entrevistas publicadas devem registrar o que foi dito pelo entrevistado sem alterações de conteúdo, ainda que, na transposição da fala para a escrita, o jornalista elimine as marcas de oralidade – ele pode eliminar todas as marcas ou manter algumas, caso deseje uma linguagem mais informal. Tendo isso em mente, releia a entrevista concedida pelo professor Chagas.

1. A entrevista está inserida na reportagem e não tem um título próprio. Que título você daria a ela, caso tivesse sido publicada de forma independente?

2. Nas entrevistas orais, acontece a mesma mudança de turnos de fala que é comum em conversas do dia a dia: cada um fala na sua vez. Em entrevistas, há a particularidade de que um dos interlocutores sempre pergunta e o outro sempre responde. Na entrevista lida, como é marcada a alternância de fala entre entrevistador e entrevistado?

3. O entrevistador se dirige a Viktor Chagas usando qual pronome de tratamento? Essa forma de tratamento é formal ou informal?

4. As respostas do coordenador do museu são coerentes com as perguntas? Você já leu, viu ou ouviu alguma entrevista em que as respostas desviavam do que havia sido perguntado? Em caso positivo, conte como foi.

▶ Produzir

Com alguns colegas, você irá preparar e realizar uma entrevista oral sobre o "internetês", linguagem que ainda suscita certa polêmica e merece ser discutida. Essa entrevista será, depois, registrada por escrito e divulgada em um *blog* ou *site* da escola ou da turma para atingir muitos leitores. Oriente-se pelas etapas detalhadas a seguir.

▶ AMPLIANDO O CONHECIMENTO

O internetês

Internetês é a língua escrita usada nas comunicações digitais. Nela, o usuário modifica a escrita convencional de forma criativa: abrevia palavras, bane a acentuação gráfica, acrescenta ou repete vogais, inclui símbolos, entre outras características. Essa nova forma de escrita, surgida com o advento da internet, é, até certo ponto, pessoal e desigual, pois cada usuário pode escrever uma mesma palavra à sua maneira, sem regras ou limite criativo. Por exemplo, a palavra **muito** pode ser escrita **mto**, **mt**, **mtu**, **mtooo** etc. O internetês facilita o intercâmbio entre os usuários da rede, que, nesse meio, geralmente se comunicam de um jeito dinâmico e instantâneo.

Marcos Guilherme

Primeira etapa

1. Definam se um integrante do grupo será o entrevistador ou se todos farão perguntas.
2. Escolham uma pessoa para ser entrevistada. Deve ser alguém que se interesse pelo internetês ou tenha formação teórica sobre o assunto e possa falar a respeito com propriedade.
3. Façam um convite a essa pessoa; combinem local, data e horário para a entrevista.
4. Elaborem cinco questões sobre o internetês e anotem-nas.

Segunda etapa

1. No dia e horário marcados, compareçam ao local da entrevista com as perguntas anotadas em um papel e um gravador de áudio e vídeo (um aparelho específico ou um *smartphone*). Gravem a entrevista, mas só fotografem e filmem o entrevistado se ele autorizar.
2. Ao fazer as perguntas, usem tom de voz audível, falem com clareza e calma e dirijam-se ao entrevistado usando o pronome de tratamento adequado.

3. Ao longo da entrevista, as respostas do entrevistado podem levar a perguntas novas e interessantes. Façam essas perguntas, mesmo que não previstas.

4. No final da entrevista, agradeçam a participação do entrevistado.

Terceira etapa

1. Transcrevam a entrevista em papel. Nesta etapa, nada deve ser cortado ou omitido. Organizem--se bem quanto ao tempo, pois essa tarefa pode ser demorada.

2. Façam a edição da entrevista levando em conta que ela será lida por um público possivelmente amplo e variado. Sugestões:

- eliminem do texto transcrito as marcas de oralidade que puderem prejudicar a compreensão do texto (como "*né*", "*tá*", "*daí*" etc.); se o entrevistado tiver usado gírias, vocês podem mantê--las, desde que sejam compreensíveis para o leitor;

- confiram se a concordância verbal e nominal, a grafia, a acentuação e a pontuação estão de acordo com as regras da norma-padrão;

- eliminem as passagens repetitivas: optem por usar sinônimos de algumas palavras, pronomes e outros recursos de coesão que permitam evitar repetições;

- alterem a ordem das palavras, se isso contribuir para a leitura fluir com mais clareza;

- insiram, entre parênteses, indicações de como o entrevistado agia ou do sentimento que demonstrava ao responder, como "(*rindo*)", "(sussurrando)".

3. Criem um título para a entrevista e componham um subtítulo, que pode conter informações sobre o entrevistado ou ser a simples transcrição de um trecho relevante da entrevista.

4. Criem uma introdução para informar ao leitor o tema tratado e para apresentar o entrevistado: quem é, em que trabalha e qual é a relação dele com o internetês.

5. Se possível, providenciem uma fotografia do entrevistado.

▶ Avaliar

1. Quando terminarem a edição, troquem de texto com outro grupo e façam observações a lápis na entrevista produzida pelos colegas. Verifiquem se:

- há uma apresentação do entrevistado e do tema;

- as perguntas mantêm-se no tema proposto (o internetês);

- houve a transposição adequada da modalidade oral para a escrita, de modo que o texto esteja de acordo com a norma-padrão e sem marcas de oralidade (ou com poucas marcas, o suficiente para manter certa leveza e coloquialidade);

- há título, subtítulo e, eventualmente, uma fotografia do entrevistado.

2. Ouçam os comentários dos colegas sobre o texto de vocês e modifiquem nele o que for preciso. Entreguem a entrevista ao professor e, quando ele devolver, passem o texto a limpo.

3. Em colaboração com os colegas e o professor, construam o *blog* ou *site* de entrevistas da turma e publiquem nele a entrevista feita pelo grupo.

Oficina de produção
Texto multimodal

Reportagem

Nesta unidade, você leu uma reportagem escrita publicada na versão *on-line* de uma revista de ciência e tecnologia dirigida aos jovens. Sua tarefa agora é, em dupla com um colega, produzir uma reportagem sobre o **uso de redes sociais virtuais pelos jovens**. Não será uma reportagem escrita, mas uma reportagem a ser gravada em vídeo, para ser exibida em um *site* de compartilhamento de vídeos da internet.

Antes, vamos relembrar as características da reportagem, para que você e seu colega possam adequá-las à linguagem multimodal dos vídeos.

▶ Recordar as características do gênero

Reportagem é o gênero jornalístico que aborda assuntos de interesse do público do veículo em que é publicado, não necessariamente temas do momento ou fatos recém-ocorridos. Os assuntos são tratados de modo aprofundado, utilizando-se entrevistas com especialistas, testemunhas e outros envolvidos – os chamados personagens da entrevista –, para que o leitor possa comparar pontos de vista diferentes sobre o tema. Além disso, fotografias, ilustrações, gráficos, infográficos e mapas podem complementar ou aprofundar as informações dadas no texto verbal.

▶ Planejar

A reportagem que você e seu colega produzirão tem como público os colegas da escola, mas, como o vídeo será publicado na internet, qualquer pessoa do planeta poderá acessá-la. E, para ser entendida por qualquer falante de língua portuguesa, a linguagem precisa ser clara e próxima da norma-padrão. Será permitida certa coloquialidade, desde que usada como recurso para atingir e envolver o público.

Vocês deverão gravar imagens dinâmicas (em movimento), mas também podem utilizar imagens estáticas (como fotografias e ilustrações). Será preciso, ainda, filmar as entrevistas e intercalá-las com as outras imagens.

Vamos fazer o passo a passo do planejamento, tendo em mente o tema da reportagem:

> O uso de redes sociais virtuais pelos jovens.

1. Definam como o tema será abordado, ou seja, que recorte dele vocês farão.

- Serão destacados os excessos no uso das redes sociais e os problemas acarretados por eles, como os psicológicos e os de saúde física?

- Indicarão os benefícios trazidos pelas redes sociais?

- Alertarão sobre os riscos de divulgar informações íntimas em redes sociais?

- Procurarão identificar a principal motivação dos jovens ao usar as redes?

- Tratarão de todas as redes sociais ou apenas de algumas?

Observação: A reportagem não veicula explicitamente a opinião do repórter sobre os fatos tratados. Portanto, independentemente do que vocês pensam sobre a relação jovens × redes sociais, nesta produção, deem espaço para opiniões diversas – e mesmo divergentes – a respeito do assunto.

2. Para haver uma boa amostra de informações e opiniões, entrevistem três ou quatro pessoas – entre elas, pelo menos um especialista no assunto e um jovem usuário das redes sociais. Retomem as orientações para fazer entrevistas orais dadas na seção anterior, mas, desta vez, filmem as entrevistas.

3. Façam um roteiro com as perguntas para os entrevistados.

4. Planejem como as imagens estáticas serão feitas e/ou baixadas da internet e como as imagens em movimento serão gravadas.

5. Decidam se você e seu colega se alternarão diante das câmeras ou se apenas um de vocês atuará como repórter, e o outro trabalhará nas filmagens e na edição.

6. É o repórter quem introduz e encerra a matéria e faz a articulação entre as imagens e as entrevistas. Então, será preciso que vocês definam um texto para cada um desses momentos, o qual será decorado e dito por quem estiver "no ar".

7. Planejem a sequência em que a reportagem será montada e a articulação das imagens com os áudios. A seguir, apresentamos um exemplo de **espelho**, gênero que os jornalistas usam para montar o roteiro de reportagens e que vocês também podem utilizar para organizar o vídeo de vocês. Na coluna "Vídeo", relacionem todas as imagens e, na coluna "Áudio", anotem o áudio que se refere a cada imagem. Na coluna "Tempo", indiquem a duração de cada parte.

Tempo	Vídeo	Áudio
30 s	Imagem 1 – logotipos de redes sociais Imagem 2 – jovens diante do computador	Narração do repórter (introdução da reportagem, apresentação do assunto, apresentação do primeiro entrevistado).
1 min	Entrevista com o primeiro entrevistado Imagem relacionada ao conteúdo da entrevista.	Áudio da entrevista
10 s ...	Imagem do repórter ...	Narração do repórter ...

8. Elaborem o roteiro de forma que a reportagem tenha por volta de 3 minutos de duração. Para obter esses 3 minutos, será preciso produzir mais material – pelo menos 12 minutos –, pois ele será cortado na edição.

9. Para as gravações, utilizem uma câmera de vídeo ou um celular. Para obter vídeos de boa qualidade, gravem em espaços bem iluminados e silenciosos.

▶ Produzir

1. Para começar, baixem da internet e/ou produzam as imagens estáticas e identifiquem as devidas fontes, as quais precisam ser apresentadas junto das imagens ou no final do vídeo, em uma tela com todos os créditos.

2. Pesquisem músicas ou efeitos sonoros e selecionem os que pretendem usar. Vocês podem também compor músicas e produzir alguns efeitos. Ao final da reportagem, identifiquem cada música, seu compositor e o *site* em que estavam disponibilizadas.

3. Realizem as entrevistas tendo por base o roteiro de perguntas. Mantenham-se preparados para fazer possíveis novas perguntas.

4. Gravem os trechos em que o(s) repórter(es) articula(m) as partes da reportagem. Não vale ler o texto, é preciso decorá-lo. Pronunciem as palavras com clareza. A fala deve ser fluida e natural, mas apresentando a formalidade adequada; evitem o uso de gírias e não empreguem expressões ofensivas. Evitem repetições de palavras ou frases.

5. Gravem os *offs*, isto é, os áudios com a voz do repórter que acompanharão a exibição de imagens.

6. Importem todo o material para o computador e editem a reportagem. Na internet, há programas gratuitos que os auxiliarão nesta etapa e tutoriais sobre como usá-los.

▶ Avaliar

1. Peçam aos colegas de outro grupo que assistam à reportagem de vocês e avaliem os seguintes pontos:
   - O tema da reportagem está claro?
   - As imagens ilustram ou complementam as informações dadas pelo(s) repórter(es) e pelos entrevistados?
   - Os áudios são coerentes com as imagens?
   - As entrevistas apresentam diferentes pontos de vista sobre o assunto?
   - O(s) repórter(es) consegue(m) articular todas as informações e fala(m) com clareza?
   - A linguagem do(s) repórter(es) segue a norma-padrão?

2. Façam no vídeo os ajustes necessários.

▶ Divulgar

1. Vocês e os demais grupos vão organizar uma sessão para apresentar os vídeos com as reportagens. Nesse momento, o professor fará uma avaliação dos materiais produzidos e poderá sugerir adaptações e modificações.

2. Após os últimos acertos, divulguem as reportagens em um *site* de compartilhamento de vídeos. Outra opção é a turma criar um *blog* ou *site* para veicular todas as reportagens.

DIÁLOGOS

Modernidade líquida

"Nada é feito para durar", Bauman

Zygmunt Bauman é sociólogo por formação, mas sua obra mais contundente faz uma crítica filosófica profunda da modernidade. Cunhou o conceito "modernidade líquida" para explicar como nada hoje em dia é feito para durar, do amor à profissão, tudo é líquido, muda de forma muito rapidamente e sob pouca pressão. Dessa instabilidade permanente, nasce uma angústia do homem diante do futuro e do progresso — e isso explica o *boom* do consumo de antidepressivos, anabolizantes e toda a ordem de entretenimento que ajude a afastar essa sensação. *Modernidade Líquida* é apenas uma das 40 obras (sendo 16 delas traduzidas para o português) do pensador, que é professor emérito da Universidade de Leeds, na Inglaterra.

[...]

Superinteressante. 5 abr. 2018. Disponível em: <https://super.abril.com.br/ideias/nada-e-feito-para-durar-bauman>. Acesso em: 13 jun. 2018.

1. Explique resumidamente o que entendeu sobre o conceito de "modernidade líquida".

2. Em sua opinião, de que maneira o uso de novas tecnologias de comunicação e da informação está relacionado à ideia de "modernidade líquida" de Bauman?

3. Os memes, como estudamos na introdução desta unidade, são um gênero que busca discutir determinado aspecto da cultura contemporânea. Explique a relação dos memes com a análise de Bauman.

AMPLIANDO O CONHECIMENTO

O conceito de modernidade

A ideia de modernidade é comumente associada a algo atual ou em voga. Contudo, essa associação não é precisa, pois esse conceito é mais complexo e está relacionado à evolução da nossa sociedade, mais precisamente, a mudanças consolidadas a partir da Revolução Industrial (séculos XVII e XIX). Nesse contexto, ocorreram profundas mudanças e rupturas no pensamento humano e na estrutura social do mundo ocidental, transformações nas relações entre os indivíduos e destes com a realidade e, principalmente, no universo do trabalho. Essas relações passaram a ser marcadas pela ideia de classificação, em que há a inclusão e a exclusão de indivíduos de determinadas classes.

Instituições e costumes, antes constituídos e guiados por princípios religiosos, passaram a ser orientados pela racionalidade e pela busca do conhecimento científico. O ser humano passou a ter autonomia e a ser sujeito de seu próprio destino, agindo e transformando o mundo em que vive.

Enem e vestibulares

1. ITA-SP

Disponível em: <http://4.bp.blogspot.com/-20adcvrO4Kw/U_4ga8Ic56I/AAAAAAAAAzQ/hq2oxMLA7yY/s1600/mafalda-1.jpg.> (acesso em 12/05/2016).

Considere as seguintes asserções:

I. Mafalda atribui ao termo **domínio** um sentido diverso do veiculado pelo locutor da televisão.

II. Na frase dita por Mafalda, o termo **público** constitui o sujeito responsável pela ação de dominar.

III. A atitude e a fala de Mafalda demonstram que ela concorda com a ideia de que o público domina os acontecimentos.

Está(ão) correta(s)

a) apenas I.
b) apenas I e II.
c) I, II e III.
d) apenas II.
e) apenas III.

2. Enem

LAERTE. Disponível em: <http://claudiagiron.blog.terra.com.br>. Acesso em: 8 set. 2011.

Na tira, o recurso utilizado para produzir humor é a:

a) transformação da inércia em movimento por meio do balanço.
b) universalização do enunciador por meio do uso da primeira pessoa do plural.
c) polissemia da palavra balanço, ou seja, seus múltiplos sentidos.
d) pressuposição de que o ócio é melhor que o trabalho.
e) metaforização da vida como caminho a ser seguido continuamente.

3. Unemat-MT

ESTIMATIVA É QUE ATÉ 1000 TELEFONES FORAM GRAMPEADOS, DIZ JUIZ

Segundo Marcos Faleiros, objetivo era espionagem política; ele determinou prisão de PMs

"O juiz de Direito Marcos Faleiros, da 11ª Vara de Crimes Militares da Comarca de Cuiabá, afirmou que entre 80 e 1000 terminais telefônicos podem ter sido grampeados no esquema de escutas clandestinas realizado pela Polícia Militar de Mato Grosso (PM-MT) (...)

'Conforme documentos apresentados na imprensa, ocorriam interceptações militares ilegais utilizando-se de técnica conhecida como *barriga de aluguel*, consistindo na obtenção de ordem judicial de interceptação telefônica induzindo o Ministério Público e o Poder Judiciário a erro mediante criação de uma 'estória' escondida em investigações de delinquentes verídicos, inserindo, no rol de alvos criminosos, civis e servidores ocupantes de postos estratégicos para fins exclusivos de obtenção de informação ao arrepio da lei', disse".

Disponível em: <www.midianews.com.br/politica>
Acesso em: maio 2017.

A palavra **estimativa** e o trecho "**podem ter sido grampeados**" indicam uma modalização de sentidos que implica

181

a) certeza quanto ao número de telefones grampeados.
b) falta de clareza quanto ao conteúdo das escutas clandestinas.
c) incerteza quanto à quantidade de terminais telefônicos grampeados.
d) dúvida quanto ao conteúdo da espionagem política.
e) certeza quanto ao conteúdo da espionagem política.

4. **Enem**

Conceitos e importância das lutas

Antes de se tornarem esporte, as lutas ou as artes marciais tiveram duas conotações principais: eram praticadas com o objetivo guerreiro ou tinham um apelo filosófico como concepção de vida bastante significativo.

Atualmente, nos deparamos com a grande expansão das artes marciais em nível mundial. As raízes orientais foram se disseminando, ora pela necessidade de luta pela sobrevivência ou para a "defesa pessoal", ora pela possibilidade de ter as artes marciais como própria filosofia de vida.

CARREIRO, E. A. *Educação Física na escola*: implicações para a prática pedagógica. Rio de Janeiro: Guanabara Koogan, 2008 (fragmento).

Um dos problemas da violência que está presente principalmente nos grandes centros urbanos são as brigas e os enfrentamentos de torcidas organizadas, além da formação de gangues, que se apropriam de gestos das lutas, resultando, muitas vezes, em fatalidades. Portanto, o verdadeiro objetivo da aprendizagem desses movimentos foi mal compreendido, afinal as lutas:

a) se tornaram um esporte, mas eram praticadas com o objetivo guerreiro a fim de garantir a sobrevivência.
b) apresentam a possibilidade de desenvolver o autocontrole, o respeito ao outro e a formação do caráter.
c) possuem como objetivo principal a "defesa pessoal" por meio de golpes agressivos sobre o adversário.
d) sofreram transformações em seus princípios filosóficos em razão de sua disseminação pelo mundo.
e) se disseminaram pela necessidade de luta pela sobrevivência ou como filosofia pessoal de vida.

5. **UFSM-RS**

Disponível em: <www.pordentroemrosa.blogspot.com.br/2014/11/sorrir-faz-bem-armandinho.html>. Acesso em: 19 nov. 2016.

Nos quadrinhos, é tematizado o espaço destinado na rua a uma travessia segura, deixando-se inferida(s) a(s) ideia(s) de que:

I. a delimitação de uma faixa para circulação dos pedestres no espaço público não é garantia de segurança na travessia.
II. a existência de duas expressões em língua portuguesa para referência ao mesmo espaço público gera confusão entre os pedestres.
III. os pedestres pessimistas têm menos chances de uma travessia segura do que os pedestres otimistas.

Está(ão) correta(s)

a) apenas I.
b) apenas III.
c) apenas I e II.
d) apenas II e III.
e) I, II e III.

6. **Enem**

Romanos usavam redes sociais há dois mil anos, diz livro

Ao tuitar ou comentar embaixo do *post* de um de seus vários amigos no Facebook, você provavelmente se sente privilegiado por viver em um tempo na história em que é possível alcançar de forma imediata uma vasta rede de contatos por meio de um simples clique no botão "enviar". Você talvez também reflita sobre como as gerações passadas puderam viver sem mídias sociais, desprovidas da capacidade de verem e serem vistas, de receber, gerar e interagir com uma imensa carga de informações. Mas o que você talvez não saiba é que os seres humanos usam ferramentas de interação social há mais de dois mil anos. É o que afirma Tom Standage, autor do livro *Writing on the Wall – Social Media, The first 2000 Years* (Escrevendo no mural – mídias sociais, os primeiros 2 mil anos, em tradução livre).

Segundo Standage, Marco Túlio Cícero, filósofo e político romano, teria sido, junto com outros membros da elite romana, precursor do uso de redes sociais. O autor relata como Cícero usava um escravo, que posteriormente tornou-se seu escriba, para redigir mensagens em rolos de papiro que eram enviados a uma espécie de rede de contatos. Estas pessoas, por sua vez, copiavam seu texto, acrescentavam seus próprios comentários e repassavam adiante. "Hoje temos computadores e banda larga, mas os romanos tinham escravos e escribas que transmitiam suas mensagens", disse Standage à BBC Brasil. "Membros da elite romana escreviam entre si constantemente, comentando sobre as últimas movimentações políticas e expressando opiniões."

Além do papiro, outra plataforma comumente utilizada pelos romanos era uma tábua de cera do tamanho e da forma de um *tablet* moderno, em que escreviam recados, perguntas ou transmitiam os principais pontos da *acta diurna*, um "jornal" exposto diariamente no Fórum de Roma. Essa tábua, o "iPad da Roma Antiga", era levada por um mensageiro até o destinatário, que respondia embaixo da mensagem.

NIDECKER, F. Disponível em: <www.bbc.co.uk>
Acesso em: 7 nov. 2013 (adaptado).

Na reportagem, há uma comparação entre tecnologias de comunicação antigas e atuais. Quanto ao gênero mensagem, identifica-se como característica que perdura ao longo dos tempos o (a):

a) imediatismo das respostas.
b) compartilhamento de informações.
c) interferência direta de outros no texto original.
d) recorrência de seu uso entre membros da elite.
e) perfil social dos envolvidos na troca comunicativa.

7. Enem

Os amigos são um dos principais indicadores de bem-estar na vida social das pessoas. Da mesma forma que em outras áreas, a internet também inovou as maneiras de vivenciar a amizade. Da leitura do infográfico, depreendem-se dois tipos de amizade virtual, a simétrica e a assimétrica, ambas com seus prós e contras. Enquanto a primeira se baseia na relação de reciprocidade, a segunda:

a) reduz o número de amigos virtuais, ao limitar o acesso à rede.
b) parte do anonimato obrigatório para se difundir.
c) reforça a configuração de laços mais profundos de amizade.
d) facilita a interação entre pessoas em virtude de interesses comuns.
e) tem a responsabilidade de promover a proximidade física.

COSTA, C. *Superinteressante*. Fev. 2011 (adaptado). Foto: Reprodução/Enem.

UNIDADE 8

VIDA SUSTENTÁVEL

O que você vai aprender

Gêneros
- Artigo de opinião
- Decreto

Língua e linguagem
- Pontuação: estruturas linguísticas deslocadas

Oficinas de produção
- Seminário
- Artigo de opinião

Roda de conversa

1. Em sua opinião, o que é sustentabilidade?
2. Dos dados apresentados ao lado, qual deles chama mais a sua atenção? Por quê?

Conheça

Livros
- *Sustentabilidade ambiental: uma questão de consciência*, de Denise Maria Elisabeth Formaggia, Luiz Roberto Magossi, Paulo Henrique Bonacella (Moderna).
- *Sustentabilidade: o que é – o que não é*, de Leonardo Boff (Vozes).
- *Olhares da sustentabilidade*, de João Eduardo Prudêncio Tinoco (Leopoldianum).

Filmes
- *Utopia no quintal – Permacultura e cidade*. Direção: Fernando Moura, Daniela Catelli, Mateus Carvalho, Janine Abrão e Natália Belucci. Brasil, 2011.
- *A história das coisas (The Story of Stuff)*. Direção: Annie Leonard. Estados Unidos, 2007.
- *Plasticized – An Oceanic Catastrophe*. Direção: Michael J. Lutman. Austrália, 2011.
- *Erin Brockovich*. Direção: Steven Soderbergh. Estados Unidos, 2000.

Músicas
- *Fábrica*, de Legião Urbana.
- *Passarinhos*, de Emicida.
- *Eles não tão nem aí*, de Rael da Rima.
- *Xote ecológico*, de Luiz Gonzaga.
- *O sal da terra*, de Beto Guedes.

Na internet
- Edukatu: <edukatu.org.br>.
- eCycle: <ecycle.com.br>.
- André Trigueiro: <mundosustentavel.com.br>.
- WWF-Brasil: <wwf.org.br>.
- Greenpeace: <www.greenpeace.org/brasil>.

ANTENAS
As ondas eletromagnéticas geradas por antenas transmissoras e micro-ondas podem causar transtornos cardiovasculares.

Dizemos que um meio, como o ar ou a água, está contaminado quando seu estado natural foi alterado negativamente. Há agentes nocivos, como alguns gases ou produtos químicos, que afetam o ambiente e os seres vivos.

CONTAMINAÇÃO DO AR
As emissões de CO_2, os resíduos químicos, os incêndios florestais e a queima de lixo afetam a qualidade do ar e poluem a atmosfera.

CONTAMINAÇÃO DA ÁGUA
Atividades humanas – como o despejo de dejetos industriais e domésticos – modificam o estado natural da água, prejudicando os seres vivos.

CONTAMINAÇÃO DO SOLO
A acumulação de substâncias tóxicas – como pesticidas, metais, petróleo e derivados – diminui a qualidade do solo, afetando a fauna, as plantações e, consequentemente, os seres humanos.

A CONTAMINAÇÃO ATMOSFÉRICA
Atividades humanas produzem milhares de toneladas diárias de contaminantes que se dispersam no ar, provocando doenças respiratórias e a desestabilização do clima. O equilíbrio do planeta é claramente afetado.

TEMPERATURA
O aumento da concentração de dióxido de carbono (CO_2) proveniente do uso de combustíveis fósseis provoca o aumento da temperatura global.

EFEITO ESTUFA
Fenômeno atmosférico natural que mantém a temperatura do planeta ao reter parte da energia proveniente do Sol.

A CAMADA DE OZÔNIO
O uso excessivo de alguns aerossóis e produtos químicos acarreta o aumento do buraco da camada de ozônio.

ALTERAÇÃO
A alteração do clima causa o derretimento dos gelos polares, as secas e as desertificações. Provoca também o aumento do nível dos oceanos, do número de chuvas torrenciais e de inundações.

DOENÇAS
Sem a camada de ozônio, ficamos mais expostos aos raios ultravioletas provenientes do Sol. Com menos proteção, aumentam os riscos de queimaduras de pele e desenvolvimento de câncer.

ACIDIFICAÇÃO
Essa chuva ácida degrada a flora e a fauna.

CHUVA ÁCIDA
A chuva ácida forma-se quando o ar úmido se mistura com alguns elementos químicos provenientes dos gases de fábricas e centrais térmicas.

COMO A CONTAMINAÇÃO NOS AFETA
Todo excesso tende a ser nocivo, e a exploração exagerada de alguns recursos atinge negativamente o ambiente e a nossa saúde.

INDÚSTRIAS
Os dejetos que saem das fábricas podem contaminar a água e o solo, afetando o cultivo de alimentos e prejudicando animais e seres humanos.

VIAS RESPIRATÓRIAS
Quando o uso de termoelétricas é necessário, a queima de combustíveis é intensa, prejudicando a qualidade do ar e, consequentemente, o sistema respiratório dos seres vivos.

ÁGUAS
Em águas contaminadas, multiplicam-se os organismos que provocam doenças graves, como a malária.

RUÍDOS
O excesso de ruído pode prejudicar a audição e causar enfermidades relacionadas ao sistema nervoso.

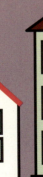
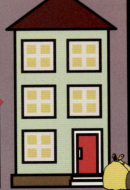

CK Fotografia/Shutterstock.com

TEXTO 1

1. Você já leu algum texto em que o autor expressa opinião crítica sobre um assunto? Se sim, em qual suporte você encontrou esse texto?

2. Leia o título do texto. Que palavra evidencia que se trata de um texto em que se emite opinião?

https://leonardoboff.wordpress.com/2012/01/29/critica-ao-modelo-padrao-de-sustentabilidade

Crítica ao modelo-padrão de sustentabilidade

Os documentos oficiais da ONU e também o atual **borrador** para a Rio+20 **encamparam** o modelo-padrão de desenvolvimento sustentável: deve ser economicamente viável, socialmente justo e ambientalmente correto. É o famoso tripé chamado de *triple bottom line* (a linha das três pilastras), criado em 1990 pelo britânico John Elkington, fundador da ONG SustainAbility. Esse modelo não resiste a uma crítica séria.

Desenvolvimento economicamente viável: na linguagem política dos governos e das empresas, desenvolvimento equivale ao Produto Interno Bruto (PIB). Ai da empresa e do país que não ostentem taxas positivas de crescimento anuais! Entram em crise ou em **recessão** com consequente diminuição do consumo e geração de desemprego: no mundo dos negócios, o negócio é ganhar dinheiro, com o menor investimento possível, com a máxima rentabilidade possível, com a concorrência mais forte possível e no menor tempo possível.

Quando falamos aqui de desenvolvimento, não é qualquer um, mas o realmente existente, que é aquele industrialista/capitalista/consumista. Este é antropocêntrico, contraditório e equivocado. Explico-me. É antropocêntrico, pois está centrado somente no ser humano, como se não existisse a comunidade de vida (flora e fauna e outros organismos vivos), que também precisa da biosfera e demanda igualmente sustentabilidade. É contraditório, pois desenvolvimento e sustentabilidade obedecem a lógicas que se contrapõem. O desenvolvimento realmente existente é linear, crescente, explora a natureza e privilegia a acumulação privada. É a economia política de **viés** capitalista. A categoria sustentabilidade, ao contrário, provém das ciências da vida e da ecologia, cuja lógica é circular e includente. Representa a tendência dos ecossistemas ao equilíbrio dinâmico, à interdependência e à cooperação de todos com todos. Como se depreende: são lógicas que se autonegam – uma privilegia o indivíduo, a outra o coletivo; uma enfatiza a competição, a outra a cooperação; uma a evolução do mais apto, a outra a coevolução de todos interconectados.

É equivocado, porque alega que a pobreza é causa da degradação ecológica. Portanto, quanto menos pobreza, mais desenvolvimento sustentável haveria e menos degradação, o que é equivocado. Analisando, porém, criticamente as causas reais da pobreza e da degradação da natureza, vê-se que resultam, não exclusiva, mas principalmente do tipo de desenvolvimento praticado. É ele que produz degradação, pois **dilapida** a natureza, paga baixos salários e gera, assim, pobreza.

A expressão desenvolvimento sustentável representa uma armadilha do sistema imperante: assume os termos da ecologia (sustentabilidade) para esvaziá-los. Assume o ideal da economia (crescimento) mascarando a pobreza que ele mesmo produz.

Socialmente justo: se há uma coisa que o atual desenvolvimento industrial/capitalista não pode dizer de si mesmo é que seja socialmente justo. Se assim fosse, não

---

Borrador: rascunho, esboço.
Dilapidar: estragar, arruinar.
Encampar: adotar, aderir.
Recessão: retrocesso, paralisação, estagnação.
Viés: orientação, tendência.

haveria 1,4 bilhão de famintos no mundo e a maioria das nações na pobreza. Fiquemos apenas com o caso do Brasil. *O Atlas Social do Brasil* de 2010 (IPEA) refere que 5 mil famílias controlam 46% do PIB. O governo repassa anualmente R$ 125 bilhões ao sistema financeiro para pagar com juros os empréstimos feitos e aplica apenas R$ 40 bilhões para os programas sociais que beneficiam as grandes maiorias pobres. Tudo isso denuncia a falsidade da **retórica** de um desenvolvimento socialmente justo, impossível dentro do atual **paradigma** econômico.

Ambientalmente correto: o atual tipo de desenvolvimento se faz movendo uma guerra irrefreável contra **Gaia**, arrancando dela tudo o que lhe for útil e objeto de lucro, especialmente para aquelas minorias que controlam o processo. Em menos de 40 anos, segundo o Índice Planeta Vivo da ONU (2010), a biodiversidade global sofreu uma queda de 30%. Apenas de 1998 para cá houve um salto de 35% nas emissões de gases de efeito estufa. Em vez de falarmos nos limites do crescimento, melhor faríamos falar nos limites da agressão à Terra.

Em conclusão, o modelo-padrão de desenvolvimento que se quer sustentável é retórico. Aqui e acolá se verificam avanços na produção de baixo carbono, na utilização de energias alternativas, no reflorestamento de regiões degradadas e na criação de melhores **sumidouros** de dejetos. Mas reparemos bem: tudo é realizado desde que não se afetem os lucros nem se enfraqueça a competição. Aqui a utilização da expressão "desenvolvimento sustentável" tem uma significação política importante: representa uma maneira hábil de desviar a atenção para a mudança necessária de paradigma econômico se quisermos uma real sustentabilidade. Dentro do atual, a sustentabilidade é ou retórica, ou localizada, ou inexistente.

Gaia: na mitologia grega, é a Mãe-Terra, ser dotado de potencial gerador.
Paradigma: modelo, padrão.
Retórica: capacidade de usar a linguagem de modo eficaz e persuasivo.
Sumidouro: estrutura que faz parte das fossas sépticas, sistema de tratamento de esgoto usado em locais rurais ou sem sistemas de coleta de esgoto. Nele, os dejetos são filtrados e o líquido é lançado no solo.

BOFF, Leonardo. Disponível em: <https://leonardoboff.wordpress.com/2012/01/29/critica-ao-modelo-padrao-de-sustentabilidade>. Acesso em: 26 abr. 2018.

Quem é o autor?

Leonardo Boff é teólogo, escritor e professor, nascido em 1938, em Concórdia (SC). Ao longo da sua vida acadêmica, suas aulas, publicações e palestras abordaram ética, ecologia e espiritualidade. É reconhecido internacionalmente por seu empenho a favor do direito dos pobres e dos excluídos, bem como da preservação do planeta e de suas riquezas naturais.

AMPLIANDO O CONHECIMENTO

O que é Gaia?

Gaia é uma deusa da mitologia grega presente nas narrativas da origem e da formação do mundo. Gerada pelo Caos, o grande vazio que precedeu a existência de tudo, Gaia (Geia ou Gé) é descrita como uma deusa poderosa e criadora da vida. Segundo o mito, ela gerou sozinha os deuses fundamentais do Universo: Urano (o céu), Ponto (o mar) e as Óreas (as montanhas). E com Urano gerou os 12 Titãs. A representação dessa figura, símbolo da fertilidade e da geração da vida, está presente em mitos de diversas culturas, não apenas na mitologia da Grécia Antiga. São deusas-mães, associadas à fertilidade da terra, que sempre foi vista como origem de toda vida.

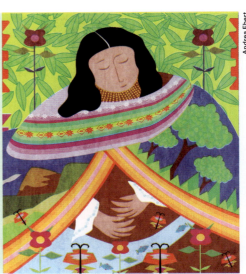

Interagindo com o artigo de opinião

1. Pela leitura do texto de Leonardo Boff, verifica-se que sua finalidade comunicativa principal é:
   a) descrever detalhes do tema apresentado, ampliando a compreensão da questão.
   b) conceituar o tema apresentado, elencando informações de diversas fontes.
   c) analisar criticamente o tema apresentado, demonstrando um posicionamento.
   d) expor compreensões acerca do tema apresentado, reunindo posições variáveis.
   e) relatar experiências em torno do tema apresentado, priorizando exemplos existentes.

2. Releia o primeiro parágrafo do texto.

   > Os documentos oficiais da ONU e também o atual borrador para a Rio+20 encamparam o modelo-padrão de desenvolvimento sustentável: deve ser economicamente viável, socialmente justo e ambientalmente correto. É o famoso tripé chamado de *triple bottom line* (a linha das três pilastras), criado em 1990 pelo britânico John Elkington, fundador da ONG SustainAbility. Esse modelo não resiste a uma crítica séria.

   a) Qual é o tema do texto?
   b) Nas primeiras linhas, o autor deixa claro o contexto em que escreve seu artigo. Que contexto é esse e por qual palavra ele é evidenciado?
   c) Qual seria o modelo-padrão de desenvolvimento sustentável, segundo o texto?
   d) Nesse parágrafo, fica evidente a tese do artigo, ou seja, o ponto de vista que o autor tem sobre o assunto. Qual é a tese de Leonardo Boff?

3. Após a apresentação de sua tese, o autor desenvolve uma argumentação para defendê-la.
   a) Qual é a principal crítica sobre a qual o autor constrói sua argumentação no texto?
   b) Entre as estratégias argumentativas, o texto em questão se vale, principalmente, da:
   - alusão histórica.
   - comparação.
   - exemplificação.
   - citação de autoridade.
   - contra-argumentação.

4. Ao elaborar sua crítica, o autor analisa cada um dos elementos que compõem o tripé proposto por John Elkington.
   a) Em quais parágrafos do texto o autor critica a ideia de desenvolvimento economicamente viável?
   b) Em qual parágrafo se manifesta a crítica à ideia de que o modelo-padrão de sustentabilidade é "socialmente justo"?
   c) Em qual parágrafo do texto o autor critica a ideia de que o modelo-padrão de sustentabilidade é "ambientalmente correto"?

5. O que Leonardo Boff afirma sobre a noção de desenvolvimento no mundo atual?

6. No terceiro parágrafo do texto, o autor contrapõe a lógica do desenvolvimento vigente à lógica da sustentabilidade.
   a) Quais das características a seguir são associadas à sustentabilidade? E quais são apontadas como relativas à concepção de desenvolvimento?
   - Linear.
   - Includente.
   - Individualista.
   - Cooperativa.
   - Circular.
   - Coletivista.
   - Competitiva.

   b) Observando os termos empregados pelo autor, qual figura de linguagem foi utilizada para evidenciar a oposição lógica entre o conceito corrente de desenvolvimento e o de sustentabilidade?

188 Unidade 8 Vida sustentável

7. Releia o quarto parágrafo.

> É equivocado, porque alega que a pobreza é causa da degradação ecológica. **Portanto**, quanto menos pobreza, mais desenvolvimento sustentável haveria e menos degradação, o que é equivocado. Analisando, **porém**, criticamente as causas reais da pobreza e da degradação da natureza, vê-se que resultam, não exclusiva, mas principalmente do tipo de desenvolvimento praticado. É ele que produz degradação, pois dilapida a natureza, paga baixos salários e gera, assim, pobreza.

a) Que outras palavras poderiam substituir os termos **portanto** e **porém**, preservando o sentido original do texto?

b) Qual é o valor semântico dos termos destacados?

8. Considere o quinto parágrafo do texto e responda às questões.

a) Ao afirmar que o "desenvolvimento sustentável representa uma armadilha", o autor recorre ao uso de uma figura de linguagem chamada:

- antítese.
- eufemismo.
- metáfora.
- comparação.
- hipérbole.

b) Explique o sentido da afirmação "desenvolvimento sustentável representa uma armadilha".

c) Como o autor fundamenta essa afirmação?

d) No mesmo parágrafo, o autor recorre novamente a esse recurso. Identifique e explique-o.

9. Para questionar a concepção de que o modelo-padrão de sustentabilidade seja "socialmente justo", Leonardo Boff recorre:

a) à citação de autoridade para fundamentar seu ponto de vista.

b) à comparação para fundamentar seu ponto de vista.

c) à referência histórica para fundamentar seu ponto de vista.

d) ao senso comum para fundamentar seu ponto de vista.

e) a dados estatísticos para fundamentar seu ponto de vista.

10. Releia o trecho a seguir.

> Ambientalmente correto: o atual tipo de desenvolvimento se faz movendo uma guerra irrefreável contra Gaia, arrancando dela tudo o que lhe for útil e objeto de lucro, especialmente para aquelas minorias que controlam o processo. Em menos de 40 anos, segundo o Índice Planeta Vivo da ONU (2010), a biodiversidade global sofreu uma queda de 30%. Apenas de 1998 para cá houve um salto de 35% nas emissões de gases de efeito estufa. Em vez de falarmos nos limites do crescimento, melhor faríamos falar nos limites da agressão à Terra.

a) Indique qual é o sentido do termo **irrefreável** no trecho.

- abalável
- domável
- incontrolável
- mutável
- palpável

b) Qual é o ponto central do argumento contra a ideia de que o modelo-padrão de sustentabilidade é "ambientalmente correto"?

c) De que modo o autor embasa o ponto central de seu argumento? Justifique com um trecho do texto.

11. No último parágrafo do texto, Leonardo Boff apresenta a conclusão de seu artigo.

a) Identifique, no parágrafo, a retomada da tese defendida pelo autor.

b) Segundo o autor, qual mudança se faz necessária para, de fato, haver sustentabilidade?

12. Leia, a seguir, alguns trechos do artigo de opinião "Sustentabilidade e competitividade responsável", de Reinaldo Dias, publicado no jornal *Gazeta do Povo*.

www.gazetadopovo.com.br/opiniao/artigos/sustentabilidade-e-competitividade-responsavel-6v7o4mnbi1sqzschc4vjl64xi

Nos últimos anos, a classe média urbana teve crescimento significativo, aumentando o consumo e, consequentemente, a pressão sobre os recursos ambientais. Segundo relatório de 2013 do Programa das Nações Unidas para o Desenvolvimento (Pnud), em 2009, a classe média global correspondia a 27% da população do planeta; as projeções indicavam que em 2020 seriam 47% e, em 2030, já seriam a maioria, com 59% do total de habitantes. Essa classe média global tem uma característica comum que é a avidez pelo consumo de novos produtos que dependem para a sua fabricação de recursos naturais. Esse cenário indica um quadro de insustentabilidade do atual modelo de produção e consumo, pois a natureza não tem como satisfazer a essas crescentes necessidades.

[...]

Para as empresas, assumir padrões de sustentabilidade não serve somente para que elas sobrevivam às necessárias mudanças que a sociedade exige. Há inúmeras oportunidades que se abrirão para aquelas organizações que transformarem seus métodos de produção. A variável da sustentabilidade dentro dos processos empresariais faz com que busquem soluções mais eficientes e, portanto, mais rentáveis, por exemplo, na utilização da energia e dos recursos naturais.

[...]

Portanto, a competitividade, entendida como a capacidade de uma empresa manter sistematicamente vantagens comparativas que lhe permitam alcançar, sustentar e melhorar uma determinada posição no mercado, somente pode ser obtida ao se adotarem práticas sustentáveis que incluam, além do aspecto econômico, valores ambientais e sociais. Em resumo, em termos de sustentabilidade, ou mudam as empresas ou perecerão vítimas de uma paralisia que as impede de enxergar a realidade.

Reinaldo Dias é mestre em Ciência Política e doutor em Ciências Sociais pela Unicamp.

DIAS, Reinaldo. *Gazeta do Povo*, 22 maio 2015. Disponível em: <www.gazetadopovo.com.br/opiniao/artigos/sustentabilidade-e-competitividade-responsavel-6v7o4mnbi1sqzschc4vjl64xi>. Acesso em: 26 abr. 2018.

a) Qual é a tese defendida por Reinaldo Dias em seu artigo?

b) Retome a tese defendida por Leonardo Boff e compare-a com a proposição de Reinaldo Dias sobre o conceito **sustentabilidade**.

O **artigo de opinião** é um gênero textual em que o autor discorre a respeito de um tema. Para defender sua ideia, ele elabora uma tese, que é a expressão de um ponto de vista sobre o assunto passível de discussão. O artigo de opinião é um texto argumentativo e, portanto, deve ser fundamentado mediante estratégias argumentativas.

A estrutura do artigo costuma ser constituída por uma introdução, em que o autor apresenta a tese; o desenvolvimento, em que é elaborada a argumentação em defesa da tese; e a conclusão, em que é feita a retomada da tese e o encerramento da discussão.

O estudo dos gêneros textuais argumentativos aguça o senso crítico e estimula a percepção de detalhes essenciais para um debate. A ideia de contrapor pontos de vista é um exercício enriquecedor para o desenvolvimento de uma boa argumentação.

1. Observe a estrutura do texto. Você já leu algum texto com essa mesma estrutura?
2. Você conhece algum gênero textual que circule na esfera jurídica?
3. Agora leia o subtítulo e levante hipóteses: O que um decreto voltado para a Política Nacional de Desenvolvimento Sustentável dos Povos e Comunidades Tradicionais prevê?

Presidência da República
Casa Civil
Subchefia para Assuntos Jurídicos

Decreto nº 6.040, de 7 de fevereiro de 2007

Institui a Política Nacional de Desenvolvimento Sustentável dos Povos e Comunidades Tradicionais.

O PRESIDENTE DA REPÚBLICA, no uso da atribuição que lhe confere o art. 84, inciso VI, alínea "a", da Constituição,

DECRETA:

Art. 1º Fica instituída a Política Nacional de Desenvolvimento Sustentável dos Povos e Comunidades Tradicionais – PNPCT, na forma do Anexo a este Decreto.

Art. 2º Compete à Comissão Nacional de Desenvolvimento Sustentável dos Povos e Comunidades Tradicionais – CNPCT, criada pelo Decreto de 13 de julho de 2006, coordenar a implementação da Política Nacional para o Desenvolvimento Sustentável dos Povos e Comunidades Tradicionais.

Art. 3º Para os fins deste Decreto e do seu Anexo, compreende-se por:

I - Povos e Comunidades Tradicionais: grupos culturalmente diferenciados e que se reconhecem como tais, que possuem formas próprias de organização social, que ocupam e usam territórios e recursos naturais como condição para sua reprodução cultural, social, religiosa, ancestral e econômica, utilizando conhecimentos, inovações e práticas gerados e transmitidos pela tradição;

II - Territórios Tradicionais: os espaços necessários à reprodução cultural, social e econômica dos povos e comunidades tradicionais, sejam eles utilizados de forma permanente ou temporária, observado, no que diz respeito aos povos indígenas e quilombolas, respectivamente, o que dispõem os arts. 231 da Constituição e 68 do Ato das Disposições Constitucionais Transitórias e demais regulamentações; e

III - Desenvolvimento Sustentável: o uso equilibrado dos recursos naturais, voltado para a melhoria da qualidade de vida da presente geração, garantindo as mesmas possibilidades para as gerações futuras.

Art. 4º Este Decreto entra em vigor na data de sua publicação.

Brasília, 7 de fevereiro de 2007; 186º da Independência e 119º da República.

LUIZ INÁCIO LULA DA SILVA

Patrus Ananias

Marina Silva

[...]

ANEXO

POLÍTICA NACIONAL DE DESENVOLVIMENTO
SUSTENTÁVEL DOS POVOS E COMUNIDADES TRADICIONAIS

PRINCÍPIOS

Art. 1º As ações e atividades voltadas para o alcance dos objetivos da Política Nacional de Desenvolvimento Sustentável dos Povos e Comunidades Tradicionais deverão ocorrer de forma intersetorial, integrada, coordenada, sistemática e observar os seguintes princípios:

I - o reconhecimento, a valorização e o respeito à diversidade socioambiental e cultural dos povos e comunidades tradicionais, levando-se em conta, dentre outros aspectos, os recortes etnia, raça, gênero, idade, religiosidade, ancestralidade, orientação sexual e atividades laborais, entre outros, bem como a relação desses em cada comunidade ou povo, de modo a não desrespeitar, subsumir ou negligenciar as diferenças dos mesmos grupos, comunidades ou povos ou, ainda, instaurar ou reforçar qualquer relação de desigualdade;

II - a visibilidade dos povos e comunidades tradicionais deve se expressar por meio do pleno e efetivo exercício da cidadania;

III - a segurança alimentar e nutricional como direito dos povos e comunidades tradicionais ao acesso regular e permanente a alimentos de qualidade, em quantidade suficiente, sem comprometer o acesso a outras necessidades essenciais, tendo como base práticas alimentares promotoras de saúde, que respeitem a diversidade cultural e que sejam ambiental, cultural, econômica e socialmente sustentáveis;

IV - o acesso em linguagem acessível à informação e ao conhecimento dos documentos produzidos e utilizados no âmbito da Política Nacional de Desenvolvimento Sustentável dos Povos e Comunidades Tradicionais;

V - o desenvolvimento sustentável como promoção da melhoria da qualidade de vida dos povos e comunidades tradicionais nas gerações atuais, garantindo as mesmas possibilidades para as gerações futuras e respeitando os seus modos de vida e as suas tradições;

VI - a pluralidade socioambiental, econômica e cultural das comunidades e dos povos tradicionais que interagem nos diferentes biomas e ecossistemas, sejam em áreas rurais ou urbanas;

VII - a promoção da descentralização e transversalidade das ações e da ampla participação da sociedade civil na elaboração, monitoramento e execução desta Política a ser implementada pelas instâncias governamentais;

VIII - o reconhecimento e a consolidação dos direitos dos povos e comunidades tradicionais;

IX - a articulação com as demais políticas públicas relacionadas aos direitos dos povos e comunidades tradicionais nas diferentes esferas de governo;

X - a promoção dos meios necessários para a efetiva participação dos povos e comunidades tradicionais nas instâncias de controle social e nos processos decisórios relacionados aos seus direitos e interesses;

XI - a articulação e integração com o Sistema Nacional de Segurança Alimentar e Nutricional;

XII - a contribuição para a formação de uma sensibilização coletiva por parte dos órgãos públicos sobre a importância dos direitos humanos, econômicos, sociais, culturais, ambientais e do controle social para a garantia dos direitos dos povos e comunidades tradicionais;

XIII - a erradicação de todas as formas de discriminação, incluindo o combate à intolerância religiosa; e

XIV - a preservação dos direitos culturais, o exercício de práticas comunitárias, a memória cultural e a identidade racial e étnica.

OBJETIVO GERAL

Art. 2º A PNPCT tem como principal objetivo promover o desenvolvimento sustentável dos povos e comunidades tradicionais, com ênfase no reconhecimento, fortalecimento e garantia dos seus direitos territoriais, sociais, ambientais, econômicos e culturais, com respeito e valorização à sua identidade, suas formas de organização e suas instituições.

OBJETIVOS ESPECÍFICOS

Art. 3º São objetivos específicos da PNPCT:

I - garantir aos povos e comunidades tradicionais seus territórios e o acesso aos recursos naturais que tradicionalmente utilizam para sua reprodução física, cultural e econômica;

II - solucionar e/ou minimizar os conflitos gerados pela implantação de Unidades de Conservação de Proteção Integral em territórios tradicionais e estimular a criação de Unidades de Conservação de Uso Sustentável;

III - implantar infraestrutura adequada às realidades socioculturais e demandas dos povos e comunidades tradicionais;

IV - garantir os direitos dos povos e das comunidades tradicionais afetados direta ou indiretamente por projetos, obras e empreendimentos;

V - garantir e valorizar as formas tradicionais de educação e fortalecer processos dialógicos como contribuição ao desenvolvimento próprio de cada povo e comunidade, garantindo a participação e controle social tanto nos processos de formação educativos formais quanto nos não-formais;

VI - reconhecer, com celeridade, a auto-identificação dos povos e comunidades tradicionais, de modo que possam ter acesso pleno aos seus direitos civis individuais e coletivos;

VII - garantir aos povos e comunidades tradicionais o acesso aos serviços de saúde de qualidade e adequados às suas características sócio-culturais, suas necessidades e demandas, com ênfase nas concepções e práticas da medicina tradicional;

VIII - garantir no sistema público previdenciário a adequação às especificidades dos povos e comunidades tradicionais, no que diz respeito às suas atividades ocupacionais e religiosas e às doenças decorrentes destas atividades;

IX - criar e implementar, urgentemente, uma política pública de saúde voltada aos povos e comunidades tradicionais;

X - garantir o acesso às políticas públicas sociais e a participação de representantes dos povos e comunidades tradicionais nas instâncias de controle social;

XI - garantir nos programas e ações de inclusão social recortes diferenciados voltados especificamente para os povos e comunidades tradicionais;

[...]

DAS DISPOSIÇÕES FINAIS

Art. 6º A Comissão Nacional de Desenvolvimento Sustentável dos Povos e Comunidades Tradicionais deverá, no âmbito de suas competências e no prazo máximo de noventa dias:

I - dar publicidade aos resultados das Oficinas Regionais que subsidiaram a construção da PNPCT, realizadas no período de 13 a 23 de setembro de 2006;

II - estabelecer um Plano Nacional de Desenvolvimento Sustentável para os Povos e Comunidades Tradicionais, o qual deverá ter como base os resultados das Oficinas Regionais mencionados no inciso I; e

III - propor um Programa Multissetorial destinado à implementação do Plano Nacional mencionado no inciso II no âmbito do Plano Plurianual.

BRASIL. *Decreto nº 6.040*. Disponível em: <www.planalto.gov.br/ccivil_03/_ato2007-2010/2007/decreto/d6040.htm>. Acesso em: 26 abr. 2018.

Interagindo com o decreto

1. Após a leitura do texto, faça o que se pede.

    a) Escreva, com suas palavras, qual é o objetivo desse documento.

    b) A quem o decreto é destinado?

    c) A linguagem utilizada no decreto é:
    - objetiva, com uso de registro formal;
    - subjetiva, com uso de registro coloquial.

    d) Que relação pode ser estabelecida entre a linguagem utilizada e o público a quem o decreto se destina?

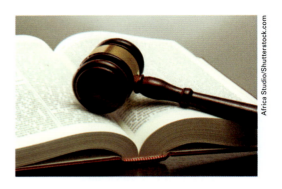

2. Você leu um decreto, texto que faz parte da esfera jurídica. Além desse gênero, há outros que circulam nessa esfera.

    a) Faça uma pesquisa, na biblioteca da escola ou na internet, sobre as características dos gêneros a seguir. Depois, relacione cada gênero à sentença que contenha a descrição das características dele.

    A. Constituição
    B. Emenda constitucional
    C. Lei ordinária
    D. Decreto
    E. Portaria

    I. Ato administrativo utilizado para fazer nomeações e regulamentações de leis, possibilitando o seu cumprimento.

    II. Lei fundamental e soberana de um país, sendo utilizada como parâmetro para os demais atos normativos.

    III. Trata de uma norma jurídica específica que não foi tratada pela Constituição, servindo de parâmetro para regrar a vida em sociedade.

    IV. Documento emitido por uma autoridade pública com instruções relacionadas à aplicação de leis e regulamentos, recomendações e normas de execução.

    V. Prevê uma modificação na Constituição, a qual deve ser aprovada pelo Senado Federal e pela Câmara dos Deputados.

    b) Os documentos jurídicos são, muitas vezes, vistos com preconceito por serem considerados de difícil acesso, já que utilizam uma linguagem específica, o jargão jurídico. Porém, eles desempenham uma função muito importante em nossa sociedade. Que função é essa?

> **AMPLIANDO O CONHECIMENTO**
>
> **Jargão**
>
> Linguagem utilizada por um grupo de pessoas com termos específicos de uma área de conhecimento, como a de professores, médicos, advogados, policiais etc.

3. Sobre o decreto lido, indique **V** para as alternativas verdadeiras e **F** para as falsas.

    a) Como o Decreto nº 6.040 prevê a criação de uma política de desenvolvimento, que é um processo gradual e necessita de acompanhamento, essa responsabilidade foi atribuída em um dos artigos.

    b) A função do anexo, dentro do decreto, é detalhar a forma como o decreto será colocado em prática.

    c) Os incisos do artigo 1º do anexo começam com substantivos, pois indicam os componentes principais do decreto.

    d) Os incisos do artigo 3º começam com verbos por serem as ações a desempenhar para que os componentes principais se concretizem.

    e) A função das disposições finais é não apenas encerrar o decreto, como prever prazos e medidas para colocá-lo em prática.

4. Releia o artigo 3º.

Art. 3º Para os fins deste Decreto e do seu Anexo, compreende-se por:

I - Povos e Comunidades Tradicionais: grupos culturalmente diferenciados e que se reconhecem como tais, que possuem formas próprias de organização social, que ocupam e usam territórios e recursos naturais como condição para sua reprodução cultural, social, religiosa, ancestral e econômica, utilizando conhecimentos, inovações e práticas gerados e transmitidos pela tradição;

II - Territórios Tradicionais: os espaços necessários à reprodução cultural, social e econômica dos povos e comunidades tradicionais, sejam eles utilizados de forma permanente ou temporária, observado, no que diz respeito aos povos indígenas e quilombolas, respectivamente, o que dispõem os arts. 231 da Constituição e 68 do Ato das Disposições Constitucionais Transitórias e demais regulamentações; e

III - Desenvolvimento Sustentável: o uso equilibrado dos recursos naturais, voltado para a melhoria da qualidade de vida da presente geração, garantindo as mesmas possibilidades para as gerações futuras.

a) Por que esses conceitos são apresentados no início do decreto?

b) Observe que o decreto é subdividido em artigos (abreviatura: Art.), os quais, por sua vez, também se subdividem em incisos (I, II, III). Geralmente, documentos de natureza jurídica são estruturados dessa forma. Por que você acha que essa estrutura é utilizada?

AMPLIANDO O CONHECIMENTO

Estrutura de um texto legal

Apesar de comumente utilizarmos o termo **legal** como sinônimo de algo agradável, essa palavra originalmente tem seu sentido voltado para a área jurídica: significa "relativo à lei".

Vejamos, então, como textos legais são estruturados.

- **Artigo:** unidade básica.
- **Parágrafo:** desdobramento do artigo.
- **Inciso:** desdobramento do parágrafo ou do artigo.
- **Alínea:** desdobramento do inciso ou do parágrafo.
- **Item:** desdobramento da alínea.

Veja um exemplo:

Art. 1º Os artigos devem ser designados pela forma abreviada "Art.", seguido de algarismo arábico e do símbolo de número ordinal "º" até o de número 9, inclusive ("Art. 1º", "Art. 2º" etc.); a partir do de número 10, segue-se o algarismo arábico correspondente, seguido de ponto ("Art. 10.", "Art. 11." etc.).

[...]

§ 1º O texto de artigo inicia-se sempre por maiúscula e termina por ponto, salvo nos casos em que contiver incisos, quando deverá terminar por dois-pontos:

I - os incisos dos artigos devem ser designados por algarismos romanos seguidos de hífen, e iniciados por letra minúscula, a menos que a primeira palavra seja nome próprio;

II - ao final, os incisos são pontuados com ponto e vírgula, exceto o último, que se encerra em ponto.

[...]

a) as alíneas ou letras de um inciso deverão ser grafadas com a letra minúscula correspondente, seguida de parêntese: "a)", "b)" etc.;

b) caso necessário, a alínea poderá ser desdobrada em números; neste caso, encerra-se com dois-pontos:

[...]

BRASIL. *Estrutura de Decreto*. Brasília, 1997. Disponível em: <www.planalto.gov.br/ccivil_03/dicas/Estrutur.htm>. Acesso em: 26 abr. 2018.

5. O decreto apresentado nesta seção faz menção aos povos e comunidades tradicionais.

Apanhador de sempre-vivas. Parque Nacional das Sempre-Vivas, Diamantina (MG), 2013.

a) Você já tinha ouvido falar nesses grupos? Se sim, o que conhece sobre eles? Se não, de quem você imagina que se trata?

b) Faça uma pesquisa na internet ou na biblioteca da escola sobre os povos e as comunidades tradicionais listados a seguir e converse com os colegas a respeito da importância de um decreto que trate dos seus direitos.

I. apanhadores de sempre-vivas
II. ciganos
III. faxinalenses
IV. isqueiros
V. quilombolas

c) Escolha outro exemplo de povo ou comunidade tradicional e fale sobre ele aos colegas, explicando o motivo de sua escolha.

6. Indique quais itens a seguir se referem às características de um decreto.

a) O decreto é um texto expositivo, que apresenta normativas, como direitos e deveres, para reger a vida em sociedade.

b) Por se tratar de estabelecer instruções para o bom convívio social, o decreto é um texto que pertence à tipologia injuntiva.

c) O texto é organizado de forma topicalizada, por meio de subdivisões em artigos, parágrafos, incisos, alíneas e itens.

d) O decreto utiliza verbos no presente e linguagem objetiva, clara e formal.

e) A linguagem é subjetiva, já que precisa ser compreendida por todas as pessoas.

f) Geralmente o texto não é assinado, mas apresenta a autoridade que o sancionou.

g) O documento legal se destina a toda a população regida pelas leis de um país.

> O **decreto** é um texto expositivo que apresenta normativas, como direitos e deveres, para reger a vida em sociedade. Ele é organizado em tópicos, subdividido em artigos, parágrafos, incisos, alíneas e itens. A linguagem deve ser objetiva, clara e formal, com verbos no presente. Geralmente, o decreto não é assinado, mas apresenta a autoridade que o sancionou.

Vamos comparar?

Artigo de opinião e decreto

1. Releia a seguir trechos dos Textos 1 e 2.

▶ **Texto 1**

Crítica ao modelo-padrão de sustentabilidade

Ambientalmente correto: o atual tipo de desenvolvimento se faz movendo uma guerra irrefreável contra Gaia, arrancando dela tudo o que lhe for útil e objeto de lucro, especialmente para aquelas minorias que controlam o processo. Em menos de 40 anos, segundo o Índice Planeta Vivo da ONU (2010), a biodiversidade global sofreu uma queda de 30%. Apenas de 1998 para cá houve um salto de 35% nas emissões de gases de efeito estufa. Em vez de falarmos nos limites do crescimento, melhor faríamos falar nos limites da agressão à Terra.

Em conclusão, o modelo padrão de desenvolvimento que se quer sustentável é retórico. Aqui e acolá se verificam avanços na produção de baixo carbono, na utilização de energias alternativas, no reflorestamento de regiões degradadas e na criação de melhores sumidouros de dejetos. Mas reparemos bem: tudo é realizado desde que não se afetem os lucros nem se enfraqueça a competição. Aqui a utilização da expressão "desenvolvimento sustentável" tem uma significação política importante: representa uma maneira hábil de desviar a atenção para a mudança necessária de paradigma econômico se quisermos uma real sustentabilidade. Dentro do atual, a sustentabilidade é ou retórica, ou localizada, ou inexistente.

▶ **Texto 2**

Decreto nº 6.040, de 7 de fevereiro de 2007

OBJETIVO GERAL

Art. 2º A PNPCT tem como principal objetivo promover o desenvolvimento sustentável dos povos e comunidades tradicionais, com ênfase no reconhecimento, fortalecimento e garantia dos seus direitos territoriais, sociais, ambientais, econômicos e culturais, com respeito e valorização à sua identidade, suas formas de organização e suas instituições.

OBJETIVOS ESPECÍFICOS

> Art. 3º São objetivos específicos da PNPCT:
>
> I - garantir aos povos e comunidades tradicionais seus territórios e o acesso aos recursos naturais que tradicionalmente utilizam para sua reprodução física, cultural e econômica;
>
> II - solucionar e/ou minimizar os conflitos gerados pela implantação de Unidades de Conservação de Proteção Integral em territórios tradicionais e estimular a criação de Unidades de Conservação de Uso Sustentável;
>
> III - implantar infraestrutura adequada às realidades socioculturais e demandas dos povos e comunidades tradicionais;

a) Explique o motivo de o primeiro texto estar estruturado em parágrafos; e o segundo, em forma de artigos.

b) É possível notar que ambos os textos utilizam a norma-padrão da língua; porém, um deles faz uso de certa informalidade e pessoalidade. Qual dos dois apresenta essa característica? Explique utilizando um exemplo retirado do texto.

c) Com base na sua resposta para a questão anterior e considerando os destinatários de cada um dos textos, explique por que essa linguagem é adequada a um dos textos e não ao outro.

2. Releia a assinatura de cada um dos textos e, em seguida, explique a relação entre o gênero do discurso e a assinatura.

3. Volte à página 24 e anote no quadro o título dos textos lidos nesta unidade e o gênero a que pertencem, de acordo com o principal objetivo comunicativo de cada um.

▶ AMPLIANDO O CONHECIMENTO

Busca por novos padrões de sustentabilidade

Membros da sociedade civil, individualmente ou organizados em grupos de pessoas com os mesmos interesses, promovem iniciativas em busca de soluções para complexas questões sociais, ambientais e econômicas. Essas iniciativas alcançam notoriedade e conseguem resultados significativos, sobretudo na conscientização de pessoas sobre as relações do homem com o meio ambiente.

Uma dessas iniciativas é a criação de **ecovilas**. São comunidades rurais ou urbanas em diversos estados brasileiros, como Goiás, Rio Grande do Sul, Santa Catarina e São Paulo, em que os moradores buscam manter um estilo de vida de baixo impacto ambiental. Para isso, essas comunidades integram práticas como: a utilização de fontes de energia renovável; o uso de materiais de baixo impacto ambiental nas construções; a produção local de alimentos orgânicos; a criação de uma rede de trocas ou de produção coletiva; a preservação e o manejo de ecossistemas locais; a valorização da diversidade; a criação de estruturas de apoio familiar e social; a manutenção de ações de saúde preventiva; e a organização de lideranças empenhadas em integrar membros da comunidade local.

Casa da Ecovila de Ivoti (RS), 2016.

Língua e linguagem

Pontuação: estruturas linguísticas deslocadas

Como você já sabe, os textos estão a serviço de diferentes propósitos comunicativos: relatar um acontecimento, narrar uma fábula, compor rimas, dispor regras e comportamentos etc. E, para cada contexto comunicativo, há distintas formas de composição textual.

Os poemas, por exemplo, podem conter linguagem polissêmica e traços indicativos do gênero poético. Já as notícias devem manter a objetividade para que a comunicação se efetive.

Uma estratégia para que a linguagem do texto seja clara é a ordem como são apresentados os elementos linguísticos, ou seja, os termos da oração.

Observe a ordem dos termos nos seguintes exemplos.

I. Art. 4º Este Decreto entra em vigor na data de sua publicação.	II. Em 1988, é criada, no Acre, a União Democrática Ruralista (UDR).
Sujeito + verbo + complemento	Complemento + verbo + sujeito

Agora, note como estão dispostos os elementos linguísticos nos versos a seguir.

Nasce o Sol, e não dura mais que um dia,
Depois da Luz se segue a noite escura
[...]
MATOS, Gregório de. A instabilidade das cousas do mundo. In: SPINA, Segismundo. *A poesia de Gregório de Matos*. São Paulo: Edusp, 1995. p. 161.
verbo + sujeito [...]
Complemento + verbo + sujeito

Nota-se que a **ordem direta** dos termos da oração ou das frases é mais propícia para a manutenção da **clareza textual**, pois torna o enunciado objetivo e claro.

Entretanto, na produção de textos mais complexos – da esfera da argumentação, por exemplo – é comum aparecerem **inversões** ou mesmo orações **intercaladas**. Nesses casos, para promover a progressão temática, o autor faz o encadeamento das ideias de maneira única e singular, antecipando ou intercalando estruturas linguísticas e usando os sinais de pontuação de acordo com as regras descritas na norma-padrão.

1. Releia os seguintes trechos retirados dos textos e indique qual das estratégias de pontuação listadas a seguir foi usada em cada um deles.

    I. Usam-se dois-pontos antes de palavras ou conjunto de palavras que explicam ou resumem termos anteriores.

    II. Usa-se a vírgula para separar o adjunto adverbial longo (com mais de três palavras), intercalado ou antecipado.

    III. Usa-se a vírgula para isolar expressões explicativas.

    IV. Usa-se a vírgula para separar orações intercaladas (desenvolvidas ou reduzidas).

    V. Usa-se a vírgula para separar a oração adverbial antecipada.

    a) "Entram em crise ou em recessão com consequente diminuição do consumo e geração de desemprego: no mundo dos negócios, o negócio é ganhar dinheiro, com o menor investimento possível, com a máxima rentabilidade possível, com a concorrência mais forte possível e no menor tempo possível."

199

b) "A variável da sustentabilidade dentro dos processos empresariais faz com que busquem soluções mais eficientes e, portanto, mais rentáveis, por exemplo, na utilização da energia e dos recursos naturais."

c) "Em menos de 40 anos, segundo o Índice Planeta Vivo da ONU (2010), a biodiversidade global sofreu uma queda de 30%."

d) "Art. 2º Compete à Comissão Nacional de Desenvolvimento Sustentável dos Povos e Comunidades Tradicionais – CNPCT, criada pelo Decreto de 13 de julho de 2006, coordenar a implementação da Política Nacional para o Desenvolvimento Sustentável dos Povos e Comunidades Tradicionais."

e) "Nos últimos anos, a classe média urbana teve crescimento significativo, aumentando o consumo e, consequentemente, a pressão sobre os recursos ambientais."

f) "Parágrafo único. Quando necessária remissão ao texto, esta deve ser feita indicando diretamente o número do dispositivo afetado, vedado o uso das expressões 'artigo anterior', 'artigo seguinte.'"

2. Leia o primeiro parágrafo de um artigo publicado numa revista de circulação nacional. Depois, faça o que se pede.

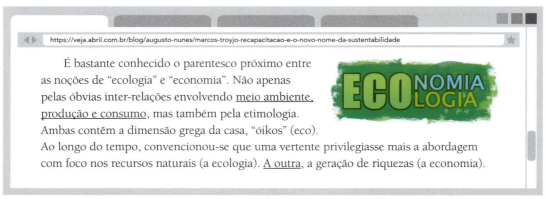

TROYJO, Marcos. *Veja*, 7 out. 2017. Disponível em: <https://veja.abril.com.br/blog/augusto-nunes/marcos-troyjo-recapacitacao-e-o-novo-nome-da-sustentabilidade>. Acesso em: 26 abr. 2018.

a) Em duplas, criem hipóteses para o uso das vírgulas nos trechos grifados.

b) Justifiquem o uso da vírgula depois da expressão "ao longo do tempo".

3. Leia este fragmento de um texto científico. Em seguida, identifique um adjunto adverbial deslocado, uma oração adjetiva intercalada e um aposto.

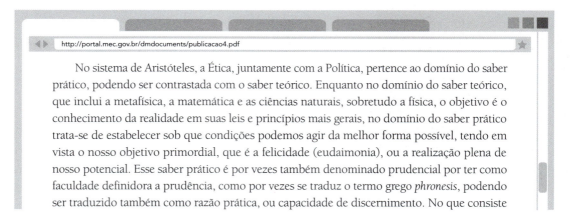

esta felicidade, e como é possível ao ser humano alcançá-la, são 35 as questões centrais da Ética a Nicômaco. Para chegar a isso Aristóteles examina a natureza humana e suas características definidoras do ponto de vista ético, as virtudes. Grande parte da discussão do texto é dedicada, portanto, ao conceito de virtude moral (areté), ou excelência de caráter.

MARCONDES, Danilo. Aristóteles: ética, ser humano e natureza. In: CARVALHO, Isabel Cristina Moura de Carvalho; GRÜN, Mauro; TRAJBER, Rachel (Org.). *Pensar o ambiente:* bases filosóficas para a Educação Ambiental. Ministério da Educação, Secretaria de Educação Continuada, Alfabetização e Diversidade, Unesco. Brasília, 2006. p. 35-36. Disponível em: <http://portal.mec.gov.br/dmdocuments/publicacao4.pdf>. Acesso em: 26 abr. 2018.

PENSE SOBRE ISSO

A vírgula que antecede verbos no gerúndio

Observe, no trecho a seguir, o uso da vírgula antes do verbo no gerúndio.

[...] Esse saber prático é por vezes também denominado prudencial por ter como faculdade definidora a prudência, como por vezes se traduz o termo grego *phronesis*, podendo ser traduzido também como razão prática, ou capacidade de discernimento.

Note que, nesse caso, a expressão **podendo ser traduzido** tem o mesmo sentido que **quando puder ser traduzido**. Dessa maneira, o termo equivale à circunstância em que ocorre a ação. A presença da vírgula, assim, marca o caráter adverbial do termo.

Entretanto há casos em que não se deve usar a vírgula antes de gerúndio:

- quando houver locução verbal. Exemplo: Ele estava lendo Aristóteles.
- quando a expressão indicar modo como ocorre a ação. Exemplo: Leu o artigo parecendo cansado.

1. Considerando que são equivalentes, explique o efeito de sentido inscrito nas duas formas: **podendo ser traduzido** e **quando puder ser traduzido**.
2. Leia o texto a seguir. Coloque vírgula antes do gerúndio, se for adequado.

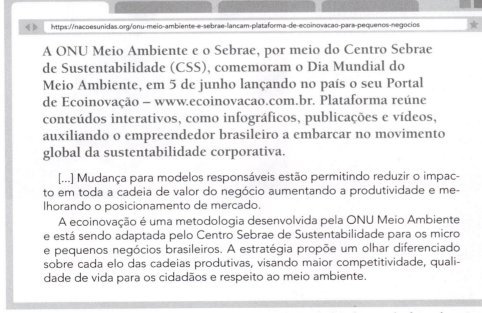

Disponível em: <https://nacoesunidas.org/onu-meio-ambiente-e-sebrae-lancam-plataforma-de-ecoinovacao-para-pequenos-negocios>. Acesso em: 26 jul. 2018 (texto adaptado).

Oficina de produção

Texto oral

Seminário

Você já ouviu falar em seminário? Quando uma pessoa ou um grupo de pessoas desenvolve um levantamento de informações ou uma pesquisa sobre determinado assunto e, em seguida, apresenta os resultados dessa investigação a um público, acontece um seminário. Esse tipo de exposição é muito comum no meio escolar, universitário, científico e técnico, e tem como objetivo compartilhar conhecimento. Trata-se, portanto, de um texto oral exposto publicamente numa situação efetiva de comunicação.

A proposta, a partir de agora, é que você e os colegas desenvolvam um seminário sobre as leis relacionadas à sustentabilidade no município ou estado onde moram, ou mesmo no país.

Organizados em grupos de até cinco participantes, vocês vão pesquisar a legislação vigente, escolher qual lei cada grupo irá trabalhar e, após a preparação, apresentar à turma um seminário sobre a lei pesquisada. O objetivo é que, ao final desse trabalho, vocês possam conhecer mais detalhadamente como a questão da sustentabilidade tem sido contemplada em nossa legislação.

Cada um dos grupos, em data agendada previamente com o professor e os demais colegas de classe, irá apresentar seu seminário. O tempo destinado à apresentação dos grupos é de, no mínimo, 15 minutos, e, no máximo, 20 minutos.

Uma vez que a finalidade do seminário é transmitir para os ouvintes conhecimentos sobre o assunto pesquisado, os apresentadores devem colocar-se na posição de especialistas no assunto. Por isso, é preciso conhecer o tema em profundidade, a fim de conseguir discorrer sobre ele com segurança.

AMPLIANDO O CONHECIMENTO

Conheça algumas importantes leis brasileiras de proteção ambiental

- Lei da Política Nacional do Meio Ambiente – Nº 6.938, de 17/1/1981.
- Lei dos Crimes Ambientais – Nº 9.605, de 12/2/1998.
- Lei de Recursos Hídricos – Nº 9.433, de 8/1/1997.
- Lei do Parcelamento do Solo Urbano – Nº 6.766, de 19/12/1979.
- Lei da Exploração Mineral – Nº 7.805, de 18/7/1989.
- Lei da Ação Civil Pública – Nº 7.347, de 24/7/1985.
- Estatuto das Cidades – Nº 10.257, de 10/7/2001.
- Lei da Política Nacional dos Resíduos Sólidos – Nº 12.305, de 2/8/2010.
- Novo Código Florestal Brasileiro – Nº 12.651, de 25/5/2012.

Unidade 8 Vida sustentável

▶ Planejar

1. A qualidade de um seminário começa pela dedicação à pesquisa sobre o tema. Procurem, em livrarias, bibliotecas, internet, enciclopédias, jornais, revistas especializadas, vídeos etc., materiais que poderão servir de fontes de informação sobre o tema. Reúnam o máximo de informações para a exposição que será feita.

2. Após decidirem qual lei cada grupo trabalhará, é hora de se dedicar à leitura e à interpretação do texto. Vejam a data de publicação da lei, grifem os detalhes mais relevantes, elaborem conexões entre o que está na lei e o que acontece na realidade, a fim de obter material para o seminário.

3. Procurem contextualizar a lei: recuperem seu histórico, expliquem como e por que ela foi criada e comparem o que havia antes com o que há após a sua publicação.

4. Anotem todas as informações que possam contribuir para o desenvolvimento do seminário. Com essas notas, vocês poderão elaborar um roteiro para a apresentação. Nele estarão os elementos que vão compor o seminário, auxiliando na organização e na memorização das informações durante a fala. Vocês podem, por exemplo, registrar dados históricos ou estatísticos, citações, comparações, exemplos etc.

5. Como se trata de um trabalho em grupo, é muito importante que todos cooperem e participem no momento da apresentação. Cada integrante pode ficar responsável por uma das partes do roteiro elaborado. No entanto, o grupo todo deve saber de cada detalhe combinado. Isso auxilia na unidade do trabalho e dá maior segurança para o momento da apresentação.

6. Após definirem as responsabilidades de cada um dos participantes do seminário, é importante que, juntos, vocês repassem as informações e discutam se a sequência do trabalho está clara.

7. Atenção: entre a fala de um expositor e a de outro, deve haver coesão. É preciso que, aos olhos do público que assiste ao seminário, as informações sejam um contínuo, um todo significativo. Por isso, atentem-se para que não se crie a impressão de que uma fala é independente da outra.

8. Para planejar a coesão das falas no seminário, cada expositor deve retomar o que foi desenvolvido antes e acrescentar, ampliar. Além disso, devem ser empregados elementos linguísticos de coesão, como "Além das causas que fulano comentou, vejamos outras..."; "Vocês viram as consequências negativas desse assunto; agora vão conhecer as positivas...". Usem os recursos coesivos para que a clareza e a unidade de sentido estejam asseguradas no seminário.

9. No planejamento, levem em consideração os tempos mínimo e máximo para a apresentação do seminário. Para isso, o ensaio das falas com um cronômetro pode auxiliar. Alguém do grupo pode ficar responsável por, no momento da apresentação, controlar e indicar o tempo para os demais colegas.

10. Consultem o professor sobre o planejamento que vocês elaboraram e, sempre que necessário, tirem dúvidas ou busquem orientações com ele para o aprimoramento do trabalho.

▶ Produzir

1. Selecionem e organizem as informações tendo em vista:
   - como introduzir, desenvolver e concluir a exposição;
   - quais subtemas serão abordados no desenvolvimento;

- quais exemplos ou apoios (gráficos, dados estatísticos) serão utilizados para fundamentar a exposição;
- que materiais e recursos audiovisuais (cartazes, apostilas, retroprojetor, projetor multimídia, microfone, televisão etc.) serão necessários.

2. Elaborem um roteiro que mostre não apenas o conjunto das informações que serão apresentadas mas também a sequência em que isso vai ocorrer. Esse roteiro deve conter informações centrais que orientarão o pensamento do apresentador durante a exposição, bem como indicações de recursos audiovisuais, textos de autoridades ou especialistas que serão citados etc.

Objeto Educacional Digital

Ao fazer apresentações orais, é muito comum a utilização de recursos visuais com o apoio de ferramentas como o Power Point. Entretanto, é preciso pensar no conteúdo, na organização e na diagramação da apresentação. Assista a um vídeo que dá algumas dicas importantes para você montar uma boa apresentação em Power Point.

3. Elaborem a sequência e o andamento da exposição considerando os elementos a seguir:
   - Abertura: faz-se uma breve apresentação e passa-se a palavra aos responsáveis pelo seminário.
   - Tomada da palavra e cumprimentos: o apresentador se coloca à frente do público, cumprimenta-o e, em seguida, toma a palavra.
   - Apresentação do tema: apresenta-se o tema a ser tratado, comentando sua relevância e o ponto de vista a partir do qual ele será abordado.
   - Exposição: segue-se o roteiro elaborado para a exposição, apresentando cada uma das partes planejadas. Ao término de cada parte, pode-se perguntar se alguém quer fazer alguma pergunta ou se pode seguir adiante.
   - Conclusão e encerramento: retomam-se os principais pontos abordados, fazendo uma síntese deles. Pode-se mencionar aspectos do tema que merecem ser aprofundados em outro seminário; também é possível deixar uma mensagem final, algo que traduza o pensamento do grupo. Ao término, agradeçam a atenção do público e passem a palavra para o responsável pela condução dos seminários.
   - Tempo: deve-se ter atenção ao andamento do seminário e ser capaz de introduzir ou eliminar exemplos e aspectos secundários, a fim de se ajustar ao tempo.

4. A postura do apresentador é muito importante durante o seminário, pois precisa demonstrar segurança e confiança. Algumas dicas relevantes para o momento da apresentação são:
   - Posição: falar em pé é a maneira mais aconselhável de conduzir a apresentação do seminário, olhando sempre para o público, variando a direção do olhar e tendo em mãos o roteiro elaborado.
   - Voz, tom e ritmo: a fala deve ser audível, bem articulada e clara para o público, variando o ritmo, a entonação e o volume da voz para que se mantenha o interesse dos ouvintes.
   - Textos de apoio: a consulta ao roteiro de apresentação deve ser sutil e ocorrer de modo breve, evitando a interrupção da sequência da fala. Quando houver a necessidade de leitura, é importante que não se abaixe muito a cabeça, para que a voz seja projetada com clareza.
   - Atitude em relação ao público: deve-se demonstrar simpatia para com a plateia e ser receptivo; afinal de contas, ela é a razão do trabalho que se apresenta.
   - Linguagem: no seminário, deve-se privilegiar o registro formal da linguagem. Desse modo, é preciso monitorar as falas no intuito de evitar vícios de fala, gírias etc.

5. Ensaiem a apresentação do seminário. No momento do ensaio, o roteiro poderá estar nas mãos do apresentador; mas, durante a exposição, deve-se evitar sua leitura, a não ser para reproduzir textualmente uma citação ou dados estatísticos, ou lembrar-se rapidamente de algum tópico.

6. Com antecedência, preparem o local de apresentação do seminário.
   - Organizem e disponham sobre uma mesa os materiais que serão utilizados durante a exposição.
   - Utilizem, de modo equilibrado e harmônico, recursos audiovisuais, como cartazes, transparências, filmes, músicas, *slides* e multimídia, a fim de tornar o evento mais agradável e facilitar a comunicação das informações. Enquanto um dos apresentadores expõe, os outros podem contribuir manuseando os equipamentos (vídeo, projetor), trocando cartazes ou simplesmente ouvindo.
   - Não há obrigatoriedade de que todos fiquem de pé enquanto um dos integrantes do grupo faz a sua apresentação.

▶ Avaliar

7. A avaliação do seminário pode ser feita com base nos seguintes critérios:
   - Organização: de que maneira o grupo se apresentou? Como foram o preparo e a seleção das informações? A exposição se fez de modo claro, coeso e coerente?
   - Divisão de tarefas no grupo: houve colaboração? E senso de responsabilidade compartilhada? Alguém do grupo concentrou tarefas em demasia? Alguém deixou de participar? O tempo destinado à participação de cada componente foi equilibrado?
   - Participação e entrosamento: os participantes do grupo estavam inteirados do trabalho? A apresentação evidenciou unidade do grupo no trabalho? Os participantes demonstraram cooperação?
   - Conteúdo: o tema foi apresentado com detalhamento adequado de informações? A apresentação demonstrou dedicação e pesquisa para abordagem do tema?
   - Adequação discursiva: os participantes demonstraram atenção ao registro formal da língua? As falas foram claras, audíveis e bem articuladas? O grupo demonstrou simpatia e receptividade?
   - Uso do tempo: o tempo foi bem aproveitado e bem distribuído entre os participantes?
   - Recursos: o grupo diversificou as formas de apresentação das informações, a fim de assegurar a atenção e o interesse do público?

8. Após a avaliação, reúnam-se em grupo e analisem se os trabalhos atenderam aos critérios explicitados e conversem sobre o que pode ser melhorado em seminários futuros.

Oficina de produção

Texto escrito

Artigo de opinião

Nesta unidade, você se dedicou ao tema sustentabilidade e tomou contato com textos que o abordaram. Se você refletir por um tempo, ao longo de sua formação, experiências, leituras, conversas e observações diversas relacionavam-se direta ou indiretamente com sustentabilidade.

A proposta agora é que você redija um artigo de opinião de 20 a 30 linhas sobre o tema, manifestando seu ponto de vista e o sustentando por meio de uma argumentação consistente. O tema proposto para seu artigo de opinião é:

Sustentabilidade e desenvolvimento social: alternativas para o Brasil.

PopTika/Shutterstock.com

▶ Recordar

1. O artigo de opinião é um gênero argumentativo que, usualmente, circula em jornais e revistas e apresenta o posicionamento do locutor sobre um assunto de relevância para o debate. Em sua estrutura, apresentam-se a contextualização, a problematização, a tese, a argumentação e a conclusão.

2. Predominantemente, o artigo de opinião vale-se do registro formal da linguagem, a fim de comunicar, com efetividade, a mensagem a que se propõe. Uma de suas marcas é vir assinado, indicando a autoria, que, em geral, é de alguém especializado no tema exposto.

3. Dependendo do autor e de suas intenções, pode haver marcas de subjetividade ou de informalidade num artigo de opinião.

4. Diversificar as estratégias argumentativas é essencial para que o texto adquira qualidade ao defender o ponto de vista apresentado. Reunir os argumentos e verificar a sua razoabilidade é fundamental para aprimorar o artigo de opinião.

▶ Planejar

1. Observe atentamente o tema proposto. Reflita sobre cada um dos termos apresentados e construa inferências para que as ideias possam se estabelecer.

2. Inicie a pesquisa de informações sobre a temática proposta. Selecione e reúna informações que lhe possam ser úteis na construção de sua argumentação. Tome notas e arquive fatos, dados estatísticos, citações de autoridades e informações históricas, a fim de obter material para a sua produção de texto.

3. Com as informações reunidas sobre o tema, chegou o momento de formular a tese. Escreva o ponto de vista que você irá defender sobre a temática. Lembre-se de que a tese é a expressão de seu posicionamento, constituindo-se de uma sentença breve.

4. Com a tese formulada, é hora de começar a pensar na argumentação, ou seja, em como fundamentar o posicionamento expresso. Para isso, pergunte a si mesmo por que a tese é verdadeira. As respostas que surgirem constituirão os argumentos. Nesse momento, as informações pesquisadas sobre o tema podem auxiliar muito.

5. Busque diversificar as estratégias argumentativas (alusão histórica, causa e consequência, citação de autoridade, comparação, contra-argumentação, exemplificação etc.) e selecione os melhores argumentos para constar de seu artigo de opinião. É melhor ter menos argumentos, mas consistentes, do que vários superficiais.

▶ Produzir

1. Considerando a extensão prevista para o texto, estabeleça o número de parágrafos que você vai desenvolver em seu artigo de opinião. Convém que o primeiro parágrafo seja o de introdução (apresentando o tema, a problematização e a tese) e que o último seja o de conclusão (fechando a discussão apresentada e reiterando a validade do ponto de vista exposto).

2. Utilize conectores para assegurar-se de que cada etapa do seu artigo de opinião tenha clareza e coesão. Evite formular períodos muito longos.

3. Cada parágrafo deve tratar de um tópico específico. Para isso, explicite, na introdução, os elementos essenciais para a abordagem que será feita. Atenha-se ao que você se propôs a defender no parágrafo. Isso evita que muitas informações díspares sejam colocadas em conjunto, mantendo o texto organizado.

▶ Avaliar

1. Após a redação de seu rascunho, releia-o com critério. Troque seu texto com um colega para que ele leia e sugira intervenções; faça o mesmo com o texto dele. Revisem aspectos relacionados à correção linguística, à estrutura do gênero proposto, à coesão, à coerência e, também, ao estilo.

2. Na revisão, observe se a linguagem está adequada, se a tese está claramente explicitada, se os argumentos estão consistentes e coerentes, e se há diversificação nas estratégias argumentativas utilizadas. Depois disso, faça as alterações necessárias e passe seu texto a limpo.

3. Insira um título marcante em seu artigo de opinião. Será bom se você conseguir, de maneira breve e criativa, fazer com que o título de seu texto expresse o ponto central de sua argumentação.

4. Entregue a versão final de seu artigo de opinião ao professor.

DIÁLOGOS

Museu Casa de Chico Mendes. Xapuri (AC), 2006.

Chico Mendes

Há pessoas que dedicam a vida a denunciar e a resistir à degradação do meio ambiente. Conheça Chico Mendes, um dos símbolos do ativismo ambiental no Brasil, que lutou na Amazônia contra a exploração descontrolada da natureza pelo homem, numa tentativa de alcançar relações de trabalho mais justas e um modelo sustentável de relação do ser humano com a natureza.

www.ebiografia.com/chico_mendes

Chico Mendes (1944-1988) foi um líder seringueiro, sindicalista e ativista ambiental brasileiro. Lutou pela preservação da Floresta Amazônica e suas seringueiras nativas. Recebeu da ONU o Prêmio Global de Preservação Ambiental.

Nasceu em Xapuri, no Acre, em 15 de dezembro de 1944. Filho do seringueiro Francisco Alves Mendes e de Maria Rita Mendes, desde criança acompanhava seu pai pela floresta. Sem escolas na região, só foi alfabetizado aos 19 anos de idade.

Em 1975, iniciou sua atuação como sindicalista e foi nomeado secretário-geral do Sindicato dos Trabalhadores Rurais de Basileia. No ano seguinte, iniciou sua luta em defesa da posse de terra para os habitantes nativos da região. Criou os "empates" – forma de luta pacífica para impedir o desmatamento da floresta, na qual toda a comunidade se mobilizava e fazia barreiras com o próprio corpo nas áreas ameaçadas de destruição pelos serralheiros e fazendeiros.

Em 1977, participou da fundação do Sindicato dos Trabalhadores Rurais de Xapuri. Nesse mesmo ano, foi eleito vereador pelo MDB e recebeu as primeiras ameaças de morte por parte dos fazendeiros. Em 1981, assumiu a direção do Sindicato de Xapuri, do qual foi presidente.

Em 1982, candidatou-se a deputado federal pelo PT, mas não conseguiu eleger-se. Em 1984, foi acusado de incitar os posseiros a praticar violência. Julgado pelo Tribunal Militar de Manaus, foi absolvido por falta de provas. Em outubro do ano seguinte, liderou o Primeiro Encontro de Seringueiros e criou o Conselho Nacional dos Seringueiros.

A liderança de Chico Mendes na luta dos seringueiros e na preservação da floresta atingiu repercussão nacional e internacional. Em 1987, proferiu um discurso na reunião do Banco Interamericano de Desenvolvimento (BID), em Miami (EUA), denunciando a destruição da floresta e solicitando a suspensão do financiamento para a construção da BR-364, que atravessava o estado de Rondônia e chegaria ao Acre. O objetivo da rodovia seria criar um caminho para escoar a produção gerada pelos estados amazônicos e pelo Centro-Oeste, que chegaria ao Pacífico por um porto peruano.

Nesse mesmo ano, Chico Mendes recebeu em Xapuri uma comissão da ONU que viu de perto a destruição da floresta e a expulsão dos seringueiros. Dois meses depois, o financiamento foi suspenso e o BID exigiu do governo brasileiro um estudo de impacto ambiental na região. O Senado americano, para o qual Chico Mendes também foi convidado a falar, fez recomendações a diversos bancos que também financiavam projetos na região. No mesmo ano, Chico Mendes recebeu da ONU o Prêmio Global 500, de Preservação Ambiental.

Em 1988, foi criada, no Acre, a União Democrática Ruralista (UDR). Nesse mesmo ano, Chico Mendes participou da criação da primeira reserva extrativista do Acre. Após a desapropriação das terras do fazendeiro Darly Alves da Silva, Chico Mendes recebeu ameaças de morte por prejudicar o progresso da região e denunciou o fato às autoridades, pedindo proteção.

Durante o Terceiro Congresso Nacional da CUT, Chico Mendes voltou a denunciar as ameaças que vinha recebendo. A tese que apresentou – "Defesa do Povo da Floresta" – em nome do sindicato de Xapuri, foi aprovada por unanimidade. Chico Mendes foi eleito suplente na direção da CUT.

No dia 22 de dezembro de 1988, ao sair de sua casa em Xapuri, Chico Mendes foi assassinado com tiros de escopeta, deixando esposa e dois filhos pequenos. Em dezembro de 1990, a Justiça brasileira condenou o fazendeiro Darly Alves a 19 anos de prisão pela morte de Chico Mendes.

FRAZÃO, Dilva. Chico Mendes: sindicalista brasileiro. *Ebiografia*
Disponível em: <www.ebiografia.com/chico_mendes>. Acesso em: 27 abr. 2018.

1. Chico Mendes lutou pelos direitos das pessoas que trabalhavam como seringueiros e pelo meio ambiente, mas foi morto por insistir nessa luta e por enfrentar pessoas que eram contra suas causas. Você conhece algum fato parecido que tenha ocorrido na atualidade? Comente.

2. O que você pensa sobre os movimentos civis que acontecem a favor de uma causa, como a defesa de direitos, a preservação do meio ambiente etc., e que se caracterizam pela luta de grupos? Para você, essas lutas valem a pena? Justifique sua resposta.

Enem e vestibulares

1. FCM-PB

Texto – Os desígnios e a caracterização da ciência aplicada

Se perguntássemos o que caracteriza efetivamente a ciência aplicada, eu diria que, essencialmente, sua condição intrínseca de observação dos fatos reais, de análise experimental em laboratório ou em campos específicos e, posteriormente, pelo retorno às suas fontes originais de pesquisa, como forma de intervenção, em vista de melhorias sociais e de novas descobertas técnico-científicas. Esse desdobramento final depende muito mais de ações políticas e de interesses econômicos do que propriamente da vontade dos pesquisadores ou das comunidades científicas. É desnecessário dizer que nenhuma produção do conhecimento deveria ter um fim em si mesma ou que se destinasse exclusivamente a grupos restritos. Sua finalidade é fazer que cada vez mais pessoas sejam beneficiadas.

Decorre, nesse sentido, a realidade consequencial de que o que a ciência pode fazer pela sociedade nada mais é do que um reflexo daquilo que a sociedade tem feito pela ciência. Porém, o que, em tese, parece ser uma obviedade não é tão evidente quanto julgamos, pois essa caracterização da ciência é permanentemente contestada por fatos que atentam diariamente contra o que é essencial na vida das pessoas, como, por exemplo, as garantias e os direitos fundamentais que devem servir de regra básica em todos os países cujos regimes políticos se baseiam nos princípios de uma sociedade livre e democrática.

No que concerne ao Brasil, a Constituição Federal de 1988, no seu art. 5º, estabelece que todos são iguais perante a lei, sem distinção de qualquer natureza, garantindo a todos a inviolabilidade do direito à vida, à liberdade, à segurança e à propriedade, o que nos leva a questionar sobre como ficam esses direitos e garantias fundamentais quando nos deparamos com problemas relacionados à falta de infraestrutura sanitária para grande parte da população? Com a falta ou má qualidade da alimentação? A existência de doenças tropicais, cujos vetores já foram erradicados em todos os países desenvolvidos? As epidemias, de dengue, *chikungunya* e, mais recentemente, a contaminação causada pelo vírus *zika*? São perguntas para as quais não teremos respostas nos próximos 30 ou 40 anos.

Tais resoluções dependem de inovação tecnológica e de pesquisas científicas, mas, sobretudo, dependem de mobilização social e nova consciência das lideranças políticas. Não nos abranda o fato de que, por ironia ou não, essa situação de ameaças epidêmicas não se limite aos países subdesenvolvidos.

Com muita propriedade escreveu J. L. Poersch, em 1972, no livro de síntese às teorias evolucionistas de Teilhard de Chardin, sob o título *Evolução e Antropologia no espaço e no tempo*, em que nos diz "... o centro coletor das energias cósmicas, o Homem está predestinado a crescer em valor e dignidade, em poder e grandeza, até submeter todas as potências do mundo ao seu completo domínio". É bem verdade que, de acordo com esse conceito de pleno domínio das energias cósmicas e potências mundiais, ora contrariando, ora confirmando o que foi escrito por J. L. Poersch, avanços já foram alcançados ao longo desses últimos 50 anos, como, por exemplo, as descobertas no campo da medicina. O lado injusto de todo o progresso aqui mencionado é que ele é alcançado apenas por uma parcela bem pequena da população mundial.

Direcionando nosso discurso para o campo da saúde, observemos o relato do documento interministerial elaborado conjuntamente com os Ministérios da Saúde e da Educação em 2015: "Desigualdades geográficas na distribuição de médicos podem ser encontradas em vários países e regiões. A Organização Mundial da Saúde (OMS) estima que 50% da população mundial reside em áreas rurais remotas, mas essas áreas são servidas por menos de 25% da força de trabalho médico". Assim, fica claro que ainda há muito a ser feito para que os direitos e as garantias fundamentais sejam uma realidade extensiva a todos. [...]

LIMA, João Batista Gomes de Lima.
Os desígnios e a caracterização da Ciência Aplicada.
O mundo da saúde. v. 39. n. 4.

No último parágrafo, o autor refere-se a dados estatísticos da Organização Mundial da Saúde. Esses dados:

a) revelam a falta de confiança do autor nos argumentos utilizados para defender a sua tese.

b) inserem, seguramente, o campo da saúde também como área carente de avanços capazes de ampliar o alcance dos direitos e das garantias fundamentais a uma vida digna.

c) ressaltam o campo da saúde como o que pouco precisa crescer em relação à oferta do número de vagas no mercado de trabalho.

d) amenizam o nível de envolvimento emocional do autor com aqueles que ainda não têm acesso a um atendimento médico de qualidade.

e) comprovam que, no Brasil, o único problema urgente a ser resolvido é o da saúde.

2. Unimontes-MG

1　O mundo ficou chocado quando um *tsunami* matou mais de 100 mil pessoas na Indonésia, em 2004, mas o verdadeiro espanto é constatar que essa é a quantidade de gente que morre no Brasil, vítima de homicídio e acidente de
5　trânsito, por ano. Mais gente do que na guerra civil da Síria!

Como agravante, o índice de óbitos vem recrudescendo nos últimos anos. A prévia do Mapa da

Violência 2014, divulgada na semana passada, com base nos dados do Sistema de Informações sobre Mortalidade (SIM) do Ministério da Saúde referentes a 2012, mostra
10　que ocorreram quase 60 mil assassinatos no Brasil apenas naquele ano. Isso representa um aumento significativo em uma década.

Os dados constituem um enorme desafio aos defensores de que a pobreza é a causa primordial do crime. Para começo de conversa, foi no Nordeste que se verificou o maior crescimento da taxa de homicídios, justo na região
15　que experimentou um dos maiores aumentos de riqueza, favorecida por agressivos programas assistencialistas do governo, que até celebrou o advento da "nova classe média". [...]

Há [...] a complicada questão das mortes em acidentes de
20　trânsito, que cresceram mesmo com a adoção da radical Lei Seca. A taxa de óbitos por 100 000 habitantes se expandiu quase 20% apenas nos últimos três anos da pesquisa. Teria alguma relação com a péssima qualidade de nossas estradas e com a falta de policiamento?

O brasileiro é tido como um "povo cordial", mas as
25　estatísticas mostram algo bem diferente. Somos um dos povos mais violentos do mundo. Em uma década, o país perde, em homicídios e acidentes de trânsito, mais do que as bombas atômicas exterminaram em Hiroshima e Nagasaki. Viver no Brasil é muito perigoso, especialmente para os mais jovens. O que se passa?

30　Como economista, prefiro enxergar a coisa pela ótica institucional, levando em conta o mecanismo de incentivos em jogo. Gary Becker, que faleceu recentemente, da Universidade de Chicago e laureado com o Prêmio Nobel de Economia, diria que a impunidade é o maior convite ao crime, pois os criminosos também comparam custos com benefícios. A certeza da punição ainda é o maior obstáculo ao crime.

Mas, no Brasil, preferimos ignorar as causas estruturais e focar os sintomas. Gostamos de quebrar o termômetro para curar a febre. Adoramos criar leis, como se bastassem decretos estatais para solucionar os males que nos assolam.

Investir em infraestrutura e fiscalização dá muito trabalho. O governo precisa gastar menos e poupar mais, delegar mais à iniciativa privada e perder oportunidades de corrupção, cortar programas eleitorais que rendem votos, incomodar grupos de interesse. É muito mais fácil deixar as estradas abandonadas, caindo aos pedaços, e simplesmente baixar uma lei proibindo qualquer consumo de álcool por motoristas, como se a culpa de tantos acidentes fosse do sujeito que toma uma taça de vinho e pega no volante.

Aparelhar e treinar a polícia e as Forças Armadas, fiscalizar bem as fronteiras, investir em novos presídios e pagar salários decentes aos combatentes do crime demandam muito sacrifício. [...]

Enfim, precisamos levar as coisas mais a sério, olhar para onde escorregamos, não para onde caímos.

Vivemos um *tsunami* da violência, que varre milhares de vidas inocentes a cada ano. É hora de atacar as raízes do problema, suas causas estruturais, em vez de acreditar em milagres que brotariam de decretos estatais.

(Rodrigo Constantino, revista *Veja*, 4 de junho, 2014. Adaptado.)

Usar o termo "*tsunami*", para se referir à violência no Brasil, constitui, no texto:

a) uma maneira cômica de chamar a atenção para um problema social.

b) uma estratégia argumentativa.

c) um incentivo para que os jornalistas adotem mais comumente os jargões da área econômica.

d) uma inadequação vocabular, pelo fato de o termo possuir uma conotação giriática.

3. PUC-PR

Assinale o período em que a colocação do pronome átono pode ser alterada.

a) Passe-me o livro, por favor!

b) Foi este o artigo que vocês leram e me recomendaram?

c) A criancinha veio, mal se equilibrando nos pezinhos.

d) Ter-se-ão retirado, quando você chegar.

e) Não lhe quero falar sobre o caso.

UNIDADE 9

O RACISMO EM PAUTA

O que você vai aprender

Gêneros
- Editorial
- Carta de leitor

Língua e linguagem
- Modalizadores discursivos

Oficinas de produção
- Podcast
- Carta de leitor

Conheça

Livros
- *O Sol é para todos*, de Harper Lee (José Olympio).
- *As aventuras de Huckleberry Finn*, de Mark Twain (Best Bolso).
- *Quarto de despejo – Diário de uma favelada*, de Carolina Maria de Jesus (Ática).
- *O genocídio do negro brasileiro*, de Abdias Nascimento (Perspectiva).
- *O que é etnocentrismo*, de Everardo Rocha (Brasiliense).

Filmes
- *12 anos de escravidão*. Direção: Steve McQueen. Estados Unidos, 2013.
- *A cor púrpura*. Direção: Steven Spielberg. Estados Unidos, 1985.
- *Preciosa – Uma história de esperança*. Direção: Lee Daniels. Estados Unidos, 2009.
- *Cara gente branca*. Direção: Justin Simien. Estados Unidos, 2016.
- *Cidade de Deus: 10 anos depois*. Direção: Cavi Borges e Luciano Vidigal. Brasil, 2013.

Músicas
- *Voz ativa*, de Mano Brown e Edy Rock.
- *Tributo a Martin Luther King*, de Wilson Simonal e Ronaldo Bôscoli.
- *Pérola negra*, de Luiz Melodia.
- *Pra que me chamas*, de Xênia França.

Na internet
- Secretaria Nacional de Políticas de Promoção da Igualdade Racial: <www.seppir.gov.br>.
- Geledés: <www.geledes.org.br>.
- Senado Notícias: <www12.senado.leg.br/noticias/especiais/especial-cidadania/pais-ainda-precisa-avancar-no-combate-ao-racismo>.

Roda de conversa

O cartaz ao lado foi criado para uma campanha promovida pelo Fundo das Nações Unidas para a Infância (Unicef), órgão da Organização das Nações Unidas (ONU) que atua no Brasil desde 1950 e tem exercido papel importante na defesa dos direitos das crianças e dos adolescentes.

1. Descreva a imagem principal do cartaz.

2. Observe o logotipo do Unicef e explique a relação dele com os objetivos da instituição indicados no nome dela.

ONU

3. Leia novamente a chamada principal da campanha.

a) A quem o pronome **ele** se refere?

b) Como cartazes são textos multimodais, para compreendê-los o leitor deve relacionar os recursos verbais aos não verbais. Relacione o tema da campanha à imagem e explique o objetivo do cartaz.

4. O tema desta unidade é racismo. De que maneira o cartaz está relacionado a ele?

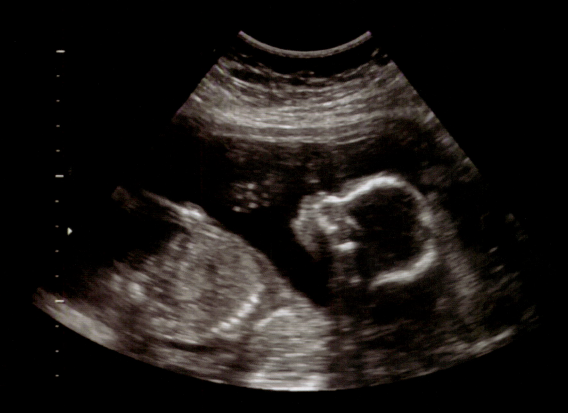

ELE PODE SER ALTO OU BAIXO, GORDO OU MAGRO, LOIRO OU MORENO, TER OLHOS AZUIS OU CASTANHOS, GRANDES OU PUXADOS, MAS COM CERTEZA ELE VAI

SER HUMANO

O que acontece - ou não acontece - às crianças nos primeiros anos de suas vidas é de fundamental importância, tanto para o seu bem estar imediato como para o seu futuro.

Se você recebeu o melhor início de seus primeiros anos de vida, que são mais propensos a ter crescido de forma saudável, desenvolvido capacidades de linguagem e de aprendizagem, ido para a escola e leva uma vida produtiva e gratificante. No entanto, milhões de crianças em todo o mundo ainda estão sendo negado o direito de atingir seu pleno potencial.

A toda criança deve ser assegurado o melhor começo de vida - o seu futuro, e de fato o futuro de suas comunidades, nações e no mundo inteiro depende dele.

Cartaz da campanha contra o racismo do Unicef, 2013.

TEXTO 1

1. Antes de ler o texto a seguir, observe alguns de seus elementos estruturais, como a disposição em colunas e o título. Com base nesses elementos, é possível antecipar o assunto do texto e seu principal objetivo?

2. O que significa a expressão "mostrar a cara"? O que seria o racismo mostrar a cara?

3. Antes do título está indicado o gênero a que o texto pertence: editorial. O que você sabe sobre editoriais?

AMPLIANDO O CONHECIMENTO

O mais antigo

O *Diário de Pernambuco*, do Recife (PE), foi fundado em 1825, e é o mais antigo jornal em circulação da América Latina. A primeira edição, cuja capa você vê na fotografia ao lado, tinha apenas quatro páginas.

Primeira página da primeira edição do *Diário de Pernambuco*.

EDITORIAL

O racismo mostra a cara

Números, às vezes, valem mais que mil palavras. É o que se deduz da cifra divulgada pelo Ministério Público do Distrito Federal. Na capital da República, denúncias de racismo cresceram 1190% nos últimos seis anos. A escandalosa cifra contribui para enterrar o mito largamente divulgado de que o Brasil é uma democracia racial. Não é. E tampouco se trata de caso particular, restrito à cidade que sedia os Três Poderes.

Jogar luz sobre a realidade constitui passo importante para enfrentá-la. Nosso "racismo envergonhado", como escreveu Florestan Fernandes, está impregnado na cultura do país. Não é outra a razão por que o ministro Luís Roberto Barroso, do Supremo Tribunal Federal, se referiu ao colega aposentado Joaquim Barbosa de "negro de primeira linha". Diante das reações, desculpou-se. Claro que ele não quis ofender Barbosa, mas chamou a atenção para o poder das palavras de reforçar preconceitos.

A língua é o mais importante e fácil instrumento de comunicação. Com ela, transmitem-se conhecimentos, fazem-se planos, sonham-se mudanças, constroem-se e destroem-se mundos. Repetir, ano após ano, geração após geração, vocábulos e expressões com carga negativa contra este ou aquele grupo étnico naturaliza o fato de tal forma que soa natural. É o caso de denegrir e judiar. Um atinge os negros. O outro, os judeus. Mas os falantes os usam sem se dar conta de que ajudam a distanciar a luz no fim do túnel.

Contar apenas com as leis para mudar a cultura é acreditar em Papai Noel. Elas são importantes, mas não suficientes. Conhecidas, inibem aventuras e acabam com a sensação de impunidade. Impõe-se ir além – cortar o mal pela raiz. Instituições que lidam com crianças precisam abraçar a causa com determinação e continuidade. A palavra é educar. Não se trata, convém lembrar, de projeto com tal ou qual coloração política. Trata-se de projeto de Estado.

Escolas sobressaem no processo. Comprometer os professores na luta constitui item essencial para o sucesso da caminhada. Não só. A seleção de livros didáticos ou paradidáticos deve ser cuidadosa, incentivadora de valores gratos ao século 21. Entre eles, a tolerância e o convívio com o diferente. Igrejas, clubes sociais e meios de comunicação exercem papel indiscutível no processo.

É importante que os agredidos registrem as ocorrências, e a ação tenha consequências. A percentagem de crescimento do número de denúncias ora apresentada pelo Ministério Público revela que as manifestações de racismo não são aceitas com a naturalidade de antes. Mas ainda é pouco. Trazer a vergonha a público é o primeiro passo. Outros precisam ser dados para inibição da valentia covarde. Um deles: o aperfeiçoamento das investigações. Hoje, 60% dos inquéritos policiais encaminhados ao MP são arquivados por insuficiência de provas.

Diário de Pernambuco, 13 jun. 2017. Disponível em: <www.diariodepernambuco.com.br/app/noticia/politica/2017/06/13/interna_politica,708478/editorial-o-racismo-mostra-a-cara.shtml>. Acesso em: 26 abr. 2018.

AMPLIANDO O CONHECIMENTO

Florestan Fernandes

Florestan Fernandes (1920-1995) foi um dos mais importantes sociólogos brasileiros do século XX. Os livros escritos pelo pensador representam importante legado da luta de setores populares no Brasil, principalmente pelos estudos relacionados à presença do negro na sociedade brasileira e sua trajetória, da escravidão à condição de trabalhador marginalizado. Algumas obras importantes do autor são: A *organização social dos Tupinambás*, A *integração do negro na sociedade de classes*, O *negro no mundo dos brancos* e *Mudanças sociais no Brasil*. Por meio dele, ficou cunhada a expressão "racismo envergonhado", que remete à ideia de um racismo impregnado na vida social, mas camuflado pela crença em uma democracia racial.

O sociólogo Florestan Fernandes em 1995.

Interagindo com o editorial

1. Leia as frases a seguir e explique o sentido das expressões destacadas. Se necessário, consulte o dicionário.

a) "A escandalosa cifra contribui para **enterrar o mito** largamente divulgado de que o Brasil é uma democracia racial."

b) "A seleção de livros didáticos ou paradidáticos deve ser cuidadosa, incentivadora de **valores gratos** ao século 21."

2. Releia os parágrafos que introduzem o editorial para responder às questões que seguem.

> Números, às vezes, valem mais que mil palavras. É o que se deduz da cifra divulgada pelo Ministério Público do Distrito Federal. Na capital da República, denúncias de racismo cresceram 1 190% nos últimos seis anos. A escandalosa cifra contribui para enterrar o mito largamente divulgado de que o Brasil é uma democracia racial. Não é. E tampouco se trata de caso particular, restrito à cidade que sedia os Três Poderes.
>
> Jogar luz sobre a realidade constitui passo importante para enfrentá-la. Nosso "racismo envergonhado", como escreveu Florestan Fernandes, está impregnado na cultura do país. Não é outra a razão por que o ministro Luís Roberto Barroso, do Supremo Tribunal Federal, se referiu ao colega aposentado Joaquim Barbosa de "negro de primeira linha". Diante das reações, desculpou-se. Claro que ele não quis ofender Barbosa, mas chamou a atenção para o poder das palavras de reforçar preconceitos.

a) No primeiro parágrafo, para evitar repetição de palavras e expressões como **Distrito Federal** e **números**, o autor do texto utilizou como recurso coesivo expressões sinônimas. Identifique-as.

b) O editorial recorre aos dados de uma pesquisa para apresentar uma tese. Qual?

c) Para apresentar a tese – e dar credibilidade ao leitor em relação a ela – o editorial parte de um tipo de argumento que, segundo o próprio texto, vale "mais que mil palavras" e ajuda a "enterrar o mito" da democracia racial. Identifique o tipo de argumento e explique por que imprime credibilidade à tese.

d) No segundo parágrafo, o editorial apresenta um argumento em forma de exemplificação. Explique-o.

e) Ainda no segundo parágrafo do trecho citado, com que função foram usadas aspas?

3. Releia o terceiro parágrafo.

a) Ao se referir à língua como instrumento de comunicação e transmissão de preconceito, o editorial não só acrescenta um argumento como também retoma uma argumentação que o precede, o que colabora com a coesão e coerência textual. Volte ao texto e explique qual é esse argumento anterior.

b) Procure no dicionário o significado das palavras destacadas no trecho e copie-o no caderno.

c) Agora, explique o sentido pejorativo dessas palavras relacionando essa explicação à frase "chamou a atenção para o poder das palavras de reforçar preconceitos", que aparece no parágrafo anterior.

4. Releia este trecho.

> Contar apenas com as leis para mudar a cultura é acreditar em Papai Noel. Elas são importantes, mas não suficientes. Conhecidas, inibem aventuras e acabam com a sensação de impunidade.

a) Explique a referência a Papai Noel no contexto.

b) O parágrafo é constituído de três frases. Qual é a relação semântica estabelecida pelo **mas** entre as duas orações da segunda frase? Que relação de sentido implícita pode ser observada na terceira frase: "Conhecidas, inibem aventuras [...]"?

- De acréscimo.
- De oposição.
- De condição.
- De alternância.
- De adição.
- De contraste.
- De consequência.
- De causa.

216   **Unidade 9**   O racismo em pauta

5. De acordo com o contexto, explique o sentido do paradoxo destacado na seguinte frase: "Trazer a vergonha a público é o primeiro passo. Outros precisam ser dados para inibição da **valentia covarde**".

> **AMPLIANDO O CONHECIMENTO**
>
> **Paradoxo**
>
> É uma figura de linguagem que remete a uma ideia contraditória. Esse recurso também é usado para apresentar um pensamento, um argumento ou uma proposição que contraria uma visão manifestada anteriormente.

6. Nos parágrafos finais, o texto enumera propostas que, segundo o editorial, poderiam representar soluções mais definitivas no combate ao racismo. Liste-as.

7. Pode-se dizer que o tema do texto está ligado a assuntos:

a) econômicos.
b) governamentais.
c) judiciais.
d) políticos.
e) publicitários.

8. Observe as formas verbais utilizadas ao longo do texto. Pode-se afirmar que o editorial apresenta verbos, predominantemente, no presente do indicativo? Explique sua resposta.

9. O editorial é um texto argumentativo, cujo objetivo principal é persuadir o leitor, assim como o artigo de opinião, por exemplo. Entretanto, diferentemente do artigo, não é um texto assinado pelo autor. Por quê?

10. Em termos de estrutura, os editoriais, geralmente, configuram-se de forma semelhante aos artigos de opinião, seguindo as etapas listadas abaixo.

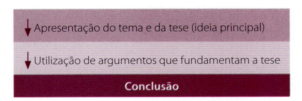

Sobre o editorial "O racismo mostra a cara", associe cada um de seus parágrafos às características da estrutura apresentadas acima.

1º parágrafo			ideia principal
2º parágrafo			
3º parágrafo			argumentos
4º parágrafo			
5º parágrafo			conclusão

11. Qual variedade linguística foi utilizada? Ela foi empregada de acordo com o registro formal ou informal?

> O **editorial** é um gênero da esfera jornalística que se caracteriza por se estruturar sem a obrigação de imparcialidade que é comum à notícia e à reportagem, por exemplo. Trata-se de um texto argumentativo, que expressa, por meio de argumentos, a opinião do veículo midiático a respeito de um fato ou assunto da atualidade relevante para os leitores. Normalmente, ele não vem assinado, pois representa a voz da corporação de mídia. Nesse sentido, a tese deve ser defendida com argumentos consistentes, e a linguagem deve estar adequada ao gênero, ao veículo de divulgação e ao perfil do leitor preferencial do texto, que é o público-alvo do veículo de comunicação em que é publicado.

TEXTO 2

1. A seguir você lerá uma carta de leitor, gênero argumentativo – assim como o editorial – que pode assumir diferentes formatos, de acordo com o veículo em que é publicada. Localize a fonte do texto: Onde foi publicado?

2. Qual é o assunto da carta de leitor? De que maneira ele é indicado?

Folha de S.Paulo. Disponível em: <www1.folha.uol.com.br/paineldoleitor/2014/05/1448058-leitores-criticam-episodio-de-racismo-envolvendo-daniel-alves.shtml>. Acesso em: 31 jul. 2018.

Interagindo com a carta de leitor

1. A carta foi publicada em uma seção denominada "Painel de leitores". Levando em conta seu conhecimento sobre o gênero e o título da seção, responda às questões.

   a) Qual parece ser a finalidade de seções como essa em portadores textuais como jornais e revistas, seja em versões impressas, seja *on-line*?

   b) Ao redigirem cartas para um veículo de comunicação, os leitores têm uma intenção comunicativa bem clara. Qual?

2. Releia a introdução da carta.

   > Como leitor da **Folha**, fiquei perplexo com a capa do dia 29/4 do jornal, com artistas, jogadores e políticos com uma banana na mão e com o título #somostodosmacacos. É uma das coisas mais absurdas e deprimentes que já vi. Campanha esta, idealizada por uma agência de publicidade que não traz nada de positivo para a população negra, principalmente para a autoestima das crianças negras.

   a) Pela introdução, pode-se inferir que a seção de cartas de leitores de um veículo de comunicação é destinada, preferencialmente, a quem?

   b) Ainda com base no trecho citado, o que se pode concluir sobre a principal motivação para que esse leitor tenha escrito a carta?

   c) Como se trata de um texto argumentativo, a carta de leitor geralmente apresenta uma tese sobre o assunto que comenta. Nesse caso, identifique e explique a tese.

   d) Em sua opinião, a leitura e compreensão dessa carta independe do conhecimento que os leitores, em geral, têm da matéria citada? Justifique sua resposta.

3. Observe, agora, a capa sobre a qual o leitor comenta e leia a chamada da notícia. Para mais informações sobre o episódio que gerou a polêmica, consulte a matéria no boxe logo abaixo.

Folhapress. "Somos todos macacos". Disponível em: <www1.folha.uol.com.br/fsp/esporte/163590-somos-todos-macacos-e-uma-criacao-de-agencia.shtml>. Acesso em: 31 jul. 2018.

   a) Segundo as declarações dos jogadores envolvidos no episódio, qual foi a intenção da campanha promovida nas redes sociais?

219

b) Por meio de uma carta, um leitor pode elogiar, manifestar apoio, criticar, acrescentar informações ou apenas comentar um assunto que o motivou a escrever. A opinião do autor da carta lida converge com a intenção divulgada pelos idealizadores da campanha? Explique.

c) E em sua opinião? A campanha foi positiva ou não? Converse com os colegas da turma sobre isso e explique sua resposta.

> ### AMPLIANDO O CONHECIMENTO
>
> **Sobre o episódio que gerou a campanha "Somos todos macacos"**
>
> ESPORTE
>
> ## Daniel Alves come banana arremessada por torcedor
>
> *Espanhol* Após ato racista, ele e Neymar protestam nas redes sociais
>
> O brasileiro Daniel Alves, do Barcelona, respondeu de forma peculiar a uma manifestação racista da torcida do Villarreal no estádio El Madrigal, em jogo do Espanhol.
>
> No segundo tempo, enquanto se preparava para cobrar um escanteio, o lateral direito se abaixou, pegou uma banana atirada por um torcedor e a comeu.
>
> O lance aconteceu aos 30 min do segundo tempo, quando o Barça perdia por 2 a 1. Depois, o Barcelona empatou com um gol contra e virou com um de Messi: 3 a 2.
>
> Não foi a primeira vez que os brasileiros do Barcelona foram vítimas de racismo.
>
> No dia 12, torcedores do time catalão fizeram som de macaco para Neymar após a derrota para o Granada.
>
> No mês passado, uma casca de banana foi atirada em campo por uma ala radical da torcida do Espanyol.
>
> Após a partida de ontem, Daniel Alves e Neymar usaram as redes sociais para comentarem o caso.
>
> O lateral brasileiro publicou no Instagram uma imagem dele comendo a banana no jogo e ironizou o ato. "Meu pai sempre me falava: filho, come banana que evita cãibra. Como adivinharam isso?", escreveu.
>
> Já Neymar publicou uma foto comendo banana com seu filho e desabafou: "É uma vergonha que em 2014 exista o preconceito. Tá na hora da gente dizer um chega pra isso!", afirmou no Instagram. O atacante ainda pediu para seus seguidores publicarem fotos comendo bananas com a inscrição "#somostodosmacacos".
>
> Com a vitória de ontem, o Barça chegou a 84 pontos e, a três rodadas do fim do Espanhol, está quatro atrás do líder Atlético de Madri, que ganhou do Valencia por 1 a 0.
>
> Folhapress. Disponível em: <http://feeds.folha.uol.com.br/fsp/esporte/163447-daniel-alves-come-banana-arremessada-por-torcedor.shtml>. Acesso em: 31 jul. 2018.

4. Leia esta outra carta de leitor sobre racismo.

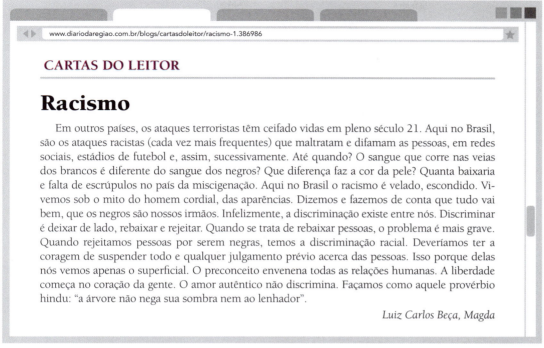

CARTAS DO LEITOR

Racismo

Em outros países, os ataques terroristas têm ceifado vidas em pleno século 21. Aqui no Brasil, são os ataques racistas (cada vez mais frequentes) que maltratam e difamam as pessoas, em redes sociais, estádios de futebol e, assim, sucessivamente. Até quando? O sangue que corre nas veias dos brancos é diferente do sangue dos negros? Que diferença faz a cor da pele? Quanta baixaria e falta de escrúpulos no país da miscigenação. Aqui no Brasil o racismo é velado, escondido. Vivemos sob o mito do homem cordial, das aparências. Dizemos e fazemos de conta que tudo vai bem, que os negros são nossos irmãos. Infelizmente, a discriminação existe entre nós. Discriminar é deixar de lado, rebaixar e rejeitar. Quando se trata de rebaixar pessoas, o problema é mais grave. Quando rejeitamos pessoas por serem negras, temos a discriminação racial. Deveríamos ter a coragem de suspender todo e qualquer julgamento prévio acerca das pessoas. Isso porque delas nós vemos apenas o superficial. O preconceito envenena todas as relações humanas. A liberdade começa no coração da gente. O amor autêntico não discrimina. Façamos como aquele provérbio hindu: "a árvore não nega sua sombra nem ao lenhador".

Luiz Carlos Beça, Magda

Diário da Região, 12 dez. 2015. Disponível em: <www.diariodaregiao.com.br/blogs/cartasdoleitor/racismo-1.386986>. Acesso em: 1º ago. 2018.

a) Quanto à estrutura, uma carta, geralmente, apresenta data, tema, vocativo, expressões de despedida e assinatura. Considerando a estrutura das cartas do leitor, quais são os elementos comuns a elas?

b) O uso das sentenças interrogativas em sequência produz qual efeito de sentido?

c) Ao longo do texto, o locutor dessa segunda carta usa a expressão "país da miscigenação" para se referir ao Brasil. Pode-se dizer que o autor escolheu essa expressão por conta de seu valor argumentativo? Explique.

d) Ainda em relação à segunda carta, qual é o sentido da expressão "o mito do homem cordial"?

> A **carta do leitor** é um gênero discursivo essencialmente argumentativo. É escrita com a finalidade de manifestar o ponto de vista de seu autor a respeito de uma matéria veiculada na mídia – veículo de comunicação para o qual é enviada – ou de um fato por ele vivenciado. A intenção da carta pode ser manifestar crítica, apoio, elogio ou até mesmo acrescentar informações. Além de manifestar uma opinião, apresenta argumentos, com a intenção de convencer o leitor a respeito da tese defendida. Quanto à estrutura, segue o padrão das cartas em geral: local e data, vocativo (para identificar seu interlocutor, o próprio veículo de comunicação a que é dirigida), despedida e assinatura. Contudo, alguns desses dados costumam ser ignorados no momento da publicação delas em mídias impressas ou digitais. O registro tende a ser formal, mas pode conter inadequações à norma-padrão quando o veículo em que é publicada opta por não fazer correções, caso existam erros.

Vamos comparar?

Editorial e carta de leitor

1. Nas publicações jornalísticas, em geral, o editorial e a carta de leitor vêm apresentados em seções destinadas à opinião. Para sintetizar características dos gêneros discursivos estudados, relacione a segunda coluna à primeira.

   I. editorial
   II. carta de leitor

   a) Em geral, o autor não se apresenta, pois o texto representa a posição do veículo em que é publicado.
   b) O autor é identificado.
   c) O objetivo da argumentação é emitir opinião sobre a matéria jornalística publicada ou o acontecimento vivenciado no dia a dia; o texto apresenta comentários pessoais, avaliação crítica etc.
   d) O objetivo da argumentação é emitir um ponto de vista sobre um evento da atualidade ou de interesse do público leitor, manifestando a opinião do veículo midiático.
   e) O interlocutor preferencial do texto são os leitores do veículo de comunicação.
   f) O interlocutor do texto é o próprio veículo de comunicação e, em consequência, o público leitor desse veículo midiático.
   g) Em geral, o texto apresenta registro formal, mas pode ser publicado de acordo com o original, podendo haver, inclusive, inadequações em relação à norma-padrão.
   h) O texto apresenta, geralmente, registro formal, mas a linguagem pode ter variações dependendo do interlocutor preferencial do veículo de comunicação.

2. Considere o seguinte excerto do editorial lido.

   > Jogar luz sobre a realidade constitui passo importante para enfrentá-la. Nosso "racismo envergonhado", como escreveu Florestan Fernandes, está impregnado na cultura do país.

   Relacione a expressão "racismo envergonhado" à segunda carta de leitor, publicada no *Diário da Região*.

3. Comparando-se o editorial lido com as cartas de leitores, explique: Qual dos gêneros apresenta uma argumentação mais pessoal? Por quê?

4. Volte à página 24 e anote no quadro o título dos textos lidos nesta unidade e o gênero a que pertencem, de acordo com o principal objetivo comunicativo de cada um.

222   Unidade 9   O racismo em pauta

Língua e linguagem

Modalizadores discursivos

Como você pôde observar até aqui, tanto o editorial quanto a carta de leitor expressam pontos de vista bem definidos. Nos dois casos, os emissores mantêm a clareza necessária para a exposição de seus argumentos, usando a linguagem de modo particular e adequando o discurso à situação concreta de comunicação. Agora veremos algumas estratégias utilizadas pelo emissor para estabelecer esse modo particular de expressar suas ideias.

Paula Zogbi. *Infomoney*, 20 mar. 2018. Disponível em: <www.infomoney.com.br/negocios/grandes-empresas/noticia/7339985/uber-provavelmente-nao-tem-culpa-acidente-com-carro-autonomo-que>. Acesso em: 31 jul. 2018.

1. Para indicar a declaração da empresa Uber sobre o fato ocorrido, a jornalista coloca o advérbio **provavelmente** entre aspas. Dessa maneira, do ponto de vista formal, justifica-se o uso desse recurso. Entretanto, ao ler o intertítulo, o leitor pode voltar ao termo entre aspas e fazer outras reflexões sobre o fato.

a) Por que, provavelmente, a palavra está entre aspas?

b) Como o advérbio **dificilmente** favorece o argumento da empresa?

c) Agora observe o efeito de sentido da construção verbal "poderia ser evitado". Como a estrutura linguística reforça a ideia de que o acidente era inevitável?

Percebe-se, nessa leitura, que a jornalista desejou transmitir ao leitor os traços linguísticos que caracterizam a fala da empresa e das autoridades sobre o ocorrido.

> **Modalizadores** são os elementos ou mecanismos linguísticos utilizados pelo locutor para manifestar o modo pelo qual pretende compor sua fala ou escrita.

Como você sabe, **advérbios** e **locuções adverbiais** são palavras ou grupos de palavras que modificam os termos ou enunciados a que se referem, atribuindo-lhes valor semântico e modalizando discursos. Observe como certos advérbios modificam o sentido das frases a seguir.

Advérbio de modo: Fez **rapidamente** o trabalho solicitado pela professora.

Advérbio de dúvida: **Provavelmente** teremos de tomar uma decisão amanhã mesmo.

Advérbio de frequência: Você **sempre** faz a mesma pergunta.

Advérbio de intensidade: Ela parece **tão** impressionada com a leitura desse livro!

2. Releia o trecho a seguir.

> Números, **às vezes**, valem mais que mil palavras. É o que se deduz da cifra divulgada pelo Ministério Público do Distrito Federal. Na capital da República, denúncias de racismo cresceram 1190% nos últimos seis anos. A escandalosa cifra contribui para enterrar o mito **largamente** divulgado de que o Brasil é uma democracia racial. Não é. E tampouco se trata de caso particular, restrito à cidade que sedia os Três Poderes.

a) Classifique os advérbios em destaque.

b) Qual foi a intenção do autor ao escolher esses advérbios?

c) Pode-se perceber a subjetividade do autor? Explique sua resposta.

3. Com base em seus conhecimentos sobre os modos verbais, releia o texto e verifique se há predominância do modo **indicativo**, **subjuntivo** ou **imperativo**.

a) Elabore uma hipótese: Em que medida a presença dos modos subjuntivo e imperativo aproxima emissor e leitor? Como esses modos colaboram para a potência argumentativa do texto?

Os **modalizadores** alteram o grau de subjetividade dos sentidos, ou seja, aproximam ou distanciam o autor da ideia ou opinião que ele expressa ao longo do texto. Há casos em que o autor quer, intencionalmente, deixar claro ao leitor seu ponto de vista, e há situações em que ele deseja tratar o tema de maneira genérica, evitando responsabilizar-se integralmente pelas ideias apresentadas, eximindo-se de possíveis erros.

4. Releia outras passagens do editorial que você leu nesta unidade e observe outras estratégias usadas pelo emissor para atribuir autoridade ao próprio discurso.

> Nosso "racismo envergonhado", como escreveu Florestan Fernandes, está impregnado na cultura do país.

a) Nessa passagem, o que se pode saber sobre Florestan Fernandes?

b) Por que, no ato da argumentação, tomamos emprestado a fala de outras pessoas?

Note que, neste caso, pode-se usar, ainda, as expressões **conforme**, **segundo** ou **de acordo com**, em diferentes posições na composição da frase.

> Nosso "racismo envergonhado", **segundo** Florestan Fernandes, está impregnado na cultura do país.

> **De acordo com** Florestan Fernandes, nosso "racismo envergonhado" está impregnado na cultura do país.

> Nosso "racismo envergonhado", **conforme** escreveu Florestan Fernandes, está impregnado na cultura do país.

Em situações comunicativas em que o autor pode usar linguagem mais natural, com menos formalidade, ele pode fazer citação a si mesmo, indicando ao leitor que isso pode ser apenas uma opinião e não um fato ou certeza. Veja como isso aparece na carta do leitor publicada no jornal *Cruzeiro do Sul*, cujo texto você lerá mais adiante.

224 **Unidade 9** O racismo em pauta

Porém, **penso** que, mais do que leis, será a adoção de um sistema educacional inclusivo o grande responsável em esclarecer a todos, sobretudo aos ditos "brancos", que isto não significa nada.

Cruzeiro do Sul, 25 maio 2015. Disponível em: <www.jornalcruzeiro.com.br/materia/611881/preconceito-racial>. Acesso em: 31 jul. 2018.

Há, ainda, situações comunicativas em que o autor pode ou quer usar livremente a linguagem, criar seu discurso de maneira autêntica e pessoal. Nesses casos, ele recorre aos mecanismos que o idioma oferece, marcando seus textos com variados registros e obrigando o leitor a interpretá-los, de acordo com o contexto comunicativo.

5. Leia o texto a seguir e responda às questões.

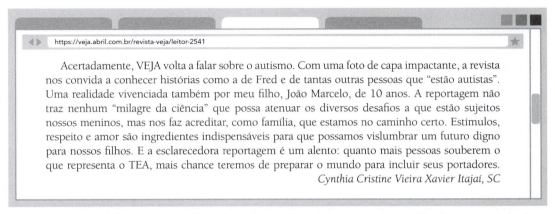

Veja, 29 jul. 2017. Disponível em: <https://veja.abril.com.br/revista-veja/leitor-2541>. Acesso em: 26 abr. 2018.

a) Por que a autora usou aspas em duas passagens do texto? Qual é o efeito de sentido promovido pelo uso desse recurso? Quais ideias a autora desejou destacar?

b) Como a presença de advérbios e adjetivos colabora para o juízo de valor que a autora atribui à reportagem publicada?

PENSE SOBRE ISSO

Aspas e a construção dos sentidos no texto

Leia a nota "Erramos", publicada em jornal de grande circulação, e responda às questões.

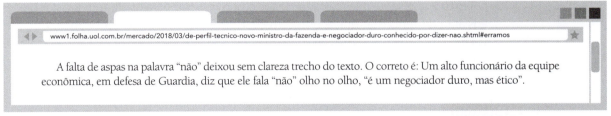

Folha de S.Paulo, 3 abr. 2018. Disponível em: <www1.folha.uol.com.br/mercado/2018/03/de-perfil-tecnico-novo-ministro-da-fazenda-e-negociador-duro-conhecido-por-dizer-nao.shtml#erramos>. Acesso em: 31 jul. 2018.

Pode-se observar que as aspas são usadas com intencionalidades diferentes.

1. Como elas modificam o sentido da palavra **não**?

2. Qual é a função delas em "é um negociador duro, mas ético".

Como você pode notar, todos os recursos que a língua oferece estão a serviço da construção de sentidos e mensagens. Cabe ao autor escolher quais serão usados e como serão arranjados ao longo do texto para a produção dos sentidos desejados.

225

Oficina de produção

Texto oral

Podcast

Foram discutidas, ao longo desta unidade, questões relacionadas ao racismo. Antes de passar à produção escrita, em que terá de expressar sua opinião por meio de uma carta de leitor, você vai exercitar sua habilidade argumentativa e, principalmente, de explanação sobre um assunto, argumentando sobre ele, em um gênero oral digital muito comum nos dias atuais: o *podcast*.

Esta atividade será realizada em trios e discutirá temas relacionados ao racismo. Vamos à produção!

É necessário fazer um planejamento para o *podcast*, chamado de roteiro ou pauta, assim como para um texto, antes de escrevê-lo. Saiba mais informações sobre como fazer uma pauta neste objeto digital.

▶ Recordar as características do gênero

1. Você conhece o gênero oral digital *podcast*? Já conhecia essa mídia?

Podcast é uma maneira de publicar mídias (áudio, vídeo, fotografia etc.) na internet, por meio de *sites* ou aplicativos de celular. Essa palavra vem da junção de *iPod* (dispositivo de áudio) com *broadcast* (do inglês, radiodifusão). Essa mídia surgiu em 2004, tendo sua criação atribuída ao VJ Adam Curry, que criou um agregador de *podcasts*, disponibilizando seu código de programação na internet. Reunindo pessoas para falar sobre temas atuais, o *podcast* é como um programa de rádio, só que gravado e, por isso, pode ser ouvido ou visto a qualquer hora. Apesar de serem mais comuns em formato de áudio, também existem *podcasts* com vídeos. Para ouvir, é preciso baixar aplicativos específicos no celular ou acessar *sites* dos canais que disponibilizam essas mídias.

2. Antes de passar à produção oral, vamos recordar os assuntos dos gêneros discursivos vistos nesta unidade, para que possam ser utilizados como parte do repertório.

- Na abertura da unidade foi apresentado um cartaz do Fundo das Nações Unidas para a Infância (Unicef). O objetivo do cartaz é promover uma reflexão sobre a importância de respeitar as diferenças desde os primeiros dias de vida.

- O **Texto 1** é um editorial e apresenta o ponto de vista do jornal *Diário de Pernambuco* sobre o racismo. O texto parte de dados sobre o aumento de denúncias relacionadas a questões étnico-raciais em Brasília, ampliando a discussão para o âmbito nacional.

- O **Texto 2** apresenta duas cartas de leitor. A primeira compara os ataques racistas brasileiros aos ataques terroristas que acontecem em outros países a fim de problematizar o racismo velado e seus danos às relações humanas. Por sua vez, a segunda carta, motivada pelo assassinato de um jovem negro nos Estados Unidos, discute a desigualdade entre brancos e negros no Brasil.

▶ Planejar

1. O primeiro passo é delimitar o tema da discussão. Para isso, o trio escolhe qual será a abordagem relacionada ao racismo. Aqui vão algumas sugestões, mas o grupo poderá também definir outro viés: de raízes históricas do racismo no Brasil; políticas de inclusão para o combate ao racismo; o papel da escola no combate ao racismo; a linguagem como difusora de preconceitos étnico-raciais; relações entre racismo e desigualdade social.

Depois de definido o tema, pesquisem na internet e na biblioteca da escola textos sobre o assunto, a fim de reunir ideias e argumentos para a conversa.

2. Além dos três componentes do grupo, vocês deverão convidar uma ou duas pessoas que têm familiaridade com o tema, como, por exemplo, um integrante da comunidade envolvido com movimentos sociais, um professor, uma pessoa que tenha sofrido racismo, um sociólogo ou cientista político, entre outros.

3. Definam um lugar silencioso e, de preferência, fechado, para que a gravação do áudio não seja prejudicada, e utilizem um bom gravador ou um celular com boa captação de áudio. O trio pode, ainda, entrar em contato com uma rádio comunitária do bairro e pedir apoio no que tange à gravação e ao espaço.

4. Façam um roteiro com perguntas à(s) pessoa(s) convidada(s) e com pontos a serem abordados na conversa – lembrando que o roteiro é apenas um guia para elencar pontos importantes. Durante a discussão, novas perguntas surgirão, assim como novos aspectos a serem abordados. Estejam preparados também para improvisar!

▶ Produzir

1. No dia e horário combinados para a gravação, cheguem mais cedo ao local marcado para checar o espaço: mesas, cadeiras, acústica, equipamentos de gravação etc.

2. Preparem uma pequena apresentação da(s) pessoa(s) convidada(s): nome, profissão, relação dela(s) com a temática. Isso pode ser feito por meio de uma conversa anterior com a(s) pessoa(s) ou de buscas na internet – nesse caso, não se esqueçam de confirmar as informações com o(s) convidado(s).

3. É hora da gravação! Sentem-se de modo confortável, liguem o equipamento de gravação e comecem a conversa. O trio pode definir uma pessoa para conduzir a discussão, de modo que não falem todos ao mesmo tempo e tenham cuidado para não interromper a fala uns dos outros ou do(s) convidado(s). Não se esqueçam de, no início, apresentarem-se, assim como a(s) pessoa(s) convidada(s), e, no final, agradecer a participação dela(s).

4. O áudio final deverá ter em torno de 15 a 20 minutos.

▶ Avaliar

1. Terminada a gravação, baixem o áudio utilizando um computador e ouçam-no a fim de avaliarem a qualidade dela e, sobretudo, da discussão. Caso seja necessário editar, utilizem um programa disponível na internet.

2. Mostrem o áudio ao professor e aos colegas e conversem sobre o que foi produzido, procurando observar as seguintes questões:
   - A discussão conseguiu abordar o tema proposto?
   - O trio se apresentou, bem como a(s) pessoa(s) convidada(s)?
   - A gravação está audível e as falas estão adequadas à situação comunicativa?

   Caso necessário, façam alterações antes de divulgar o *podcast*.

▶ Divulgar

1. O *podcast* poderá ser divulgado em um *site* criado pela turma ou em uma plataforma de compartilhamento de vídeos. Em seguida, compartilhem o *link* dele com seus amigos, familiares e toda a comunidade escolar por meio das redes sociais.

Oficina de produção
Texto escrito

Carta de leitor

Nesta produção, você vai redigir uma carta de leitor com base na experiência de leitura de um texto publicado em um meio de comunicação. Entretanto, antes de começar a busca do texto sobre o qual você opinará, é importante relembrar as características desse gênero textual.

AMPLIANDO O CONHECIMENTO

Carta de leitor

Com base na experiência de leitura de um texto, ou de um acontecimento noticiado ou vivenciado, o leitor pode, no intuito de manifestar seu posicionamento, redigir e encaminhar uma carta de leitor a um veículo midiático. Elogiar, manifestar apoio, criticar, acrescentar informações, comentar um assunto específico são alguns dos objetivos comunicativos ao se redigir uma carta de leitor. Trata-se de um gênero do discurso de caráter essencialmente argumentativo.

Carta pessoal

Contar fatos vivenciados no dia a dia geralmente é o objetivo principal das cartas pessoais. O escritor de uma carta pessoal tem como interlocutor alguém de seu círculo de relações, motivo pelo qual os fatos relatados ou as opiniões manifestadas relacionam-se a situações cotidianas que envolvem essa relação pessoal. Trata-se de um gênero do discurso em que predomina o relato, por mais que pontos de vista também possam ser apresentados. Com a evolução das tecnologias de comunicação e informação, a carta tem sido substituída por *e-mail* ou **mensagem breves** ou **instantâneas**, realizadas por meio de aplicativos e *sites*.

▶ **Recordar as características do gênero**

Leia esta carta de leitor para recordar características do gênero.

Cruzeiro do Sul, 25 maio 2015. Disponível em: <www.jornalcruzeiro.com.br/materia/611881/preconceito-racial>. Acesso em: 31 jul. 2018.

1. A carta de leitor é um texto argumentativo. Comprove essa característica usando a carta lida anteriormente como exemplo. Identifique e explique a tese defendida pelo autor dela.

2. Que tipo de argumento é usado pelo autor para defender sua tese?

3. A linguagem utilizada pelo autor coopera para a compreensão do que pretende comunicar? Explique.

4. Quanto à estrutura, uma carta, normalmente, apresenta data, tema, vocativos, expressões de despedidas e assinatura. Considerando a estrutura das cartas lidas nesta unidade, quais são os elementos comuns a elas?

▶ Planejar

1. Com os colegas da turma e o professor, eleja uma matéria jornalística para leitura, análise, crítica e, posteriormente, reação por escrito por meio da carta de leitor.

2. Uma vez que a carta de leitor deve ser escrita de forma persuasiva, com argumentos consistentes, é interessante fazer algumas pesquisas sobre o assunto, justamente para obter informações diferentes daquelas apresentadas no texto e, então, ter elementos para argumentar.

3. Concluída a pesquisa, defina qual será o ponto de vista que você defenderá em sua carta.

▶ Produzir

1. Inicialmente, apresente o tema e o posicionamento que pretende defender. Aborde o assunto do texto escolhido por você e os colegas e introduza, também, um ponto de vista. Em seguida, fundamente o ponto de vista apresentado por meio dos argumentos.

2. A linguagem precisa ser clara e acessível ao público-alvo da publicação a que você remeterá a carta. O tom da linguagem pode ser mais informal, demonstrando um autor que se coloca no texto, em 1ª pessoa, ou um pouco mais formal, se decidir usar a impessoalidade própria da 3ª pessoa.

▶ Avaliar e reescrever

1. Troque de texto com um colega para que ambos possam conversar sobre os textos, buscando identificar as possíveis falhas. Para tanto, responda às questões a seguir.

   • A carta que você leu usa argumentos objetivos e claros? Expressa a opinião do autor sobre o texto motivador?

   • A linguagem está adequada ao público-alvo da publicação?

   • O texto tem conclusão?

2. Depois de ter recebido as observações do colega, faça as alterações que julgar pertinentes. Em seguida, entregue a carta ao professor para as adequações necessárias.

▶ Divulgar

1. As cartas podem ser encaminhadas à publicação pelo correio ou postadas pela internet. A turma poderá se reunir e fazer a leitura de cada uma delas e, então, selecionar uma ou algumas que melhor abordem o assunto e atendam aos anseios da maioria. Selecionada a(s) carta(s), vocês devem encaminhá-la(s) para o meio de comunicação.

2. A carta deve ser publicada como comentário no veículo de origem do texto motivador.

DIÁLOGOS

Leia os textos a seguir e, ao final, reflita sobre as questões.

O *apartheid* na África do Sul

O *apartheid* foi uma política de discriminação racial adotada na África do Sul em 1948. Em *africâner*, idioma falado pelos brancos do país, a palavra *apartheid* significa "separação". Embora a política de separação dos habitantes em grupos raciais tenha sido implementada oficialmente no século XX, os sul-africanos já enfrentavam sérios conflitos raciais desde a chegada dos colonizadores holandeses, no século XVII.

A lei do *apartheid* impunha a divisão de posses de terras por grupos raciais (destinando áreas maiores e mais férteis para os brancos), a obrigação de os negros viverem em áreas predeterminadas, a proibição do casamento entre

Em africâner e em inglês, a placa indica "Praia e mar apenas para brancos". Cidade do Cabo, África do Sul, 1989.

pessoas de etnias diferentes, o uso de cartão de identidade diferenciado, a implantação de políticas governamentais diferentes para cidadãos negros e a delimitação dos espaços públicos que poderiam ser frequentados pelas etnias. Os não brancos não podiam votar nem ser candidatos, os negros eram proibidos de conseguir diversos empregos, a educação destinada a eles era de baixa qualidade e voltada para a formação de trabalhadores braçais, e havia restrições no acesso a lugares públicos, como trens, ônibus, cinemas, bibliotecas, lojas e praias.

As políticas segregacionistas implantadas pelo Partido Nacional, dos brancos, provocaram fortes reações na África do Sul e no resto do mundo. Dentro do país, os negros se reuniam no Congresso Nacional Africano e, apesar da repressão sofrida por parte do governo, organizavam frequentes protestos.

A Organização das Nações Unidas (ONU) determinou, em 1962, sanções econômicas contra a África do Sul, como restrições às exportações e boicote a produtos sul-africanos. Na década de 1970, depois de uma onda de violência do governo da minoria branca contra manifestantes negros, que causou centenas de mortes e milhares de prisões, foram impostos a proibição da venda de armas e o embargo à venda de petróleo ao país.

Por causa da política de segregação racial, a África do Sul foi proibida pela Fifa de disputar competições internacionais de futebol, o que incluía Copa do Mundo, Jogos Olímpicos e torneios do continente africano. Essa punição durou 31 anos, de 1961 a 1992.

Os protestos dos negros e a pressão internacional enfraqueceram o regime segregacionista. Um dos passos mais significativos para o fim do regime foi a libertação, em 1990, do líder negro Nelson Mandela. Ele havia sido preso em 1962 e condenado à prisão perpétua. Nessa época, o Partido Nacional perdia força por causa do boicote mundial, que tirava investimentos internacionais do país, e pela força das manifestações internas contra o *apartheid*. Em 1994, Mandela foi eleito presidente do país, colocando fim às práticas segregacionistas.

Mandela é considerado um dos maiores líderes da história mundial. Na presidência da África do Sul ele desenvolveu uma política de pacificação do país e de união entre as diferentes etnias. Em 1993, Mandela dividiu com seu antecessor, Frederik Willem de Klerk, o Prêmio Nobel da Paz pelo trabalho que fizeram conjuntamente para acabar com o *apartheid*.

O orgulho de ser negro, assim como o protagonismo de homens e mulheres negras, é tema de *sites* e organizações não governamentais que abraçam a causa do "empoderamento" desse grupo, marginalizado ao longo da história em diferentes comunidades pelo mundo. Leia o texto a seguir.

17 pessoas negras da História [...]

[...]

"Quem é quem na história negra do Brasil" te leva a descobrir o quanto você conhece sobre as personalidades negras brasileiras. Clique aqui para acessar a plataforma e jogar. O conteúdo também traz os marcos da história negra [...]. Abaixo, veja alguns dos nomes reunidos:

Antonieta de Barros. Pioneira no combate à discriminação dos negros e das mulheres, foi a primeira deputada estadual negra do país. Atuou como professora, jornalista e escritora.

Abdias Nascimento. Foi um poeta, ator, escritor, dramaturgo, artista plástico, professor universitário, político e ativista dos direitos civis e humanos das populações negras.

Tereza de Benguela. Foi uma líder quilombola que viveu no atual estado de Mato Grosso, durante o século XVIII. Foi esposa de José Piolho, que chefiava o Quilombo do Piolho (ou do Quariterê). Com a morte do marido, Tereza se tornou a rainha do quilombo.

Carolina Maria de Jesus. Considerada uma das primeiras e mais importantes escritoras negras do Brasil.

Luís Gama. Foi um rábula, orador, jornalista e escritor brasileiro.

Lélia Gonzalez. Intelectual, política, professora e antropóloga brasileira.

Zumbi dos Palmares. Foi o último dos líderes do Quilombo dos Palmares, o maior dos quilombos do período colonial.

Lima Barreto. Foi um jornalista e escritor que publicou romances, sátiras, contos, crônicas e uma vasta obra em periódicos, principalmente em revistas populares ilustradas e periódicos anarquistas do início do século XX.

[...]

Créditos: Coleção Particular; Foto: Flavia Person/Prefeitura de Florianópolis, Margarida Neide/AG. A TARDE/Futura Press, Coleção particular, Acervo UH/Folhapress, Museu Afro Brasil, São Paulo, Alberto Jacob/Agência O globo, Museu Antônio Parreiras, Niterói, Fundação Biblioteca Naciona, RJ

Geledés, 16 jun. 2017. Disponível em: <www.geledes.org.br/17-pessoas-negras-da-historia-que-voce-nao-viu-na-escola>. Acesso em: 31 jul. 2018.

1. Converse com os colegas e, juntos, elaborem uma hipótese para responder à seguinte questão: Ao dar fim à lei do *apartheid*, a África do Sul conseguiu eliminar os comportamentos racistas imediatamente?

2. Faça uma pesquisa sobre a situação socioeconômica da população negra no Brasil atualmente. O que se pode promover ainda a favor de igualdade de condições sociais entre brancos e negros?

Enem e vestibulares

1. Facisa-PB

Na Carta ao Leitor da
Veja (23/04/2014), lê-se:

"Há sinais de vida ética e inteligente vindos do inóspito mundo oficial brasileiro. Eles são tênues e quase somem em meio ao alarido de escândalos sucessivos que se abatem sobre a opinião pública. Mas vale a pena aguçar os sensores para detectá-los."

No trecho acima:

I. São termos que se constituem como articuladores textuais, mantendo a coesão, "Eles", "que", "Mas" e "los".

II. "los" tem o mesmo referente que "Eles".

III. "los" tem como referente "sensores".

IV. O verbo haver, na primeira linha, tem sentido existencial.

Das proposições apresentadas podemos concluir que

a) nenhuma está correta.

b) todas estão corretas.

c) somente I, II e IV estão corretas.

d) apenas I e II estão corretas.

e) apenas I e III estão corretas.

2. Mack-SP

Acompanho essa revista desde seu início e devo dizer que há edições que maravilham os leitores e outras que os deixam exasperados. No entanto, agora vocês se superaram. A escolha do ator para a capa deve ser elogiada de tão insípida que é, assim como suas cores e as bobagens presentes na entrevista. Queria que me informassem quanto valem as páginas dedicadas ao artista que estampa a capa, pois seria desejável um ressarcimento ou, ao menos, gostaria de saber qual foi meu prejuízo financeiro, já que para minha perda intelectual não há reparação.

Adaptação de carta de leitor publicada na *Revista Bravo.*

Assinale a alternativa que apresenta palavra que pode substituir, corretamente e sem prejuízo do sentido original, a que está em destaque.

a) (linha 02) **maravilham** = deslumbram.

b) (linha 03) **exasperados** = pasmados.

c) (linha 04) **insípida** = insensível.

d) (linha 07) **ressarcimento** = financiamento.

e) (linha 09) **reparação** = contestação.

3. Enem

Nós, brasileiros, estamos acostumados a ver juras de amor, feitas diante de Deus, serem quebradas por traição, interesses financeiros e sexuais. Casais se separam como inimigos, quando poderiam ser bons amigos, sem traumas. Bastante interessante a reportagem sobre separação. Mas acho que os advogados consultados, por sua competência, estão acostumados a tratar de grandes separações. Será que a maioria dos leitores da revista tem obras de arte que precisam ser fotografadas antes da separação? Não seria mais útil dar conselhos mais básicos? Não seria interessante mostrar que a separação amigável não interfere no modo de partilha dos bens? Que, seja qual for o tipo de separação, ela não vai prejudicar o direito à pensão dos filhos? Que acordo amigável deve ser assinado com atenção, pois é bastante complicado mudar suas cláusulas? Acho que essas são dicas que podem interessar ao leitor médio.

Disponível em: <http://revistaepoca.globo.com>.
Acesso em: 26 fev. 2012 (adaptado).

O texto foi publicado em uma revista de grande circulação na seção de carta do leitor. Nele, um dos leitores manifesta-se acerca de uma reportagem publicada na edição anterior. Ao fazer sua argumentação, o autor do texto:

a) faz uma síntese do que foi abordado na reportagem.

b) discute problemas conjugais que conduzem à separação.

c) aborda a importância dos advogados em processos de separação.

d) oferece dicas para orientar as pessoas em processos de separação.

e) rebate o enfoque dado ao tema pela reportagem, lançando novas ideias.

4. Unioeste-PR

A alegria do povo brasileiro é fácil de explicar: ele mora onde o mundo quer passar férias. Exagero? Então, tá. O que vem na sua cabeça quando você pensa num cartão-postal das férias ideais? Uma geleira ou as águas quentinhas do Nordeste? Um iglu ou uma rede com vista para o mar? Um biquíni americano ou um brasileiro? Botas de neve ou um par de Havaianas? Respondido, obrigado.

Propaganda das sandálias Havaianas divulgada em revistas nacionais, 2012.

Marque a alternativa INCORRETA.

232 **Unidade 9** O racismo em pauta

a) O texto apresenta marcas de oralidade.

b) O pronome ele remete a povo *brasileiro*.

c) O texto é um manifesto contra os países europeus.

d) O caráter positivo do texto recai sobre características dos países tropicais.

e) O texto se engaja num processo argumentativo marcado pela oposição bom *versus* ruim.

5. FDF-SP

Jornalismo brasileiro não tem maturidade para o *#AgoraÉQueSãoElas*

Se for para ficar uma lição como legado da campanha #AgoraÉQueSãoElas, que seja a de que, no limite, em discursos sobre feminismo e direitos da mulher, são as mulheres que devem ser protagonistas. Se der para ficar duas lições, que seja a de que até para ser ativista você precisa estudar.

A ideia inicial era que homens com destacado espaço de fala em mídias de grande alcance dessem lugar para que uma mulher ali escrevesse. Poderia até ter dado certo não fossem dois fatores que o fadavam ao fracasso: os homens e a mídia.

Há por exemplo muitos homens progressistas que relutam em aceitar que apoiar as demandas e o discurso feminista não é tomar a frente para brigar no lugar delas. É usar as vantagens que já lhe são concedidas para que uma mulher defenda, ela sim, seu ponto de vista. Um raciocínio bem direto.

Foi isso, ao que tudo indica, que a campanha tentou ilustrar. Não contava com o poder pernicioso do jornalismo brasileiro de deturpar todo e qualquer debate socialmente relevante.

Coube aos homens então vestir a camisa do altruísmo e chamar mulheres para escrever. Quem? Suas esposas, filhas, primas, vizinhas. É claro que todas as mulheres devem ter espaço e oportunidade de expressar suas opiniões, mas o objetivo da campanha era trazer à ribalta vozes, histórias e visões que confrontassem esse confortável discurso massificado. Não aconteceu.

Pessoas que vivem numa bolha conversando com seus vizinhos e surdas às convocações por diversidade não podem ir muito longe em suas reflexões.

Ou então: uma escritora autora de mais de dez livros e presença constante em veículos diversos realmente necessita ocupar o espaço de um colunista de grande jornal? Não havia em lugar nenhum do planeta outro nome à altura que confere a si mesmo aquele espaço?

É a típica situação que levanta a bandeira desse marketing que acena para movimentos sociais enquanto se certifica de manter as coisas todas como estão.

Deveria ser tipificado como crime o que viria depois. O preconceito que ainda vai ser defendido como "pluralidade" ou "direito democrático de divergência de opiniões" tomou conta de textos que praticamente defendiam os projetos retrógrados da bancada evangélica ou, à custa de suposta ironia, só faziam demonstrar ignorância sobre princípios do feminismo e do bom senso.

Não cabe personificar críticas e direcioná-las a mulheres individualmente. Mas até para ser ativista você precisa estudar. Isso implica ler, conversar com pessoas diferentes, acompanhar pesquisas, estudos, comissões e projetos em debate. O feminismo não é um estilo de vida ou tendência de moda. Nem essa máquina de cliques que se está gestando.

Depender da suposta benevolência de homens para conseguir um espaço limitado tem a ver com tentar mudar o jogo de dentro. Acontece que nenhum jogo vai virar com argumentos que defendem a cultura do estupro, por exemplo.

Ele pode começar a entornar para outro lado quando mais e mais mulheres forem direto nos veículos exigir seu espaço na mídia como um todo. Por que uma coluna e não mais colunistas? Mais editorialistas e repórteres, mais mulheres defendendo que elas estejam representadas de formas não sexualizadas, que sejam contempladas em reportagens, em políticas públicas etc.

Poucas áreas de atuação foram tão precarizadas tão rapidamente como o jornalismo. Existe um déficit óbvio de mulheres nos cargos de chefia nas redações brasileiras, e não é preciso dizer que há casos de machismo diário que não têm nada a ver com meritocracia.

Isso explica a falta de qualidade generalizada do conteúdo que essas empresas jornalísticas produzem há um tempo, o que inclui o caso atual. A oportunidade de dar voz às mulheres virou o oportunismo que distorce qualquer coisa que possa gerar cliques ou uma falsa fama virtual. Como sempre.

Disponível em: <www.cartacapital.com.br/sociedade/jornalismo-brasileiro-nao-tem-maturidade-para-o-agoraequesaoelas-1574.html>. Acesso em: 6 nov. 2015. (Adaptado para fins de vestibular.)

No quarto parágrafo, a locução "ao que tudo indica" e a expressão "todo e qualquer" significam, respectivamente,

a) presença de indícios; sem exceção.

b) circunstâncias decisivas; excepcionalidade.

c) excepcionalidade; presença de indícios.

d) possibilidade de sinais; incerteza.

UNIDADE 10

MUDANÇAS E DESLOCAMENTOS

Roda de conversa

Jacob Lawrence (1917-2000) foi um pintor afro-americano que se destacou por representar a vida da sociedade estadunidense. A obra reproduzida nestas páginas – *Imigrantes chegaram em grande número* – integra uma série do artista composta de 60 peças, cujo nome é *Série de migração*.

As obras de Lawrence, que tratam de migração, emergiram no contexto da grande migração de negros do sul dos Estados Unidos – mais rural – para o norte do país – mais urbanizado. Entre os anos de 1916 e 1970, cerca de 6 milhões de afrodescendentes empreenderam esse movimento.

Observe a reprodução da obra de Jacob Lawrence e responda às questões.

1. Quais sentimentos a imagem provoca em você? Por quê?
2. Algum elemento da composição chama mais a sua atenção? Qual?
3. Como o artista busca representar, na obra, a migração?
4. Reflita: o que leva pessoas a se deslocar de seus locais de origem?
5. Atualmente, quais movimentos migratórios estão em evidência?

LAWRENCE, Jacob. *Imigrantes chegaram em grande número*, 1940-1941. Têmpera sobre cartão, 30,48 cm × 45,72 cm.

O que você vai aprender

Gêneros
- Notícia
- Conto

Língua e linguagem
- Tipos de discurso
- Foco narrativo
- Tipos de narrador

Oficinas de produção
- Conto
- Remidiação em *vlog*

Conheça

Livros
- *Persépolis*, de Marjane Satrapi (Cia. das Letras).
- *Estranhos à nossa porta*, de Zygmunt Bauman (Zahar).
- *Refugiados em busca de um mundo sem fronteiras*, de Ricardo Bown (Larousse/Escala).
- *O cometa é um sol que não deu certo*, de Tadeu Sarmento (Edições SM).
- *Da diáspora: identidades e mediações culturais* (Stuart Hall, UFMG).
- *Migração no Brasil*, de Regina Bega Santos (Scipione).
- *Histórias migrantes:* caminhos cruzados, de Sedi Hirano e Maria Luiza Tucci Carneiro (Org.) (Humanitas).

Filmes
- *Os capacetes brancos.* Direção: Orlando von Einsiedel. EUA, 2016.
- *14 quilômetros.* Direção: Gerardo Olivares. Espanha, 2007.
- *Hotel Ruanda.* Direção: Terry George. Reino Unido, África do Sul, Itália, 2004.
- *Neste mundo.* Direção: Michael Winterbottom. Reino Unido, 2002.

Músicas
- *Diáspora*, Tribalistas.
- *Inclassificáveis*, de Arnaldo Antunes.
- *The Refugee*, U2.

Na internet
- Agência da ONU para Refugiados: <www.acnur.org/portugues>.
- Meu amigo refugiado: <http://meuamigorefugiado.com.br>.
- Instituto Adus: <www.adus.org.br>.

TEXTO 1

No texto que você vai ler a seguir, observe o título, a fotografia e a legenda. Leia os dados da fonte do texto.

1. Quanto ao gênero textual, o que você acha que vai ler agora?

2. É possível saber de que assunto o texto trata apenas vendo a imagem e a legenda?

3. Qual sentimento a fotografia utilizada no corpo do texto desperta em você? Esclareça.

//nacoesunidas.org/relatorio-do-acnur-revela-mudancas-no-movimento-migratorio-para-a-europa

Relatório do Acnur revela mudanças no movimento migratório para a Europa

Publicado em 11/4/2018

Apesar da queda do número de refugiados e migrantes que chegaram à Europa no ano passado, os perigos que muitos enfrentam ao longo do caminho aumentaram em alguns casos, segundo um novo relatório da Agência da ONU para Refugiados (Acnur), que revela novos padrões de movimento.

A jornada até a Itália, por exemplo, mostrou-se cada vez mais perigosa. A taxa de mortalidade entre os que saem da Líbia rumo ao continente europeu por via marítima aumentou para uma em cada 14 pessoas nos primeiros três meses de 2018, em comparação com uma em cada 29 no mesmo período de 2017.

Migrantes esperam a bordo do navio espanhol para desembarcar no porto de Málaga, Espanha, 2018.

236 Unidade 10 Mudanças e deslocamentos

Apesar da queda do número de refugiados e migrantes que chegaram à Europa no ano passado, os perigos que muitos enfrentam ao longo do caminho aumentaram em alguns casos, segundo um novo relatório da Agência da ONU para Refugiados (**Acnur**), que revela novos padrões de movimento.

O relatório Jornadas Desesperadas (*Desperate Journeys*, em inglês) revelou que as chegadas marítimas à Itália, vindas principalmente da Líbia, caíram **drasticamente** desde julho de 2017. Essa queda continuou nos primeiros três meses de 2018, com uma redução de 74% em relação ao ano passado.

A jornada até a Itália se mostrou cada vez mais perigosa. A taxa de mortalidade entre os que saem da Líbia rumo ao continente europeu por via marítima aumentou para uma em cada 14 pessoas nos primeiros três meses de 2018, em comparação com uma em cada 29 no mesmo período de 2017.

Além disso, nos últimos meses observou-se um quadro **alarmante** de deterioração na saúde dos recém-chegados da Líbia. Cresceu o número de pessoas que chegam extremamente fracas, magras e com problemas de saúde em geral.

Embora o número total de travessias pelo Mediterrâneo tenha permanecido muito abaixo dos índices de 2016, o relatório do Acnur encontrou um aumento nas chegadas à Espanha e à Grécia no final de 2017.

Em 2017, a Espanha testemunhou um aumento de 101% no fluxo de pessoas em comparação com 2016, que totalizou 28 mil chegadas. Os primeiros meses de 2018 revelam uma tendência **similar**, com as chegadas aumentando 13% em relação ao ano passado. Marroquinos e argelinos se tornaram as duas principais nacionalidades, embora os sírios continuem sendo o maior grupo a atravessar as fronteiras terrestres da Espanha.

Na Grécia, o número total de chegadas por via marítima diminuiu em relação a 2016. No entanto, um aumento de 33% foi observado entre maio e dezembro do ano passado, com 24,6 mil novas chegadas registradas, [diante de] 18,3 mil no mesmo período de 2016. A maioria das pessoas são originárias de Síria, Iraque e Afeganistão, incluindo um elevado número de famílias com crianças. Os solicitantes de refúgio que chegaram à Grécia por via marítima enfrentaram longas estadias em ambientes superlotados e condições precárias nas ilhas gregas.

O relatório revela que, devido ao aumento das restrições na Hungria, muitos refugiados e migrantes recorrem a rotas alternativas para se deslocar dentro da Europa. Por exemplo, alguns cruzam da Sérvia para a Romênia, enquanto outros se deslocam da Grécia, via Albânia, Montenegro e Bósnia-Herzegovina, para a Croácia.

"Para refugiados e migrantes, as viagens para e pela Europa continuam cheias de perigos", afirmou Pascale Moreau, diretor do escritório do Acnur na Europa. Acredita-se que em 2017 mais de 3,1 mil pessoas perderam a vida no mar em rotas rumo à Europa, em comparação com 5,1 mil em 2016. Outras 501 pessoas morreram ou desapareceram desde o início de 2018.

Além das mortes no mar, pelo menos outras 75 pessoas morreram ao longo de rotas terrestres nas fronteiras externas da Europa ou enquanto viajavam pela continente europeu em 2017, com relatos **recorrentes** de **retrocessos** profundamente preocupantes.

Acnur: Alto Comissariado das Nações Unidas para Refugiados.

Drasticamente: rapidamente, intensamente.

Alarmante: preocupante, espantoso.

Recorrente: constante, usual.

Retrocesso: recuo, involução.

Similar: semelhante, equivalente.

Nações Unidas no Brasil. Disponível em: <https://nacoesunidas.org/relatorio-do-acnur-revela-mudancas-no-movimento-migratorio-para-a-europa>. Acesso em: 14 ago. 2018.

Interagindo com a notícia

1. A principal finalidade comunicativa do texto lido é:

a) apresentar posicionamentos sobre o fato registrado, por meio de uma compilação.

b) descrever o contexto em que ocorreu o fato noticiado, por meio de um detalhamento.

c) expor a situação que envolve o fato, por meio de um estudo contextual.

d) indicar as ações que devem ser tomadas quanto ao fato registrado, por meio de orientações.

e) informar as circunstâncias em que ocorreu o fato apresentado, por meio de um relato.

2. Qual é o fato divulgado pelo texto lido? Qual é o período de tempo citado na notícia? É atual ou é passado?

3. A notícia é um gênero textual que, de modo conciso e objetivo, comunica aos seus leitores as informações essenciais de um acontecimento.

Para cumprir essa tarefa, a notícia apresenta a seguinte estrutura:

• **título**: texto breve que chama a atenção do leitor e o motiva a se interessar pelo assunto;

• **subtítulo**: trecho que destaca o aspecto principal da notícia;

• **lide**, ou *lead*: parte inicial, em que são apresentadas as informações essenciais da notícia, respondendo às perguntas básicas sobre o fato: "o quê?", "quem?", "quando?", "como?", "onde?" e "por quê?".

Considerando essas informações, monte um quadro com os itens a seguir no caderno e complete-o com as informações relacionadas à notícia.

Título	Subtítulo	Lide ou *lead*					
		O que aconteceu?	Com quem aconteceu?	Quando aconteceu?	Como aconteceu?	Onde aconteceu?	Por que aconteceu?

4. No primeiro parágrafo do texto, delineiam-se as duas informações principais do relatório divulgado.

a) Quais são essas informações?

b) Além dessas informações, antecipa-se, no primeiro parágrafo, uma constatação obtida no relatório. Qual é essa constatação?

c) As informações principais do primeiro parágrafo estão presentes ao longo de todo o texto. A partir da leitura atenta, correlacione as colunas a seguir, indicando qual das informações indicadas cada um dos parágrafos textuais desenvolve.

a) Queda do número de refugiados e migrantes na Europa.

b) Aumento dos perigos para migração na Europa.

c) Novos padrões de migração na Europa.

I. 2º parágrafo	**IV.** 5º parágrafo	**VII.** 8º parágrafo
II. 3º parágrafo	**V.** 8º parágrafo	**VIII.** 9º parágrafo
III. 4º parágrafo	**VI.** 9º parágrafo	**IX.** 10º parágrafo

238 **Unidade 10** Mudanças e deslocamentos

5. Ao longo do texto, percebe-se a citação de diversos países e povos.
   a) Liste os países de origem dos migrantes e refugiados para o continente europeu.
   b) Levando em conta seus conhecimentos de mundo, o que esses países têm em comum?
   c) Construa inferências: Por que as pessoas desses países têm tentado viver na Europa?

6. Ao longo da notícia, observa-se a recorrente utilização de dados numéricos. Esses recursos textuais são relevantes para o texto, pois:
   a) buscam contestar a ideia geral que se tem da migração e dos refugiados na Europa.
   b) objetivam mostrar o desafio vivido pelos migrantes e refugiados para viver na Europa.
   c) pretendem mensurar a situação dos migrantes e refugiados que chegam à Europa.
   d) tentam revelar os destinos principais que o movimento migratório toma na Europa.
   e) visam referendar as facilidades que migrantes e refugiados têm ao chegar à Europa.

7. Dos dados numéricos apresentados, qual é o mais impactante para você? Comente sua resposta.

8. Observe a imagem a seguir.

Marinha italiana resgata refugiados navegando em bote na costa africana do Mar Mediterrâneo, 2014. *Massimo Sestini - Polaris*
Disponível em: <http://time.com/2894694/massimo-sestini-boat-italy-migrants-mare-nostrum-risk-europe/>. Acesso em: 9 ago. 2018.

Relacione a notícia lida com a fotografia de Massimo Sestini.

9. Ao diálogo que um texto estabelece com outros ou à relação que um texto mantém com outros dá-se o nome de **intertextualidade**. Pela leitura da notícia, pode-se dizer que nela há intertextualidade? Justifique sua resposta.

10. Além de registrar a queda do número de refugiados e migrantes que rumam para a Europa e o aumento dos perigos desse processo migratório, a notícia trata dos novos padrões do referido movimento. Quais são esses novos padrões?

11. Leia, a seguir, o trecho de outra notícia.

A leitura desse excerto permite esclarecer qual informação do texto "Relatório do Acnur revela mudanças no movimento migratório para a Europa"? Fundamente sua resposta.

www.em.com.br/app/noticia/internacional/2017/03/07/interna_internacional,852263/parlamento-da-hungria-aprova-detencao-sistematica-dos-migrantes.shtml

Parlamento da Hungria aprova detenção sistemática dos migrantes

O Parlamento da Hungria aprovou por maioria nesta terça-feira a detenção sistemática de todos os migrantes que entrarem no país, uma medida suprimida em 2013 sob a pressão da União Europeia e da Agência das Nações Unidas para Refugiados (Acnur).

A nova lei, aprovada por 138 votos contra 6, além de 22 abstenções, prevê que os migrantes devem ser levados para "zonas de trânsito" nas fronteiras com a Sérvia e a Croácia, onde permanecerão retidos à espera de uma decisão definitiva sobre os pedidos de asilo. Só poderão deixar tais zonas caso retornem para o país de onde vieram.

A medida será aplicada tanto aos recém-chegados como aos demandantes de asilo alojados no país, que em fevereiro eram 586.

"Estamos sitiados", considerou nesta terça-feira o primeiro-ministro conservador Viktor Orban, durante a cerimônia de posse de 462 novos guardas de fronteira. "A tempestade (migratória) ainda não foi dissipada, apenas se acalmou temporariamente", considerou.

[...]

O primeiro-ministro, que luta ferozmente contra a imigração, à qual comparou a um "veneno", ressaltou nesta terça que a Hungria "só poderia confiar em si mesma" para defender suas fronteiras.

No outono de 2015, o país construiu uma cerca anti-imigrantes em suas fronteiras com a Sérvia e a Croácia, após ter se tornado o principal país de trânsito para os refugiados. Desde então, tem reforçado as suas leis contra a imigração, embora o fluxo tenha em grande parte diminuído.

Policiais húngaros vigiam cerca que isola país da Sérvia, 2015.

Disponível em: <www.em.com.br/app/noticia/internacional/2017/03/07/interna_internacional,852263/parlamento-da-hungria-aprova-detencao-sistematica-dos-migrantes.shtml>. Acesso em: 26 abr. 2018.

12. No meio jornalístico, chama-se de **técnica da pirâmide invertida** a colocação das informações essenciais no início da notícia e aquelas que são acessórias no final do texto. Analisando a notícia em estudo, é possível verificar o emprego dessa técnica? Justifique sua resposta.

13. Uma notícia é um texto cuja circulação é bastante ampla. Por isso, a linguagem empregada em sua redação deve observar as regras da norma-padrão, a fim de atender a um público diverso e cumprir sua função.

a) A notícia lida está de acordo com essa orientação?

b) A estruturação das frases numa notícia orienta-se, em geral, pelo princípio da simplicidade e da concisão. Ou seja, frases curtas são a melhor opção para veicular as informações de modo objetivo. Além disso, opta-se pelo uso da ordem direta da oração (sujeito – predicado – complemento) para auxiliar na clareza textual.

Analise a notícia em estudo para, em seguida, selecionar e anotar trechos que exemplifiquem esses princípios.

1. Leia o título do próximo texto. Qual deve ser o assunto tratado nele?
2. O texto que você vai ler traz uma epígrafe, que é um texto colocado no início de outro texto, servindo como elemento motivador para o assunto a ser tratado. Leia a epígrafe com atenção. O que ela sugere?

TEXTO 2

Tamanhos rigores

Não há dúvida, temos um passado

Talvez demais

Talvez tanto que não deixa lugar para o futuro

Manuel Alegre.

Conseguira. Poderia agora respirar sem sobressalto. A fronteira sumira no horizonte e o rio estava calmo. Tão calmo naquele trecho, assim tão detido e compassado, que o barco parecia flutuar um palmo acima da linha d'água. Havia pouco recebera, dos companheiros destacados para acompanhá-lo, as notícias dos últimos três meses em que estivera fugindo. Na mais absoluta clandestinidade. Três meses de uma viagem alucinada, sem esperança de sucesso. E ó então, naquele momento, as terríveis notícias. Seria uma outra prova, talvez ainda mais dura, talvez insuportável, estar vivo para sabê-las. Um comboio de crimes contra seu corpo. Mas ele conseguira. Esse misto de prêmio e de castigo era seu, custasse o que custasse. Três longos meses sob fome e frio, vagando a esmo, sendo caçado como um animal qualquer, desde que os inimigos tomaram sua cidade. Nela deixara seus pais e irmãos, abatidos no auge dos combates, segundo lhe disseram os companheiros de embarcação.

Por sorte conseguira fugir, com um pequeno grupo de amigos, levando consigo a esposa e a filha de cinco anos. Fazia já um bom tempo que sua cabeça estava a prêmio. Queriam-no vivo ou morto. Era imperativo alcançar a fronteira. Grávida de três meses, sua esposa caiu, entretanto, nas garras do inimigo, cerca de uma semana após a conquista da cidade. Foi assassinada naquela mesma noite. Sua filha adoeceu e teve de ser deixada, sob cuidados médicos, num dos acampamentos encontrados pelo caminho. A despeito dos esforços, não resistiu a uma pneumonia dupla, tendo sido sepultada num cemitério clandestino qualquer, encravado no meio inóspito do chapadão. Do pequeno grupo inicial, restara apenas ele. Seu melhor amigo não logrou atravessar um campo minado, quase às margens da fronteira ocidental. Os outros foram caindo pouco a pouco nas garras inimigas. Enfim, seu solitário mérito poderia vibrar como festa nos demais companheiros. A felicidade dos que o escoltavam reluzia a todo instante. Era-lhe difícil imaginar, após tamanhos rigores, o vinho e a boa comida.

O rio permanece calmo. Somente o seu coração não se acostuma. Desviando de leve os olhos do madeirame encardido, ele tira do bolso a foto que o acompanha desde o princípio da jornada. Lá estavam, à beira de um domingo sem nuvens, no velho papel amassado e úmido, seus pais e irmãos, sua esposa e sua filha, além do velho cão de guarda. Todos mortos. O barco adeja sem pressa. Rompe uma chuva miúda, de doer nos ossos. Duas aves cruzam o céu de chumbo. Ele está vivo, eis o que importa. Sonda com as mãos o próprio e castigado corpo. Ele está vivo, ele está vivo, segundo lhe disseram.

FREITAS, Iacyr Anderson. *Trinca dos traídos*. São Paulo; Juiz de Fora: Nankin; Funalfa Edições, 2003. p. 97-98.

Quem é o autor?

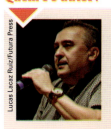

Iacyr Anderson Freitas nasceu em 1963, na cidade de Patrocínio do Muriaé, em Minas Gerais. Por formação, é engenheiro civil e mestre em Teoria da Literatura, tendo desenvolvido uma vasta obra de poesia, contos e ensaios. Publicou diversos livros, e sua obra tem reconhecimento nacional e internacional por meio de vários prêmios e traduções.

Interagindo com o conto

1. "Tamanhos rigores" é um exemplo de conto. Com base na análise do texto e em seus conhecimentos sobre a estrutura narrativa, monte um quadro com os elementos a seguir em seu caderno e complete-o com as informações relacionadas ao conto em estudo.

Título	
Autor	
Narrador	
Foco narrativo	
Personagens	
Tempo	
Espaço	

2. O primeiro parágrafo do conto permite compreender quem é o protagonista e por que ele está naquela situação.

   a) Descreva o protagonista.

   b) A personagem tenta escapar de seu lugar de origem por conta de conflitos. Localize e transcreva trechos do primeiro parágrafo que comprovam ser esse o motivo da ação da personagem.

   c) Considere o excerto a seguir.

   > Havia pouco recebera, dos companheiros destacados para acompanhá-lo, as notícias dos últimos três meses em que estivera fugindo. Na mais absoluta clandestinidade. Três meses de uma viagem alucinada, sem esperança de sucesso. E só então, naquele momento, as terríveis notícias.

   O que se pode inferir sobre as memórias do protagonista durante o período desses três meses que se passaram?

   d) De que maneira a seleção lexical coopera para demonstrar a condição do protagonista?

3. O segundo parágrafo do conto concentra "as notícias dos últimos três meses" que, no parágrafo anterior, são classificadas como "terríveis".

   a) Quais são as notícias terríveis comunicadas ao protagonista?

   b) Como se pode explicar a expressão destacada no trecho "Enfim, seu **solitário mérito** poderia vibrar como festa nos demais companheiros"?

   c) Apesar de os companheiros celebrarem, o narrador registra a seguinte observação, quanto ao protagonista, ao fim do segundo parágrafo:

   > Era-lhe difícil imaginar, após tamanhos rigores, o vinho e a boa comida.

   Nesse trecho, ocorre a expressão que intitula o conto: "tamanhos rigores". Sabendo disso, responda: com que a expressão é contrastada no trecho e como se pode compreender o título?

4. O espaço que acolhe as ações em um conto é muito significativo, pois compõe o processo, explorando a concisão da linguagem, cooperando para a construção de sentido no texto. O protagonista está numa embarcação em um rio.

   a) Como o narrador apresenta o rio no conto?

   b) O estado psicológico do protagonista é condizente com o espaço que se apresenta? Justifique sua resposta.

242 **Unidade 10** Mudanças e deslocamentos

5. Ao final do conto, o personagem tira do bolso uma fotografia. Esse momento do enredo é significativo, pois:

a) consola o protagonista pela evocação das memórias de seus familiares em meio às adversidades por que tem passado.

b) ilustra emblematicamente a oposição entre o que era a vida do protagonista e o que agora ela passa a ser.

c) possibilita ao protagonista um breve momento de alívio em face das dores tantas que marcaram sua trajetória até ali.

d) promove esperança no protagonista por saber que as dificuldades por ele enfrentadas têm o apoio daqueles que ele ama.

e) surpreende o personagem, que não se recordava de ter consigo uma memória tão vívida daqueles a quem amava.

6. Por que a "chuva miúda" é capaz de fazer "doer nos ossos" do personagem?

7. Releia o trecho a seguir.

> Ele está vivo, eis o que importa. Sonda com as mãos o próprio e castigado corpo. Ele está vivo, ele está vivo, segundo lhe disseram.

No fragmento, a repetição de "ele está vivo" indica:

a) a banalidade dos acontecimentos narrados.

b) a convicção do protagonista sobre sua conquista.

c) a indiferença dos personagens quanto aos fatos.

d) o festejo dos companheiros pelo êxito da missão.

e) o inacreditável aspecto da situação vivida.

8. Em uma narrativa, o tempo pode ser cronológico ou psicológico. No **tempo cronológico**, os acontecimentos se desenvolvem de acordo com o tempo sequencial, marcado convencionalmente por meio dos segundos, dos minutos, das horas, dos dias, dos meses, dos anos etc. No **tempo psicológico**, o fluxo dos acontecimentos assume o ritmo das vivências individuais, podendo estender-se ou encurtar-se de acordo com a percepção individual, pois se relaciona ao estado de espírito da pessoa.

O narrador faz uso de diferentes tempos ao longo do conto: o cronológico e o psicológico.

a) Indique um trecho em que o tempo cronológico se destaca.

b) Indique um trecho em que o tempo psicológico se destaca.

c) Por que há essa alternância de tempos no conto?

9. Releia os trechos a seguir.

> Lá estavam, à beira de um domingo sem nuvens, no velho papel amassado e úmido, seus pais e irmãos, sua esposa e sua filha, além do velho cão de guarda.
>
> Duas aves cruzam o céu de chumbo.

O céu é representado de modos distintos nos dois fragmentos. Por quê?

10. Qual é a relação existente entre o conto de Iacyr Anderson Freitas e a epígrafe de Manuel Alegre?

11. A linguagem num conto é elemento que coopera para a construção do sentido no texto. No conto, o uso conotativo e livre da linguagem está a serviço da exploração do potencial semântico da palavra. De que maneira *Tamanhos rigores* exemplifica essa tendência?

243

O **conto** é um texto narrativo que tende a ser mais curto que uma crônica ou um romance, por exemplo. Apresenta narrador, personagem, enredo, tempo e espaço. Esse gênero literário é constituído de uma narrativa que se distingue das demais pela concisão, ou seja, o conto é enxuto em seus elementos e em sua linguagem. Esse gênero apresenta foco em um só conflito, criando a unidade de ação, de tempo e de espaço para o desenvolvimento do enredo.

AMPLIANDO O CONHECIMENTO

Explorando as possibilidades de sentido em um texto

O uso de figuras de linguagem é um recurso imprescindível para explorar as possibilidades de sentido em um texto.

Vamos relembrar algumas das principais figuras de linguagem.

Figura de linguagem	Definição	Exemplo
Metáfora	Comparação implícita por meio da qual se transferem atributos de um elemento para o outro.	O universo é um telhado com sua calha, tão baixo e as estrelas, enxame de abelhas na ponta. [...] NEJAR, Carlos. Contra a esperança. In: *A idade da aurora.* São Paulo: Ateliê Editorial, 2002.
Comparação	Consiste na aproximação de elementos, a fim de estabelecer uma relação entre eles, por meio do uso de um elemento comparativo.	[...] Quero descer ao teu coração como se descesse ao mar, Quero chegar à tua verdade que está sobre as águas. Quero olhar o teu pensamento que está sobre as águas E é azul Como este céu cortado pelas aves [...] SCHMIDT, Augusto Frederico. *Compreensão.* In: *Canto da noite*, 1934.
Personificação	Ocorre mediante atribuição de características de seres humanos a seres irracionais ou a algo inanimado.	[...] E como as folhas não falavam, punha-se a ler em voz alta, fingindo ouvir na própria voz a voz do outro [...]. SANT'ANNA, Affonso Romano de. *Fizemos bem em resistir.* Rio de Janeiro: Rocco, 1997. p. 55.
Antítese	Caracteriza-se pela aproximação de termos contrários entre si para criar uma oposição.	A morte é uma vida longa. FREIRE, Marcelino. Disponível em: <https://marcelinofreire.wordpress.com/2014/07/02/alguns-versos-soltos>. Acesso em: 14 ago. 2018.
Paradoxo	Ocorre mediante a aproximação de ideias contrárias em um mesmo contexto, criando uma contradição possível.	Que a casa que ele fazia Sendo a sua liberdade Era a sua escravidão. MORAES, Vinicius de. *O operário em construção.* Rio de Janeiro, 1959.

Sinestesia	Figura que se caracteriza por misturar sentidos, evocando sensações perceptíveis por sentidos diferentes em uma mesma sentença.	Olha, Marília, as flautas dos pastores Que bem que soam, como estão cadentes! Olha o Tejo a sorrir-se! Olha, não sentes Os Zéfiros brincar por entre as flores? BOCAGE, Manuel Maria du. "Incultas produções da mocidade". Disponível em: <www.dominiopublico.gov.br/download/texto/wk000249.pdf>. Acesso em: 20 ago. 2018.
Metonímia	Consiste no emprego de um termo pelo outro com vistas a sua identificação, uma vez que existe, entre os termos, semelhança ou relação de sentido.	[...] O bonde passa cheio de pernas: pernas brancas pretas amarelas. [...] ANDRADE, Carlos Drummond de. *Alguma poesia*. Rio de Janeiro. Record, 2003.
Eufemismo	Corresponde ao emprego de termo ou expressão mais tênue a fim de expressar com mais suavidade a ideia que se quer comunicar.	O poema me levará no tempo Quando eu já não for eu E passarei sozinha Entre as mãos de quem lê [...] ANDRESEN, Sophia de Mello Breyner. *Livro sexto*. Porto: Livraria Morais, 1962.
Hipérbole	É a expressão intencionalmente exagerada com o intuito de realçar uma ideia.	"Por você eu dançaria tango no teto Eu limparia os trilhos do metrô Eu iria a pé do Rio a Salvador" CECÍLIA, Mauro Santa; FREJAT, Roberto; GOFFI, Guto. "Por você". Intérprete: Barão Vermelho. In: *Puro êxtase*. Produtor: Memê. São Paulo: Warner Music, 1998.
Ironia	Figura por meio da qual se diz o contrário do que se pretende com o intuito de criticar e/ou satirizar.	"Marcela amou-me durante quinze meses e onze contos de réis; nada menos." ASSIS, Machado de. *Memórias póstumas de Brás Cubas*.
Gradação	Corresponde à disposição de termos de modo tal que se estabeleça uma ordem crescente ou decrescente entre eles.	"O trigo... nasceu, cresceu, espigou, amadureceu, colheu-se." VIEIRA, Padre Antônio. *Sermão da sexagésima*. Disponível em: <www.dominiopublico.br>. Acesso em: 14 ago. 2018.

Identifique as figuras de linguagem empregadas nos trechos a seguir e, depois, explique o sentido que elas provocam no conto.

a) "Seria uma outra prova, talvez ainda mais dura, talvez insuportável, estar vivo para sabê-las."
b) "Esse misto de prêmio e de castigo era seu"
c) "Um comboio de crimes contra seu corpo"
d) "sendo caçado como um animal qualquer"
e) "Nela deixara seus pais e irmãos, abatidos no auge dos combates".

Vamos comparar?

Notícia e conto

1. Considere os trechos a seguir dos textos lidos.

> I. Em 2017, a Espanha testemunhou um aumento de 101% no fluxo de pessoas em comparação a 2016, que totalizou 28 mil chegadas. Os primeiros meses de 2018 revelam uma tendência similar, com as chegadas aumentando 13% em relação ao ano passado. Marroquinos e argelinos se tornaram as duas principais nacionalidades, embora os sírios continuem sendo o maior grupo a atravessar as fronteiras terrestres da Espanha.

> II. Por sorte conseguira fugir, com um pequeno grupo de amigos, levando consigo a esposa e a filha de cinco anos. Fazia já um bom tempo que sua cabeça estava a prêmio. Queriam-no vivo ou morto. Era imperativo alcançar a fronteira. Grávida de três meses, sua esposa caiu, entretanto, nas garras do inimigo, cerca de uma semana após a conquista da cidade. Foi assassinada naquela mesma noite. Sua filha adoeceu e teve de ser deixada, sob cuidados médicos, num dos acampamentos encontrados pelo caminho. A despeito dos esforços, não resistiu a uma pneumonia dupla, tendo sido sepultada num cemitério clandestino qualquer, encravado no meio inóspito do chapadão. Do pequeno grupo inicial, restara apenas ele. Seu melhor amigo não logrou atravessar um campo minado, quase às margens da fronteira ocidental. Os outros foram caindo pouco a pouco nas garras inimigas. [...]

a) Qual dos trechos apresenta informações mais precisas?

b) Por que isso ocorre?

> **Polissemia:** variedade de sentidos de uma palavra, expressão ou texto.

No uso da língua, as palavras podem ter seu sentido ampliado ou delimitado, de acordo com a intenção discursiva que se pretende efetivar. Quando o texto tende à precisão dos vocábulos, evidenciando uma tendência monossignificante, objetiva, precisa e literal para a compreensão das palavras, diz-se que o texto é marcado pela **denotação**. Caso o texto apresente tendência à **polissemia**, configurando-se de modo subjetivo, plurissignificante e ambivalente, diz-se que há evidência de **conotação**.

A significação das palavras não é fixa nem estática. Por meio da imaginação criadora do ser humano, as palavras podem ter seu significado ampliado, deixando de representar apenas a ideia original (básica e objetiva). Assim, frequentemente nos remetem a novos conceitos por meio de associações, dependendo de sua colocação numa determinada frase.

2. Comparando a notícia e o conto lidos, responda:

a) Qual deles tende à linguagem denotativa? Explique.

b) Qual deles tende à linguagem conotativa? Explique.

3. Na perspectiva das tipologias textuais, nota-se uma diferença entre relatar e narrar.

- **Relatar** caracteriza-se por uma expressão textual marcada pela objetividade, cuja finalidade é registrar acontecimentos ou fatos reais.

- **Narrar**, por sua vez, abre-se para a ficcionalidade, podendo, criar um universo ficcional, tendo por base um fato.

Dos gêneros estudados nesta unidade:

a) Qual deles se vincularia ao relatar? Por quê?

b) Qual deles se vincularia ao narrar? Por quê?

246 **Unidade 10** Mudanças e deslocamentos

4. Releia os dois trechos a seguir e depois responda às questões.

I. A jornada até a Itália se mostrou cada vez mais perigosa. A taxa de mortalidade entre os que saem da Líbia rumo ao continente europeu por via marítima aumentou para uma em cada 14 pessoas nos primeiros três meses de 2018, em comparação com uma em cada 29 no mesmo período de 2017.

Além disso, nos últimos meses observou-se um quadro alarmante de deterioração na saúde dos recém-chegados da Líbia. Cresceu o número de pessoas que chegam extremamente fracas, magras e com problemas de saúde em geral.

Embora o número total de travessias pelo Mediterrâneo tenha permanecido muito abaixo dos índices de 2016, o relatório do Acnur encontrou um aumento nas chegadas à Espanha e à Grécia no final de 2017.

II. Conseguira. Poderia agora respirar sem sobressalto. A fronteira sumira no horizonte e o rio estava calmo. Tão calmo naquele trecho, assim tão detido e compassado, que o barco parecia flutuar um palmo acima da linha d'água. Havia pouco recebera, dos companheiros destacados para acompanhá-lo, as notícias dos últimos três meses em que estivera fugindo. Na mais absoluta clandestinidade. Três meses de uma viagem alucinada, sem esperança de sucesso. E só então, naquele momento, as terríveis notícias. Seria uma outra prova, talvez ainda mais dura, talvez insuportável, estar vivo para sabê-las. Um comboio de crimes contra seu corpo. Mas ele conseguira. Esse misto de prêmio e de castigo era seu, custasse o que custasse. Três longos meses sob fome e frio, vagando a esmo, sendo caçado como um animal qualquer, desde que os inimigos tomaram sua cidade. Nela deixara seus pais e irmãos, abatidos no auge dos combates, segundo lhe disseram os companheiros de embarcação.

a) Qual é a predominância de tempo verbal presente no texto I? E no texto II?

b) Em que medida a recorrência do tempo verbal utilizado no fragmento I colabora para imprimir mais veracidade ao texto?

c) A predominância do tempo verbal presente no fragmento II colabora para o caráter **polissêmico** do texto. Justifique essa afirmação, considerando o caráter literário do texto em questão.

> **Polissêmico:** relativo à polissemia.

5. Releia:

Seria uma outra prova, talvez ainda mais dura, talvez insuportável, estar vivo para sabê-las. Um comboio de crimes contra seu corpo. Mas ele conseguira.

a) Relacione o uso de marcador de futuro presente no verbo "seria" à promoção de sentido de incerteza que se apresenta no texto.

b) Compare as duas formas e responda às questões.

I. "Seria uma outra prova, talvez ainda mais dura, talvez insuportável, estar vivo para sabê-las. Um comboio de crimes contra seu corpo. Mas ele conseguira."

II. "Seria uma outra prova, talvez ainda mais dura, talvez insuportável, estar vivo para sabê-las. Um comboio de crimes contra seu corpo. Mas ele conseguiu."

Em sua opinião, que efeito de sentido promove a mudança? Qual das formas está mais ligada ao contexto e qual se aproxima mais da linguagem literária?

6. Considerando a análise que você fez dos dois fragmentos, o que é possível concluir sobre a relação entre o uso de tempos verbais e de gêneros textuais?

7. Volte à página 24 e anote no quadro o título dos textos lidos nesta unidade e o gênero a que pertencem, de acordo com o principal objetivo comunicativo de cada um.

Língua e linguagem

Tipos de discurso

Foco narrativo – Tipos de narrador

1. A notícia é um gênero textual jornalístico cujo objetivo é relatar acontecimentos, informar. Para fazê-lo de maneira objetiva, o autor do texto coleta dados, interpreta e organiza as informações de maneira clara.

   Releia o terceiro parágrafo da notícia apresentada nesta unidade e identifique as marcas linguísticas que caracterizam o uso da 3ª pessoa.

   > "A jornada até a Itália se mostrou cada vez mais perigosa. A taxa de mortalidade entre os que saem da Líbia rumo ao continente europeu por via marítima aumentou para uma em cada 14 pessoas nos primeiros três meses de 2018, em comparação com uma em cada 29 no mesmo período de 2017".

   Considerando a intenção comunicativa das notícias, por que a 3ª pessoa é mais adequada para esse gênero textual?

2. No jornalismo, a verdade, a precisão das informações, a relevância e a utilidade pública de uma informação devem ser consideradas. Um dos elementos que, dentro da ética jornalística, deve ser perseguido é a imparcialidade. Pesquise num dicionário o significado dos termos **parcialidade** e **imparcialidade**. Em seguida, responda: quais recursos textuais podem ser usados pelos jornalistas para criar o efeito de imparcialidade no texto?

3. Ao elaborar a notícia, o autor pode apoiar-se em dados quantitativos e qualitativos. Pode também se basear em opiniões de outras pessoas ou instituições para compor seu relato, o que pode influenciar, mesmo que indiretamente, a opinião do leitor sobre o assunto.

   a) Releia a declaração a seguir:

   > "Para refugiados e migrantes, as viagens para e pela Europa continuam cheias de perigos", afirmou Pascale Moreau, diretor do escritório do Acnur na Europa.

   Comente a posição de Pascale Moreau diante da situação dos refugiados.

   b) Elabore uma hipótese para as seguintes questões: Por que o autor da notícia transcreveu o depoimento desse diretor no texto? Em que medida ele pode colaborar para a formação da opinião dos leitores da notícia que você leu nesta unidade?

4. Em sua opinião, por que o autor de uma notícia não deve apresentar diretamente sua opinião sobre o assunto tratado no texto?

A **notícia**, como **gênero jornalístico**, **relata** acontecimentos relacionados à esfera das experiências vividas em sociedade. Seu objetivo é informar o leitor ou o ouvinte. Para cumprir esse objetivo, o autor do texto deve pesquisar todas as informações sobre o assunto, buscar dados sobre o tema e, se necessário, ouvir testemunhas.

Ao escrever o texto, deve, ainda, hierarquizar e organizar as informações, estabelecendo coerência e coesão textual, para que o leitor tenha clareza das informações coletadas. E, se for útil para a construção da mensagem, inserir o que disseram as pessoas entrevistadas por meio de **discurso direto** e/ou **indireto**.

5. Releia os fragmentos a seguir e compare a maneira como são citados outros discursos.

> I. "Para refugiados e migrantes, as viagens para e pela Europa continuam cheias de perigos", afirmou Pascale Moreau, diretor do escritório do Acnur na Europa.
>
> II. O relatório *Jornadas Desesperadas* (*Desperate Journeys*, em inglês) revelou que as chegadas marítimas à Itália, vindas principalmente da Líbia, caíram drasticamente desde julho de 2017.

a) Qual é a função das aspas no trecho I?

b) Que trecho é mais fiel à declaração do entrevistado?

c) Em notícias, é comum o uso de **discurso direto** e **discurso indireto**. Qual é a diferença na redação de cada um dos trechos anteriores em relação ao uso desses recursos?

d) Observe que nos dois trechos empregam-se verbos que sugerem manifestação de um discurso. Que verbos são esses?

Discurso direto é aquele em que se apresenta a fala de outrem de forma literal, direta. Essa forma imprime objetividade ao enunciado e estabelece imparcialidade e autenticidade no texto.

O discurso direto realiza-se por meio de:

- Uso de **verbos de elocução**, ou ***dicendi***, isto é, verbos utilizados para indicar o ato da fala. Exemplo:

> "Estamos sitiados", **considerou** nesta terça-feira o primeiro-ministro conservador Viktor Orban, durante a cerimônia de posse de 462 novos guardas de fronteira. "A tempestade (migratória) ainda não foi dissipada, apenas se acalmou temporariamente", **considerou**.

- Emprego de outros modalizadores, tais como "segundo", "para", "de acordo com". Exemplo:

> Apesar da queda do número de refugiados e migrantes que chegaram à Europa no ano passado, os perigos que muitos enfrentam ao longo do caminho aumentaram em alguns casos, **segundo** um novo relatório da Agência da ONU para Refugiados (Acnur), que revela novos padrões de movimento.

Discurso indireto é aquele em que o autor ou narrador do texto faz uma **paráfrase** da fala de outrem. Por isso, sua forma é reconhecida por meio do verbo de elocução, também chamado *dicendi*, mais a conjunção "que".

Exemplo:

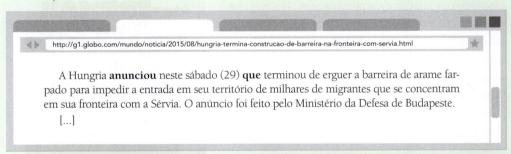

> A Hungria **anunciou** neste sábado (29) **que** terminou de erguer a barreira de arame farpado para impedir a entrada em seu território de milhares de migrantes que se concentram em sua fronteira com a Sérvia. O anúncio foi feito pelo Ministério da Defesa de Budapeste.
> [...]

G1, 29/8/2015. Disponível em: <http://g1.globo.com/mundo/noticia/2015/08/hungria-termina-construcao-de-barreira-na-fronteira-com-servia.html>. Acesso em: 14 ago. 2018.

Há, ainda, registros em que as duas formas de discurso são usadas conjuntamente, ou seja, o autor do texto faz uma paráfrase e também transcreve literalmente o que foi dito por outra pessoa. Nesse caso, pode-se notar o uso dos verbos de elocução mais a citação da fala alheia por meio de aspas ou de itálico. Veja o exemplo:

Paráfrase: texto em que se explica ou se interpreta outro texto ou discurso.

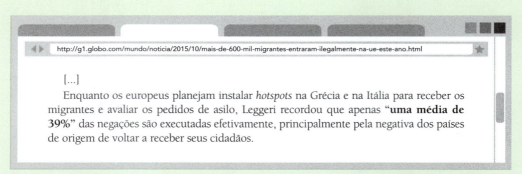

G1, 4/10/2015. Disponível em: <http://g1.globo.com/mundo/noticia/2015/10/mais-de-600-mil-migrantes-entraram-ilegalmente-na-ue-este-ano.html>. Acesso em: 14 ago. 2018.

Discurso indireto livre é a forma em que a voz do narrador se confunde com a da personagem e, por tornar o texto mais subjetivo, é próprio dos gêneros literários. Ele se realiza por meio da 3ª pessoa, mas mantém a emotividade própria da personagem. Nesse caso, o narrador parece conhecer o íntimo da personagem e, por isso, parece falar por ela.

Exemplo:

> Sinhá Vitória desejava possuir uma cama igual à de seu Tomás da bolandeira. Doidice. Não dizia nada para não contrariá-la, mas sabia que era doidice. Cambembes podiam ter luxo? E estavam ali de passagem. Qualquer dia o patrão os botaria fora, e eles ganhariam o mundo, sem rumo, nem teriam meio de conduzir os cacarecos.

RAMOS, Graciliano. *Vidas Secas*. 125. ed. Rio de Janeiro: Record. 2014. p. 23.

6. Comente a intenção comunicativa de cada um dos textos lidos, ou seja, que intenção tem cada autor ao escrevê-los.

> ### PENSE SOBRE ISSO
>
> #### O narrador e o ponto de vista
>
> No filme *O show de Truman: o show da vida*, de 1998, estrelado por Jim Carrey, o personagem principal vive uma situação inusitada: ele tem, desde que nasceu, sua vida monitorada por câmeras de televisão. Sua rotina é contada e recontada por meio de notícias, reportagens e narrativas elaboradas como se tudo não passasse de ficção. No final do filme, há também a voz do próprio personagem, dando um desfecho particular para a história contada no filme.
>
> **1.** Você já pensou sobre o valor do foco narrativo para a construção de um relato, de uma narrativa?
>
> **2.** Em que medida a posição daquele que conta a história modifica a visão que ele tem sobre os fatos?
>
> **3.** E, ainda, em que medida a visão produzida por esse ponto de vista particular do narrador influencia a opinião ou a emoção do leitor?
>
>
>
> Cartaz de divulgação do filme *O show de Truman: o show da vida* (1998).

250   **Unidade 10**   Mudanças e deslocamentos

Oficina de produção

Texto escrito

Conto

Nesta unidade, você estudou os gêneros textuais notícia e conto. Ambos os textos analisados apresentaram uma reflexão sobre a condição dos refugiados: a notícia, ao relatar um fato; o conto, ao narrar uma situação ficcional. Sua tarefa, a partir de agora, é criar um conto baseado numa notícia, ou seja, com base em um fato real, você vai elaborar uma história ficcional. No final, você e sua turma vão organizar uma antologia de contos a ser disponibilizada para leitura.

▶ Recordar as características do gênero

1. Esse gênero narrativo é breve, conciso, em geral com poucos personagens e com espaço e tempo reduzidos.

2. O conto apresenta um só conflito, que se desenvolve e caminha para a resolução.

3. Num conto, a escolha do narrador e do foco narrativo é um elemento importante para a condução da narrativa. A opção por determinado tipo de narrador e de foco narrativo tem implicações para o sentido da narrativa que se constrói.

4. A linguagem do conto é rica na exploração da conotatividade.

▶ Planejar

1. **a)** Pesquise notícias a respeito de refugiados em jornais, revistas e *sites*. Busque textos de temas variados e escolha o fato que mais chamar sua atenção.

   b) Selecione uma das notícias que você leu para, baseado nela, criar o seu conto.

   c) Leia atentamente a notícia, buscando elementos que possam ser explorados em sua narrativa. Por exemplo:

   - Há algo que não está explicado na notícia e que poderia ser explorado ficcionalmente?
   - Algum detalhe da notícia sugere a possibilidade de criação ficcional?
   - Alguma ação relatada pode ser pensada de modo diferente?
   - O que há no texto escolhido que pode ser visto com uma perspectiva literária?

2. Elabore um esboço, registrando os elementos essenciais de sua narrativa: narrador, foco narrativo, personagens, tempo, espaço, conflito, clímax, desfecho etc.

3. Pense em como você poderia começar a história de um modo interessante. Explore sua criatividade. Busque modos de enriquecer a linguagem de seu conto com figuras de linguagem, ritmo, seleção lexical etc.

▶ Produzir

1. De posse do seu planejamento textual, é hora de executá-lo. Vamos ao rascunho!

   - Produza um conto de 30 a 45 linhas privilegiando a norma-padrão da língua, mas tenha a liberdade de usar outros registros, se julgar conveniente pelo enredo ou pelo perfil dos personagens.

- Inicie a redação de seu conto procurando sempre executar um trabalho cuidadoso com a linguagem e explorando a sensibilidade humana nas nuances de seu texto. Como no conto estudado nesta unidade, use o narrador onisciente e explore os pensamentos e sentimentos da personagem na elaboração da sequência narrativa.
- Selecione a apresentação das informações essenciais de sua narrativa, de modo que elas também se tornem significativas para o sentido global do texto que você produz. Cada elemento no conto é fundamental para a construção de sentido.
- Enriqueça as formas de expressão de sua linguagem, objetivando efetivar a conotatividade em seu texto. Lembre-se de manter seu conto vinculado ao aspecto selecionado da notícia, mas não se limite ao rigor da objetividade jornalística: explore a ficcionalidade. Atente-se às sutilezas da linguagem literária.
- Tenha em mente que é preciso preservar a unidade no conto. Por isso, não tenha receio de cortar os elementos que parecerem excessivos em sua história.
- Elabore um título criativo para o seu texto.
- Você pode usar uma epígrafe em seu conto. Se houver um breve texto que você julga interessante e que tenha coerência com a história que você planejou, insira-o em sua produção.

▶ Avaliar e reescrever

1. Após redigir seu rascunho, releia-o com critério. Troque seu texto com um colega, para que ele leia e sugira intervenções; faça o mesmo com o texto dele.

   Revisem aspectos relacionados à correção linguística, à estrutura do gênero proposto, à coesão e à coerência, e também ao estilo. Observem se:
   - a linguagem é adequada à situação narrada, assim como às personagens;
   - o narrador é onisciente e foram explorados pensamentos e sentimentos do protagonista;
   - a sequência narrativa é clara e foi explorada a conotatividade do texto, de forma que atenda às características que costumam predominar no texto literário;
   - o título atrai a atenção do leitor;
   - a epígrafe dialoga perfeitamente com o conto criado.

2. Com as correções e as sugestões feitas, passe o texto a limpo.

3. Entregue a versão final de seu conto para o professor.

   Após a devolução dos textos pelo professor, você e seus colegas podem solicitar aos professores um momento para a leitura em voz alta dos textos.

   Depois da leitura, digitem os textos no computador e estudem uma forma de apresentá-los como uma antologia, uma compilação de textos. Vocês podem organizá-los de acordo com as turmas, por exemplo, ou segundo os assuntos tratados.

▶ Divulgar

1. Busquem uma epígrafe para abertura e solicitem a um professor que redija uma apresentação da antologia para "também" ser inserida na publicação.

2. Pensem num título significativo e organizem, com a orientação docente e da comunidade escolar, a divulgação do trabalho.

Oficina de produção
Texto multimodal

Remidiação em *vlog*

Nesta **Oficina de produção**, você vai produzir um vídeo para um *vlog*. Você conhece essa mídia? O nome *vlog* é uma abreviação de *videoblog* ou *videolog* e designa um vídeo com conteúdo pessoal disponibilizado em um *site* próprio ou em uma plataforma de vídeos, como o YouTube. Esse gênero discursivo advém dos *blogs*, diários virtuais publicados na internet, mas, em vez de textos, são postados vídeos.

A matéria-prima do seu *vlog* será a notícia trabalhada nesta unidade: "Relatório do Acnur revela mudanças no movimento migratório para a Europa". Para tanto, será feito um processo de **remidiação**, que consiste na transposição de um gênero de uma mídia para outra: neste caso, do *site* das Nações Unidas (origem do texto reproduzido nesta unidade) para um *vlog* a ser publicado em um *site*.

Antes de passarmos à produção, vamos recordar algumas características do gênero notícia.

▶ Recordar

Releia a notícia das páginas 236 e 237.

1. Considerando sua função e os elementos que a compõem, explique o motivo de a notícia ser um gênero discursivo que pertence à esfera jornalística.

2. Releia o subtítulo da notícia e observe que ele reproduz dois parágrafos do corpo do texto. Considerando as características desse gênero, explique o motivo dessa repetição.

3. Observe novamente a imagem e a legenda que compõem o texto. Qual é a função de ambas para uma notícia?

4. Agora, releia estes outros trechos da notícia.

> "Essa queda continuou nos primeiros três meses de 2018, com uma redução de 74% em relação ao ano passado."

> "A taxa de mortalidade [...] aumentou para uma em cada 14 pessoas nos primeiros três meses de 2018, em comparação com uma em cada 29 no mesmo período de 2017."

> "Acredita-se que em 2017 mais de 3,1 mil pessoas perderam a vida no mar em rotas rumo à Europa, em comparação com 5,1 mil em 2016. Outras 501 pessoas morreram ou desapareceram desde o início de 2018."

> "Além das mortes no mar, pelo menos outras 75 pessoas morreram ao longo de rotas [...]."

Com base neles, explique a importância da utilização dos dados numéricos no gênero notícia.

5. A linguagem da notícia deve ser clara, objetiva e impessoal, utilizando o registro padrão formal da língua. Explique essa afirmação.

▶ Planejar

1. Nesta produção, vocês serão divididos em grupos de quatro ou cinco alunos e deverão gravar um vídeo com a notícia apresentada na unidade ("Relatório do Acnur revela mudanças no movimento migratório para a Europa"), tecendo comentários sobre ela.

2. Preparem o material que será utilizado na gravação da notícia. Enquanto o texto é lido diante da câmera, é necessário ilustrar o que está relatado na notícia com imagens relacionadas ao tema. O grupo deverá realizar pesquisas na internet e reunir uma coletânea de imagens que poderão ser utilizadas. Para isso, utilizem sites que disponibilizam imagens gratuitas, para compartilhamento em domínio público. Além disso, alguns dos dados estatísticos que aparecem na notícia deverão ser apresentados em forma de gráfico, tabela ou infográfico. Produzam esse material separadamente.

3. Distribuam as funções dentro do grupo: uma pessoa para filmar; duas para interpretar os repórteres e dividir a apresentação da notícia (por exemplo, uma para ler a notícia e outra para apresentar os gráficos); e duas pessoas para fazer os comentários depois que a notícia for lida.

4. Todos do grupo desempenharão o papel de produtores, já que deverão pesquisar outras informações relacionadas ao tema da notícia para serem utilizadas durante os comentários.

5. Escolham um lugar adequado para a gravação, com silêncio e boa iluminação. E preparem os equipamentos, que podem ser um celular com boa captação de áudio e vídeo ou uma câmera própria para esse fim. Não se esqueçam de uma mesa/bancada para os apresentadores, onde também ficarão os convidados.

▶ Produzir

1. É hora de gravar. Primeiro serão gravadas as cenas da apresentação da notícia e das falas dos comentaristas. Alguns dos gráficos e tabelas podem ser apresentados com a leitura, utilizando um cavalete, suporte ou cartaz afixado na parede. O apresentador **deverá ler o texto** olhando para a câmera e, para isso, precisa decorar o texto ou utilizar um *teleprompter* improvisado, com os textos sendo mostrados em cartazes atrás da câmera. Atenção ao ritmo da leitura, que não deverá ser muito lento nem muito rápido, ficando o mais claro possível para ser audível na gravação.

2. Após a leitura da notícia, os comentaristas tecem críticas acerca do que foi lido, comentando sobre aspectos relevantes da notícia, bem como apresentando contrapontos e outras informações que complementem o texto. Os apresentadores também podem fazer alguns comentários, mas precisam tomar cuidado para não tomar a fala dos comentaristas. Atentem-se para o registro linguístico a ser utilizado, que deverá estar mais próximo do padrão formal, sendo claro e objetivo para ser entendido facilmente pelos espectadores.

> **AMPLIANDO O CONHECIMENTO**
>
> ### Teleprompter
>
> O *teleprompter*, ou *teleponto*, é utilizado em gravações jornalísticas, sendo um equipamento acoplado à câmera que mostra o texto à medida que este vai sendo lido pelo apresentador.
>
>
>
> O apresentador do telejornal lê o *teleprompter*.

3. Após a gravação, o vídeo será editado, o que pode ser feito utilizando-se programas gratuitos disponíveis na internet. As gravações dos apresentadores deverão ser alternadas com as imagens previamente selecionadas e os gráficos preparados, deixando, nesses momentos, o áudio ao fundo (também chamado *off*, na esfera jornalística). As imagens dos comentaristas também podem ser alternadas com as pesquisadas, mas é importante manter o destaque do papel do comentarista e incluir as suas imagens apenas depois da notícia lida. O vídeo final deverá ter em torno de 5 minutos.

▶ Compartilhar e avaliar

1. Após a edição do vídeo, apresentem-no em sala de aula para o professor e toda a turma, a fim de que possam ser elencados possíveis aprimoramentos necessários. Para isso, observem as seguintes perguntas:
   - Os apresentadores e comentaristas utilizaram o registro adequado?
   - A leitura da notícia foi realizada de modo claro?
   - Os comentários foram pertinentes à notícia?
   - Os gráficos, as tabelas e os infográficos apresentados ficaram compreensíveis?
   - As imagens escolhidas dialogam com a notícia?
   - A edição do vídeo contemplou as características esperadas para o gênero notícia?
   - A remidiação do texto escrito para o texto oral, com a mudança de suporte (do *site*/livro didático para o vídeo), foi adequadamente realizada?

2. Comparem as abordagens dadas pelos grupos e sugiram aprimoramentos. Com base nas sugestões realizadas pelo professor e pelos colegas, alterem o vídeo antes de disponibilizá-lo para visualização.

▶ Divulgar

1. Os vídeos produzidos pela turma poderão ser postados no *site* da escola, em um canal criado pela turma no YouTube ou num *site* desenvolvido com o objetivo de divulgar os trabalhos. Além disso, todos os vídeos podem ser reunidos como se compusessem uma grande reportagem ou mesmo um programa de TV especial. Pode, ainda, ser realizada uma sessão na escola, quando os vídeos serão apresentados para a comunidade.

DIÁLOGOS

Fotojornalismo e fotografias artísticas

No final do século XIX, nos Estados Unidos da América, surgiram as primeiras câmeras fotográficas. Nessa época, tanto o aparelho quanto os materiais utilizados para a revelação de fotografias eram muito caros e, por isso, fotografar era um privilégio para poucos.

Com o desenvolvimento da tecnologia, a empresa Kodak, pioneira na produção de câmeras, passou a vender comercialmente o produto, divulgando as facilidades do novo equipamento. Em pouco tempo, a fotografia passou a ser usada para o registro de imagem de pessoas, assim como de cenas do cotidiano.

Objeto Educacional Digital

Você sabe o que é *design* em movimento? Ainda que não conheça o conceito, já deve ter visto vários exemplos na televisão e na internet. Descubra neste objeto digital o que é o *design* em movimento e veja alguns exemplos.

Primeira propaganda de máquina fotográfica. O *slogan* do anúncio diz: "Você aperta o botão, nós fazemos o resto".

Ao longo do século XX, a imprensa se apropriou da fotografia para o registro de fatos importantes e, com o desenvolvimento de lentes e técnicas de iluminação, as fotografias passaram a ser usadas também por artistas, transformando as clássicas formas de produção de arte.

As imagens que você verá a seguir foram publicadas em diferentes suportes: a primeira, em jornal de circulação nacional; a segunda, em livro. Compare-as e observe suas peculiaridades.

I.

Fotografia publicada no jornal *O Globo*, em reportagem fotográfica sobre a desocupação de campo de refugiados em Calais, na França, 2016.

256 **Unidade 10** Mudanças e deslocamentos

II.

Estação de trem em Mumbai, Índia, 2002.

Diversos elementos constituem as fotografias: cores, formas, figuras e focalização. Na fotografia, o foco tem a função de comunicar o assunto principal da peça fotográfica. Ele ressalta alguma informação da cena, fazendo com que os olhos do expectador sejam levados automaticamente para o ponto destacado.

Na fotografia I, por exemplo, nota-se que o fotógrafo direcionou nossos olhos para as figuras humanas e capturou objetivamente a imagem dos homens em movimento. Para conseguir seu objetivo, o fotógrafo ajustou a lente da câmera, focalizando os personagens e estabelecendo o plano central da fotografia. Em seguida, clicou rapidamente para capturar o fato vivenciado naquele exato instante, pois não podia perder a oportunidade de registrar o acontecimento. Dessa maneira, a fotografia está a serviço da notícia, da mensagem a ser noticiada.

Não se pode dizer que há a mesma objetividade na fotografia II, visto que diferentes planos imagéticos estão sobrepostos: a imprecisão da imagem sugere, à esquerda, algumas pessoas paradas entre outras em movimento, enquanto um trem parece cruzar perpendicularmente a composição e, ao fundo, a lente focaliza uma pequeno agrupamento à espera do próximo vagão. O fotógrafo, antes de clicar, observou os vários planos da cena, avaliou os recursos técnicos de sua máquina e planejou a elaboração da imagem. Para conseguir compor tal efeito, ele fez o enquadramento e clicou com o botão da câmera capaz de modificar a velocidade de captura da imagem, produzindo a impressão de movimento.

Como podemos notar, diferentes técnicas podem gerar diferentes efeitos e sentidos.

1. Que elementos imagéticos aproximam a temática das duas fotografias?

2. Considerando o suporte de publicação das fotografias, comente a função comunicativa de cada uma delas.

3. Comente o efeito de sentido que as fotografias promovem nos leitores.
   a) Qual das duas promove mais estranhamento?
   b) Em que medida o uso de diferentes focos na mesma imagem cria sentidos mais amplos para a interpretação da cena?

4. Qual é a reflexão sugerida na fotografia II? Como podemos interpretar a sobreposição dos dois planos nessa fotografia? Como podemos interpretar os diferentes focos para captar a imagem das pessoas na multidão?

Enem e vestibulares

1. Enem

Galinha cega

O dono correu atrás de sua branquinha, agarrou-a, lhe examinou os olhos. Estavam direitinhos, graças a Deus, e muito pretos. Soltou-a no terreiro e lhe atirou mais milho. A galinha continuou a bicar o chão desorientada. Atirou ainda mais, com paciência, até que ela se fartasse. Mas não conseguiu com o gasto de milho, de que as outras se aproveitaram, atinar com a origem daquela desorientação. Que é que seria aquilo, meu Deus do céu? Se fosse efeito de uma pedrada na cabeça e se soubesse quem havia mandado a pedra, algum moleque da vizinhança, aí… Nem por sombra imaginou que era a cegueira irremediável que principiava.

Também a galinha, coitada, não compreendia nada, absolutamente nada daquilo. Por que não vinham mais os dias luminosos em que procurava a sombra das pitangueiras? Sentia ainda o calor do sol, mas tudo quase sempre tão escuro. Quase que já não sabia onde é que estava a luz, onde é que estava a sombra.

GUIMARAENS, J. A. *Contos e novelas*. Rio de Janeiro: Imago, 1976 (fragmento).

Ao apresentar uma cena em que um menino atira milho às galinhas e observa com atenção uma delas, o narrador explora um recurso que conduz a uma expressividade fundamentada na:

a) captura de elementos da vida rural, de feições peculiares.

b) caracterização de um quintal de sítio, espaço de descobertas.

c) confusão intencional da marcação do tempo, centrado na infância.

d) apropriação de diferentes pontos de vista, incorporados afetivamente.

e) fragmentação do conflito gerador, distendido como apoio à emotividade.

2. UFRR-RR

Leia o fragmento a seguir:

De acordo com os cientistas, sou classificado pela ordem, subordem, infraordem, família, gênero e espécie. […] Trocando a miúdos, sou um guariba-vermelho, também conhecido por bugio-labareda, macaco-roncador e barbado. Sou mamífero de sangue quente. Espero que a genética da nossa espécie nunca se degenere a ponto de nos tornarmos seres infelizes e produtores de lixo como o bicho-homem. […]

[…] Por que não consigo transformar meu luto em luta? — Pois é, meu filho. Você é uma obra-prima da Mamãe Natureza. Você é um guariba querido e amado pelos parentes e pela floresta. Você é um barril de alegria, que explode a vida em aventuras mil.

De acordo com o texto, é correto afirmar que:

a) Por que não consigo transformar meu <u>luto</u> em <u>luta</u>? As palavras destacadas pertencem a classes gramaticais distintas, sendo: luto, um substantivo masculino; luta, um adjetivo com função sintática de objeto direto.

b) As palavras "subordem" e "infra<u>ordem</u>" são formadas pelo processo de derivação prefixal e ambas devem ser grafadas com hífen por se tratar de um vocábulo iniciado com a vogal "o".

c) Os substantivos "mamífero", "barril" e "ser" flexionados no diminutivo plural, teríamos: "mamiferozinhos", "barrilzinhos" e "seresinhos"; enquanto que os vocábulos "querido" e "amado" não são adjetivos, apenas fazem referência a um macaco.

d) O emprego do acento agudo na letra u na palavra "miúdos" justifica-se pela mesma razão que se acentua a letra i da palavra "família".

e) Em: "Você <u>é um barril</u> de alegria, que explode a vida em aventuras mil". No termo destacado, aparece uma metáfora; o substantivo "alegria" é abstrato; e a linguagem empregada em todo o período é conotativa.

3. IFMA-SP

A tocha da austeridade

Com patrocínios em baixa e despesas em alta, o Comitê Rio 2016 <u>passa a tesoura</u> em gastos e mordomias para equilibrar as contas. O mais difícil é equilibrar os egos.

Quando o Rio de Janeiro derrubou pesos-pesados como Chicago e Tóquio e venceu a disputa para sediar os Jogos de 2016, os olhos do mundo se viraram com otimismo para um emergente Brasil. Em 2009, o ano da escolha carioca, com a crise mundial a emperrar as grandes economias, apostava-se que patrocinadores afluiriam aos montes à medida que o projeto olímpico tomasse corpo.

258 **Unidade 10** Mudanças e deslocamentos

Feitas as contas, porém, percebeu-se que entrou menos dinheiro no caixa do comitê organizador local do que se esperava a um ano do grande espetáculo – algo em torno de 400 milhões de reais abaixo do projetado nos tempos em que o Cristo Redentor <u>disparava como um</u> foguete na capa da revista inglesa *The Economist*. Um misto de burocracia e marasmo econômico dentro e fora do país espantou as empresas. Os patrocínios não são a única razão, mas a principal, para o comitê, preocupado em não <u>entrar no vermelho</u>, rever o plano original e passar a tesoura em uma lista de itens.

RITTO, Cecília. *Veja*, ed. 2434, ano 48, n. 28, p. 78, 15 de julho de 2015.

Sobre o texto, as expressões <u>*"passar a tesoura"*</u>, *"disparar como um foguete"* e *"entrar no vermelho"* foram utilizadas no sentido:

a) conotativo, pois foram utilizadas no sentido literal.

b) denotativo, porque seus significados são literais.

c) conotativo e denotativo, dependendo da parte do texto em que foram empregadas tais expressões.

d) denotativo, visto que se referem ao sentido figurado.

e) conotativo, já que se referem ao sentido figurado.

4. **Enem**

Nunca tinha ido ao teatro, e mais de uma vez, ouvindo dizer ao Meneses que ia ao teatro, pedi-lhe que me levasse consigo. Nessas ocasiões, a sogra fazia uma careta, e as escravas riam à socapa; ele não respondia, vestia-se, saía e só tornava na manhã seguinte. Mais tarde é que eu soube que o teatro era um eufemismo em ação. Meneses trazia amores com uma senhora, separada do marido, e dormia fora de casa uma vez por semana. Conceição padecera, a princípio, com a existência da comborça; mas, afinal, resignara-se, acostumara-se, e acabou achando que era muito direito.

ASSIS, M. et al. *Missa do galo*: variações sobre o mesmo tema. São Paulo: Summus, 1977 (fragmento).

No fragmento desse conto de Machado de Assis, "ir ao teatro" significa "ir encontrar-se com a amante". O uso do eufemismo como estratégia argumentativa significa:

a) personificar a prontidão em "ir ao teatro".

b) exagerar quanto ao desejo de "ir ao teatro".

c) esclarecer o valor denotativo de "ir ao teatro".

d) suavizar uma transgressão matrimonial.

e) reforçar compromisso com o casamento.

5. **FAAP-SP**

Leia o texto:

Iracema, a virgem dos lábios de mel, que tinha os cabelos mais negros que a asa da graúna, e mais longos que seu talhe de palmeira. O favo da jati não era doce como seu sorriso; nem a baunilha recendia no bosque como seu hálito perfumado.

Esse fragmento elabora-se estilisticamente com figuras de linguagem caracterizadoras do estilo poético de Alencar e apresenta, predominantemente, as seguintes figuras de linguagem:

a) antíteses e hipérboles.

b) comparações e antíteses.

c) metáforas e comparações.

d) pleonasmos e metáforas.

e) metonímias e prosopopeias.

6. **ITA-SP**

Assinale a alternativa que melhor complete o seguinte trecho:

No plano expressivo, a força da _____ em _____ provém essencialmente de sua capacidade de _____ o episódio, fazendo _____ da situação a personagem, tornando-a viva para o ouvinte, à maneira de uma cena de teatro _____ o narrador desempenha a mera função de indicador de falas.

a) narração – discurso indireto – enfatizar – ressurgir – onde.

b) narração – discurso onisciente – vivificar – demonstrar-se – donde.

c) narração – discurso direto – atualizar – emergir – em que.

d) narração – discurso indireto livre – humanizar – imergir – na qual.

e) dissertação – discurso direto e indireto – dinamizar – protagonizar – em que.

UNIDADE 11
VIVER EM SOCIEDADE

Roda de conversa

1. O que é política para você?
2. Na charge de Mário Tarcitano, que ideia sobre a política se evidencia?

O que você vai aprender

Gêneros
- Texto teatral
- Artigo acadêmico

Língua e linguagem
- Registros formal e informal da linguagem

Oficinas de produção
- Debate
- Texto teatral

Conheça

Livros
- *1984*, de George Orwell (Companhia das Letras).
- *Admirável mundo novo*, de Aldous Huxley (Biblioteca Azul).
- *Eu também quero participar! Cidadania e política aqui e agora*, coordenação de Caia Amoroso Alves e Januária Cristina (Moderna).
- *O livro da política*, de vários autores (Globo).
- *O que é política*, de Wolfgang Leo Maar (Brasiliense).
- *Os clássicos da política*, organização de Francisco Weffort (Ática).

Filmes e série
- *A onda*. Direção: Dennis Gansel. Alemanha, 2008.
- *Cidadão Kane*. Direção: Orson Welles. Estados Unidos, 1941.
- *O candidato*. Direção: Michael Ritchie. Estados Unidos, 1972.
- *O grande ditador*. Direção: Charles Chaplin. Estados Unidos, 1940.
- *Olga*. Direção: Jayme Monjardim. Brasil, 2004.
- *House of cards*. Direção: David Fincher, Kevin Spacey e Eric Roth. Estados Unidos, 2013.

Músicas
- "*Apesar de você*", de Chico Buarque.
- "*Até quando?*", de Gabriel, o Pensador, Tiago Mocotó e Itaal Shur.
- "*Fé na luta*", de Gabriel, o Pensador e Papatinho.
- "*Brasil*", de Cazuza.
- "*Podres poderes*", de Caetano Veloso.
- "*Fermento pra massa*", de Criolo.

Na internet
- Politize: <www.politize.com.br>.
- Sabedoria Política: <www.sabedoriapolitica.com.br>.
- Observatório da Imprensa: <http://observatoriodaimprensa.com.br>.
- Poliarquia: <http://poliarquia.com.br>.
- Portal da Juventude – Secretaria Nacional da Juventude: <http://juventude.gov.br>.
- Outras Palavras: <http://outraspalavras.net>.

GILMAR. Charge "Cenário político", 2018.

1. Leia o título do texto a seguir. Você sabe o que é *black-tie*?

2. Com base no título, faça inferências sobre quem são os personagens desse texto.

Você lerá a seguir o trecho final de um texto teatral escrito em 1958 pelo ator e autor Gianfrancesco Guarnieri. Ao ser encenada, a obra *Eles não usam* black-tie – primeira peça de teatro do autor – revelou-se diferente de tudo o que havia sido produzido no teatro brasileiro até então. As cenas foram idealizadas e compostas apenas com elementos essenciais, dispensando-se qualquer excesso nos cenários ou nos figurinos. Os personagens são operários e moradores do morro, e os conflitos retratados refletem o momento sócio-histórico brasileiro de quando o texto foi produzido. A temática central da peça, ambientada em uma favela nos anos 1950, são as relações de trabalho em um momento de greve dos operários que a protagonizam.

A narrativa apresenta-se por meio do conflito entre o pai e o filho, que têm posições distintas em relação à greve. Otávio, o pai, é um operário experiente que, ao longo dos anos, enfrentou lutas importantes e situações difíceis para defender a valorização dos trabalhadores. Tião, o filho, foi criado longe da favela e não teve contato com o conjunto de problemas que motivavam as reivindicações e a luta trabalhista de sua família e dos demais operários que moravam na periferia.

Tião não quer aderir à greve liderada por seu pai e Maria, moça com quem pretende se casar e que está grávida. Os patrões propõem a Tião um aumento salarial e uma promoção de cargo caso não participe da greve. Em uma situação delicada, ele decide furar a greve, pois almeja sair da favela com sua futura esposa e seu filho. Temendo a reação dos companheiros de trabalho e de seus familiares, Tião diz a todos que fora convidado para trabalhar como ator de cinema. No entanto, a mentira não dura muito tempo.

....

Eles não usam *black-tie*

(Terceiro ato – Segundo quadro)

Personagens

Otávio	Romana
Tião	Maria
João	Bráulio
Chiquinho	Terezinha

Cenário: Barraco da Romana. Mesa de centro. Um pequeno fogareiro, cômoda, caixotes servem de bancos. Há apenas uma cadeira. Dois colchões onde dormem Chiquinho e Tião.

Segunda-feira, 7 horas da noite.

Tião – Não adianta, cunhado. O que fiz tá feito e eu faria de novo.

João – Não tou discutindo isso. Tou só dizendo que agora não tem mais jeito. Tu vivê no morro não vive mais. Só se prová que quer voltá atrás.

Tião – Esquece. Isso eu não faço!

João – Tu já viu o ambiente como é que está, ninguém mais te olha. Se falam contigo é pra te gozá. E de covarde pra baixo! Pra Maria também não é bom.

Tião – Maria não é obrigada a aguentá. Eu vou embora e levo ela comigo.

João – Sei não cunhado. Escuta. Eu sei que tu não furou a greve por covardia. Eu sei que tu não é covarde, foi pra se defendê. Tu não tinha a confiança que os outros tinham. Mas tu não é contra a gente, não custa nada se retratá. Explica com franqueza, eles vão entendê. Devolve o dinheiro que o gerente te deu, adere à greve, faz alguma coisa!

Tião – Não tenho nada que pedi desculpa a ninguém. O que fiz, fazia de novo. Cada um resolve seus galhos do seu jeito!

João – Então, meu velho, hoje mesmo é saí daqui. Conheço o Otávio, ele vai te mandá embora!

Cena teatral de *Eles não usam* black-tie, 2001.

Tião – Problema dele! Eu vou embora, me arrumo, fui criado na cidade. Depois, dou um jeito. Arranjo uma casa de cômodos, alguma coisa, e levo Maria...

João – Eu pensei que tudo ia sê bem diferente!

Tião – Eu também gostaria que fosse.

João – Tu toma cuidado por aí. Tem gente querendo te pegá.

Tião – Que venham. Não tenho medo, sei me defendê. Já deixei esse cincão na cara de muita gente!

João – Tu viu que pegaram Jesuíno!

Tião – Bem-feito pra ele. Eu tinha avisado.

João – Tá com o braço quebrado.

Tião – O que ele fez não se faz. Querê enganá os outros tá errado. Eu disse que a turma ia sabê.

João – Pegaram ele quando ia saindo da fábrica e depois souberam de tudo. Esse é outro que se azarou.

Tião – Pera aí, tem uma diferença! Ele procurou se ajeitar, eu não. Tinha uma opinião e fui até o fim. Furei greve e digo pra todo mundo!

João – Bom, se precisá de um amigo sabe que tem um aqui às ordens!

Tião – Obrigado, velho. Nessa altura, amigo, já não adianta muito, não. É esquisito, não é mais o problema de um cara contra outro cara, é um problema maior! Eu sabia que a turma ia dá o desprezo se a greve desse certo, mas não pensava que ia sê assim. Não é só desprezo que a gente sente, é como... Sei lá!... É como se a gente fosse peixe e deixasse o mar pra vivê na terra... É esquisito! A gente faz uma coisa porque quer bem e, no fim, é como se a gente deixasse de ser.

João (*intrigado*) – Não estou te entendendo!...

Tião – É. É muito esquisito!

Maria (*entrando apressada*) – Já tá solto. Tão subindo o morro!

João – Agora, velho, é aguentá!

Maria –Tá toda a turma com o seu Otávio. Que bom, tão fazendo uma bruta festa pra ele...

Tião – Eu estraguei a festa.

Maria (*indecisa*) – Tião... Tião...

Tião – Fala.

Maria – Nada. Escuta, é melhor tu ir embora. Depois, tu conversa com seu Otávio. Quando ele estiver mais descansado...

Tião – Não. O que tem que ser, tem que ser. Eu espero ele. Não é bicho, é meu pai!

Maria – Não é por tua causa, por causa dele. É melhor conversá com ele depois.

João – Pros outros já foi duro, imagina pra ele...

Tião –Tu diz que é meu amigo e fala assim? Tá bom... E tu, Maria?

Maria – Eu o quê?

Tião – Já virei lobisomem pra você também?

Maria – Deixa disso. Eu sei que foi por minha causa. Eu tou do teu lado...

Tião (*sério*) – Que bom!... É, seu João! A gente deixa de ser... É que nem peixe na terra... (*Sai.*)

Maria – Como é que ele tá?

João – Desse jeito. Aposto que ele queria não tê feito nada. Mas é orgulhoso que nem uma peste!

Maria – Não foi por mal!...

João – Vai explicá isso a todo mundo!

Maria – E agora?

João – Agora, Maria, é aguentá. Aqui ele não pode ficá. O pai, pensando como pensa, não deixa ele em casa. Vai sê questão de honra. O jeito é ele deixá o morro... Disse que depois vem te buscá, que vai arranjá um quarto numa casa de cômodos.

Maria (*pensativa quase chorando*) – Vai tê que deixá o morro.

João – Ele tá sofrendo, mas foi apressado. Não sei por que esse medo da greve! Os outros todos confiaram, ele não.

Maria – João, eu tô com medo!

João – Calma!

Maria – Tou sim! Tu já imaginou? Deixá isso tudo, assim, de repente? Tião não conhece mais ninguém, vai tê que fazê novas amizade...

(*De fora, vozes e "salves" para Otávio.*)

João – Tão aí? Aguenta a mão, não faz cara de choro!

(*Entram Romana, Chiquinho, Terezinha, Bráulio e Otávio.*)

Romana – Senta, meu velho, senta! Tu já andou demais!

Bráulio – É melhor descansar!

Otávio – Deixa disso, também não me mataram! (*Vendo João e Maria.*) Vocês tão aí? Como é que é seu João? Que cara de espanto é essa, D. Maria? Fui em cana, só isso!

Maria – Mas tá tudo bem?

Otávio – Tamos aí, na ativa!

Bráulio – Também, D. Romana fez revolução na polícia!

264 **Unidade 11** Viver em sociedade

Otávio – Êta, velha barulhenta! Quase que fica também.

Romana – E não é pra gritá? Prendê o homem da gente, assim à toa?

Chiquinho – O senhor ficou atrás das grade, pai?

Otávio – Que grade! Fiquei numa sala e num tava sozinho, não! Tinha uma porção!

Chiquinho – E bateram no senhor?

Romana – Deixa de perguntá besteira, menino.

Bráulio – O fato é que tu tá solto e pronto pra outra. Não é, bichão?

Otávio – E bem pronto. Só as costelas que doem um bocado mas, amanhã, tá tudo em dia!

Bráulio – A turma é ou não é do barulho?

Otávio – Êta, se é! Nego ia entrando, a gente conversava uns minutos e pronto! Já tava o homem ajudando no piquete. O aumento vai saí estourado!

Maria – A greve dura muito?

Bráulio – Acho que não. Mais um ou dois dias. Eles têm que concordá, se não o prejuízo é maior!

Otávio (*a Bráulio, interessadíssimo*) – É verdade que a Sant'Angela tá pra aderí?

Bráulio (*com uma risada alegre*) – É, sim senhor!

Otávio (*contentíssimo*) – Isso é que serve! (*A Romana*) Velha, dá um café aqui pro papai!

Romana (*indo ao fogão*) – Já, já. Mas tu não toma jeito, hein, descarado?

Bráulio – Isso é assim mesmo, D. Romana!

Tião (*aparecendo na porta*) – Com licença!

(*Todos esfriam. Mudos. Estáticos.*)

Terezinha (*Depois de alguns instantes quebra o silêncio*) – Tá vendo Tião, soltaram seu Otávio! (*Chiquinho dá-lhe um beliscão. Pausa.*)

Romana – Vai ficá que nem estaca na porta, entra!

Tião (*a Otávio*) – Eu queria conversá com o senhor!

Otávio – Comigo?

Tião (*firme*) – É.

Otávio – Minha gente, vocês querem dá um pulo lá fora; esse rapaz quer conversá comigo.

Otávio – Obrigado! (*Saem. Tião e Otávio ficam a sós.*) Bem, pode falá.

Tião – Papai...

Otávio – Me desculpe, mas seu pai ainda não chegou. Ele deixou um recado comigo, mandou dizê pra você que ficou muito admirado, que se enganou. E pediu pra você tomá outro rumo, porque essa não é casa de fura-greve!

Cena teatral de *Eles não usam black-tie*, 1987.

Tião – Eu vinha me despedir e dizer só uma coisa: não foi por covardia!

Otávio – Seu pai me falou sobre isso. Ele também procura acreditá que num foi por covardia. Ele acha que você até que teve peito. Furou a greve e disse pra todo mundo, não fez segredo. Não fez como o Jesuíno que furou a greve sabendo que tava errado. Ele acha, o seu pai, que você é ainda mais filho da mãe! Que você é um traidô dos seus companheiro e da sua classe, mas um traidô que pensa que ta certo! Não um traidô por covardia, um traidô por convicção!

Tião – Eu queria que o senhor desse um recado a meu pai...

Otávio – Vá dizendo.

Tião – Que o filho dele não é um "filho da mãe". Que o filho dele gosta de sua gente, mas que o filho dele tinha um problema e quis resolvê esse problema de maneira mais segura. Que o filho é um homem que quer bem!

Otávio – Seu pai vai ficá irritado com esse recado, mas eu digo. Seu pai tem outro recado pra você. Seu pai acha que a culpa de pensá desse jeito não é sua só. Seu pai acha que tem culpa...

Tião – Diga a meu pai que ele não tem culpa nenhuma.

Otávio (*Perdendo o controle*) – Se eu te tivesse educado mais firme, se te tivesse mostrado melhor o que é a vida, tu não pensaria em não ter confiança na tua gente...

Tião – Meu pai não tem culpa. Ele fez o que devia. O problema é que eu não podia arriscá nada. Preferi tê o desprezo de meu pessoal pra poder querer bem, como eu quero querer, a tá arriscando a vê minha mulhé sofrê como minha mãe sofre, como todo mundo nesse morro sofre!

Otávio – Seu pai acha que ele tem culpa!

Tião – Tem culpa de nada, pai!

Otávio (*Num rompante*) – E deixa ele acreditá nisso, se não, ele vai sofrê muito mais. Vai achar que o filho dele caiu na merda sozinho. Vai achar que o filho dele é safado de nascença. (*Acalma-se repentinamente.*) Seu pai manda mais um recado. Diz que você não precisa aparecê mais. E deseja boa sorte pra você.

Tião – Diga a ele que vai ser assim. Não foi por covardia e não me arrependo de nada. Até um dia. (*Encaminha-se para a porta.*)

Otávio (*Dirigindo-se ao quarto dos fundos*) – Tua mãe, talvez, vai querê falá contigo... Até um dia! (*Tião pega uma sacola que deve estar debaixo de um móvel e coloca seus objetos. Camisas que estão entre as trouxas de roupa, escova de dentes, etc.*)

Romana (*Entrando*) – Te mandou embora mesmo, não é?

Tião – Mandou!

Romana – Eu digo que vocês tudo estão com a cabeça virada!

Tião – Não foi por covardia e não me arrependo!

Romana – Eu sei. Tu é teimoso... e é um bom rapaz. Tu vai pra onde?

Tião – Vou pra casa de um amigo da fábrica. Ele mora na Lapa.

Romana – E ele vai deixá tu ficá lá? Também furou a greve?

Tião – Furou não, mas é meu amigo. Vai discuti pra burro, como todo mundo discute, mas vai deixá eu ficá lá uns tempos. É ele e a mãe, só!

Romana – E depois?

Tião – Depois o quê?

Romana – O que tu vai fazê?

Tião – Vou continuá na fábrica, tá claro! Lá dentro eu me arrumo com o pessoal. Arranjo uma casa de cômodos e venho buscar Maria!

Romana – Tu fez tudo isso pra ir pra uma casa de cômodos com Maria?

Tião – Fiz tudo isso pra não perder o emprego!

Romana – E tu acha que valeu a pena?

266 **Unidade 11** Viver em sociedade

Tião – O que tá feito, tá feito, mãe!

Romana – Teu terno tá lavando. Tu busca outro dia.

Tião – A senhora é um anjo, mãe!

Romana – Tu vai vê que é melhó passá fome no meio de amigo, do que passá fome no meio de estranho!...

Tião – Vamos vê!

Romana – Dá um abraço! (*Abraçam-se.*) Vai com Deus! E deixa o endereço daqui no bolso, qualquer coisa a gente sabe logo!

Tião – Se não fosse a senhora, eu diria que tava agourando! Eu venho buscá o resto da roupa...

Maria (*Entrando*) – Tu vai embora?

Tião – Tu já não desconfiava?

Maria – E agora? (*Romana vai para o fundo e fica impassível.*)

Tião – Tá tudo certo. Não perdi o emprego, nem vou perdê. A greve tá com jeito de dá certo, vou ser aumentado. Tu vai receber aumento na oficina. Nós vamos pra um quarto na cidade, nós dois. Depois, vem o Otavinho e vamos levando a vida, não é assim?

Cena teatral de *Eles não usam black-tie*, 2000.

Maria – Quer dizê que tu perdeu os amigo?

Tião – Sobram alguns! Teu irmão, alguns da fábrica...

Maria (*Abanando a cabeça, profundamente triste*) – Não... não...

Tião – Nós vamos casá, vamos embora, fazê uma vida pra gente. Isso que aconteceu...

Maria – Não... não tá certo... Deixá isso, não tá certo!...

Tião – Não te preocupa, dengosa, vai dá tudo certo. Nós vamos pra cidade, só isso!... Eu fiz uma coisa que me deu o desprezo do pessoal, mas você não. Você não tem o desprezo de ninguém!...

Maria (*Cai num choro convulsivo*) – Não..., não tá certo!

Tião – Maria, não tinha outro jeito, querida. Eu tinha que pensar... A greve deu certo como podia não dar... E tudo aconteceu na última hora... Quando eu cheguei na fábrica a maioria queria entrá. Depois é que mudou... Eu fui um dos primeiros a entrá... podia não ter dado certo. Papai pode ainda perdê o emprego. Eles dão um jeito! E eu? Tu já imaginou o que podia acontecê? Agora não, nós tá seguro!

Maria (*Sempre chorando*) – Não tá certo!... Deixá isso, não tá certo, deixá isso... (*Perde as forças e cai chorando copiosamente.*)

Tião – Mariinha, escuta! Eu fiz por você, minha dengosa! Eu quero bem! Eu tinha... Eu tinha que dá um jeito... O jeito foi esse.

Maria – Deixá o morro, não! Nós vamo sê infeliz! A nossa gente é essa! Você se sujou!... Compreende!

Tião – É que eu quero bem!... Mas não foi por covardia!

Maria (*Idem*) – Foi... foi... foi... foi por covardia... foi!

Tião (*Aflito*) – Maria escuta!... (*A Romana*) Mãe. Ajuda aqui! (*Romana não se mexe*)... Eu tive... Eu tive...

Maria – Medo, medo, medo da vida... você teve!... preferiu brigá com todo mundo, preferiu o desprezo... porque teve medo!... Você num acredita em nada, só em você. Você é um... um convencido!

Tião – Dengosinha... Não é tão ruim a gente deixá o morro. Já é grande coisa!... Você também quer deixá o morro. Depois a turma esquece, aí tudo fica diferente!...

Maria – Eu quero deixá o morro com todo mundo: D. Romana, mamãe, Chiquinho, Terezinha, Ziza, Flora... Todo mundo... Você não pode deixá sua gente! Teu mundo é esse, não é outro!... Você vai sê infeliz!

Tião (*Já abafado*) – Maria, não tem outro jeito!... Eu venho buscar você!

Maria – Não pode, não pode... tá tudo errado, tudo errado!... Por quê?... Tá tudo errado!...

Tião (*Quase chorando também*) – Maria você precisa me entender, você precisa me ajudá!... Vem comigo!...

Maria – Não vou... não vou!...

Tião – Foi por você...

Maria – Não... não... tá tudo errado! (*Chora convulsivamente.*)

Tião – Maria, pelo menos tu sabe que eu arranjei saída. (*Quase com raiva*) Agora tá feito, não adianta chorá!

Maria – Eu acreditei... eu acreditei que tu ia agi direito... Não tinha razão pra brigá com todo mundo... Tu tinha emprego se perdesse aquele... Tu é moço... Tinha o cara do cinema...

Tião (*Irrita-se cada vez mais. Uma irritação desesperada*) Mariinha, não adiantava nada!... Eu tive... eu tive...

Maria – Medo, medo, medo...

Tião (*Num grande desabafo*) – Medo, está bem Maria, medo!... Eu tive medo sempre!... A história do cinema é mentira! Eu disse porque eu quero sê alguma coisa, eu preciso sê alguma coisa!... Não queria ficá aqui sempre, tá me entendendo? Tá me entendendo? A greve me metia medo. Um medo diferente! Não medo da greve! Medo de sê operário! Medo de não saí nunca mais daqui! Fazê greve é sê mais operário ainda!...

Maria – Sozinho não adianta!... Sozinho tu não resolve nada!... Tá tudo errado!

Tião – Maria, minha dengosa, não chora mais! Eu sei, tá errado, eu entendo, mas tu também tem que me entendê! Tu tem que sabê por que eu fiz!

Maria – Não, não... Eu não saio daqui!

Cena teatral de *Eles não usam* black-tie, 2000.

Tião (*Num desabafo total*) – Minha *Miss* Leopoldina, eu quero bem!... Eu queria que a gente fosse que nem nos filmes!... Que tu risse sempre! Que sempre a gente pudesse andar no parque! Eu tenho medo que tu tenha de sê que nem todas que tão aí!... Se matando de trabalhá em cima de um tanque!... Eu quero minha *Miss* Leopoldina... Eu te quero bem! Eu quero bem a todo mundo!... Eu não sou um safado!... Mas para de chorá! Se você quisé eu grito pra todo mundo... que eu sou um safado! (*Gritando para a rua*) Eu sou um safado!... Eu traí... Porque tenho medo... Porque eu quero bem! Porque eu quero que ela sorria no parque pra mim! Porque eu quero viver! E viver não é isso que se faz aqui!

Maria –Tião!...

Tião – Mariinha, minha dengosa (*Atira-se sobre ela. Abraçam-se.*) E agora, Maria, o que vou fazer?

Maria – Não posso deixá o morro... Deixando o morro, o parque também ia ser diferente! Tá tudo errado!... Reconhece!

Tião – Não posso ficá, Maria... Não posso ficá!...

Maria (*Para de chorar. Enxuga as lágrimas.*) – Então, vai embora... Eu fico. Eu fico com Otavinho... Crescendo aqui ele não vai tê medo... E quando tu acreditá na gente… por favor... volta! (*Sai.*)

Tião – Maria, espera!... (*Correndo, segue Maria. Pausa.*)

Otávio (*Entrando*) – Já acabou?

Romana – Vai falá com ele, Otávio... Vai!

Otávio – Enxergando melhó a vida, ele volta. (*Retoma ao quarto. Entram Chiquinho e Terezinha.*)

Chiquinho – Sabe, mãe, aquele samba...

Terezinha – O samba do "Nós não usa *black-tie*".

Chiquinho –Tá tocando no rádio...

Romana – O quê?

Terezinha – O samba do Juvêncio, [...] das bandas do cruzeiro!

Chiquinho – Ele tá chateado à beça. O samba tá com o nome de outro cara. (*Sai correndo.*)

Terezinha – Eu fiquei com pena do Juvêncio. Tá perto da bica, chorando! Chiquinho! (*Sai.*)

(*Romana, sozinha. Chora mansamente. Depois de alguns instantes, vai até a mesa e começa a separar o feijão. Funga e enxuga os olhos…*)

Fim

GUARNIERI, Gianfrancesco. *Eles não usam black-tie*. 24. ed. São Paulo: Civilização Brasileira, 2010. p. 96-108.

Quem é o autor?

Gianfrancesco Guarnieri nasceu em Milão, na Itália, em 1934, e com 2 anos de idade imigrou com os pais para o Brasil. Estabeleceram-se inicialmente no Rio de Janeiro, mas foi em São Paulo que ele viveu mais tempo. Como dramaturgo, autor e ator, buscava representar e discutir os problemas sociopolíticos de seu tempo. Fez parte do grupo teatral que formou o Teatro Paulista do Estudante e do que fez do Teatro de Arena um dos mais importantes no cenário cultural brasileiro da década de 1950. Guarnieri faleceu em 2006 na capital paulista.

Interagindo com o **texto teatral**

1. O texto da peça *Eles não usam* black-tie apresenta marcas linguísticas características do registro informal. A opção do autor por esse recurso de construção textual se justifica devido:

a) à intenção de se buscar representar um contexto social específico.

b) à pretensão de se criar uma peça adequada à tradição do teatro brasileiro.

c) ao propósito de ressaltar a marginalização de certas variantes linguísticas.

d) ao desejo de enfatizar as diferenças da língua falada no Brasil.

e) ao interesse de se entender os modos distintos pelo quais os falantes do país usam o português.

2. Releia estes trechos.

> **Tião** – Não adianta, cunhado. O que fiz tá feito e eu faria de novo.

> **Tião** – Não tenho nada que pedi desculpa a ninguém. O que fiz, fazia de novo. Cada um resolve seus galhos do seu jeito!

A repetição da ideia presente nas falas de Tião reforça que esse personagem, em relação à atitude que tomou, está:

a) arrependido.　　**b)** decidido.　　**c)** desconfiado.　　**d)** incerto.　　**e)** temeroso.

3. Por que João recomenda a Tião que tome cuidado?

4. Considere esta fala de Tião: "Que venham. Não tenho medo, sei me defendê. Já deixei **esse cincão** na cara de muita gente!". Nesse contexto, a que se refere a expressão destacada?

5. Analise a comparação feita por Tião para descrever como ele se sentia.

> [...] É como se a gente fosse peixe e deixasse o mar pra vivê na terra… É esquisito! A gente faz uma coisa porque quer bem e, no fim, é como se a gente deixasse de ser.

a) O que seriam o "mar" e a "terra" para Tião?

b) Tião vive um momento de conflito em relação à sua identidade? Por quê?

6. Considere o excerto a seguir.

> **Chiquinho** – O senhor ficou atrás das grade, pai?
>
> **Otávio** – Que grade! Fiquei numa sala e num tava sozinho, não! Tinha uma porção!
>
> **Chiquinho** – E bateram no senhor?
>
> **Romana** – Deixa de perguntá besteira, menino.
>
> **Bráulio** – O fato é que tu tá solto e pronto pra outra. Não é, bichão?
>
> **Otávio** – E bem pronto. Só as costelas que doem um bocado mas, amanhã, tá tudo em dia!

a) Observe como Chiquinho fala com Otávio. Quais recursos o filho usa para dirigir-se ao pai? O que esses recursos podem indicar?

b) A segunda pergunta de Chiquinho é respondida? Justifique.

7. Por que os personagens emudecem quando Tião surge na porta, após a chegada de Otávio ao barraco?

8. Quando Otávio e Tião se encontram, ocorre um diálogo tenso entre eles.

a) Por que Otávio não se sente confortável com a aproximação de Tião?

b) Os personagens utilizam um recurso linguístico para não se dirigirem diretamente um ao outro. Qual?

c) Qual é o desfecho do diálogo?

9. Por que Maria se entristece ao saber da decisão tomada por Tião depois da conversa com Otávio?

10. Em meio aos diálogos finais entre Tião e Maria, ele desabafa e diz que teve medo. Explique as razões do medo.

11. *Eles não usam* black-tie é um texto teatral, foi escrito para ser encenado. A presença de personagens, tempo, espaço e sequência das ações sugere um enredo narrativo para a peça, a ser representada por atores e assistida pelo público.

a) No início do texto, há a indicação dos personagens e o seguinte trecho:

> **Cenário**: Barraco da Romana. Mesa de centro. Um pequeno fogareiro, cômoda, caixotes servem de bancos. Há apenas uma cadeira. Dois colchões onde dormem Chiquinho e Tião.
>
> Segunda-feira, 7 horas da noite.

Qual é a função desse trecho?

b) Como é possível acompanhar a progressão da narrativa na peça?

c) Por que o dramaturgo – autor do texto teatral – utiliza o discurso direto na peça?

d) Em geral, nos textos teatrais não existe a figura do narrador. Qual é a razão disso?

12. Ao longo do trecho de *Eles não usam* black-tie, nota-se o uso de expressões em itálico e entre parênteses. Essas são as rubricas ou **didascálias**, textos que servem para guiar os atores e a equipe de montagem de um espetáculo teatral, podendo indicar orientação de movimento ou de interpretação. Analise as rubricas dos trechos listados a seguir e, depois, associe-as corretamente à legenda.

1 Rubrica de movimento   **2** Rubrica de interpretação

a) "João (*intrigado*) – Não estou te entendendo!..."

b) "Maria (*entrando apressada*) – Já tá solto. Tão subindo o morro!"

c) "Maria (*indecisa*) – Tião... Tião..."

d) "(*Entram Romana, Chiquinho, Terezinha, Bráulio e Otávio.*)"

e) "Romana (*indo ao fogão*) – Já, já. Mas tu não toma jeito, hein, descarado?"

f) "Tião (*aparecendo na porta*) – Com licença!"

g) "Tião (*firme*) – É."

h) "Otávio (*Perdendo o controle*) – Se eu te tivesse educado mais firme, se te tivesse mostrado melhor o que é a vida, tu não pensaria em não ter confiança na tua gente..."

i) "Tião – Diga a ele que vai ser assim. Não foi por covardia e não me arrependo de nada. Até um dia. (*Encaminha-se para a porta.*)"

13. Como você compreende o título da peça depois de ler e analisar o texto?

14. É possível afirmar que há engajamento político no texto de Guarnieri? Explique como ele está expresso no texto.

15. Responda oralmente: Qual é a sua opinião sobre as posturas de Otávio e de Tião?

O **texto teatral**, como gênero, apresenta a tipologia narrativa, pois se dá com base em uma história ou enredo, composto de personagens e acontecimentos. Normalmente, esse enredo desenvolve-se em um lugar definido, de acordo com uma sequência linear, com introdução, complicação, clímax e desfecho.

Os atores reproduzem a história por meio do diálogo, cujo objetivo maior é a interação com o espectador.

Esse gênero dispensa o narrador, já que os atores têm um papel de destaque por meio de recursos como discurso direto, pausas, gestos, mímica, além de outros elementos.

O tempo no texto teatral pode caracterizar uma época ou qualquer referência à temporalidade, sem ser, necessariamente, cronológico; quando colocado em cena, revela-se quanto à duração do espetáculo ou da apresentação.

TEXTO 2

1. Antes de ler o texto a seguir, observe a estrutura dele e levante hipóteses sobre seu gênero.

2. Com base no título, nos dados sobre os autores e sobre a circulação dele, além da estrutura textual, qual parece ser o gênero desse texto?

3. Com base no título, identifique o assunto do texto.

4. Consulte a fonte do texto e veja em que veículo ele foi publicado. Em quais veículos, geralmente, são publicados textos assim?

A decisão eleitoral na era das redes sociais: a perspectiva da lógica social do voto[1]

Patrícia Gonçalves C. ROSSINI[2]
Paulo Roberto Figueira LEAL[3]
Universidade Federal de Juiz de Fora, Juiz de Fora, MG

Os *hiperlinks*, além de oferecer informação complementar, tornam possível uma experiência de leitura bastante diferente, uma vez que conectam tematicamente o texto-base a outros. Analise, nesse objeto digital, como esse processo acontece.

RESUMO

As campanhas eleitorais contemporâneas têm apostado nas redes sociais da internet como canal alternativo para veiculação de informações políticas. Isso promove a inserção dos atores políticos em ambientes relacionais não hierárquicos e modifica a experiência de campanha, dando visibilidade a ideias e opiniões políticas que emergem das interações sociais virtuais. A proposta do artigo é discutir as relações entre as redes sociais da *web* e os processos de decisão eleitoral, com base nas hipóteses da teoria social do voto.

PALAVRAS-CHAVE: Redes sociais; Comportamento eleitoral; Campanha política

Introdução

O presente artigo propõe a discussão sobre o uso de ambientes virtuais predominantemente relacionais nas campanhas políticas contemporâneas, à luz da teoria social do comportamento eleitoral. O objetivo é, com base no pressuposto de que há influência das relações sociais na decisão de voto, refletir sobre os impactos da chegada, na era digital, de um novo ambiente de interação: os *sites* de redes sociais.

Com base nos aportes da teoria econômica da democracia (que preconiza que o eleitor busca atalhos informacionais para reduzir os custos da decisão política) e nas contribuições da teoria social do voto (cujo fundamento assenta-se na importância das interações sociais para a formação da opinião política individual), supõe-se que as redes sociais passam a ser variável relevante numa campanha.

Numa sociedade cada vez mais conectada pelas mídias sociais – e na qual as relações interpessoais mediadas por tecnologias digitais podem representar atalhos informacionais para o eleitor –, os usos políticos dessas redes passam a constituir variável central para a compreensão do desenrolar de campanhas eleitorais. O artigo elenca discussões teórico-exploratórias acerca do tema.

---

1 Trabalho apresentado no GP Publicidade e Propaganda Política do XI Encontro dos Grupos de Pesquisa em Comunicação, evento componente do XXXIV Congresso Brasileiro de Ciências da Comunicação.

2 Mestranda do Programa de Pós-Graduação da Faculdade de Comunicação da UFJF e bolsista Capes. *E-mail*: patyrossini@gmail.com

3 Doutor e mestre em Ciência Política (Iuperj). Professor do Programa de Pós-Graduação da Faculdade de Comunicação da Universidade Federal de Juiz de Fora (UFJF). *E-mail*: pabeto.figueira@uol.com.br

A decisão do voto: perspectivas racional e sociológica

Na Ciência Política, três correntes teóricas – sociológica, psicológica e racional – destacam-se na busca por explicar o comportamento eleitoral do indivíduo e a tomada de decisão política (FIGUEIREDO, 1991, p. 12). Estas proposições teóricas tiveram origem nos Estados Unidos a partir dos anos 40 do século passado, sendo desenvolvidas nas décadas seguintes, e têm sido revisitadas por autores contemporâneos.

Cada uma das correntes teóricas citadas apresenta uma série de possibilidades para a compreensão do comportamento eleitoral. Na vertente racional, destaca-se a teoria econômica do voto, desenvolvida por Anthony Downs em 1957. Ela apresenta um modelo segundo o qual a tomada de decisão política decorre do fato de que [o] eleitor é "movido por razões egoístas" e "vota no partido que ele acredita que lhe proporcionará mais benefícios do que qualquer outro" (FIGUEIREDO, 1991, p. 37).

Conforme essa teoria, atualizada por Samuel Popkin (1991), os eleitores buscam reduzir os custos da tomada de decisão política e o fazem por meio de atalhos informacionais para tomar decisões racionais. Assim, esses eleitores médios buscam atalhos como a grande mídia, as campanhas eleitorais e as próprias relações pessoais. Popkin (apud LEAL, 2002) acredita que um dos objetivos das campanhas eleitorais é, justamente, organizar informações dispersas colhidas pelo indivíduo de forma a facilitar sua decisão.

Segundo Zuckerman (2005), a influência das interações sociais na decisão eleitoral é reconhecida na teoria desenvolvida por Downs, mas os círculos sociais são vistos apenas como fontes informacionais para poupar o tempo do eleitor. Downs afirma que seu estudo é sobre racionalidade política e econômica, não sobre psicologia, e por este motivo ele considera a possibilidade de que efeitos imediatos de contextos sociais nas preferências políticas de um indivíduo possam atrapalhar a análise da escolha racional no comportamento político (ZUCKERMAN, 2005, p. 430).

No entanto, a lógica social está presente neste pensamento: uma vez que os indivíduos buscam economizar tempo quando se informam para tomar decisões políticas racionais, é plausível afirmar, em concordância com Zuckerman (idem, p. 446), que eles delegam essa função a outras pessoas. Desta forma, suas relações sociais podem contribuir para a decisão racional, uma vez que as pessoas tendem a se relacionar com outras que compartilham seu ambiente social e cultural, além de, muitas vezes, sua visão política.

É importante compreender que "a lógica social da política não está em contradição com as reivindicações sobre a racionalidade dos cidadãos. Ela não implica determinismos sociais" (idem, p. 495). A partir dos estudos iniciados por Anthony Downs, Samuel Popkin (*apud* LEAL, 2002) conclui que os eleitores não são motivados a buscar informações, devido ao custo desse processo, e, por isso, eles tendem a racionalizar o voto a partir de elementos informacionais obtidos em outras atividades do seu cotidiano – por exemplo, por meio de suas relações sociais ou do consumo de informação mediada por veículos de comunicação.

É nesse modelo que se encontra o eleitor típico da nova ambiência eleitoral, conceito desenvolvido por Leal (2002) que compreende as mudanças no processo eleitoral associadas à americanização das disputas. Esta ambiência se caracteriza pela supervalorização da figura do candidato e consequente enfraquecimento do debate ideológico, pela tendência de o eleitor a recorrer a atalhos informacionais para reduzir os custos da decisão política, e pela capacidade limitada das campanhas em obter vitórias, "obrigando os atores políticos à consideração de outras estratégias de conexão eleitoral e de comunicação mais duradouras" (LEAL, 2002, p. 5).

Já os estudos sobre a lógica social do voto tiveram início na década de 1940, na Universidade de Columbia (EUA), e sugerem que "não são os indivíduos, e sim os *coletivos sociais* que imprimem dinâmica à política; e o que precisa ser explicado são os resultados agregados de ações coletivas" (FIGUEIREDO, 1991, p. 43 – grifos do autor). A explicação do voto está na compreensão do contexto político e social dos indivíduos.

A proposta sociológica considera que o desenvolvimento social, econômico e educacional da sociedade leva à mudança de comportamento dos cidadãos e, consequentemente, à mudança política. Segundo esta teoria, a decisão do eleitor está relacionada às interações sociais e à natureza e intensidade de suas relações políticas e sociais, à força da identidade do grupo no qual se insere e aos "apelos momentâneos das campanhas", e à "forma pela qual os candidatos ou partidos realizam a política" (FIGUEIREDO, 1991, p. 62-68).

A partir das interações sociais, observam-se três resultados: "os dois envolvidos saem do processo com opiniões divergentes; uma das partes muda de opinião, convergindo para a opinião do outro; ou então, os dois envolvidos mudam de opinião e aderem a uma terceira posição" (idem, p. 52).

De acordo com Alan Zuckerman (2005), Paul Lazarsfeld, Bernard Berelson, Hazel Gaudet e Wiliam McPhee, da Universidade de Columbia, foram os primeiros a aplicar a lógica social da política nos estudos sobre as decisões eleitorais ao introduzir questões sobre as relações sociais imediatas dos cidadãos (família, amigos, vizinhos e colegas de trabalho) nas pesquisas de massa sobre o comportamento eleitoral.

Em *The People's Choice*, Lazarsfeld, Berelson e Gaudet (1968) enunciam alguns princípios dessa lógica social. O estudo demonstra como os contatos pessoais afetam escolhas eleitorais de cidadãos indecisos e, entre os fatores que conferem influência às relações sociais, está o nível de confiança entre os interagentes e a persuasão sem convicção. (ZUCKERMAN, 2005, p. 274).

> A homogeneidade política de grupos sociais é *promovida* por relacionamentos pessoais entre pessoas do mesmo tipo [...]. Em comparação com os meios formais de comunicação, relacionamentos pessoais são potencialmente *mais influentes* por duas razões: sua cobertura é maior e eles possuem certas vantagens psicológicas (apud ZUCKERMAN, 2005, p. 274 – grifos do autor).[4]

Embora as descobertas de Lazarsfeld e de outros teóricos desta linha de pensamento tenham sido criticadas por adeptos de outras correntes, que não acreditavam que a lógica social do voto poderia explicar resultados obtidos nas urnas, muitos autores contemporâneos têm revisitado essas teorias e avançado nesta linha de pensamento, como será exposto ao longo deste artigo.

[...]

Considerações finais

Este artigo parte do pressuposto de que a decisão eleitoral é um fenômeno construído socialmente, e recorre às teorias sociológicas do comportamento político para estabelecer uma relação desta suposição com o uso de redes sociais da Internet como ferramentas de campanha. A presença das campanhas em ambientes predominantemente relacionais e informais abre possibilidades para a abordagem da política entre interlocutores socialmente e geograficamente distantes, propiciando debates mais heterogêneos do que os presentes em círculos sociais mais fechados.

Assim, se o processo democrático depende da interação entre interlocutores e os indivíduos tendem a engajar-se em debates quando inseridos em ambientes heterogêneos, conclui-se que as redes sociais oferecem um ambiente conversacional que permite a multiplicidade de ideias, propício à influência social. Em conformidade com os estudos apresentados sobre influência política, sobretudo entre interagentes que compartilham laços fracos de relacionamento, redes sociais são ambientes onde pode ocorrer influência social devido à arquitetura de rede sem-escalas.

---

4 Tradução para "the political homogeneity of social groups is promoted by personal relationships among the same kind of people [...] In comparison with the formal media of communication, personal relationships are potentially more influential for two reasons: their coverage is greater and they have certain psychological advantages".

Esse modelo de estruturação facilita a interação entre pessoas geograficamente distantes e socialmente distintas e amplifica discursos eleitorais, tornando visíveis fatos e notícias relacionados à campanha, uma vez que usuários podem replicar conteúdos para suas redes particulares de contatos e levar informação política a pessoas que poderiam não acessá-la espontaneamente.

Acredita-se que essas conclusões iniciais indiquem a necessidade de estudos mais aprofundados sobre este novo campo de interação e seu impacto na sociedade, que possibilitem o entendimento do papel da Internet neste contexto. Inicialmente, pode-se dizer que a contribuição das redes sociais para a influência política é proporcionar um lugar de encontro e interação entre interlocutores cada vez mais distintos, numa lógica distinta daquela presente em muitas das redes sociais físicas (nas quais, em numerosas circunstâncias, os grupos tendem a ter dificuldade de ofertar em profusão discursos divergentes daqueles que os mantêm unidos).

REFERÊNCIAS

DOWNS, A. **An Economic Theory of Democracy**. New York: Harper & Row, 1957.

FIGUEIREDO, M. **A decisão do voto**: democracia e racionalidade. São Paulo: Sumaré/Anpocs, 1991.

LEAL, Paulo Roberto Figueira. A nova ambiência eleitoral e seus impactos na comunicação política. **Lumina**: revista da Faculdade de Comunicação da UFJF, Juiz de Fora: Ed. UFJF, v. 5, n. 4, p. 67-77, jul./dez. 2002.

POPKIN, S. **The Reasoning Voter**. Chicago: The University of Chicago Press, 1991.

ZUCKERMAN, A. **The Social Logic of Politics**: Personal Networks as Contexts for Political Behavior. Philadelphia: Temple University Press, 2005. Kindle Version.

Disponível em: <www.intercom.org.br/papers/nacionais/2011/resumos/R6-1279-1.pdf>. Acesso em: 8 ago. 2018.

Quem são os autores?

Conheça o Currículo Lattes

Paulo Roberto Figueira Leal
Endereço para acessar este CV: http://lattes.cnpq.br/9631665928287598
Última atualização do currículo em 30/07/2018

Graduado em Jornalismo pela Universidade Federal do Rio de Janeiro (1991), com mestrado em Ciência Política (Ciência Política e Sociologia) pelo Iuperj (1997) e doutorado em Ciência Política (Ciência Política e Sociologia) pelo Iuperj (2003). Professor associado da Universidade Federal de Juiz de Fora, lecionando na graduação e no Mestrado em Comunicação da Facom-UFJF. Tem experiência nas áreas de Comunicação e de Política, atuando principalmente nos seguintes temas: partidos, eleições e campanhas eleitorais; mídia, ideologia e reflexos identitários; comunicação política; jornalismo político; história da comunicação. **(Texto informado pelo autor)**

Disponível em: <http://lattes.cnpq.br/9631665928287598>. Acesso em: 8 ago. 2018.

Patrícia Gonçalves da Conceição Rossini
Endereço para acessar este CV:
http://lattes.cnpq.br/4196527872542970
Última atualização do currículo em 17/03/2018

Patrícia Rossini é pesquisadora de pós-doutorado na Universidade de Syracuse (EUA), onde integra o Center for Computational and Data Sciences na mesma instituição. Possui doutorado em Comunicação Social pela UFMG e mestrado em Comunicação e Sociedade pela UFJF. Sua pesquisa concentra-se na área de comunicação política e tecnologias, com ênfase em campanhas eleitorais, participação política online, engajamento e consumo de informação política online, comportamento eleitoral e redes sociais da internet. **(Texto informado pelo autor)**

Disponível em: <http://lattes.cnpq.br/4196527872542970>. Acesso em: 8 ago. 2018

Interagindo com o artigo acadêmico

1. Explique o significado das expressões destacadas a seguir, interpretando-as no contexto. Consulte um dicionário, se preciso.

    a) "Isso promove a inserção dos **atores políticos** em ambientes relacionais não hierárquicos e modifica a experiência de campanha, dando visibilidade a ideias e opiniões políticas que **emergem** das **interações sociais virtuais**."

    b) "Com base nos **aportes** da teoria econômica da democracia (que **preconiza** que o eleitor busca **atalhos informacionais** para reduzir os custos da decisão política) e nas contribuições da teoria social do voto (cujo fundamento **assenta-se** na importância das interações sociais para a formação da opinião política individual), supõe-se que as redes sociais passam a ser variável relevante numa campanha."

    c) "Popkin (apud LEAL, 2002) acredita que um dos objetivos das campanhas eleitorais é, justamente, organizar **informações dispersas** colhidas pelo indivíduo de forma a facilitar sua decisão."

    d) "É nesse modelo que se encontra o eleitor típico da **nova ambiência eleitoral**, conceito desenvolvido por Leal (2002) que compreende as mudanças no processo eleitoral associadas à americanização das disputas."

2. Pelo texto, pode-se inferir que o objetivo do gênero discursivo artigo acadêmico é:

    a) argumentar sobre a relação do voto com a divulgação de informações sobre as eleições em meios virtuais.

    b) explicar o que são redes sociais e eleições.

    c) instruir os leitores sobre como consultar a *web* para obter informações sobre candidatos políticos.

    d) narrar acontecimentos próprios do mundo acadêmico relacionados à pesquisa.

3. A estrutura de um artigo acadêmico é bem parecida com a de um artigo de opinião, gênero que você já estudou. Numere os itens a seguir colocando em ordem os tópicos da estrutura do artigo.

    - Contextualização do assunto: referência ao contexto em que os fatos serão analisados e apresentação das referências teóricas principais.
    - Apresentação sucinta e geral do objetivo da análise feita pelo texto.
    - Argumento: embasamento da discussão em conceitos e argumentos desenvolvidos por estudiosos diversos.
    - Retomada do ponto de vista defendido e sugestão de possibilidades para novas discussões.

4. Em qual parte do texto está expressa a ideia central ou tese defendida pelo autor? Transcreva o trecho que comprova sua resposta.

5. Releia os trechos a seguir, destacados das "Considerações finais".

> Este artigo parte do pressuposto de que a decisão eleitoral é um fenômeno construído socialmente, **e** recorre às teorias sociológicas do comportamento político **para** estabelecer uma relação desta suposição com o uso de redes sociais da Internet como ferramentas de campanha. [...]
>
> **Assim**, se o processo democrático depende da interação entre interlocutores e os indivíduos tendem a engajar-se em debates quando inseridos em ambientes heterogêneos, conclui-se que as redes sociais oferecem um ambiente conversacional que permite a multiplicidade de ideias, propício à influência social. [...]
>
> Esse modelo de estruturação facilita a interação entre pessoas geograficamente distantes e socialmente distintas e amplifica discursos eleitorais, **tornando** visíveis fatos e notícias relacionados à campanha, **uma vez que** usuários podem replicar conteúdos para suas redes particulares de contatos e levar informação política a pessoas que poderiam não acessá-la espontaneamente.

a) Pelas considerações finais, o autor defende que as redes sociais são favoráveis ou não aos eleitores em processo de escolha de seus candidatos?

b) Considerando a argumentação do autor, apresente um contra-argumento.

c) Quais são as relações semânticas (explícitas ou implícitas) estabelecidas pelas expressões destacadas?

d) Qual é a importância dessas expressões para a composição do texto?

6. Sobre a linguagem do texto e sua relação com os interlocutores preferenciais do texto, indique **V** para verdadeiro e **F** para falso.

a) Os autores utilizam a variante-padrão formal da língua.

b) A linguagem de um artigo acadêmico é uma das peculiaridades que o caracterizam.

c) O uso de linguagem informal é aceitável, já que essa escolha, no artigo acadêmico, pouco interfere na credibilidade.

d) O público ao qual um artigo acadêmico se destina é formado por pessoas, em geral, com baixa escolaridade.

e) A presença de termos específicos do meio acadêmico, o chamado jargão, é evidente nesse gênero discursivo.

7. Releia o parágrafo a seguir e observe o trecho destacado.

> A proposta sociológica considera que o desenvolvimento social, econômico e educacional da sociedade leva à mudança de comportamento dos cidadãos e, consequentemente, à mudança política. Segundo esta teoria, a decisão do eleitor está relacionada às interações sociais e à natureza e intensidade de suas relações políticas e sociais, à força da identidade do grupo no qual se insere e aos "apelos momentâneos das campanhas", e à "forma pela qual os candidatos ou partidos realizam a política" **(FIGUEIREDO, 1991, p. 62-68)**.

a) A função do trecho em destaque é:

- acrescentar esclarecimentos sobre o texto.
- citar autores que tratam do mesmo tema do texto.
- apresentar exemplos para as informações do texto.
- remeter às referências que se encontram ao final do texto.

b) Qual é a função das aspas, no contexto?

8. Releia o trecho a seguir:

> Em *The People's Choice*, Lazarsfeld, Berelson e Gaudet (1968) enunciam alguns princípios dessa lógica social. O estudo demonstra como os contatos pessoais afetam escolhas eleitorais de cidadãos indecisos e, entre os fatores que conferem influência às relações sociais, está o nível de confiança entre os interagentes e a persuasão sem convicção. (ZUCKERMAN, 2005, p. 274).

A homogeneidade política de grupos sociais é *promovida* por relacionamentos pessoais entre pessoas do mesmo tipo [...]. Em comparação com os meios formais de comunicação, relacionamentos pessoais são potencialmente *mais influentes* por duas razões: sua cobertura é maior e eles possuem certas vantagens psicológicas (apud ZUCKERMAN, 2005, p. 274 – grifos do autor).

O nome escrito com letras maiúsculas e acompanhado de numerais remete a uma informação que pode vir no rodapé da página ou ao final do texto. Nesse caso, a referência é:

> ZUCKERMAN, A. **The Social Logic of Politics:** Personal Networks as Contexts for Political Behavior. Philadelphia: Temple University Press. 2005. Kindle Version.

a) Quanto à importância das referências para um texto, escolha as opções corretas.

- Deve-se à necessidade de indicar de onde as informações foram tiradas.
- Evita cópia irregular, dando o devido crédito a quem originou uma pesquisa.
- Facilita o controle das citações, a fim de se poder cobrar pelos direitos autorais.
- Impede que o autor seja acusado de plágio, garantindo a ética na pesquisa.

b) Na biblioteca ou na internet, faça uma pesquisa para identificar o que significa cada parte numerada no quadro das referências a seguir. Depois troque ideias com os colegas sobre o que descobriram.

> - FIGUEIREDO, M. **A decisão do voto:** democracia e racionalidade. São Paulo: Sumaré/Anpocs, 1991.
> - ZUCKERMAN, A. **The Social Logic of Politics:** Personal Networks as Contexts for Political Behavior. Philadelphia: Temple University Press, 2005. Kindle Version.

FIGUEIREDO,	M.	**A decisão do voto**: democracia e racionalidade.	São Paulo:	Sumaré/Anpocs,	1991.
ZUCKERMAN,	A.	**The Social Logic of Politics**: Personal Networks as Contexts for Political Behavior.	Philadelphia:	Temple University Press,	2005.
1	2	3	4	5	6

O **artigo acadêmico** é um texto expositivo-argumentativo. Seu objetivo é transmitir conhecimentos nas áreas das Ciências Humanas, Exatas, Biológicas, entre outras, e expor a argumentação do autor, que defende uma tese. Em geral, encerra-se com uma conclusão, que apresenta uma síntese dos argumentos e sugere outras possibilidades de aprofundamento da discussão.

Citações e referências de outros autores e obras – as quais seguem regras específicas de redação – contribuem para o caráter argumentativo do texto. A linguagem é objetiva, clara e impessoal; emprega-se a variante padrão formal. O texto utiliza termos específicos da área do conhecimento abordada e destina-se a um público que procura ampliar suas pesquisas sobre um tema.

278 **Unidade 11** Viver em sociedade

AMPLIANDO O CONHECIMENTO

Arte e política

Picasso, Pablo. *Guernica*. Óleo sobre tela, 3,49 m × 7,76 m. 1937.

As manifestações artísticas são resultantes de estímulos advindos de um contexto. Dessa maneira, em suas produções diversas, a arte expressa os elementos sociais, culturais, econômicos, comportamentais e políticos de seu tempo. Ao longo da história, há exemplos diversos de como os artistas e suas obras responderam a situações políticas, valendo-se da linguagem artística para manifestar seus posicionamentos.

Em 1937, o pintor espanhol Pablo Picasso pintou *Guernica*, uma de suas mais emblemáticas produções. Sem muitas cores, prevalecendo os tons cinzentos, negros e brancos, e marcada pela estética cubista, a obra surge como uma resposta do artista às atrocidades que ele vira acontecer na Guerra Civil Espanhola. O bombardeio na cidade de Guernica, no mesmo ano em que a tela homônima foi criada, foi o fator que levou Picasso a se manifestar contrariamente às decisões do general Francisco Franco.

No Brasil, ao longo dos anos de chumbo, muitos artistas viveram o exílio. Os compositores Caetano Veloso, Gilberto Gil e Chico Buarque, o poeta Ferreira Gullar, o dramaturgo Augusto Boal e o cineasta Glauber Rocha, por exemplo, foram expatriados. Além disso, a censura do regime ditatorial limitava e controlava a produção artística. O poder político naqueles dias exercia rigoroso controle do poder criativo dos artistas, cerceando as liberdades individuais.

A escritora e tradutora polonesa Wislawa Szymborska (1923-2012) viveu durante o governo comunista. Em 1949, seu primeiro livro de poemas foi censurado pela República Popular da Polônia sob a alegação de que o texto era obscuro demais para as massas. A marca dos poemas da autora é o fato de ela retratar os detalhes da vida e dos fatos cotidianos diante do momento histórico. Em 1996, a poetisa recebeu o Nobel de Literatura por, de acordo com a Academia de Estocolmo, manifestar em sua obra uma precisão irônica que possibilitaria a observação dos contextos históricos da realidade humana.

Atualmente, o artista de rua britânico Banksy é um dos que tematizam a relação entre arte e política de modo emblemático. Entre outros aspectos, suas obras fazem críticas às noções de autoridade e de poder, ao comportamento, ao consumismo. No Brasil, movimentos que relacionam arte e política têm aparecido nos últimos anos. Um dos que se destacam nesse sentido é o Sarau da Cooperifa, um polo cultural na periferia da Zona Sul de São Paulo.

Wislawa Szymborska recebendo Nobel, em 2009.

279

Vamos comparar?

Texto teatral e artigo acadêmico

Nesta unidade, estudamos um texto teatral e um artigo acadêmico. Cada um desses gêneros textuais desempenha uma tarefa distinta no uso da língua e se forma com base em estruturas específicas da linguagem. Vamos relembrar suas características principais e compará-los?

1. Considere este trecho de *Eles não usam* black-tie e releia-o.

> **Chiquinho** – O senhor ficou atrás das grade, pai?
>
> [...]
>
> **Tião** (*aparecendo na porta*) – Com licença!
>
> (*Todos esfriam. Mudos. Estáticos.*)

a) Como se estrutura a composição do texto teatral?

b) Qual é a função dos trechos entre parênteses e em itálico?

c) Que finalidade tem o gênero texto teatral?

d) Considerando o registro linguístico usado na peça, por que o autor optou pela informalidade?

e) Considerando que a compreensão de um texto depende da coesão e da coerência que ele apresenta, reflita: Quais elementos cooperam para a coesão e a coerência em um texto teatral?

2. Releia, a seguir, este fragmento do artigo acadêmico *A decisão eleitoral na era das redes sociais: a perspectiva da lógica social do voto.*

> Na Ciência Política, três correntes teóricas – sociológica, psicológica e racional – destacam-se na busca por explicar o comportamento eleitoral do indivíduo e a tomada de decisão política (FIGUEIREDO, 1991, p. 12). Estas proposições teóricas tiveram origem nos Estados Unidos a partir dos anos 40 do século passado, sendo desenvolvidas nas décadas seguintes, e têm sido revisitadas por autores contemporâneos.
>
> Cada uma das correntes teóricas citadas apresenta uma série de possibilidades para a compreensão do comportamento eleitoral. Na vertente racional, destaca-se a teoria econômica do voto, desenvolvida por Anthony Downs em 1957. Ela apresenta um modelo segundo o qual a tomada de decisão política decorre do fato de que eleitor é "movido por razões egoístas" e "vota no partido que ele acredita que lhe proporcionará mais benefícios do que qualquer outro" (FIGUEIREDO, 1991, p. 37).
>
> Conforme essa teoria, atualizada por Samuel Popkin (1991), os eleitores buscam reduzir os custos da tomada de decisão política e o fazem por meio de atalhos informacionais para tomar decisões racionais. Assim, esses eleitores médios buscam atalhos como a grande mídia, as campanhas eleitorais e as próprias relações pessoais. Popkin (apud LEAL, 2002) acredita que um dos objetivos das campanhas eleitorais é, justamente, organizar informações dispersas colhidas pelo indivíduo de forma a facilitar sua decisão.

a) Qual é a principal finalidade comunicativa de um artigo acadêmico e onde, geralmente, ele circula?

b) Considerando o contexto de circulação do artigo acadêmico em sociedade, qual registro linguístico será preponderante nele? Por quê?

c) Como os autores do artigo acadêmico asseguram a coesão e a coerência em seu texto?

3. Após responder às questões acima, com o auxílio do professor, compare a finalidade, a estruturação textual e o contexto de circulação do texto teatral e do artigo acadêmico.

280 **Unidade 11** Viver em sociedade

Língua e linguagem

Registros informal e formal da linguagem

O registro informal

O **texto teatral**, por registrar a fala de personagens, é um gênero que favorece a observação da língua falada, da língua escrita e de diferentes variedades linguísticas. Possibilita, ainda, observar a maneira pela qual cada uma dessas modalidades se aproxima ou se distancia da norma-padrão, pois registra diferentes graus de formalidade no uso da língua.

> ### PENSE SOBRE ISSO
>
> #### A leitura do texto teatral
>
> O gênero teatral apresenta várias vozes:
>
> - as dos personagens, que, por meio do diálogo, vivem os conflitos;
> - a do autor, que, por meio de rubricas, comunica-se com os atores e com o público.
>
>
>
> Leitura de peça teatral, São Paulo, 2018.
>
> Dessa maneira, a leitura de peças de teatro exige do leitor o conhecimento de estratégias de leitura específicas para a interpretação desses textos. É preciso:
>
> - ler as indicações do autor para reconhecer o contexto em que se passa a ação;
> - acompanhar o diálogo entre os personagens para entender o desenrolar da história, interpretando o que eles dizem e imaginando a maneira pela qual cada um se expressa oralmente.
>
> 1. Releia o fragmento do texto teatral e, depois, imagine possíveis interpretações para as falas das personagens. Observe que tanto as mais curtas quanto as mais longas devem expressar a emoção própria do contexto. Em grupo, leiam as falas, imprimindo-lhes diferentes tons: muito ou pouco medo, tristeza, afetividade, raiva. O importante é observar como a variação no tom pode afetar a percepção do leitor.
>
>   *(Entram Romana, Chiquinho, Terezinha, Bráulio e Otávio.)*
>
>   **Romana** – Senta, meu velho, senta! Tu já andou demais!
>
>   **Bráulio** – É melhor descansar!
>
>   **Otávio** – Deixa disso, também não me mataram! *(Vendo João e Maria)* Vocês tão aí? Como é que é seu João? Que cara de espanto é essa, D. Maria? Fui em cana, só isso!
>
>   **Maria** – Mas tá tudo bem?
>
>   **Otávio** – Tamos aí, na ativa!
>
>   **Bráulio** – Também, D. Romana fez revolução na polícia!
>
>   **Otávio** – Êta, velha barulhenta! Quase que fica também.
>
>   **Romana** – E não é pra gritá? Prendê o homem da gente, assim à toa?

281

1. Em grupo, releiam o trecho inicial do texto teatral.

> **Cenário**: Barraco da Romana. Mesa de centro. Um pequeno fogareiro, cômoda, caixotes servem de bancos. Há apenas uma cadeira. Dois colchões onde dormem Chiquinho e Tião.
>
> Segunda-feira, 7 horas da noite.
>
> **Tião** – Não adianta, cunhado. O que fiz tá feito e eu faria de novo.
>
> **João** – Não tou discutindo isso. Tou só dizendo que agora não tem mais jeito. Tu vivê no morro não vive mais. Só se prová que quer voltá atrás.
>
> **Tião** – Esquece. Isso eu não faço!

Observem que, nesse texto, os dois primeiros parágrafos apresentam informações básicas sobre o contexto da história a ser representada, indicando o cenário e o tempo em que se passa a cena.

Como vocês já sabem, são as **rubricas**.

Em seguida, há o texto principal, com o diálogo entre os personagens, em que se desenrolará os conflitos e as ações deles.

a) Caracterizem a linguagem utilizada em cada uma das partes, considerando:

- o receptor a quem se destina cada uma delas;
- a intencionalidade comunicativa dos diferentes **enunciados**.

> **Enunciado:** a parte ou o todo de um discurso, a expressão de uma ideia, em determinado contexto.

b) Comentem a informalidade inscrita no registro da fala dos personagens. Que marcas linguísticas revelam intimidade entre eles?

c) Identifiquem a formalidade presente na rubrica. Que traços linguísticos imprimem tom mais solene ao discurso?

Para caracterizar os personagens e o contexto em que se passam as ações, o autor faz registros de certas variantes linguísticas. Em geral, as variantes podem indicar:

- a época em que se passa ação;
- o local em que vive o emissor;
- sua condição social;
- seu repertório intelectual e linguístico;
- sua idade, entre outros aspectos particulares do emissor.

> As **variantes linguísticas** podem ser determinadas pelo ambiente sociocultural, pela geografia, pela história e pela situação em que se produz a mensagem.

2. De acordo com as informações sobre variantes linguísticas, analise os termos destacados e faça o que se pede.

a) Tião – Que venham. Não tenho medo, sei me defendê. Já deixei esse **cincão** na cara de muita gente!

- Como o uso do aumentativo colabora para a caracterização do estado emocional de Tião?

b) Tião – **Mariinha**, escuta! Eu fiz por você, minha dengosa! Eu quero bem! Eu tinha... Eu tinha que dá um jeito... O jeito foi esse.

- O uso do diminutivo colabora na caracterização da relação entre Tião e Maria. Explique a afirmação.

c) **Tião** *(aparecendo na porta)* – Com licença!

   (Todos esfriam. Mudos. Estáticos.)

   Terezinha *(Depois de alguns instantes quebra o silêncio)* – Tá vendo Tião, soltaram seu Otávio! *(Chiquinho dá-lhe um beliscão. Pausa.)*

   Romana – Vai ficá que nem estaca na porta, entra!

- Ao ler a fala de Tião, podemos inferir como se estabelece a relação entre Tião e os interlocutores. Por que ele usa essa formalidade ao entrar na sala? Como Tião se relaciona com Terezinha e Romana?

> O texto teatral representa o momento em que acontece o diálogo entre os interlocutores, ou seja, o diálogo em ação. Portanto, é o registro da fala espontânea dos personagens, com as possíveis marcas linguísticas contidas nesse gesto, por exemplo, a supressão de sons, como em **tá** e **ficá**.

3. Agora, leia a letra da canção de Adoniran Barbosa, feita em parceria com Gianfrancesco Guarnieri, citada por Terezinha nas últimas falas do trecho que você leu.

Nóis não usa os bleque tais

Tião (pseudônimo de Gianfrancesco Guarnieri) e Peteleco (pseudônimo de Adoniran Barbosa)

O nosso amor é mais gostoso
Nossa saudade dura mais
O nosso abraço mais apertado
Nóis não usa as bleque tais

Minhas juras são mais juras
Meus carinho mais carinhoso
Suas mão são mãos mais puras
Seu jeito é mais jeitoso
Nóis se gosta muito mais
Nóis não usa as bleque tais

[...]

GUARNIERI, Gianfrancesco; Peteleco. "Nóis não usa os bleque tais". Univesal Publishers MGB.

AMPLIANDO O CONHECIMENTO

Adoniran Barbosa

Adoniran Barbosa (1910-1982) nasceu e morreu em São Paulo. Foi compositor, intérprete musical e ator. É autor de canções populares, como "Saudosa maloca" e "Trem das onze".

Adoniran Barbosa, 1978.

4. Com base em seus conhecimentos sobre a grafia das palavras e a concordância entre os termos da oração, identifique as variantes linguísticas da letra da canção e, depois, descreva-as. Use exemplos retirados de seus versos.

5. As escolhas linguísticas inscritas na letra da música sugerem um uso particular do idioma, pois conferem ao texto um caráter transgressivo. Tanto no amor quanto no uso da língua, o emissor revela ser único e original.

Leiam trechos da entrevista concedida por Eduardo Calbucci, mestre e doutor em linguística pela Universidade de São Paulo (USP), curador da exposição *Menas – O Certo do Errado, O Errado do Certo*, realizada no Museu da Língua Portuguesa. Depois, faça o que se pede.

Preconceito linguístico – Uma entrevista com Eduardo Calbucci

[...]

Museu da Língua Portuguesa: Eduardo, o que é preconceito linguístico?

Eduardo Calbucci (mestre e doutor pela Universidade de São Paulo – USP): Simplificadamente: é a tendência de desvalorizar uma determinada variedade linguística, normalmente usada por um grupo social que também é vítima de preconceito. O preconceito linguístico parte da ideia, equivocada, de que existem formas de usar o idioma que são, por natureza, superiores a outras.

MLP: Você pode dizer como surge o preconceito linguístico e por que ele existe?

EC: Parece-me que o preconceito linguístico é uma consequência dos preconceitos sociais, raciais e geográficos. Certos grupos, historicamente oprimidos, passam a ter suas formas de expressão condenadas por uma elite que ignora a importância da variação linguística para a riqueza do idioma.

MLP: Embora a gente saiba da diversidade cultural do Brasil e seus falares, por que ainda persiste o estigma de certo X errado na fala?

EC: Isso existe em todo lugar do mundo. Talvez as pessoas queiram que a língua seja mais lógica do que ela é de fato e, além disso, imaginam que, usando a linguagem supostamente "correta", vão se comunicar de forma mais eficiente, o que é um equívoco.

MLP: Com o fato de as gerações mais jovens serem mais tolerantes, você acha possível que o preconceito linguístico deixe de existir?

EC: Espero que sim, embora seja um processo demorado. Creio que, com a diminuição dos demais preconceitos – sociais, raciais, geográficos, religiosos, de gênero, de orientação sexual –, o preconceito linguístico também diminua.

[...]

MLP: Como é estipulado o padrão culto do idioma?

EC: Essa é uma discussão complicada. Esse padrão já foi definido pela obra dos grandes escritores ou pela erudição de alguns gramáticos. Hoje em dia, podemos fazer pesquisas de "corpus", com levantamentos estatísticos que apontam quais são as construções mais usadas em contextos formais de comunicação. Por isso, a norma culta não é mais o que queremos que ela seja, mas o que ela efetivamente é.

MLP: Por que o registro popular do idioma é importante?

EC: Porque nenhum falante da língua usa os registros cultos a todo tempo. E mais que isso: porque as variedades populares têm uma riqueza, uma agilidade, uma criatividade que tornam o idioma cada vez mais vivo.

[...]

MLP: Como você interpreta a frase de Evanildo Bechara, usada por você e pelo professor Ataliba na exposição Menas: "Quero ser um poliglota em minha própria língua"?

EC: Trata-se da necessidade de escolher a variedade linguística mais adequada a cada situação de comunicação. Essa capacidade é mais importante para a vida social do que o mero conhecimento do padrão culto da língua.

Disponível em: <http://museudalinguaportuguesa.org.br/preconceito-linguistico-uma-entrevista-com-eduardo-calbucci>.
Acesso em: 8 ago. 2018.

Com base na letra da música e na entrevista do professor Eduardo Calbucci, responda: Quais são as possíveis intervenções no combate ao preconceito linguístico?

O registro formal

O registro formal, por sua vez, caracteriza-se pelo registro da língua usada em situações em que o interlocutor pretende estar mais próximo das variantes de prestígio social, a norma-padrão da língua.

6. Observe a presença da linguagem formal nos seguintes fragmentos do artigo que você leu nesta unidade e faça as atividades.

a) Que marcas linguísticas, no trecho a seguir, indicam formalidade no uso da linguagem?

> Com base nos aportes da teoria econômica da democracia (que preconiza que o eleitor busca atalhos informacionais para reduzir os custos da decisão política) e nas contribuições da teoria social do voto (cujo fundamento assenta-se na importância das interações sociais para a formação da opinião política individual), supõe-se que as redes sociais passam a ser variável relevante numa campanha.

b) Neste trecho identifique dois vocábulos ou expressões que são mais comumente usados, nos dias de hoje, em contextos formais de comunicação.

> As campanhas eleitorais contemporâneas têm apostado nas redes sociais da internet como canal alternativo para veiculação de informações políticas. Isso promove a inserção dos atores políticos em ambientes relacionais não hierárquicos e modifica a experiência de campanha, dando visibilidade a ideias e opiniões políticas que emergem das interações sociais virtuais. A proposta do artigo é discutir as relações entre as redes sociais da web e os processos de decisão eleitoral, com base nas hipóteses da teoria social do voto.

c) Copie do fragmento palavras ou conjunto de palavras que são usadas para unir ideias ou estabelecer progressão temática. Como essas palavras contribuem para o tom mais formal do texto?

> No entanto, a lógica social está presente neste pensamento: uma vez que os indivíduos buscam economizar tempo quando se informam para tomar decisões políticas racionais, é plausível afirmar, em concordância com Zuckerman (idem, p. 446), que eles delegam essa função a outras pessoas. Desta forma, suas relações sociais podem contribuir para a decisão racional, uma vez que as pessoas tendem a se relacionar com outras que compartilham seu ambiente social e cultural, além de, muitas vezes, sua visão política.

> Para manter a unidade temática do texto, a **coerência textual**, o autor utiliza palavras ou expressões chamadas de elementos coesivos ou de coesão, cuja função é promover a progressão temática, unindo as ideias apresentadas de maneira coesa e clara.

d) Considerando as respostas anteriores, pode-se dizer que o nível formal da linguagem é identificado por meio:

- de vocabulário, estruturas sintáticas e estilo do autor.
- do uso de pronomes, respeito à norma culta, estilo do autor.
- de vocabulário e respeito à norma culta.

7. Como você pôde perceber no texto *A decisão eleitoral na era das redes sociais: a perspectiva da lógica social do voto*, o gênero **artigo acadêmico** exige o registro formal da linguagem, visto que está a serviço da comunicação entre pesquisadores e cientistas, circulando em ambientes acadêmicos. Releia o último parágrafo do texto, observe o uso do pronome **se** e responda à questão.

- Como o uso desse pronome colabora para o estabelecimento do tom formal entre emissor e receptor?

285

Oficina de produção
Texto oral

Debate

Ao longo desta unidade, você leu textos que apresentam diferentes aspectos relacionados à política. Um dos gêneros discursivos que estão intrinsecamente relacionados ao âmbito político é o debate. O significado dessa palavra, segundo o dicionário *Michaelis*, indica o que ele propõe.

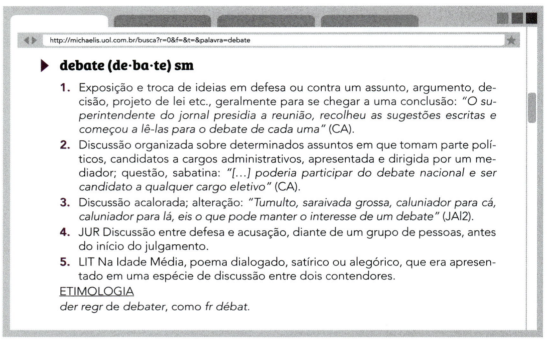

▶ **debate (de·ba·te) sm**
1. Exposição e troca de ideias em defesa ou contra um assunto, argumento, decisão, projeto de lei etc., geralmente para se chegar a uma conclusão: "*O superintendente do jornal presidia a reunião, recolheu as sugestões escritas e começou a lê-las para o debate de cada uma*" (CA).
2. Discussão organizada sobre determinados assuntos em que tomam parte políticos, candidatos a cargos administrativos, apresentada e dirigida por um mediador; questão, sabatina: "*[...] poderia participar do debate nacional e ser candidato a qualquer cargo eletivo*" (CA).
3. Discussão acalorada; alteração: "*Tumulto, saraivada grossa, caluniador para cá, caluniador para lá, eis o que pode manter o interesse de um debate*" (JAl2).
4. JUR Discussão entre defesa e acusação, diante de um grupo de pessoas, antes do início do julgamento.
5. LIT Na Idade Média, poema dialogado, satírico ou alegórico, que era apresentado em uma espécie de discussão entre dois contendores.

ETIMOLOGIA
der regr de debater, como fr débat.

Disponível em: <http://michaelis.uol.com.br/busca?r=0&f=&t=&palavra=debate>. Acesso em: 19 fev. 2018.

Sobretudo durante o período eleitoral, é muito comum que a mídia promova debates com os candidatos à eleição, para que eles apresentem suas propostas de governo e discutam com os concorrentes as temáticas relacionadas à candidatura. Obviamente, essa discussão é respeitosa e educada, pois serve para que os eleitores conheçam os posicionamentos de cada partido político.

A proposta desta produção é organizar um debate na turma para que os colegas conheçam as opiniões uns dos outros sobre juventude e política.

Antes de começarmos, vamos ler um infográfico sobre o tema:

Disponível em: <https://istoe.com.br/380009_O+QUE+OS+JOVENS+PENSAM+SOBRE+A+POLITICA>. Acesso em: 8 ago. 2018.

286 | **Unidade 11** Viver em sociedade

Com base nos dados expostos no infográfico, converse com os colegas sobre as questões a seguir.

1. Você acha que o Brasil está ou não no rumo certo? Por quê?

2. Você acredita que o país estaria melhor sem partidos políticos? Explique sua resposta.

3. Como você exerce seu papel político em sociedade?

Em uma sociedade como a que vivemos, na qual as redes sociais funcionam como canal instantâneo de troca de mensagens e, por conseguinte, de expressão de opiniões, é cada vez mais comum e mais rápido dizermos o que pensamos e confrontarmos pontos de vistas com amigos, familiares e colegas de trabalho. Entretanto, opinar não é simples, pois é necessário sustentar o que defendemos com base em argumentos objetivos e consistentes.

O gênero debate advém desse tipo de discussão, com a diferença de que não basta apenas dizer o que se pensa, é necessário embasar a argumentação em fatos, dados e informações confiáveis.

▶ Recordar as características do gênero

Antes de começarmos, vamos recordar as principais características do gênero **debate**. Será que você consegue identificar quais são? Leia as características a seguir, discuta suas escolhas com os colegas e, com ajuda do professor, veja quais são as corretas.

- Gênero argumentativo oral.
- Conta com a participação de debatedores, que expõem opiniões.
- Trata de um tema atual, de interesse da sociedade.
- Seu objetivo é convencer o interlocutor ou apenas expor pontos de vista.
- Utiliza argumentos e contra-argumentos para sustentação da opinião.
- Pode ser regrado, contando com a presença de um moderador e de regras para o debate.
- Os participantes utilizam linguagem formal, geralmente; mas há traços de informalidade próprios da fala.

Vamos organizar nosso debate lembrando que ele precisa de regras para que seja uma discussão saudável e respeitosa e não vire uma discussão generalizada ou se transforme em um conflito em que cada um quer impor sua opinião, sem ouvir a do outro.

Um debate começa bem antes do momento de discussão das ideias. Assim que um grupo concorda em debater um tema, é preciso que todos os participantes trabalhem, de modo a buscar informações, a fim de ampliar a compreensão em torno do que se pretende discutir. Organização é peça fundamental para que um debate cumpra seu propósito: possibilitar a manifestação de posicionamentos de maneira educada para que o público do debate possa julgar, entre o que se apresentou, as melhores opções. Portanto, preparar-se para um bom debate implica pesquisar bastante e ter à disposição informações para tecer um discurso lógico e coerente em relação ao que se pretende dizer.

O tempo de fala dos debatedores deve ser previamente estipulado. O espaço em que o debate acontece deve possibilitar que o público veja os debatedores e o moderador. Nos debates em grupos, cada componente deve saber a hora certa de sua participação, permitindo que haja nexo entre as falas de todos da equipe. Respeitar o moderador é fundamental.

▶ Planejar e pesquisar

Para começar, elejam uma ou duas pessoas para mediar o debate e, em seguida, organizem-se em três grupos. O tema do debate será "Juventude e política".

1. Não haverá oposição de opiniões, já que, nesse debate, os grupos vão expor fatos, dados e argumentos sobre a participação dos jovens na política. Dessa forma, os grupos não escolherão, simplesmente, se serão favoráveis ou contrários a essa participação, mas deverão discutir sobre os diferentes aspectos que envolvem esse tema, como prós, contras, contribuições para a formação humana e para os rumos da sociedade, participação dos jovens como eleitores e como candidatos políticos, representação da juventude na política, luta por direitos da população jovem, entre outros.

2. Os grupos deverão ter mais ou menos a mesma quantidade de pessoas, de modo que todos do grupo possam contribuir para a preparação do debate e para a discussão propriamente dita.

3. Antes do debate, a turma deve definir as regras de apresentação:

   - Quanto tempo cada grupo terá para a apresentação inicial?

   - Quantas perguntas cada grupo poderá fazer para o outro?

   - As perguntas serão feitas a todos os grupos ou por sorteio?

   - Quanto tempo haverá para a **réplica** e a **tréplica**?

   - Quanto tempo cada grupo terá para o fechamento do debate?

   - Qual será a data da realização do debate?

> **Réplica:**
> resposta argumentativa que é dada em relação a uma pergunta ou comentário.
> **Tréplica:**
> resposta à réplica.

4. Definam onde o debate acontecerá: se na sala de aula ou em outro espaço da escola e como os grupos ficarão organizados no ambiente. Atenção para que não ocorram conversas paralelas, pelo fato de os grupos estarem reunidos em um mesmo ambiente. Essas conversas acabam por atrapalhar o andamento do debate.

5. A preparação para o debate exige estudo e pesquisa. O grupo deve se organizar para buscar informações sobre o tema, utilizando diferentes meios, na internet e na biblioteca da escola, em *sites*, livros, jornais, revistas etc. A fonte pesquisada deve ter credibilidade, sendo importante consultar e/ou ler textos de especialistas na área e de profissionais que conhecem o tema, como sociólogos, cientistas políticos e educadores. Reúnam dados diversos, por meio de textos, vídeos, gráficos, de diferentes gêneros textuais, notícias, reportagens, artigos de opinião, ensaios acadêmicos etc.

6. Depois que cada integrante do grupo tiver feito a pesquisa, reúnam-se a fim de organizar um roteiro para o debate, isto é, como vocês irão elaborar uma argumentação objetiva e sólida por meio de argumentos coesos e claros. Vocês podem fazer um esquema que indique os pontos nos quais a apresentação da defesa se sustentará.

   Dica: bons argumentos são construídos por exemplos, comparações, relações de causa e efeito, dados numéricos, pesquisas feitas por especialistas etc.

7. Nesse momento, vocês deverão organizar também os contra-argumentos que serão utilizados para confrontar a opinião dos outros grupos e responder às perguntas que forem feitas ao grupo de vocês. Pensem nos pontos de vista que podem ser defendidos pelos outros grupos e elaborem outros esquemas que os ajudarão no desenvolvimento do debate.

▶ Debater

1. É hora de debater! Antes de começar, organizem os materiais pesquisados, deixando-os à mão para que sejam facilmente consultados e apresentados durante o debate, caso seja necessário.

2. Pensem na apresentação:
   - Como o grupo começará a defesa do tema em busca de convencer os interlocutores?
   - Quais dados serão utilizados para sustentar o ponto de vista do grupo e como isso será apresentado ao público? Serão usados cartazes, *datashow*, folhetos?

3. Definam a ordem em que os integrantes do grupo irão falar e apresentar as informações. Atentem para a postura e para a clareza da fala, que deve ter objetividade e demonstrar segurança. Além disso, a linguagem utilizada deve ser formal, mas nada impede que haja momentos de informalidade próprios da oralidade, sobretudo porque o tema é voltado para a juventude, que, geralmente, utiliza linguagem mais informal.
   Dica: vocês podem treinar, em casa, previamente, para que tudo fique bem estruturado.

4. Cuidado com o tempo. Vocês podem utilizar um cronômetro ou um relógio para acompanhar o tempo de duração das falas, de acordo com o que foi previamente combinado.

5. Prestem atenção à fala dos outros grupos, anotando as exposições dos colegas, já que isso pode ser utilizado nos momentos de réplica e tréplica para elaborar contra-argumentos e refutar pontos de vista.

6. O moderador conduzirá as falas do grupo, indicando os momentos de apresentação, perguntas, réplicas e tréplicas. Para tanto, ele deve controlar o tempo de fala, apontando quando ela estiver para terminar, faltando um minuto. Caso haja mais de um moderador, eles deverão se alternar na condução do debate, organizando-se previamente.

7. Ao término do debate, cada grupo poderá fazer uma fala final para encerrar sua apresentação, retomando de modo geral o que foi apresentado ao longo do debate.

▶ Avaliar

1. Ao final do debate, motivados pelo professor, conversem entre si, elencando pontos positivos e também o que precisa ser aprimorado em futuras apresentações.
   Dica: vocês podem gravar o debate em vídeo e, ao término, conferir a gravação para verem em que pontos precisam se aperfeiçoar.

2. Considerem, para a avaliação do debate, algumas questões norteadoras:
   - A exposição de ideias contemplou o tema proposto: "Juventude e política"?
   - Cada grupo expôs inicialmente suas ideias?
   - Os grupos respeitaram o tempo de fala previamente combinado?
   - Cada grupo elaborou perguntas para os outros considerando a abordagem em questão?
   - As perguntas foram respondidas adequadamente?
   - Após a resposta, houve réplica, expondo aspectos diferentes e/ou ampliando o foco da discussão?
   - Na realização do debate, os grupos demonstraram ter pesquisado o tema, utilizando fontes atuais e confiáveis?

Oficina de produção

Texto oral e escrito

Texto teatral

Depois de conhecermos um pouco melhor o texto teatral, é a sua vez de redigir um texto de teatro. Nas atividades da unidade, você analisou as principais características desse gênero textual que, na verdade, é também oral, já que a encenação é feita por meio da fala e da linguagem corporal, mas que parte do texto escrito, do roteiro que orienta as cenas.

▶ Recordar as características do gênero

Antes de entrar em cena, vamos relembrar como se estrutura o texto teatral. Volte ao texto e releia o trecho do terceiro ato de *Eles não usam* black-tie, de Gianfrancesco Guarnieri.

> **Tião** – (*Num desabafo total*) – Minha *Miss* Leopoldina, eu quero bem!... Eu queria que a gente fosse que nem nos filmes!... Que tu risse sempre! Que sempre a gente pudesse andar no parque! Eu tenho medo que tu tenha de sê que nem todas que tão aí!... Se matando de trabalhá em cima de um tanque!... Eu quero minha *Miss* Leopoldina... Eu te quero bem! Eu quero bem a todo mundo!... Eu não sou um safado!... Mas para de chorá! Se você quisé eu grito pra todo mundo... que eu sou um safado! (*Gritando para a rua*) Eu sou um safado!... Eu traí... Porque tenho medo... Porque eu quero bem! Porque eu quero que ela sorria no parque pra mim! Porque eu quero viver! E viver não é isso que se faz aqui!
>
> [...]
>
> **Terezinha** – Eu fiquei com pena do Juvêncio. Tá perto da bica, chorando! Chiquinho! (*Sai.*)
>
> (*Romana, sozinha. Chora mansamente. Depois de alguns instantes, vai até a mesa e começa a separar o feijão. Funga e enxuga os olhos…*)

1. Observe que o texto não tem narrador. Qual é a relação dessa característica com a função do texto teatral?

2. Como os atores, ao lerem o roteiro, sabem como devem agir em cena? Explique sua resposta utilizando exemplos do trecho destacado.

3. Releia uma das falas de Tião.

   > **Tião** – Não posso ficá, Maria... Não posso ficá!...

   Essa fala está inadequada? Por quê?

4. Veja as falas dos personagens Chiquinho, Terezinha e Romana:

   > **Chiquinho** – Sabe, mãe, aquele samba...
   >
   > **Terezinha** – O samba do "*Nós não usa* black-tie".
   >
   > **Chiquinho** – Tá tocando no rádio...
   >
   > **Romana** – O quê?
   >
   > **Terezinha** – O samba do Juvêncio, [...] das bandas do cruzeiro!
   >
   > **Chiquinho** – Ele tá chateado à beça. O samba tá com o nome de outro cara. (*Sai correndo.*)

   Elas estão em discurso direto, ou seja, as falas são precedidas por travessão e há a indicação de fala de cada personagem. Como esse trecho ficaria se os diálogos estivessem em discurso indireto?

290 **Unidade 11** Viver em sociedade

Planejar

Essa produção será feita individualmente, com base em um conto do autor Marcelino Freire. Antes de começarmos o planejamento, leia o conto motivador.

---

www.geledes.org.br/da-paz-de-marcelino-freire-por-naruna-costa

Da paz

Eu não sou da paz.

Não sou mesmo não. Não sou. Paz é coisa de rico. Não visto camiseta nenhuma, não, senhor. Não solto pomba nenhuma, não, senhor. Não venha me pedir para eu chorar mais. Secou. A paz é uma desgraça.

Uma desgraça.

Carregar essa rosa. Boba na mão. Nada a ver. Vou não. Não vou fazer essa cara. Chapada. Não vou rezar. Eu é que não vou tomar a praça. Nessa multidão. A paz não resolve nada. A paz marcha. Para aonde marcha? A paz fica bonita na televisão. Viu aquela atriz? No trio elétrico, aquele ator?

Se quiser, vá você, diacho. Eu é que não vou. Atirar uma lágrima. A paz é muito organizada. Muito certinha, tadinha. A paz tem hora marcada. Vem governador participar. E prefeito. E senador. E até jogador. Vou não.

Não vou.

A paz é perda de tempo. E o tanto que eu tenho para fazer hoje. Arroz e feijão. Arroz e feijão. Sem contar a costura. Meu juízo não está bom. A paz me deixa doente. Sabe como é? Sem disposição. Sinto muito. Sinto. A paz não vai estragar o meu domingo.

A paz nunca vem aqui, no pedaço. Reparou? Fica lá. Está vendo? Um bando de gente. Dentro dessa fila demente. A paz é muito chata. A paz é uma bosta. Não fede nem cheira. A paz parece brincadeira. A paz é coisa de criança. Taí uma coisa que eu não gosto: esperança. A paz é muito falsa. A paz é uma senhora. Que nunca olhou na minha cara. Sabe a madame? A paz não mora no meu tanque. A paz é muito branca. A paz é pálida. A paz precisa de sangue.

Já disse. Não quero. Não vou a nenhum passeio. A nenhuma passeata. Não saio. Não movo uma palha. Nem morta. Nem que a paz venha aqui bater na minha porta. Eu não abro. Eu não deixo entrar. A paz está proibida. Proibida. A paz só aparece nessas horas. Em que a guerra é transferida. Viu? Agora é que a cidade se organiza. Para salvar a pele de quem? A minha é que não é. Rezar nesse inferno eu já rezo. Amém. Eu é que não vou acompanhar andor de ninguém. Não vou.

Não vou.

Sabe de uma coisa: eles que se lasquem. É. Eles que caminhem. A tarde inteira. Porque eu já cansei. Eu não tenho mais paciência. Não tenho. A paz parece que está rindo de mim. Reparou? Com todos os terços. Com todos os nervos. Dentes estridentes. Reparou? Vou fazer mais o quê, hein?

Hein?

Quem vai ressuscitar meu filho, o Joaquim? Eu é que não vou levar a foto do menino para ficar exibindo lá embaixo. Carregando na avenida a minha ferida. Marchar não vou, muito menos ao lado de polícia. Toda vez que vejo a foto do Joaquim, dá um nó. Uma saudade. Sabe? Uma dor na vista. Um cisco no peito. Sem fim. Uma dor. Dor. Dor. Dor.

Dor.

A minha vontade é sair gritando. Urrando. Soltando tiro. Juro. Meu Jesus! Matando todo mundo. É. Todo mundo. Eu matava, pode ter certeza. Todo mundo. Mas a paz é que é culpada. Sabe?

A paz é que não deixa.

FREIRE, Marcelino. Da paz. *Geledés*, 17 nov. 2013. Disponível em: <www.geledes.org.br/da-paz-de-marcelino-freire-por-naruna-costa>. Acesso em: 8 ago. 2018.

O conto é um texto narrativo com características semelhantes às dos elementos de um roteiro de teatro. Todavia, há algumas diferenças, sobre as quais falaremos ao longo deste planejamento.

1. Assim como o conto, o roteiro de teatro é uma sucessão de ações desempenhadas por personagens e se passa em lugar e tempo específicos. A diferença entre esses dois gêneros está na forma pela qual são estruturados: por meio da alternância das falas dos personagens, no caso do teatro, e com a narração dos acontecimentos e diálogos feita por um narrador, no caso do conto. Além disso, no caso do roteiro teatral, há as rubricas, com as indicações de interpretação e movimento dos personagens.

291

▶ Produzir

1. Você deve utilizar como ponto de partida o conto de Marcelino Freire. Entretanto, não precisa se deter a ele. O conto pode servir apenas de inspiração, e você pode trazer outros textos para dialogar com ele ou mesmo criar novas ações com base no conto, ampliando a história. Você precisa escolher se fará uma peça completa, com várias cenas, ou apenas uma cena.

2. Comece pensando onde a história se passará e descreva como deve ser o cenário: Ele será pintado em um quadro e colocado ao fundo da cena ou será montado com móveis e objetos cênicos? Será mais detalhado ou mais sintético? Ou, ainda, não haverá cenário, apenas um jogo de luzes? Descreva o local onde ocorrerá a cena e especifique como é o cenário.

3. Quando ocorrerá sua história? Nesse caso, é preciso pensar tanto no período histórico quanto no momento do dia em que ela transcorrerá. Ela vai acontecer na contemporaneidade, no passado ou no futuro? Você pode caracterizar esse momento por meio dos figurinos dos personagens. As ações ocorrerão durante o dia ou à noite? Para indicar esse momento, você pode utilizar as luzes da cena. Descreva como as marcas temporais serão caracterizadas.

4. Quem vai participar da peça teatral? Pense em como você adaptará a voz do conto para um ou vários personagens. Dê nome ao(s) personagem(ns), descreva como é a personalidade dele(s) e como ele(s) se veste(m).

5. Marque o conto original e, se necessário, os outros textos que você acrescentou pontuando o que se transformará em fala do(s) personagem(ns) e como os diálogos acontecerão. Caso você escolha criar o roteiro para apenas um personagem, você estará escrevendo um **monólogo**.

6. Depois de organizar todos esses elementos, elabore seu roteiro para o teatro, primeiramente em um rascunho.

7. Leia o rascunho e observe se você escreveu um texto claro, coeso e coerente. Caso ainda sejam necessários alguns ajustes, faça-os, passando o texto a limpo em seguida.

▶ Avaliar e reescrever

Monólogo: cena teatral desempenhada por um ator apenas, o qual pode interpretar vários personagens ou somente um. Nas cenas, o ator fala consigo e com o público, expressando ideias, sentimentos e pensamentos.

1. Agora é hora de seus colegas e o professor avaliarem seu roteiro de teatro. Troque de texto com um colega e ambos, depois de os lerem, devem se atentar aos seguintes questionamentos:

   - Os roteiros têm uma linguagem clara e compreensível?
   - Os cenários e os momentos das cenas estão descritos de modo objetivo e detalhado?
   - A caracterização do(s) personagem(ns) está adequada, com a identificação de seu(s) perfil(is) e do(s) figurino(s) que deve(m) usar?
   - Os diálogos estão identificados de acordo com os personagens?
   - Há rubricas de movimento e de interpretação ao longo dos textos e junto às falas dos personagens?
   - Esses roteiros podem ser encenados?

2. Se você ou o colega responderam **não** para algumas dessas questões, é preciso rever os textos. Reescreva o que for necessário, fazendo os ajustes para tornar o roteiro ainda melhor.

292 **Unidade 11** Viver em sociedade

DIÁLOGOS

Mulheres no *hip hop*

Nesta unidade, estudamos textos que apresentam reflexões sobre a vida em sociedade. O filósofo grego Aristóteles dizia que, por viver em comunidade, o ser humano seria naturalmente político. E você? O que pensa sobre o assunto? Leia a reportagem a seguir, sobre um dos movimentos *hip hop* existentes no Brasil, publicada em 2018. Pense nos interesses comuns das participantes, no objetivo do grupo e, ainda, em como o movimento impacta a vida da comunidade. Depois, faça o que se pede.

https://g1.globo.com/sp/bauru-marilia/noticia/frente-feminina-do-hip-hop-muda-realidade-de-jovens-mulheres-em-bauru.ghtml

Frente Feminina do *Hip Hop* muda realidade de jovens mulheres em Bauru

Movimento criado para dar mais visibilidade às artistas do movimento cultural também discute autonomia e o papel da mulher na realidade local.

Por Ana Carolina Moraes*, G1 Bauru e Marília / 08/03/2018 10h23 Atualizado 08/03/2018 10h23

Formada em 2013, a Frente Feminina do *Hip Hop* de Bauru reúne mulheres de diferentes idades e contextos para debater o que é ser mulher dentro e fora do movimento *Hip Hop*.

O movimento busca visibilizar as produções femininas e fortalecer cada integrante por meio das rodas de diálogo e eventos.

Neste 8 de março, quando é comemorado o Dia Internacional da Mulher, duas integrantes que participam do movimento desde o começo contam suas histórias e falam sobre a importância dessas articulações femininas e as influências que a Frente trouxe para a vida de cada uma.

Luana Protázio tem 21 anos, é estudante de relações públicas e blogueira. Há cinco anos participa da Frente Feminina do *Hip Hop* de Bauru. "Se não fosse pela Frente, meu *blog* nem existiria", comenta.

A jovem conheceu o *Hip Hop* da cidade aos 16 anos, como movimento e cultura. Na época, a Frente Feminina ainda estava em processo de formação, o que favoreceu a construção política dela.

Enquanto ajudava a formar o movimento que busca a representatividade das mulheres na cena do *Hip Hop* bauruense, Luana, junto com outras mulheres, começou a dialogar sobre gênero, raça e classe, e a conhecer melhor a si mesmo.

"Antes da Frente, eu era uma menina que ia para escola, sem autoestima, que não tinha contato com nada, não tinha noção de quem eu era ou de quem eu queria ser", desabafa.

[...]

Ana Carolina Moraes. G1. Disponível em: <https://g1.globo.com/sp/bauru-marilia/noticia/frente-feminina-do-hip-hop-muda-realidade-de-jovens-mulheres-em-bauru.ghtml>. Acesso em: 8 ago. 2018.

1. Considerando a motivação para as garotas organizarem o movimento, levante hipóteses para a pergunta: O que é política?

2. É importante a participação da juventude na política? Por quê?

3. A participação política da juventude é perceptível em algum contexto no qual você está inserido? Como?

4. Para você, a escola é (ou pode ser) um espaço de participação política? Por quê?

5. De que maneira a juventude pode ampliar sua participação política hoje em dia?

Enem e vestibulares

1. Enem

Gênero dramático é aquele em que o artista usa como intermediária entre si e o público a representação. A palavra vem do grego *drao* (fazer) e quer dizer ação. A peça teatral é, pois, uma composição literária destinada à apresentação por atores em um palco, atuando e dialogando entre si. O texto dramático é complementado pela atuação dos atores no espetáculo teatral e possui uma estrutura específica, caracterizada: 1) pela presença de personagens que devem estar ligados com lógica uns aos outros e à ação; 2) pela ação dramática (trama, enredo), que é o conjunto de atos dramáticos, maneiras de ser e de agir das personagens encadeadas à unidade do efeito e segundo uma ordem composta de exposição, conflito, complicação, clímax e desfecho; 3) pela situação ou ambiente, que é o conjunto de circunstâncias físicas, sociais, espirituais em que se situa a ação; 4) pelo tema, ou seja, a ideia que o autor (dramaturgo) deseja expor, ou sua interpretação real por meio da representação.

COUTINHO, A. *Notas de teoria literária*. Rio de Janeiro: Civilização Brasileira, 1973 (adaptado).

Considerando o texto e analisando os elementos que constituem um espetáculo teatral, conclui-se que:

a) a criação do espetáculo teatral apresenta-se como um fenômeno de ordem individual, pois não é possível sua concepção de forma coletiva.

b) o cenário onde se desenrola a ação cênica é concebido e construído pelo cenógrafo de modo autônomo e independente do tema da peça e do trabalho interpretativo dos atores.

c) o texto cênico pode originar-se dos mais variados gêneros textuais, como contos, lendas, romances, poesias, crônicas, notícias, imagens e fragmentos textuais, entre outros.

d) o corpo do ator na cena tem pouca importância na comunicação teatral, visto que o mais importante é a expressão verbal, base da comunicação cênica em toda a trajetória do teatro até os dias atuais.

e) a iluminação e o som de um espetáculo cênico independem do processo de produção/recepção do espetáculo teatral, já que se trata de linguagens artísticas diferentes, agregadas posteriormente à cena teatral.

2. UFGD-MS

A partir da leitura do poema de Patativa do Assaré e da afirmação de José Luiz Fiorin, reflita a respeito do fenômeno da variação linguística e assinale a alternativa correta.

Eu e o sertão (Patativa do Assaré)
Sertão, arguém te cantô,
Eu sempre tenho cantado
E ainda cantando tô, Pruquê, meu torrão amado,
Munto te prezo, te quero
E vejo qui os teus mistéro
Ninguém sabe decifrá.
A tua beleza é tanta,
Qui o poeta canta, canta,
E inda fica o qui cantá.

Cante lá que eu canto cá. 9. ed. Petrópolis: Editora Vozes, 1999.

Os preconceitos aparecem quando se considera uma especificidade como toda a realidade ou como um elemento superior a todos os outros. Neste caso, tudo o que é diferente é visto seja como inexistente, seja como inferior, feio, errado. A raiz do preconceito está na rejeição da alteridade ou na consideração das diferenças como patologia, erro, vício, etc.

FIORIN, José Luiz. Os Aldrovandos Cantagalos e o preconceito linguístico. In: SILVA, Fábio Lopes; MOURA, Heronides Maurílio de Melo. *O direito à fala*: a questão do preconceito linguístico. Florianópolis: Editora Insular, 2000. p. 23-37.

a) A escrita, em qualquer gênero discursivo, deve ser pautada pela norma-padrão, preceituada pelas gramáticas normativas.

b) No Brasil, a língua portuguesa apresenta homogeneidade linguística em seu território, isto é, todos os falantes utilizam a mesma variedade linguística.

c) Variedades linguísticas distintas da norma-padrão apresentam menor grau de expressividade.

d) A língua constitui-se pelo conjunto de suas variedades linguísticas, as quais apresentam diferenças construídas social e historicamente.

e) Os falantes brasileiros que dominam outras variantes diferentes da norma-padrão têm dificuldade em comunicar-se.

3. Enem

PROPAGANDA – O exame dos textos e mensagens de propaganda revela que ela apresenta posições parciais, que refletem apenas o pensamento de uma minoria, como se exprimissem, em vez disso, a convicção de uma população; trata-se, no fundo, de convencer o ouvinte ou o leitor de que, em termos de opinião, está fora do caminho certo, e de induzi-lo a aderir às teses que lhes são apresentadas, por um mecanismo bem conhecido da psicologia social, o do conformismo induzido por pressões do grupo sobre o indivíduo isolado.

BOBBIO, N.; MATTEUCCI, N.; PASQUINO, G. *Dicionário de política.* Brasília: UnB, 1998 (adaptado).

De acordo com o texto, as estratégias argumentativas e o uso da linguagem na produção da propaganda favorecem a:

a) reflexão da sociedade sobre os produtos anunciados.

b) difusão do pensamento e das preferências das grandes massas.

c) imposição das ideias e posições de grupos específicos.

d) decisão consciente do consumidor a respeito de sua compra.

e) identificação dos interesses do responsável pelo produto divulgado.

4. Unemat-MT

As mariposa

As mariposa quando chega o frio
Fica dando vorta em vorta da lâmpida pra si
isquentá
Elas roda, roda, roda, dispois se senta
Em cima do prato da lâmpida pra descansá
[...]

(BARBOSA, 2008).

Levando em conta o processo da variação linguística, assinale a alternativa **correta**.

a) Os "erros de concordância" nos permitem dizer que o narrador faz uso de uma variedade errada da língua.

b) A troca das vogais "e" por "i" em casos como *isquentá, si* e *discansá* ocorrem porque as pessoas falam sempre de forma errada.

c) O texto explora uma variedade da língua diferente da padrão ou culta.

d) O vocábulo **vorta** é um exemplo grosseiro de erro de ortografia.

e) Do ponto de vista da norma padrão ou culta, não há erro de concordância no título do texto.

5. UnB-DF

O teatro não deve ser chato. Não deve ser convencional. Tem de ser inesperado. O teatro nos leva à verdade por meio da surpresa, da excitação, dos jogos, da alegria. Integra o passado e o futuro no presente, permite que tenhamos uma distância entre nós e aquilo que normalmente nos rodeia e elimina a distância entre nós e o que normalmente está longe. Uma notícia do jornal de hoje pode parecer muito menos próxima e verdadeira que algo de outra época, de outras terras. O que importa é a verdade do momento presente, a convicção absoluta que só pode surgir quando o intérprete e o público formam uma só unidade. E ela aparece quando as formas transitórias atingem seu objetivo e nos levam àquele momento único, que não se repete, em que uma porta se abre e nossa visão se transforma.

Peter Brook. *A porta aberta – reflexões sobre a interpretação e o teatro.* Rio de Janeiro: Civilização Brasileira, 2000, p. 80-1 (com adaptações).

Tendo como referência o texto acima, assinale a opção correta.

a) O teatro é considerado por muitos uma arte do efêmero, pois, a cada dia, ele é ressignificado no encontro entre intérprete e público.

b) Ao longo dos tempos, o teatro tem-se deparado com a impossibilidade de contribuir para transformações individuais e coletivas.

c) O teatro remete ao passado e, assim, distancia-se da abordagem transformadora.

d) Os atores prescindem de métodos e de técnica de atuação, para desenvolverem seu trabalho.

UNIDADE

12

A CORRUPÇÃO EM DEBATE

O que você vai aprender

Gêneros
- Dissertação argumentativa (modelo Enem)
- Artigo de opinião

Língua e linguagem
- Oração subordinada na argumentação

Oficinas de produção
- Mesa-redonda
- Texto dissertativo-argumentativo (modelo Enem)

Roda de conversa

1. O que é corrupção para você?

2. Como é possível medir o "tamanho" da corrupção?

3. O que seria uma grande corrupção para você?

4. E uma pequena corrupção?

5. Você considera corrupção as ações representadas nas imagens? Por quê?

6. Você já viu alguém praticar alguma das ações representadas nas imagens?

7. Você já praticou alguma dessas ações?

Conheça

Livros
- *Carnavais, malandros e heróis: para uma sociologia do dilema brasileiro*, de Roberto DaMatta (Rocco).
- *Não verás país nenhum*, de Ignácio Loyola de Brandão (Global).
- *Memórias de um sargento de milícias*, de Manuel Antônio de Almeida (Ática).
- *O jogo sujo da corrupção*, de Luiz Flávio Gomes (Astral Cultural).
- *O que é política*, Wolfgang Leo Maar (Brasiliense).

Filmes e séries
- *O mecanismo*. Direção: José Padilha, Felipe Prado e Marcos Prado. Brasil, 2018.
- *Brasília 18%*. Direção: Nelson Pereira dos Santos. Brasil, 2006.
- *O grande ditador*. Direção: Charles Chaplin. EUA, 1940.
- *Chatô: o rei do Brasil*. Direção: Guilherme Fontes. Brasil, 2015.
- *Polícia Federal – A lei é para todos*. Direção: Marcelo Antunez. Brasil, 2017.

Músicas
- *Podres poderes*, de Caetano Veloso.
- *Reunião de bacana [Se gritar pega ladrão]*, de Ary do Cavaco e Bebeto di São João.
- *É ladrão que não acaba mais*, de Ary do Cavaco e Otacílio da Mangueira.
- *Brasil corrupção [Unimultiplicidade]*, de Ana Carolina.
- *Chega*, de Gabriel, o Pensador.

Na internet
- Ministério Público Federal: <http://combateacorrupcao.mpf.mp.br>.
- Projeto Politiquê?: <http://projetopolitique.com.br/e-agora-4-maneiras-para-denunciar-corrupcao-no-brasil>.
- Avaaz: <https://secure.avaaz.org/page/po>.

Campanha contra pequenas corrupções do Ministério da Transparência e Controladoria-Geral da União (CGU).

TEXTO 1

1. Observe o título do texto que você vai ler a seguir. Como você o compreende?
2. Após a leitura do título, é possível prever do que trata o texto?
3. O autor deste texto é um aluno do Ensino Médio. Como estudante desse nível de escolarização, o que você pensa sobre o tema?

Raízes da corrupção

O conceito de corrupção evidencia-se nas cidades-Estado gregas, vinculado ao ideário da própria democracia na "pólis". A corrupção seria uma espécie de violação democrática, em que os interesses particulares sobrepõem-se aos públicos. No Brasil, é muito comum atribuir tal problema à classe política, culpando os governantes por condutas antiéticas. Contudo, o "jeitinho brasileiro", forma de cometer delitos suaves, originou uma cultura de passividade em relação às transgressões cotidianas. É necessário que a ética coletiva seja valorizada a fim de eliminar os problemas de corrupção na sociedade como um todo.

Desde a era colonial, o Brasil é comandado por uma elite latifundiária, que exerce um poder extremamente carismático e pessoal. Na época do coronelismo, por exemplo, o "voto de cabresto" era uma forma de controle comumente utilizada pelos proprietários de terras. Devido à aliança entre o poder econômico e o político, criou-se uma mentalidade patrimonialista, como analisa Sérgio Buarque de Holanda. O interesse coletivo era sempre obliterado pela vontade dos latifundiários, fator decisivo para o enraizamento da corrupção na sociedade brasileira, o que prejudica, exageradamente, a construção de um bem-estar coletivo.

Um dos grandes entraves ao combate da corrupção é a hipocrisia do cidadão comum, que insiste em criticar as posturas do Poder Público, mesmo cometendo pequenos delitos. O Estado é considerado um reflexo da sociedade, logo os problemas governamentais estão associados às infrações do dia a dia. Nesse contexto, o imperativo categórico de Kant pode ser citado: "age de tal maneira que sua atitude se torne uma lei universal". Ou seja, a realização de atos éticos deve ocorrer em todos os âmbitos sociais, de modo a proporcionar uma **disseminação** da democracia plena.

Portanto, é papel do Estado remodelar o sistema educacional brasileiro, valorizando o ensino das ciências sociais, assim como promovendo uma educação política propriamente dita. Por outro lado, o cidadão comum deve buscar perpetuar os padrões de ética, de modo a se tornar um exemplo para as gerações futuras. Uma população inserida em um ambiente ético e com uma educação que gere consciência coletiva tende a valorizar o conceito de democracia, concretizando o ideal da "pólis".

João Pedro Hippert Cintra.

Disseminação: difusão, propagação.

Priscilla Camacho

Interagindo com o **texto dissertativo-argumentativo**

1. Qual é a principal finalidade comunicativa do texto?

2. O primeiro parágrafo pode ser dividido em três partes: contextualização, problematização e apresentação da tese. Escreva em seu caderno qual parte do texto se refere a cada uma delas.

3. Uma dissertação argumentativa é um texto que mobiliza conhecimentos diversos a fim de fundamentar o ponto de vista que se apresenta. O autor de *Raízes da corrupção*, um aluno do Ensino Médio, utilizou argumentos de naturezas diferentes para fundamentar sua tese.

    a) Quais são os parágrafos em que o autor defende seu ponto de vista?

    b) Para sustentar a tese, é preciso que se acionem estratégias argumentativas diversas. Entre as principais, podem-se citar fatos, dados estatísticos, autores renomados; fazer alusão a acontecimentos históricos; apontar situações com causa e consequência; exemplificar, entre outras. Nos parágrafos de argumentação, de quais estratégias argumentativas o autor textual se valeu?

4. Segundo o autor, qual é o principal problema gerado pela corrupção?

5. Por que seria problemática a "cultura da passividade em relação às transgressões cotidianas"?

6. Observe os excertos a seguir.

    I. Contudo, o "jeitinho brasileiro", forma de cometer delitos suaves, originou uma cultura de passividade em relação às transgressões cotidianas.

    II. Nesse contexto, o imperativo categórico de Kant pode ser citado: "age de tal maneira que sua atitude se torne uma lei universal".

    Em ambos os trechos, utilizaram-se as aspas. A razão que motiva o uso das aspas é a mesma nos dois casos? Justifique.

7. Como se pode explicar a expressão "hipocrisia do cidadão comum" em articulação com a temática desenvolvida no texto?

8. Para sustentar sua argumentação no 2º parágrafo, o autor cita a "mentalidade patrimonialista" vigente no Brasil. Qual é o sentido dessa expressão? Como ela se articularia com a corrupção?

9. Nos trechos a seguir, indique o valor semântico das expressões destacadas.

    a) No Brasil, é muito comum atribuir tal problema à classe política, culpando os governantes por condutas antiéticas. **Contudo**, o "jeitinho brasileiro", forma de cometer delitos suaves, originou uma cultura de passividade em relação às transgressões cotidianas.

    b) É necessário que a ética coletiva seja valorizada **a fim de** eliminar os problemas de corrupção na sociedade como um todo.

    c) Devido à aliança entre o poder econômico e o político, criou-se uma mentalidade patrimonialista, **como** analisa Sérgio Buarque de Holanda.

    d) O Estado é considerado um reflexo da sociedade, **logo** os problemas governamentais estão associados às infrações do dia a dia.

    e) Portanto, é papel do Estado remodelar o sistema educacional brasileiro, valorizando o ensino das ciências sociais, **assim como** promovendo uma educação política propriamente dita.

10. No último parágrafo do texto, o autor apresenta propostas de intervenção para os problemas debatidos e, em seguida, sua conclusão.

    a) Quais são as propostas apresentadas?

    b) Como o autor expressa a conclusão de sua argumentação?

    c) A conclusão apresentada pelo autor é coerente com a tese defendida? Justifique.

11. Segundo o texto, quais seriam as raízes da corrupção mencionadas no título?

Responda às questões sobre o texto a seguir.

TEXTO 2

1. Leia a referência bibliográfica do texto. De onde ele foi extraído?

2. Quem é o autor do texto que você vai ler?

3. Com base na observação do título e do subtítulo, qual é a abordagem que o autor parece adotar para tratar do tema da corrupção?

4. Você percebe formas de corrupção em seu dia a dia? Exemplifique.

Desfalque: diminuição, redução, fraude.

Deteriorar: estragar, arruinar.

Impunidade: ausência de punição, de penalização.

Peculato: subtração ou desvio de recursos.

Perverter: corromper, adulterar.

Self-compliance: autoavaliação.

Sonegação: ocultação, encobrimento.

---

www.gazetadopovo.com.br/opiniao/artigos/corrupcao-no-dia-a-dia-8famg3bjp6fdvzyudscu19o0c

ARTIGO

Corrupção no dia a dia

Toda a sociedade está sujeita à corrupção, cometendo as pequenas infrações do dia a dia: furar filas, pagar para se livrar de uma multa, colar na prova

Vivemos dias difíceis. Escândalos de todos os tipos têm vindo à tona, evidenciando a corrupção. Mas o que é a corrupção, que tanto estrago causa à sociedade? O termo tem origem no verbo corromper, que significa tornar podre, quebrar aos pedaços, **deteriorar** ou **perverter** moralmente. É um fenômeno mundial e atravessa os tempos. E o que faz com que alguns ajam de maneira indevida para alcançar algum tipo de vantagem?

A corrupção não é praticada apenas por políticos e empresários. Toda a sociedade está sujeita a ela, cometendo as pequenas infrações do dia a dia: furar filas, pagar para se livrar de uma multa, colar na prova... Alguns fatores, embora não a justifiquem, ajudam a explicá-la. O primeiro diz respeito ao que ocorre com nossa escala de valores, o modo como as pessoas e as organizações estão se comportando e relacionando. O que aconteceu à ética, à honestidade, à justiça, à lealdade, aos valores morais?

O primeiro grupo em que o indivíduo se vê inserido é a família, sendo esta a responsável por lhe passar as principais regras de comportamento e valores, educando para a vida em sociedade. Contudo, muitas vezes vemos famílias desestruturadas, com problemas que influenciam essa pessoa, que se desenvolve em meio a expedientes que deixam a desejar em termos de comportamento ético.

Outra questão que contribui para o atual estado de coisas é a disseminação do famoso "jeitinho", a busca de soluções fáceis para determinados problemas. A prática, muitas vezes inconsciente, porque já enraizada culturalmente, acaba sendo estimulada por outro elemento: a **impunidade**, que se realimenta não só dos interesses de alguns, como também do exemplo dado por governantes – que saem da própria sociedade – e da visão de serem esses pequenos atos de corrupção ações que não geram grande prejuízo a ninguém.

O comportamento do indivíduo passa, muitas vezes, para as organizações (políticas, empresariais ou do terceiro setor), que são compostas e dirigidas por esses mesmos indivíduos, e que muitas vezes corrompem e se deixam corromper em troca de poder, vantagens ou lucros maiores. O crime de corrupção leva a outros, como tráfico de influência, subtração dos recursos públicos, **sonegação**, **desfalques**, **peculato**.

Está claro que a corrupção cria insegurança, principalmente quando atinge o Estado. Dependendo do grau de envolvimento dos agentes públicos e dos danos, pode gerar desconfiança de investidores, empresários e consumidores com relação às políticas governamentais, o que resultaria em crise – não apenas política, mas também econômica, como vemos agora. A solução? Está em nós mesmos, sendo necessário que cada indivíduo faça um reexame de suas práticas, criando o seu **self-compliance**, monitorando a si mesmo quanto aos valores.

Gabriel Mamed
Economista e professor da FMP/Fase.

MAMEDE, Gabriel. *Gazeta do Povo*. Disponível em: <www.gazetadopovo.com.br/opiniao/artigos/corrupcao-no-dia-a-dia-8famg3bjp6fdvzyudscu19o0c>. Acesso em: 20 ago. 2018.

300 **Unidade 12** A corrupção em debate

Interagindo com o artigo de opinião

1. Escreva no caderno a alternativa que melhor completa a sentença a seguir. A leitura de "Corrupção no dia a dia" deixa evidente que a principal finalidade comunicativa de seu locutor é

a) caracterizar os casos de combate à corrupção nas práticas cotidianas no Brasil.

b) defender a necessidade do combate à corrupção nas práticas cotidianas no Brasil.

c) expor informações ao leitor sobre a corrupção nas práticas cotidianas no Brasil.

d) orientar o leitor quanto ao combate à corrupção nas práticas cotidianas no Brasil.

e) relatar casos evidentes de combate à corrupção nas práticas cotidianas no Brasil.

2. O autor inicia seu texto com uma declaração: "Vivemos dias difíceis.".

a) Qual seria a principal causa dessa dificuldade apontada pelo autor?

b) Nessa declaração, qual é o efeito de sentido gerado pelo uso do verbo na 1ª pessoa do plural?

c) Por que o uso do adjetivo "difíceis" é importante nessa declaração?

3. No início do texto, Mamed apresenta dois questionamentos transcritos a seguir. Como o texto responde a essas perguntas?

> **I.** "Mas o que é a corrupção, que tanto estrago causa à sociedade?";
>
> **II.** "E o que faz com que alguns ajam de maneira indevida para alcançar algum tipo de vantagem?".

4. Gabriel Mamed escreveu um artigo de opinião para debater o tema da corrupção. Nesse gênero textual, o autor expõe seu posicionamento sobre o tema fazendo uso de abordagens que pretendem analisar o assunto com clareza. As ideias apresentadas nesses textos são de responsabilidade do autor, que deve sustentar seu ponto de vista com informações coerentes e coesas.

a) Qual é o ponto de vista de Mamed sobre a corrupção?

b) Os artigos de opinião são marcados pela persuasão do autor ao transmitir uma ideia ao leitor. Como Mamed fundamenta seu posicionamento?

c) Um artigo de opinião pode ser escrito em primeira ou em terceira pessoa e, geralmente, é assinado por seu autor. Como Mamed opta por redigir seu texto quanto a esses aspectos?

5. Para falar da corrupção a que toda a sociedade está sujeita, o autor utiliza, no segundo parágrafo, a expressão:

> "pequenas infrações do dia a dia"

a) Liste as infrações citadas pelo autor no texto.

b) Observe que, após citar a lista das "pequenas infrações do dia a dia", o autor utilizou as reticências. Qual é o efeito semântico desse sinal de pontuação no trecho?

c) Por que esses atos também seriam corrupção?

d) Que outras "pequenas infrações do dia a dia" você acrescentaria à lista?

6. Ao tratar das causas da corrupção, no 2º parágrafo, Mamed escreve:

> "Alguns fatores, embora não a justifiquem, ajudam a explicá-la.".

a) Qual é a diferença entre justificar e explicar?

b) Por que a corrupção, segundo o autor, pode ser explicada, mas não justificada?

7. Para falar de uma das causas da corrupção na sociedade, Mamed fala da "escala de valores". Volte ao texto e releia o trecho em que essa ideia é apresentada.

Considerando o contexto, como se pode explicar a expressão "escala de valores"?

301

8. Ao tratar da família como o primeiro grupo em que o indivíduo se insere, o locutor textual aponta alguns prós e contras.
   a) Quais seriam os prós?
   b) E os contras?

9. No 4º parágrafo, o autor discute o "jeitinho" como um dos elementos que se relacionariam à corrupção no país. Leia, a seguir, um trecho do texto "O que há de corrupção no jeitinho brasileiro?", de Clarissa Neher.

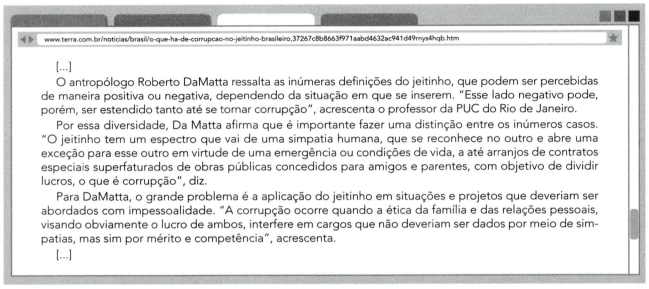

NEHER, Clarissa. Terra, 23 ago. 2017. Disponível em: <www.terra.com.br/noticias/brasil/o-que-ha-de-corrupcao-no-jeitinho-brasileiro,37267c8b8663f971aabd4632ac941d49rnys4hqb.html>. Acesso em: 20 ago. 2018.

Considerando o que Gabriel Mamed expõe junto às ideias de Roberto DaMatta, apresentadas por Clarissa Neher, de que maneira o "jeitinho" se relacionaria à corrupção?

10. Gabriel Mamed postula que a impunidade é um fator que coopera para a existência da corrupção no Brasil. Como se pode explicar essa relação?

11. Para o autor, a corrupção está fundamentada também no desejo que os indivíduos têm de "poder, vantagens ou lucros maiores". No cenário da política, das empesas e do terceiro setor, quais são as consequências que esse desejo individual pode gerar?

12. Uma das consequências da corrupção, segundo argumenta Mamed, é a insegurança, a qual compromete seriamente um país, gerando crise. De acordo com o autor, qual seria a solução para o enfrentamento da crise?

13. Segundo consta do texto, o autor é economista e professor universitário. Levante hipóteses: por que essa informação sobre a formação do autor seria relevante para um artigo de opinião?

> ### AMPLIANDO O CONHECIMENTO
>
> #### Propaganda
>
> Em 1970, a Seleção Brasileira foi campeã da Copa do Mundo de Futebol, sediada pelo Brasil, o que tornou os jogadores da época muito conhecidos e admirados pelo público. Anos depois, o meio-campista Gérson participou da propaganda da marca de cigarros Vila Rica. Nessa peça publicitária, o ator enaltecia os poucos efeitos negativos do cigarro e, para vender o produto, dizia: "Por que pagar mais caro se o Vila me dá tudo aquilo que eu quero de um bom cigarro?". A propaganda terminava lançando uma pergunta ao espectador: "Gosto de levar vantagem em tudo, certo? Leve vantagem você também.". Essa peça publicitária marcou a época, pois suscitou a discussão sobre o comportamento do brasileiro, problematizando a maneira como se estabelecem as relações públicas e privadas no Brasil.

Vamos comparar?

Texto dissertativo-argumentativo e artigo de opinião

O texto dissertativo-argumentativo e o artigo de opinião têm em comum o fato de apresentarem uma tendência opinativa. Ambos os gêneros explicitam um ponto de vista e o defendem por meio da argumentação. Desse modo, pode-se perceber que, entre esses gêneros, existe uma semelhança, que é a tendência argumentativa. Porém, ao observar a construção de cada um, algumas diferenças tornam-se perceptíveis. A partir de agora, a proposta é comparar o que distingue o modo de produção de uma dissertação argumentativa e do empregado na redação de um artigo de opinião.

Escrever um bom texto dissertativo-argumentativo é tarefa complexa. Veja neste objeto digital algumas dicas para se sair bem nas cinco competências que o Enem avalia.

1. Releia o trecho a seguir e responda às questões.

   ▶ **Texto 1**

   Desde a era colonial, o Brasil é comandado por uma elite latifundiária, que exerce um poder extremamente carismático e pessoal. Na época do coronelismo, por exemplo, o "voto de cabresto" era uma forma de controle comumente utilizada pelos proprietários de terras. Devido à aliança entre o poder econômico e o político, criou-se uma mentalidade patrimonialista, como analisa Sérgio Buarque de Holanda. O interesse coletivo era sempre obliterado pela vontade dos latifundiários, fator decisivo para o enraizamento da corrupção na sociedade brasileira, o que prejudica, exageradamente, a construção de um bem-estar coletivo.

2. Releia o excerto a seguir.

   ▶ **Texto 2**

   Está claro que a corrupção cria insegurança, principalmente quando atinge o Estado. Dependendo do grau de envolvimento dos agentes públicos e dos danos, pode gerar desconfiança de investidores, empresários e consumidores com relação às políticas governamentais, o que resultaria em crise – não apenas política, mas também econômica, como vemos agora. A solução? Está em nós mesmos, sendo necessário que cada indivíduo faça um reexame de suas práticas, criando o seu *self-compliance*, monitorando a si mesmo quanto aos valores.

   a) Levando em conta as pessoas do discurso, qual foi a opção do autor?
   b) Quanto à formalidade, como se classifica o texto?

3. Agora, considerando os textos 1 e 2 na íntegra, responda:
   a) Qual dos textos apresenta uma estrutura mais rígida de composição?
   b) Qual dos textos apresenta uma estrutura mais flexível de composição?
   c) A que você atribui essa diferença em relação à composição dos dois textos?

4. Comparando-se os dois textos, qual deles apresenta maior grau de informatividade? A que você atribui sua resposta?

5. Com relação às esferas de circulação, onde cada um desses gêneros textuais circula mais frequentemente?

6. Volte à página 24 e anote no quadro o título dos textos lidos nesta unidade e o gênero a que pertencem, de acordo com o principal objetivo comunicativo de cada um.

Língua e linguagem

Oração subordinada no discurso argumentativo

Ao longo desta unidade, você estudou as especificidades da dissertação argumentativa e do artigo de opinião, pôde comparar as duas modalidades e saber as condições de produção de cada uma delas. Vamos agora observar quais são os recursos linguísticos recorrentes em tais práticas de linguagem.

Após a leitura dos dois textos principais, foi possível perceber que, tanto na explanação de um assunto quanto na elaboração de argumentos, foi preciso que o autor estabelecesse um planejamento para a escrita. Ou seja, o ato da escrita pressupõe que o autor: selecione ideias a serem apresentadas; estabeleça hierarquia e prioridade entre elas; organize a ordem lógica do texto; elabore parágrafos coesos e coerentes, adequados à progressão temática; estabeleça coesão entre as diferentes partes do texto para conferir coerência textual à produção.

Dessa maneira, pode-se notar que a dissertação e a argumentação se caracterizam pelo complexo processo de elaboração formal, composto da articulação de pensamentos expressos em parágrafos que se completam e se vinculam logicamente. Nesta unidade, vamos estudar uma das formas de organização lógica do pensamento: a **subordinação**.

1. Observe os períodos abaixo e faça o que se pede.

I. É um fenômeno mundial e atravessa os tempos.

II. Contudo, muitas vezes vemos famílias desestruturadas, com problemas que influenciam essa pessoa, que se desenvolve em meio a expedientes que deixam a desejar em termos de comportamento ético.

No período I, nota-se que as orações aparecem lado a lado, ou seja, justapostas, e estão a serviço da caracterização da corrupção, assunto do artigo de opinião. Já no período II, pode-se observar a correlação de ideias, o encadeamento no período, assim como seu encadeamento com as ideias citadas anteriormente.

a) Explique o sentido da conjunção **contudo**. Em que medida ela antecipa informações sobre a opinião do autor?

b) O período apresenta três vezes a palavra **que**. Identifique quais são seus referentes em cada um dos casos.

c) Qual é a função semântica do **que** nesses casos?

d) Observe o discurso de seus colegas e professores. Há alguém que você conheça que use repetidamente esse recurso linguístico? Agora elabore uma hipótese: que efeito o uso excessivo desse recurso promove no texto oral ou mesmo escrito?

Priscilla Camacho

Quando as orações são vinculadas pela forma ou pelo sentido, diz-se que elas são subordinadas umas às outras.

> O período composto por subordinação é formado por uma oração subordinada que se vincula a uma oração principal por uma questão de sentido ou sintaxe.

2. Releia estes fragmentos e faça o que se pede.

I. Escândalos de todos os tipos têm vindo à tona, **evidenciando** a corrupção.

II. Toda a sociedade está sujeita a ela, **cometendo** as pequenas infrações do dia a dia [...].

III. O primeiro grupo em que o indivíduo se vê inserido é a família, **sendo** esta a responsável por lhe passar as principais regras de comportamento e valores, **educando** para a vida em sociedade.

a) A que termos da oração anterior os termos destacados se referem?

b) Agora reflita: que efeito de sentido o gerúndio promove nesses contextos? Como podemos interpretar esse recurso linguístico?

3. Releia e compare:

I. Alguns fatores, <u>embora</u> não a justifiquem, ajudam a explicá-la. O primeiro diz respeito ao que ocorre com nossa escala de valores, o modo como as pessoas e as organizações estão se comportando e relacionando. O que aconteceu à ética, à honestidade, à justiça, à lealdade, aos valores morais?

II. Alguns fatores ajudam a explicá-la. O primeiro diz respeito ao que ocorre com nossa escala de valores, o modo como as pessoas e as organizações estão se comportando e relacionando. O que aconteceu à ética, à honestidade, à justiça, à lealdade, aos valores morais?

a) No período I, o autor faz uso da oração iniciada por **embora**, provavelmente por imaginar uma possível crítica ou desacordo do interlocutor. Discuta essa hipótese com os colegas e elabore possíveis justificativas para a afirmação.

b) Compare as duas formas. Qual delas apresenta mais força argumentativa? Converse com os colegas para responder.

4. Comente o caráter argumentativo da conjunção **quando** em:

Está claro que a corrupção cria insegurança, principalmente **quando** atinge o Estado.

Nesse caso, a conjunção tem o mesmo sentido de **se** ou de **enquanto**?

5. Agora leia o texto produzido por uma aluna do 3º ano do Ensino Médio.

Corrupção cotidiana

No Brasil, a corrupção atingiu níveis drásticos, uma vez que os políticos utilizam de seus cargos como um meio de suprir as necessidades pessoais. Sendo assim, o dinheiro que deveria estar sendo investido em áreas como educação e saúde é direcionado para o proveito dessa minoria privilegiada. Desse modo, para impedir a incidência de tais eventos, é necessária uma alteração urgente nas leis brasileiras vigentes.

Além das irregularidades no cenário político, existem "pequenos" atos, que partem de cidadãos comuns, como o roubo de celulares e o desrespeito a filas, são classificados como corrupções cotidianas. Nesses casos, os cidadãos acreditam que essas ações não têm grande impacto na sociedade, quando, na verdade, estão desrespeitando a liberdade e os direitos das vítimas e, consequentemente, estão desrespeitando a Constituição.

Ademais, as leis brasileiras são permissivas, uma vez que as punições são brandas quando comparadas ao crime que foi cometido, por exemplo, um roubo de rua pode deixar o criminoso em uma média de seis anos de prisão, enquanto um político corrupto enfrentaria uma acusação de dois anos por grandes desvios de verba. Outro fator que alavanca a corrupção é a lentidão da justiça, com a possibilidade de entrar com diversos recursos até que o acusado seja efetivamente preso.

Portanto, na tentativa de garantir que as irregularidades, como a corrupção na política e a cotidiana, diminuam, é necessário que o Poder Legislativo crie leis mais rigorosas de acordo com as quais as punições fossem mais graves e impedissem a morosidade da justiça. Seria com o aumento das penas e a diminuição da oportunidade de entrar com processos na justiça que a incidência de crimes diminuiria drasticamente e a corrupção poderia ser contida na sociedade brasileira.

Maria Clara Weiss.

a) Localize, nos dois últimos parágrafos do texto, os elementos de coesão que os introduzem e explique o sentido de cada um deles.

b) Em que medida esses termos estabelecem relação de subordinação com parágrafos anteriores?

c) Você acha que esses elementos coesivos colaboram para imprimir tom persuasivo ao texto? Por quê?

Oficina de produção
Texto oral

Mesa-redonda

Você já assistiu a uma mesa-redonda? Ela é comum em programas de esportes, em discussões sobre política e em eventos acadêmicos. Apesar do nome sugestivo – mesa-redonda –, nessa discussão os participantes são dispostos em semicírculo, justamente para que possam ser vistos pelos espectadores e, no caso das gravações para TV, isso ainda possibilita o enquadramento das câmeras. Vamos relembrar o que você sabe sobre esse gênero.

▶ Recordar

Observe as imagens a seguir.

Entrevista na Fox Sports Radio, São Paulo, 2016.

Reunião do Conselho de Segurança das Nações Unidas, Nova York, 2018.

1. Levante hipóteses: o que as pessoas que estão participando das mesas-redondas têm em comum e a quem elas se dirigem?

2. Considerando as pessoas que participam de uma mesa-redonda, qual é o objetivo desse gênero discursivo?

3. Tendo em vista essas características da mesa-redonda, explique qual é o registro linguístico geralmente utilizado.

Tratando de um assunto atual e de interesse coletivo, a mesa-redonda, além das pessoas que discutem o tema e dos espectadores, tem, também, um mediador, que controla o tempo da discussão, ordena as falas dos participantes e seleciona as possíveis perguntas dos ouvintes. O moderador pode, ainda, ter um assistente, que organizará as perguntas do público.

Agora é hora de colocar a mão na massa.

▶ Planejar

1. Nesta unidade, você leu uma dissertação e um artigo de opinião que argumentaram sobre o "jeitinho brasileiro" como uma atitude de corrupção cotidiana. Esse será o assunto da mesa-redonda, que deverá discutir o tema.

A corrupção no Brasil: do âmbito local ao nacional

2. Para participar da mesa-redonda, a turma deverá convidar uma pessoa especialista no assunto e um professor da escola que tenha conhecimento sobre o tema. Além disso, dois de vocês deverão se preparar para integrar a mesa. Essa escolha precisa levar em consideração a formação dos convidados, bem como seu interesse em participar da discussão. Já os dois alunos selecionados deverão pesquisar sobre o tema e reunir informações que contribuam para a argumentação deles.

3. Um terceiro aluno será escolhido como mediador. Ele também ficará responsável por pesquisar o tema, a fim de estar preparado para a condução da fala dos convidados. Além disso, vai tomar nota das falas dos presentes para realizar uma síntese ao término da mesa-redonda. O restante da turma, como espectadores, também deverá estudar o tema, a fim de poder elaborar questões a serem problematizadas ao final da sessão.

4. Diferentemente do debate, na mesa-redonda não precisa haver tempo rígido para a apresentação, perguntas, réplicas e tréplicas. A discussão pode acontecer como uma conversa, em que todos os participantes respeitam a vez de falar uns dos outros. Contudo, é melhor que sejam definidos uma ordem e um tempo aproximado para a explanação e posterior diálogo entre os convidados, o que deve ser combinado antes do início da mesa-redonda. Além disso, o mediador deverá direcionar as falas, a fim de equilibrar a conversa.

5. Onde o evento acontecerá? Na sala de aula, em outro espaço da escola ou da comunidade? Um espaço adequado deverá ser preparado, organizando-se as mesas em formato de meia-lua para os convidados, que ficarão de frente para os espectadores. Outras pessoas serão convidadas ou participarão apenas os alunos da turma? É importante estar atento à quantidade de pessoas que serão convidadas, para que todos consigam se acomodar adequadamente.

> ### ▶ Produzir

6. Inicialmente, o mediador deve apresentar cada convidado dizendo seu nome e função e justificando a participação deles. É importante não se esquecer de agradecer a presença dessas pessoas. Em seguida, ele deve explicar como se dará a ordem das explanações, bem como indicar que as perguntas da plateia serão realizadas após as explanações e o diálogo inicial dos convidados. É importante dizer se as perguntas serão feitas por escrito, o que possibilita a seleção por pertinência, ou oralmente.

7. O moderador concede a palavra aos convidados na ordem previamente estabelecida e assim se sucedem as explanações preparadas por cada um. A mediação precisa acompanhar o andamento da discussão e, caso necessário, indicar ao convidado o término do tempo de sua fala.

8. Em seguida, antes das perguntas da plateia, pode haver um momento de perguntas entre os convidados, em que eles conversem sobre algum ponto das explanações. Passa-se, então, à síntese das apresentações, feita pelo mediador.

9. A mesa-redonda termina com a realização das perguntas, que podem ser recolhidas e selecionadas por um auxiliar (caso sejam escritas). Caso sejam feitas oralmente, o espectador deverá se apresentar e indicar a qual dos convidados – ou se a todos – quer dirigir o questionamento, que precisa ser claro e objetivo. O auxiliar é responsável por organizar a ordem da fala entre o público. Cada pergunta pode ser respondida separadamente ou podem ser feitos blocos de perguntas, a que um ou mais convidados respondem. Não é permitida réplica do espectador.

10. A mesa-redonda pode ser gravada em vídeo, a fim de facilitar a avaliação posterior e a divulgação do momento.

> ### ▶ Avaliar

11. O que a turma achou de realizar uma mesa-redonda? Conversem sobre as etapas dessa produção oral e, caso tenha sido gravada, assistam ao vídeo e observem aspectos que podem ser melhorados, bem como os pontos fortes, considerando algumas questões:

- Todos os alunos se envolveram com o planejamento e a realização da mesa-redonda?
- O tema foi abordado de modo claro e significativo?
- O aluno mediador cumpriu adequadamente sua função?
- Os alunos convidados demonstraram ter se preparado para o momento?
- Os alunos da plateia prepararam-se e realizaram perguntas pertinentes?
- Quais aspectos podem ser melhorados para a realização de uma nova mesa-redonda?

> ### ▶ Divulgar

12. Caso tenham gravado a mesa-redonda, divulguem o vídeo na página da escola, nas redes sociais ou em um *site* criado especificamente para esse fim, possibilitando que outras turmas e toda a comunidade escolar possam assistir à sessão.

Oficina de produção
Texto escrito

Texto dissertativo-argumentativo – modelo Enem

Nesta unidade, você estudou a dissertação argumentativa. A partir de agora, sua tarefa é desenvolver um texto escrito a fim de discutir o tema explorado até aqui: a corrupção. Para isso, vamos relembrar as características do gênero proposto.

▶ Recordar

1. A dissertação argumentativa é um texto que mobiliza conhecimentos para a defesa de um ponto de vista. Portanto, é preciso que, após a indicação do tema, faça-se um levantamento dos conteúdos que podem auxiliar no desenvolvimento da discussão.

2. O texto dissertativo-argumentativo é organizado em introdução, desenvolvimento e conclusão. Na introdução, é importante contextualizar o tema, apresentar a problematização e, em seguida, indicar a tese a ser defendida no texto. Posteriormente, apresentam-se os argumentos para a defesa do ponto de vista. E, por fim, conclui-se a discussão apresentada, propondo soluções viáveis para a resolução do problema.

3. A clareza e a correção da linguagem são pontos que favorecem a construção do texto dissertativo-argumentativo. Portanto, valer-se do uso da 3ª pessoa, tornando o discurso impessoal, e de construções que demonstrem domínio da norma-padrão da língua são recursos que favorecem a compreensão integral do texto.

▶ Planejar

4. Após a leitura dos textos motivadores a seguir e com base nos conhecimentos construídos ao longo de sua formação, redija um texto dissertativo-argumentativo em modalidade escrita formal sobre o tema "Corrupção cotidiana", apresentando uma proposta de intervenção que respeite os direitos humanos. Selecione, organize e relacione, de forma coerente e coesa, argumentos e fatos para a defesa de seu ponto de vista.

▶ Texto 1

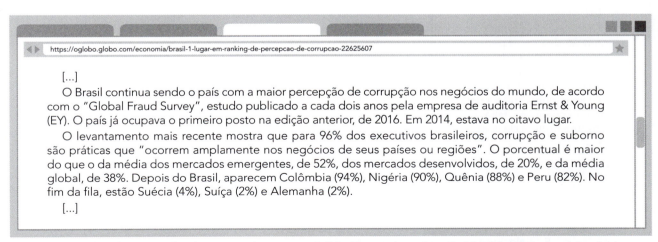

[...]
O Brasil continua sendo o país com a maior percepção de corrupção nos negócios do mundo, de acordo com o "Global Fraud Survey", estudo publicado a cada dois anos pela empresa de auditoria Ernst & Young (EY). O país já ocupava o primeiro posto na edição anterior, de 2016. Em 2014, estava no oitavo lugar.

O levantamento mais recente mostra que para 96% dos executivos brasileiros, corrupção e suborno são práticas que "ocorrem amplamente nos negócios de seus países ou regiões". O porcentual é maior do que o da média dos mercados emergentes, de 52%, dos mercados desenvolvidos, de 20%, e da média global, de 38%. Depois do Brasil, aparecem Colômbia (94%), Nigéria (90%), Quênia (88%) e Peru (82%). No fim da fila, estão Suécia (4%), Suíça (2%) e Alemanha (2%).
[...]

LIMA, Luís. Brasil é 1º lugar em *ranking* de percepção de corrupção. *O Globo*. Disponível em: <https://oglobo.globo.com/economia/brasil-1-lugar-em-ranking-de-percepcao-de-corrupcao-22625607>. Acesso em: 20 ago. 2018.

▶ **Texto 2**

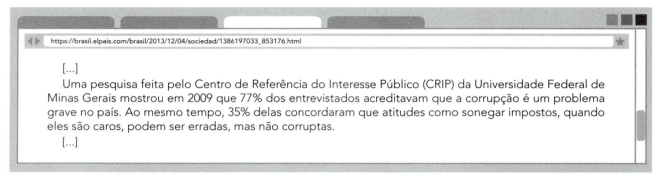

[...]
Uma pesquisa feita pelo Centro de Referência do Interesse Público (CRIP) da Universidade Federal de Minas Gerais mostrou em 2009 que 77% dos entrevistados acreditavam que a corrupção é um problema grave no país. Ao mesmo tempo, 35% delas concordaram que atitudes como sonegar impostos, quando eles são caros, podem ser erradas, mas não corruptas.
[...]

BEDINELLI, Talita. A corrupção nossa de cada dia. *El País*. Disponível em: <https://brasil.elpais.com/brasil/2013/12/04/sociedad/1386197033_853176.html>. Acesso em: 7 maio 2018.

▶ **Texto 3**

Revista Radis. Disponível em: <www6.ensp.fiocruz.br/radis/revista-radis/161/comunicacao_e_saude/sem-desculpa-para-corrupcao>. Acesso em: 20 ago. 2018.

▶ **Texto 4**

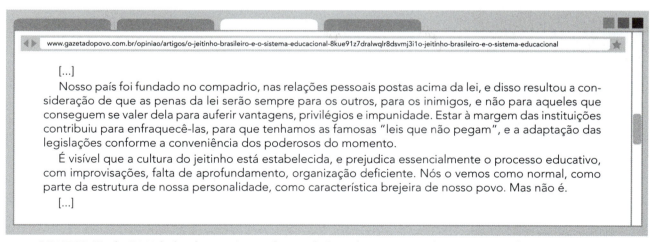

[...]
Nosso país foi fundado no compadrio, nas relações pessoais postas acima da lei, e disso resultou a consideração de que as penas da lei serão sempre para os outros, para os inimigos, e não para aqueles que conseguem se valer dela para auferir vantagens, privilégios e impunidade. Estar à margem das instituições contribuiu para enfraquecê-las, para que tenhamos as famosas "leis que não pegam", e a adaptação das legislações conforme a conveniência dos poderosos do momento.

É visível que a cultura do jeitinho está estabelecida, e prejudica essencialmente o processo educativo, com improvisações, falta de aprofundamento, organização deficiente. Nós o vemos como normal, como parte da estrutura de nossa personalidade, como característica brejeira de nosso povo. Mas não é.
[...]

CAMARGO, Wanda. O jeitinho brasileiro e o sistema educacional. *Gazeta do Povo*. Disponível em: <www.gazetadopovo.com.br/opiniao/artigos/o-jeitinho-brasileiro-e-o-sistema-educacional-8kue91z7dralwqlr8dsvmj3i1>. Acesso em: 20 ago. 2018.

5. Selecione as informações que chamam sua atenção na coletânea de textos. Em seguida, busque associá-las a conteúdos que você conhece, relacionando os elementos que tem em mãos.

6. Eleja sua tese. Anote-a. Em seguida, liste argumentos capazes de defendê-la. Eles devem ser capazes de sustentar o ponto de vista que você elegeu. Selecione os que melhor se adéquam ao seu projeto textual.

7. Organize seu projeto de texto. De posse da tese e dos argumentos selecionados para serem desenvolvidos, faça um esquema dos parágrafos de seu texto, indicando – com poucas palavras – o que haverá em cada um deles. Lembre-se de pensar na introdução, no desenvolvimento e na conclusão.

▶ Produzir

8. Redija seu rascunho da dissertação argumentativa com base no esquema proposto. Observe atentamente a apresentação, a contextualização e a problematização da tese no primeiro parágrafo. Desenvolva, com clareza, coesão e coerência, os argumentos que defendem seu ponto de vista em, pelo menos, dois parágrafos consistentes.

9. Atente-se à linguagem, buscando sempre a clareza e a precisão na escolha de palavras e na elaboração de parágrafos e de períodos. Verifique, em seu texto, a utilização de referências aos diversos campos do conhecimento, a fim de aprimorar a qualidade da discussão.

10. Não se esqueça de, no último parágrafo, apresentar uma conclusão, que pode retomar os pontos centrais apresentados nos argumentos desenvolvidos no texto. Neste último parágrafo, indique também propostas de intervenção para solucionar o problema discutido. Lembre-se de indicar quem executa a ação, qual ação é executada, por que, para que e por meio de que se executa a ação.

▶ Avaliar e reescrever

11. Após redigir e revisar seu primeiro rascunho, solicite a ajuda de um colega de turma para ler seu texto e verificar se:

- há claramente a apresentação de uma tese;
- a defesa da tese está coerente com o texto;
- os argumentos são de naturezas distintas, exploram estratégias variadas;
- a conclusão está clara;
- há proposta de intervenção;
- demonstra domínio de áreas do conhecimento diversas.

12. Observe as sugestões do colega, caso haja, e, em seguida, prepare sua versão final do texto para entrega ao professor.

▶ Divulgar

13. Após a entrega dos textos corrigidos pelo professor, você e os colegas podem propor a realização de uma roda de leitura desses textos. Se optarem por fazer uma atividade para além da sala de aula, selecionem os textos a serem lidos e convidem outros professores da escola para, após as leituras, conduzirem um momento de diálogo aberto na escola sobre o assunto.

DIÁLOGOS

O caráter argumentativo do romance de tese

No final do século XIX, surge o chamado romance de tese no cenário literário, revelando a forte influência que os avanços científicos promoveram na literatura. Um bom exemplo dos feitos científicos desse século é a teoria da evolução.

O autor dessa teoria, Charles Darwin, aborda como ponto central a evolução das espécies. Para o cientista, a permanência de diferentes seres no planeta é resultado de seu poder de adaptação às condições físicas do meio ambiente.

Para chegar a tal conclusão, Darwin observou animais e plantas, pesquisou a condição fisiológica desses seres, o ambiente em que viviam e, também, as transformações pelas quais diferentes espécies passaram ao longo do tempo. Em uma longa viagem de navio, o cientista pôde analisar e catalogar várias espécies de animais e de plantas.

Os resultados obtidos por essa pesquisa impactaram fortemente a comunidade científica da época. Entretanto, é preciso ressaltar que, para além dos resultados, o método de pesquisa também influenciou a maneira como o homem via a si, o ambiente e a sociedade.

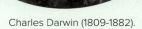
Charles Darwin (1809-1882).

Assim, a observação minuciosa, artifício próprio da ciência, foi adotada por alguns autores da literatura como procedimento para a construção de narrativas, para a criação de retratos da natureza e do contexto social.

Na Europa, por exemplo, o autor francês Émile Zola escreveu o livro *Germinal*, com extensas descrições de carvoarias, das péssimas condições de trabalhos dos carvoeiros e, em consequência, da vida precária que esses trabalhadores levavam. Percebe-se, ao longo da narrativa, que o autor se engajou em uma ideia para explicar o motivo que levou aqueles personagens à condição humana precária, relacionando o homem ao seu contexto social.

No Brasil, os ecos dessa maneira de produção literária podem ser identificados no romance *O cortiço*, de 1890, escrito por Aluísio Azevedo. Nele, o autor faz um retrato do surgimento dos primeiros cortiços do Rio de Janeiro, das condições em que viviam os negros e das relações de poder entre pobres e ricos. Por meio desse retrato, ele procura ilustrar as raízes de muitos dos problemas que enfrentamos até hoje em nosso país.

Os personagens principais são o português João Romão e sua amante, Bertoleza. Ele, dono do cortiço, da taverna e da pedreira, explora o trabalho de seus empregados e da amante, ex-escrava que trabalha dia a dia sem descanso. Com o objetivo de ficar rico, João Romão casa-se com a filha de Miranda, seu principal rival, aquele com quem disputa o poder local, e se livra da amante, abandonando-a novamente em estado de escravidão.

Dessa maneira, o livro, aos poucos, vai se revelando um retrato da representação da imagem do negro no final do século XIX.

Aluísio de Azevedo (1857-1913).

Para compreender o contexto da narrativa, leia, primeiramente, a passagem em que João Romão é apresentado ao leitor.

> João Romão foi, dos treze aos vinte e cinco anos, empregado de um vendeiro que enriqueceu entre as quatro paredes de uma suja e obscura taverna nos refolhos do bairro do Botafogo; e tanto economizou do pouco que ganhara nessa dúzia de anos, que, ao retirar-se o patrão para a terra, lhe deixou, em pagamento de ordenados vencidos, nem só a venda com o que estava dentro, como ainda um conto e quinhentos em dinheiro.

AZEVEDO, Aluísio. *O cortiço*. Disponível em: <www.dominiopublico.gov.br/download/texto/bn000003.pdf>. Acesso em: 19 jul. 2018.

1. Segundo a passagem, o que explicaria o comportamento do português João Romão?

Agora leia duas passagens marcantes para o desfecho da narrativa. No trecho I, o narrador expressa o pensamento de João Romão. No II, a fala de Bertoleza ao descobrir o casamento do português com a filha do rival.

> **I.** – [...] Bertoleza devia ser esmagada, devia ser suprimida, porque era tudo que havia de mau na vida dele! Seria um crime conservá-la a seu lado! Ela era o torpe balcão da primitiva bodega; era o aladroado vintenzinho de manteiga em papel pardo; era o peixe trazido da praia e vendido à noite ao lado do fogareiro à porta da taverna; era o frege imundo e a lista cantada das comezainas à portuguesa; era o sono roncado num colchão fétido, cheio de bichos; ela era a sua cúmplice e era todo seu mal - devia, pois, extinguir-se! [...]

> **II.** – Você está muito enganado, seu João, se cuida que se casa e me atira a toa! exclamou ela. Sou negra, sim, mas tenho sentimentos! Quem me comeu a carne tem de roer-me os ossos! Então há de uma criatura ver entrar ano e sair ano, a puxar pelo corpo todo o santo dia que Deus manda ao mundo, desde pela manhãzinha até pelas tantas da noite, para ao depois ser jogada no meio da rua, como galinha podre?! Não! Não há de ser assim, seu João!

AZEVEDO, Aluísio. *O cortiço*. Disponível em: <www.dominiopublico.gov.br/download/texto/bn000003.pdf>. Acesso em: 19 jul. 2018.

Na leitura desses trechos nota-se que, por meio da ficção, Aluísio Azevedo ilustra o quadro social de sua época, denunciando a deterioração das relações sociais. Leia o que escreveu o professor de literatura Antonio Candido sobre o romance.

> O Cortiço narra com efeito a ascensão do taverneiro português João Romão, começando pela exploração de uma escrava fugida que usou como amante e besta de carga, fingindo tê-la alforriado, e que se mata quando ele a vai devolver ao dono, pois, uma vez enriquecido, precisa liquidar os hábitos do passado para assumir as marcas da posição nova. Mas a verdadeira matéria-prima do seu êxito é o cortiço, do qual tira um máximo de lucro sob a forma de aluguéis e venda de gêneros.

CANDIDO, Antonio. *De cortiço a cortiço*. Disponível em: <http://cursolumen.com.br/wp-content/uploads/2016/05/An--lise-De-corti--o-a-corti--o.pdf>. Acesso em: 20 ago. 2018.

2. Converse com os colegas e, depois, elabore um parágrafo dissertativo, respondendo à seguinte questão: Em que medida os trechos destacados ilustram situações de corrupção no âmbito da vida privada?

3. Busque, em jornais e revistas, exemplos de comportamentos corruptos que impactam a comunidade, ou seja, a esfera pública da sociedade.

Enem e vestibulares

1. Inep-SP

Concordo plenamente com o artigo "Revolucione a sala de aula". É preciso que valorizemos o ser humano, seja ele estudante, seja professor. Acredito na importância de aprender a respeitar nossos limites e superá-los, quando possível, o que será mais fácil se pudermos desenvolver a capacidade de relacionamento em sala de aula. Como arquiteta, concordo com a postura de valorização do indivíduo, em qualquer situação: se procurarmos uma relação de respeito e colaboração, seguramente estaremos criando a base sólida de uma vida melhor.

Tania Bertoluci de Souza. Porto Alegre, RS. Disponível em: <www.kanitz.com.br/veja/cartas.htm>. Acesso em: 2 maio 2009.

Em uma sociedade letrada como a nossa, são construídos textos diversos para dar conta das necessidades cotidianas de comunicação. Assim, para utilizar-se de algum gênero textual, é preciso que conheçamos os seus elementos. A carta de leitor é um gênero textual que

a) apresenta sua estrutura por parágrafos, organizados pela tipologia da ordem da injunção (comando) e estilo de linguagem com alto grau de formalidade.

b) inscreve-se em uma categoria cujo objetivo é o de descrever os assuntos e temas que circularam nos jornais e revistas do país semanalmente.

c) organiza-se por uma estrutura de elementos bastante flexível em que o locutor encaminha a ampliação dos temas tratados para o veículo de comunicação.

d) constitui-se por um estilo caracterizado pelo uso da variedade não padrão da língua e tema construído por fatos políticos.

e) organiza-se em torno de um tema, de um estilo e em forma de paragrafação, representando, em conjunto, as ideias e opiniões de locutores que interagem diretamente com o veículo de comunicação.

2. Enem

O Brasil é sertanejo

Que tipo de música simboliza o Brasil? Eis uma questão discutida há muito tempo, que desperta opiniões extremadas. Há fundamentalistas que desejam impor ao público um tipo de som nascido das raízes socioculturais do país. O samba. Outros, igualmente nacionalistas, desprezam tudo aquilo que não tem estilo. Sonham com o império da MPB de Chico Buarque e Caetano Veloso. Um terceiro grupo, formado por gente mais jovem, escuta e cultiva apenas a música internacional, em todas as vertentes. E mais ou menos ignora o resto.

A realidade dos hábitos musicais do brasileiro agora está clara, nada tem a ver com esses estereótipos. O gênero que encanta mais da metade do país é o sertanejo, seguido de longe pela MPB e pelo pagode. Outros gêneros em ascensão, sobretudo entre as classes C, D e E, são o funk e o religioso, em especial o gospel. Rock e música eletrônica são músicas de minoria.

É o que demonstra uma pesquisa pioneira feita entre agosto de 2012 e agosto de 2013 pelo Instituto Brasileiro de Opinião Pública e Estatística (Ibope). A pesquisa Tribos musicais — o comportamento dos ouvintes de rádio sob uma nova ótica faz um retrato do ouvinte brasileiro e traz algumas novidades. Para quem pensava que a MPB e o samba ainda resistiam como baluartes da nacionalidade, uma má notícia: os dois gêneros foram superados em popularidade. O Brasil moderno não tem mais o perfil sonoro dos anos 1970, que muitos gostariam que se eternizasse. A cara musical do país agora é outra.

GIRON, L. A. *Época*, n. 805, out. 2013 (fragmento).

O texto objetiva convencer o leitor de que a configuração da preferência musical dos brasileiros não é mais a mesma da dos anos 1970. A estratégia de argumentação para comprovar essa posição baseia-se no(a)

a) apresentação dos resultados de uma pesquisa que retrata o quadro atual da preferência popular relativa à música brasileira.

b) caracterização das opiniões relativas a determinados gêneros, considerados os mais representativos da brasilidade, como meros estereótipos.

c) uso de estrangeirismos, como rock, funk e gospel, para compor um estilo próximo ao leitor, em sintonia com o ataque aos nacionalistas.

d) ironia com relação ao apego a opiniões superadas, tomadas como expressão de conservadorismo e anacronismo, com o uso das designações "império" e "baluarte".

e) contraposição a impressões fundadas em elitismo e preconceito, com a alusão a artistas de renome para melhor demonstrar a consolidação da mudança do gosto musical popular.

3. FCM-PB

Texto – os desígníos e a caracterização da ciência aplicada

Se perguntássemos o que caracteriza efetivamente a ciência aplicada, eu diria que, essencialmente, sua condição intrínseca de observação dos fatos reais, de análise experimental em laboratório, ou em campos específicos e, posteriormente, pelo retorno às suas fontes originais de pesquisa, como forma de intervenção, em vista de melhorias sociais e de novas descobertas técnico-científicas. Esse desdobramento final depende muito mais de ações políticas e de interesses econômicos do que propriamente da vontade dos pesquisadores ou das comunidades científicas. É desnecessário dizer que nenhuma produção do conhecimento deveria ter um fim em si mesma, ou que se destina exclusivamente a grupos restritos. Sua finalidade é fazer que, cada vez mais, pessoas sejam beneficiadas.

Decorre, nesse sentido, a realidade consequencial de que o que a ciência pode fazer pela sociedade nada mais é do que um reflexo daquilo que a sociedade tem feito pela ciência. Porém, o que, em tese, parece ser uma obviedade não é tão evidente quanto julgamos, pois essa caracterização da ciência é permanentemente contestada por fatos que atentam diariamente contra o que é essencial na vida das pessoas como, por exemplo, as garantias e os direitos fundamentais que devem servir de regra básica em todos os países cujos regimes políticos se baseiam nos princípios de uma sociedade livre e democrática.

No que concerne ao Brasil, a Constituição Federal de 1988, no seu art. 5º, estabelece que todos são iguais perante a lei, sem distinção de qualquer natureza, garantindo a todos a inviolabilidade do direito à vida, à liberdade, à segurança e à propriedade, o que nos leva a questionar sobre como ficam esses direitos e garantias fundamentais, quando nos deparamos com problemas relacionados à falta de infraestrutura sanitária para grande parte da população? Com a falta ou má qualidade da alimentação? A existência de doenças tropicais, cujos vetores já foram erradicados em todos os países desenvolvidos? As epidemias, de dengue, chikungunya e, mais recentemente, a contaminação causada pelo vírus zika? São perguntas para as quais não teremos respostas nos próximos 30 ou 40 anos.

Tais resoluções dependem de inovação tecnológica e pesquisas científicas, mas, sobretudo, dependem de mobilização social e nova consciência das lideranças políticas. Não nos abranda o fato de que, por ironia ou não, essa situação de ameaças epidêmicas não se limite aos países subdesenvolvidos.

Com muita propriedade escreveu J.L. Poersch, em 1972, no livro de síntese às teorias evolucionistas de Teilhard de Chardin, sob o título Evolução e Antropologia no espaço e no tempo, em que nos diz "... o centro coletor das energias cósmicas, o Homem está predestinado a crescer em valor e dignidade, em poder e grandeza, até submeter todas as potências do mundo ao seu completo domínio". É bem verdade que, de acordo com esse conceito de pleno domínio das energias cósmicas e potências mundiais, ora contrariando, ora confirmando o que foi escrito por J.L. Poersch, avanços já foram alcançados ao longo desses últimos 50 anos como, por exemplo, as descobertas no campo da medicina. O lado injusto de todo o progresso aqui mencionado é que ele é alcançado apenas por uma parcela bem pequena da população mundial.

Direcionando nosso discurso para o campo da saúde, observemos o relato do documento interministerial elaborado conjuntamente com os Ministérios da Saúde e da Educação em 2015: "Desigualdades geográficas na distribuição de médicos podem ser encontradas em vários países e regiões. A Organização Mundial da Saúde (OMS) estima que 50% da população mundial reside em áreas rurais remotas, mas essas áreas são servidas por menos de 25% da força de trabalho médico". Assim, fica claro que ainda há muito a ser feito para que os direitos e as garantias fundamentais sejam uma realidade extensiva a todos.[...]

(LIMA, João Batista Gomes de Lima. Os desígnios e a caracterização da Ciência Aplicada. *O mundo da saúde*, v. 39, n. 4)

No processo argumentativo utilizado no texto, destaca-se a referência ao artigo 5º da Constituição Federal do Brasil e a um trecho da obra Evolução e Antropologia no espaço e no tempo de J. L. Poersch (1978). Tais referências

a) são incoerentes com a visão do autor sobre o assunto.

b) resultam do conhecimento prévio do autor, que as utiliza para enfatizar a sua opinião.

c) caracterizam um lugar comum, empobrecendo o texto.

d) subsidiam ideias contraditórias.

e) mostram-se ineficazes como processos de argumentação.

UNIDADE 13

A INFORMAÇÃO E A CONSTRUÇÃO DA VERDADE

Roda de conversa

1. O cartum é um gênero textual que geralmente utiliza linguagem verbal e não verbal para satirizar uma situação cotidiana. Qual é a situação cotidiana representada no texto? E qual é a crítica evidente no cartum?

2. Na fala do homem que está lendo algo ao celular, qual palavra provoca a reação das personagens em primeiro plano? Por quê?

3. Você já teve conhecimento de algo falso que tenha sido publicado em redes sociais? Em caso afirmativo, conte aos colegas e ao professor a postagem e sua reação ao descobrir que a informação era falsa.

4. O que você sabe sobre *fake news*, ou seja, notícias ou informações falsas que circulam na sociedade?

ALPINO. "O Facebook agora vai avisar quando uma notícia for falsa".

O que você vai aprender

Gêneros
- Artigo acadêmico
- Dissertação argumentativa (modelo Enem)

Língua e linguagem
- Tipos de argumento

Oficinas de produção
- Conferência
- Texto dissertativo-argumentativo

Conheça

Livros
- *Como sair das bolhas*, de Pollyana Ferrari (Educ e Armazém da Cultura).
- *Ética e pós-verdade*, de Christian Dunker et al. (Dublinense).
- *O conto da aia*, de Margaret Atwood (Rocco).
- *Informar não é comunicar*, de Dominique Wolton (Sulina).
- *Culturas e artes do pós-humano: da cultura de mídias à cibercultura*, de Lucia Santaella (Paulus).

Filme e séries
- *Hypernormalisation*. Direção: Adam Curtis. Reino Unido, 2016.
- *Verdade ou consequência*. Portugal, 2017.
- *Salto para o futuro: educação em tempos de pós-verdade*. Brasil, 2017.

Músicas
- *Samba do Arnesto*, Adoniran Barbosa.
- *Filosofia*, Noel Rosa.
- *O que será*, Chico Buarque.
- *Pela internet*, Gilberto Gil.
- *Admirável chip novo*, Pitty.
- *Amanhã... Será?*, O Teatro Mágico.
- *Educado caducou*, O Teatro Mágico.

Na internet
- E-farsas: <www.e-farsas.com>.
- Boatos.org: <www.boatos.org>.

TEXTO 1

1. Observe o texto a seguir em seus detalhes (título, nome dos autores, intertítulo, notas de rodapé, referências bibliográficas etc.). Você já leu textos semelhantes a esse em termos de estrutura?
2. Quem são os autores do texto e qual é a formação deles?
3. Em quais situações comunicativas você acredita que circulam textos como o que vai ler?
4. Como se define o público-alvo de textos como o que você vai ler?

Objeto Educacional Digital

Uma boa introdução é crucial em qualquer texto oral ou escrito. Assista a algumas conferências e conheça algumas maneiras de envolver a plateia desde o início da apresentação.

Pós-verdade e *fake news*: Equívocos do político na materialidade digital

Guilherme Adorno[1]
Juliana da Silveira[2]

As **discursividades** em torno do digital têm colocado problemas de compreensão quanto ao seu funcionamento discursivo, sobretudo em relação aos modos de circulação e formulação, na estruturação significante das materialidades, na constituição da autoria em diferentes práticas da rede e na produção e leitura do arquivo. Nessa direção, o que se tem discursivizado sobre "pós-verdade" e "*fake news*" desenha um cenário **propício** de investigação para compreender esse funcionamento complexo entre o simbólico, o político, o técnico e o ideológico. Os discursos sobre "pós-verdade" e "*fake news*" fazem trabalhar os sentidos de *verdade* e *mentira*, *real* e *ficção*, *atual* e *virtual*. Entendemos que as discussões nas redes sociais sobre "pós-verdade" e "*fake news*", confrontadas com a leitura discursiva em torno das noções apontadas, permitem pensar o político no social tendo em vista o modo como o dizer das mídias sociais digitais parece produzir um embate (uma polêmica, uma disputa) com as mídias tradicionais, como a imprensa e a instituição televisiva.

Nosso intuito, neste trabalho, é compreender a maneira como as produções textuais próprias da internet colocam em jogo noções como as de autoria, legitimidade, circulação, formulação e arquivo. No procedimento de (des)montagem do *corpus*, recorremos aos trabalhos da **Análise de Discurso** Materialista, principalmente relacionados ao Discurso da Escritoralidade (GALLO, 2011), ao efeito-rumor (SILVEIRA, 2015) e aos processos de legitimação no digital (ADORNO DE OLIVEIRA, 2015). Assim, a descrição do conjunto heterogêneo do arquivo de referência para análise, assim como as primeiras entradas analíticas do vídeo "A desinformação do WhatsApp e Facebook", de Felipe Castanhari, começa a apontar para uma tomada de posição que se sustenta, contraditoriamente, pela recusa dos saberes legitimados advindos das instâncias midiáticas tradicionais, ao mesmo tempo em que parece se sustentar em um senso comum que permite retomar um discurso advindo dessas mesmas mídias, reforçando, desse modo, a noção de legitimidade como evidente de um campo institucional. Equívocos do político **imbricados** no funcionamento **dissimétrico** da memória discursiva.

Para iniciar o processo de descrição e interpretação dessa conjuntura política-midiática, recortamos o verbete "pós-verdade" no dicionário *Priberam de Língua Portuguesa* a fim de apresentar um dizer de um instrumento linguístico (AUROUX, 2009), que é já um dizer sedimentado por sentidos dominantes e/ou um dizer que ocupa um lugar de legitimidade quanto aos sentidos das palavras da língua.

Análise de discurso: trata-se de um campo de conhecimento da Linguística e da Comunicação cuja especialidade é analisar as construções ideológicas manifestas em um texto.
Corpus: do latim, corpo, conjunto, matéria.
Discursividade: aquilo que é próprio do discurso, que o caracteriza.
Dissimétrico: que não tem simetria, desarmônico.
Imbricado: interligado, conectado.
Propício: adequado, favorável.

---

[1] Doutor em Linguística. Professor e pesquisador colaborador (pós-doutorando) do Instituto de Estudos da Linguagem (IEL) da Universidade Estadual de Campinas (Unicamp).
[2] Doutora em Letras. Professora e pesquisadora colaboradora (pós-doutoranda) no Programa de Pós-Graduação em Ciências da Linguagem da Universidade do Sul de Santa Catarina (Unisul).

▶ pós-ver·da·de (pós- + verdade)

substantivo feminino ou masculino.

1. Conjunto de circunstâncias ou contexto em que é atribuída grande importância, sobretudo social, política e jornalística, a notícias falsas ou a versões verossímeis dos factos, com apelo às emoções e às crenças pessoais, em detrimento de fatos apurados ou da verdade objetiva (ex.: *a mentira e os boatos alimentam a pós-verdade; o tema do momento é o pós-verdade nas redes sociais*).

substantivo feminino.

2. Informação que se divulga ou aceita como fato verdadeiro devido à forma como é apresentada e repetida, mas que não tem fundamento real (ex.: *estas pós-verdades negam anos de evidências científicas*). = FACTOIDE

adjetivo de dois gêneros e de dois números.

3. Que atribui mais importância a notícias falsas ou não fundamentadas do que à verdade objetiva (ex.: *era pós-verdade; política pós-verdade*). Plural: pós-verdades.

Não trazemos aqui os recortes de outros dicionários de língua, mas fazemos remissão ao modo como "pós-verdade" tem sido discursivizada em diferentes instâncias enunciativas para contrapor "fatos apurados" e "verdades objetivas" a "notícias falsas ou não fundamentadas", "emoções" e "crenças pessoais". De modo parafrástico, essa contraposição também está textualizada no verbete "*post-truth*" do dicionário *on-line* Oxford.

▶ post-truth

ADJECTIVE

Relating to or denoting circumstances in which objective facts are less influential in shaping public opinion than appeals to emotion and personal belief.

'in this era of post-truth politics, it's easy to cherry-pick data and come to whatever conclusion you desire'

'some commentators have observed that we are living in a post-truth age'

É relatado em diferentes sites de notícias[3] e no verbete "pós-verdade" da Wikipédia[4] que o Dicionário de Oxford elegeu "*post-truth*" como a palavra do ano de 2016. Nosso interesse nesse pequeno recorte é mostrar como no sintagma nominal dos verbetes em língua portuguesa (*pós-verdade*) e em língua inglesa (*post-truth*) há uma construção com base em um substantivo já existente e que sustenta essa "nova palavra": *verdade* e *truth*. Deixaremos para aprofundar a historicidade dessa palavra na constituição em um trabalho posterior. Por enquanto, sublinhamos que a "palavra do ano de 2016" recorta uma região de memória articulada com "verdade", valorada pelas relações com outras palavras como "objetividade", "informação" e "mentira", textualizadas nos verbetes apresentados.

Tomamos como material específico de análise o vídeo do *youtuber* Felipe Castanhari, intitulado "ISSO PRECISA PARAR! (Correntes no WhatsApp e Notícias falsas)"[5], nos perguntando pelo modo como o vídeo estrutura um discurso sobre verdade e mentira e historiciza esses sentidos em relação ao funcionamento do digital na dita "era da pós-verdade".

O próprio modo de intitular o vídeo chama a atenção para o fato de que há muitas notícias falsas e correntes em circulação em mídias sociais digitais, como WhatsApp, por exemplo. Essa prática é, por sua vez, sempre retomada como exemplo quando o tema é a "era da pós-verdade", o que produz um sentido de que a pós-verdade está intimamente relacionada à existência das mídias sociais digitais e a certa prática dos sujeitos em utilizá-las para fazer circular boatos e rumores.

Sendo assim, em um primeiro momento é possível afirmar que existe um senso comum que parece concordar e mesmo produzir uma generalização de que vivemos a era da *Fake News* por causa

> **Parafrástico:** relativo à paráfrase.
> **Sintagma:** na Linguística, refere-se à junção de duas formas linguísticas elementares, estabelecendo subordinação de uma para com a outra.

---

3 Disponível em: <goo.gl/A4Wody >. Acesso em: 31 de out. de 2017.

4 Disponível em: <https://pt.wikipedia.org/wiki/P%C3%B3s-verdade >. Acesso em: 31 de out. de 2017.

5 Um mesmo vídeo circulou ao menos em duas redes sociais de Felipe Castanhari com dois títulos distintos. O referido no trabalho está publicado no Facebook. Disponível em: <goo.gl/oN9ExL>. Acesso em: 31 de out. de 2017. O vídeo publicado no YouTube é intitulado como "A desinformação do WhatsApp e Facebook". Disponível em: <goo.gl/s1qSxn >. Acesso em: 31 de out. de 2017.

Avatar:
autorrepresentação que visa personificar e indicar uma autoimagem em ambientes virtuais. O vocábulo provém do hinduísmo, indicando a ocasião na qual uma entidade sagrada desce à Terra e, em geral, assume características materiais.

Indistinção:
característica daquilo que não está claro, que não está evidente, que não se pode diferenciar ou distinguir.

Injunção:
determinação, ordem.

da internet, o que permite a muitos afirmar que a internet é a grande produtora de *Fake News*, ou, que são os sujeitos usuários das mídias sociais digitais os responsáveis pelas *Fake News*. Por outro lado, é também com a internet que surgem os sites e mecanismos que permitem checar a "veracidade" dos fatos e notícias que circulam não só na internet, mas em outros meios ou veículos de informação. Isso indica que a fonte produtora de notícias falsas não é algo que se possa generalizar, atribuindo a responsabilidade à "internet", mas que ela pode advir de variados meios e sujeitos. Consideramos, portanto, que a **indistinção** que se faz entre produzir e compartilhar permite que a generalização recaia nesse sujeito usuário das mídias sociais, uma vez que nesses espaços a **injunção** recai mais fortemente no "compartilhamento", mais até do que ao dizer. O fato de a normatizar incidir sobre o compartilhamento indica uma forma singular de legitimação que se relaciona fortemente com a noção de quantidade, como temos defendido em outros trabalhos, o discurso de escritoralidade parece se legitimar pela via da quantificação, ou seja, quanto mais circula, mais legítimo (GALLO e SILVEIRA, 2017).

Nesse sentido, é possível dizer que é a prática de compartilhar notícias falsas e não a produção de notícias falsas que está em foco quando à discussão da pós-verdade se relaciona a questão das *fake news*. É preciso, pois, que nos atentemos para o fato de que compartilhar notícias falsas e produzir notícias falsas não são a mesma coisa, embora apareçam nesse cenário de forma pouco discernível. Chamamos atenção ainda para o fato de que o "sujeito usuário da internet", ou o "sujeito usuário do YouTube" etc., é um sujeito de difícil categorização, já que estamos falando de perfis ou **avatares** que poderiam ser identificados aos mais variados discursos e aos mais variados lugares sociais.

Destacamos o modo como se fala a esses "sujeitos das mídias sociais" que compartilham notícias falsas, propondo a realização de uma "campanha" na internet que tem por objetivo questionar as *campanhas* na internet. A forma de fazer com que esses sujeitos parem de compartilhar notícias falsas é fazendo com que elas compartilhem a campanha proposta pelo *youtuber*, ou seja, esse sujeito é, antes de tudo, demandado a compartilhar, seja "x" ou "y".

Importante observar, no entanto, que, ao definir de um modo específico as dicas para evitar o compartilhamento de *Fake News*, o *youtuber* reafirma critérios de legitimação do discurso da escrita, mas já com um atravessamento de uma prática própria do discurso da escritoralidade, uma vez que ao mesmo tempo em que ele indica a necessidade de conferir se a notícia é falada na grande mídia (para ser "verdadeira") ele também sugere que a verificação seja feita no Google, sobretudo no Google Notícias.[6] Há aí uma mescla de critérios de verificação que se baseiam, portanto, tanto no discurso da escrita quanto no discurso da escritoralidade, mesmo que nesse caso a ênfase dada ao Google Notícias recubra uma prática informacional que ainda privilegia os grandes veículos de informação.

A prática de checagem dos fatos remete, portanto, a formas contraditórias dessa relação, sobretudo quando ela se reduz, como na fala do *youtuber*, a critérios de legitimação próprios do discurso de escrita, mais precisamente aqueles que defendem o nome do autor, a credibilidade e isenção do veículo midiático, e todas essas noções que afetam o campo jornalístico e midiático tradicionais. Desse modo, ao se ancorar em critérios do discurso de escrita, entra em contradição com seu próprio modo de funcionamento, uma vez que a grande maioria dos sites e portais de checagem de informação nascem no digital e são, em sua maioria, mantidos por sujeitos usuários comuns sem vínculo com os veículos midiáticos tradicionais, isto é, nasceram da possibilidade de que sujeitos outros pudessem mapear, verificar, arquivar notícias em circulação por já considerarem a produção de notícias falsas.

Pós-verdade, efeito-rumor e enlaçamento social

[...]

Pensar a prática de compartilhamento pela via da circulação do efeito-rumor pode, portanto, possibilitar irmos além da relação com a noção de informação em contraposição com os rumores,

---

6 Cf. Adorno de Oliveira (2015) em relação ao processo de legitimação próprios aos *youtubers*.

por isso propomos a noção de efeito-rumor (SILVEIRA, 2015), tendo em vista um distanciamento da noção de informação, porque a prática de compartilhamento normatiza a relação dos sujeitos com a informação, mas também abre possibilidades para a partilha ou o compartilhar dos acontecimentos.

Ao compartilharem a palavra "pós-verdade", numa prática de tuitar, por exemplo, podemos entrever outros modos de partilha de sentidos, que não estão necessariamente identificados com o sentido de pós-verdade relacionado o compartilhamento de *fake news*. Não se trata sempre de fazer circular rumores, mesmo porque rumores não são necessariamente "falsos" ou "verdadeiros". Trabalhar o efeito-rumor permite, justamente, sair dessa **dicotomização** que circunda a noção de informação. Assim, tendo em conta a noção de efeito-rumor diríamos que ela se aproxima de um dos sentidos que circulam sobre o "conceito" de pós-verdade, na medida em que quando falamos em efeito-rumor colocamos em jogo não só a prática do compartilhamento de notícias, mas também de imagens, enunciados, discursos outros que não se relacionam com "dados" e "informações" ou ao factual. Uma prática de sujeitos isolados, mas em grande quantidade, buscando um modo de fazer parte do processo de construção das narrativas, sejam elas factuais ou não. Uma partilha dos sentidos e o sentimento de pertencimento dos sujeitos na (re)produção de acontecimentos (com suas outras versões, outros sentidos).

> **Dicotomização:** processo que estabelece dicotomias, divisões, separações, oposições.

Assim, esse compartilhar/partilhar sentidos ligados ao efeito-rumor permite pensar uma outra maneira de compreender a dita era da "pós-verdade", como um modo de enlaçamento social por uma interlocução discursiva que não está necessariamente fora do discurso dominante, mas que pode sim estar fora da normatividade do discurso dominante, ou pelo menos da normatividade própria dos discursos da escrita – sem negar o equívoco, a contradição entre o que se diz sobre a prática e a própria prática da "pós-verdade".

A partir desse cenário discursivo, pretendemos explorar, em trabalhos futuros, um campo de questões, que surgem a partir desse primeiro mapeamento do tema, tais como:

Que regimes de verdade estamos lidando nessas condições de produção dos discursos sobre pós-verdade? Quando um discurso se torna verdade e segundo que posições? (Jogo contraditório de forças entre uma posição (hierárquica) de verdade (memória de verdade) e a atualização por uma nova posição ou inversão hierárquica de verdade).

Como funciona o imaginário dominante sobre "pós-verdade em relação aos mecanismos de regulação do discurso de escritoralidade sobretudo quando ele está em contradição com o discurso da escrita? Que equívocos para o que se apresenta como necessidade de regularização?

Qual o lugar dos algoritmos (ou processos de normatização digital?) nessa conjuntura de "pós--verdade" – os algoritmos desempenham outro tipo de regulação dos discursos?

Como as práticas enquadradas sobre a designação de "pós-verdade" fazem trabalhar relações com a autoridade, a legitimidade, a autoria e modo de criar laços sociais?

REFERÊNCIAS

ADORNO de OLIVEIRA, Guilherme. *Discursos sobre o eu na composição autoral dos vlogs*. 2015. Tese (Doutorado em Linguística) – Universidade Estadual de Campinas, Campinas, 2015.

AUROUX, Sylvain. *A revolução tecnológica da gramatização*. 2. ed. Campinas: Editora da Unicamp, 2009.

GALLO, Solange. Da Escrita à Oralidade: um percurso em direção ao autor online. In BRANCO et al (Orgs.). *Análise de discurso no Brasil: pensando o impensado sempre*. Uma homenagem a Eni Orlandi. Campinas: Editora RG, 2011

GALLO, Solange; SILVEIRA, Juliana da. Forma-discurso de escritoralidade: processos de normatização e legitimação. In FLORES, Giovanna G. Benedetto et al (Org.). *Análise de discurso em rede: cultura e mídia*. Campinas: Pontes, 2017. v. 3.

SILVEIRA, Juliana da. *O discurso político ordinário: rumor(es) e humor(es) na circulação de hashtags políticas no Twitter. 2015*. Tese (Doutorado Letras) – Universidade Estadual de Maringá, Maringá, 2015.

Disponível em: <http://anaisdosead.com.br/8SEAD/SIMPOSIOS/SIMPOSIO%20V_GAdorno%20e%20JSilveira.pdf>.
Acesso em: 26 maio 2018.

Interagindo com o artigo acadêmico

1. No primeiro parágrafo do texto, os autores apresentam a contextualização do tema, o objetivo que orienta a publicação e o modo como pretendem trabalhar. Releia-o para responder às questões.

a) Qual é contexto que motiva a publicação?

b) Segundo os autores, qual é o objetivo do texto?

2. Ao apresentarem o percurso metodológico que pretendem executar no artigo científico, os autores mencionam suas opções teóricas. Em meio a esse processo, lançam mão da indicação de referências bibliográficas. Releia o trecho a seguir.

> Nosso intuito, neste trabalho, é compreender a maneira como as produções textuais próprias da internet colocam em jogo noções como as de autoria, legitimidade, circulação, formulação e arquivo. No procedimento de (des)montagem do corpus, recorremos aos trabalhos da Análise de Discurso Materialista, principalmente relacionados ao Discurso da Escritoralidade (GALLO, 2011), ao efeito-rumor (SILVEIRA, 2015) e aos processos de legitimação no digital (ADORNO DE OLIVEIRA, 2015).

Os elementos apresentados entre parênteses indicam os autores e o ano de publicação de suas referidas obras, citadas nas referências bibliográficas do trabalho. No primeiro caso, para desenvolver a fundamentação teórica acerca do Discurso da Escritoralidade, os autores se valeram da obra da autora citada: (GALLO, 2011).

Assim, chega-se à seguinte indicação:

> GALLO, Solange. Da escrita à oralidade: um percurso em direção ao autor *on-line*. In. BRANCO et al. (Org.). *Análise de discurso no Brasil: pensando o impensado sempre*. Uma homenagem a Eni Orlandi. Campinas: Editora RG, 2011.

a) A qual obra se refere a notação (SILVEIRA, 2015)?

b) E (ADORNO DE OLIVEIRA, 2015)?

3. Observe as referências bibliográficas presentes no artigo científico.

Analise a referência bibliográfica a seguir.

> AUROUX, Sylvain. *A revolução tecnológica da gramatização*. 2. ed. Campinas: Editora da Unicamp, 2009.

Reproduza o quadro a seguir no caderno e complete-o nomeando as informações de cada parte.

AUROUX	Sylvain	*A revolução tecnológica da gramatização*	
2. ed.	Campinas	Editora da Unicamp	2009

4. Releia o trecho a seguir.

> [...] Assim, a descrição do conjunto heterogêneo do arquivo de referência para análise, assim como as primeiras entradas analíticas do vídeo "A desinformação do WhatsApp e Facebook", de Felipe Castanhari, começa a apontar para uma tomada de posição que se sustenta, contraditoriamente, pela recusa dos saberes legitimados advindos das instâncias midiáticas tradicionais, ao mesmo tempo em que parece se sustentar em um senso comum que permite retomar um discurso advindo dessas mesmas mídias, reforçando, desse modo, a noção de legitimidade como evidente de um campo institucional. Equívocos do político imbricados no funcionamento dissimétrico da memória discursiva.

Ao tratar do vídeo "A desinformação do WhatsApp e Facebook", de Felipe Castanhari, os autores sinalizam que há uma sustentação contraditória no contexto do qual falam. Explique essa contradição.

5. No desenvolvimento do texto, os autores optam por mostrar a definição que os dicionários *Priberam* e *Oxford* apresentam de pós-verdade. Por que essa definição é importante no contexto?

AMPLIANDO O CONHECIMENTO

Felipe Mendes Castanhari

Felipe Mendes Castanhari é apresentador e *youtuber* brasileiro. Nascido em 20 de dezembro de 1989, na cidade de Osasco (SP), criou o Canal Nostalgia. Lançado em 2011, o canal começou a ganhar destaque na rede, tornando-se um dos mais populares do YouTube. Os vídeos publicados tratam, em geral, de cultura *pop*, história e situações cotidianas. Em 2014, Castanhari começou também um canal particular, mas permanece no Canal Nostalgia. No ano de 2016, ele foi apontado pela Forbes Brasil como um dos 30 jovens mais promissores do país.

6. Releia este outro trecho.

> Por enquanto, **sublinhamos** que a "palavra do ano de 2016" recorta uma região de memória articulada com "verdade", valorada pelas relações com outras palavras como "objetividade", "informação" e "mentira", textualizadas nos verbetes apresentados.

a) Qual é o sentido pretendido pelos autores ao utilizar o vocábulo em destaque no trecho?

b) Reescreva o trecho, substituindo a palavra destacada por uma que apresente equivalência semântica e preserve a intenção original dos autores.

7. Considere o fragmento seguinte do texto e responda às questões.

> Sendo assim, em um primeiro momento é possível afirmar que existe um senso comum que parece concordar e mesmo produzir uma generalização de que vivemos a era da Fake News por causa da internet, o que permite a muitos afirmar que a internet é a grande produtora de Fake News, ou, que são os sujeitos usuários das mídias sociais digitais os responsáveis pelas Fake News. Por outro lado, é também com a internet que surgem os sites e mecanismos que permitem checar a "veracidade" dos fatos e notícias que circulam não só na internet, mas em outros meios ou veículos de informação.
>
> Isso indica que a fonte produtora de notícias falsas não é algo que se possa generalizar, atribuindo a responsabilidade à "internet", mas que ela pode advir de variados meios e sujeitos. Consideramos, portanto, que a indistinção que se faz entre produzir e compartilhar permite que a generalização recaia nesse sujeito usuário das mídias sociais, uma vez que nesses espaços a injunção recai mais fortemente no "compartilhamento", mais até do que ao dizer. O fato de a normatizar incidir sobre o compartilhamento indica uma forma singular de legitimação que se relaciona fortemente com a noção de quantidade, como temos defendido em outros trabalhos, o discurso de escritoralidade parece se legitimar pela via da quantificação, ou seja, quanto mais circula, mais legítimo (GALLO e SILVEIRA, 2017).

a) Qual é o senso comum existente de acordo com os autores?

b) De acordo com o texto, que fato contesta o senso comum apresentado?

c) Para os autores, o que causaria a confusão sugerida pelo senso comum?

8. No texto, classifica-se o usuário das mídias sociais como um "sujeito de difícil categorização". Por quê?

9. No último parágrafo da primeira parte do texto, lê-se:

> A prática de checagem dos fatos remete, portanto, a formas contraditórias dessa relação, sobretudo quando ela se reduz, como na fala do *youtuber*, a critérios de legitimação próprios do discurso de escrita, mais precisamente aqueles que defendem o nome do autor, a credibilidade e isenção do veículo midiático, e todas essas noções que afetam o campo jornalístico e midiático tradicionais. […]

a) Pode-se dizer que, nesse trecho do texto, os autores tecem uma conclusão parcial sobre o que estudam? Fundamente sua resposta.

b) Por que, segundo os autores, haveria "formas contraditórias" de checagem dos fatos?

10. A abertura do intertítulo, no corpo textual, funciona para:

a) fundamentar os recursos teóricos mobilizados no artigo acadêmico.

b) indicar a mudança da temática desenvolvida no artigo acadêmico.

c) manifestar a crítica às ideias apresentadas no artigo acadêmico.

d) organizar a exposição de conteúdos apresentados no artigo acadêmico.

e) problematizar a temática escolhida no artigo acadêmico.

11. Ao longo do texto, há vários números sobrescritos, tais como "Tomamos como material específico de análise o vídeo do *youtuber* Felipe Castanhari, intitulado 'ISSO PRECISA PARAR! (Correntes no WhatsApp e Notícias falsas)'[5], nos perguntando pelo modo como o vídeo estrutura um discurso sobre verdade e mentira e historiciza esses sentidos em relação ao funcionamento do digital na dita "era da pós-verdade".

a) Qual seria a função desses números?

b) Retome, no texto, as notas de rodapé e explique, em seguida, qual é a função de cada uma delas.

12. Na segunda parte do texto, de que maneira a exemplificação dos tuítes se conjuga ao objetivo indicado na primeira parte do artigo científico?

13. Um dos conceitos acionados para explicar o fenômeno de disseminação de notícias falsas é o efeito-rumor.

a) O que é efeito? E rumor?

b) Como os autores do texto compreendem o efeito-rumor?

c) Reflita: como o efeito-rumor concorre para a cultura da pós-verdade e para a disseminação de *fake news*?

14. Quanto à linguagem empregada no artigo acadêmico, classifique as afirmações a seguir em verdadeiras (**V**) ou falsas (**F**).

a) Os autores utilizam no artigo a variante-padrão formal da língua.

b) O vocabulário específico de um artigo acadêmico é uma das peculiaridades que o caracterizam.

c) O uso de linguagem informal é aceitável, já que o artigo dispensa a credibilidade.

d) O público ao qual um artigo se destina é formado por pessoas em geral e com pouca escolaridade.

e) A presença de termos específicos do meio acadêmico, o chamado jargão, é evidente em um artigo científico.

15. Em geral, textos do gênero propõem-se a investigar e a solucionar um problema de pesquisa.

Nos parágrafos finais do artigo acadêmico em estudo, apresentam-se várias perguntas.

a) Por que elas não foram respondidas?

b) Construa inferências: O que a existência de tantas perguntas revelaria acerca da área de conhecimento do artigo científico?

O **artigo acadêmico** (ou **artigo científico**) é um texto expositivo, pois tem como objetivo a transmissão de conhecimentos nas áreas das ciências (humanas, exatas, biológicas etc.), e também é do tipo argumentativo, pois defende uma tese, a qual é sustentada por argumentos (exemplos, dados estatísticos, relações de causa e consequência, contraposições etc.) que procuram provar a ideia apresentada. Geralmente, encerra-se com uma conclusão, que sugere possíveis soluções para os problemas elencados.

Contribuem para a argumentatividade do texto citações e referências de outros autores e obras, as quais seguem regras específicas de redação. A linguagem é objetiva, clara e impessoal, empregando a variante-padrão formal. Utiliza termos específicos da área do conhecimento abordada e destina-se a um público que procura ampliar suas pesquisas sobre um tema.

1. O texto a seguir foi escrito por um aluno de Ensino Médio durante uma aula de produção de texto direcionada à escrita de redação para o Enem. Pela leitura do título, qual parece ser o tema motivador do texto?

O acesso à informação e o debate público na era da "pós-verdade"

Na sociedade contemporânea, com o acesso mais amplo à informação e à tecnologia, a era da "pós-verdade" é uma realidade relevante e problemática, a partir do momento em que essa é a responsável pela disseminação de matérias falsas e pela incapacidade de seleção crítica das informações. A manipulação informacional tem adquirido índices alarmantes de crescimento, não exclusivamente sobre parcelas da população que possuem baixa escolaridade, mas também em outras parcelas, sendo um fenômeno generalizado. Diante disso, são necessárias intervenções que visem amenizar a manipulação e que garantam espaços de discussão, para que haja a conscientização e o desenvolvimento do senso crítico.

As redes sociais são, atualmente, os maiores meios de circulação de informação e de notícia e, consequentemente, são os locais de maior presença das "pós-verdades". Diante da assimilação do papel da chamada "ágora", na Antiguidade, pelas redes sociais, que têm substituído os espaços de discussão pelo meio virtual, os indivíduos são levados a conviver com argumentos que corroboram apenas o seu ponto de vista, limitando-se a ele.

A escolarização deficiente de alguns indivíduos também é responsável por sua dificuldade na busca de mais informações e pensamentos distintos. Isso ocorre, pois certas instituições de ensino públicas ou privadas ainda não são capazes de formar senso crítico e cidadãos politicamente ativos, fato que prejudica o indivíduo socialmente e, consequentemente, prejudica a sociedade democrática, a qual conseguirá conviver cada vez menos com as diferenças. Além disso, a pulverização de informações e o despreparo da população em geral – mesmo que com maior escolaridade – fomenta ainda mais a divulgação de notícias "*fake*", o que promove a distorção de fatos e intensifica a manipulação da informação por determinados grupos sociais ou instituições.

Portanto, com vista à formação crítica dos cidadãos e à minimização da manipulação de informações, é necessário que o Ministério da Educação, em união com as instituições educacionais, estabeleça espaços de discussão em sala de aula, visando à formação não somente acadêmica, mas também social e política. É preciso, também, que os administradores de *sites* produtores de conteúdo informativo realizem uma autorregulação sobre o que é postado, adotando políticas mais rígidas de publicações, exigindo as fontes para posterior verificação. Assim, pelo menos em parte, seria garantido que as informações publicadas fossem mais seguras e verídicas, minimizando a manipulação delas, o que gera um sentimento de maior segurança para a população usuária dos meios virtuais.

Luiz Felipe Victor Soeiro Cabral.

TEXTO 2

Interagindo com o texto dissertativo-argumentativo

1. Levando em conta a redação lida e o fato de ela ter sido escrita para atender à proposta de produção textual das provas do Enem, qual é o objetivo comunicativo principal do texto?

2. O primeiro parágrafo da redação pode ser dividido em três partes: contextualização, problematização e apresentação da tese.

    a) Qual é o contexto em que o autor situou o tema?

    b) Como a problematização é feita? Explique-a.

    c) Qual é a tese defendida pelo autor do texto?

3. Um texto dissertativo-argumentativo é aquele que mobiliza conhecimentos diversos a fim de fundamentar o ponto de vista que se apresenta. O autor de *O acesso à informação e o debate público na era da "pós-verdade"* utilizou argumentos de naturezas diferentes para fundamentar sua tese.

    a) Para sustentar uma tese, é preciso que se acionem estratégias argumentativas diversas. Entre as principais, podem-se citar ou comparar fatos – do presente ou referências históricas – dados estatísticos, autores renomados, relações de causa e consequência, exemplificação etc. Explique a comparação feita no segundo parágrafo.

    b) No terceiro parágrafo, explique o argumento usado pelo autor para comprovar a problematização feita na introdução.

4. Nos trechos a seguir, indique o valor semântico das palavras e expressões destacadas.

    a) "Diante disso, são necessárias intervenções que visem amenizar a manipulação e que garantam espaços de discussão, **para que** haja a conscientização e o desenvolvimento do senso crítico."

    b) "Isso ocorre, **pois** certas instituições de ensino públicas ou privadas ainda não são capazes de formar senso crítico e cidadãos politicamente ativos, fato que prejudica o indivíduo socialmente [...]."

    c) "**Além disso**, a pulverização de informações e o despreparo da população em geral – mesmo que com maior escolaridade – fomenta ainda mais a divulgação de notícias "*fake*", o que promove a distorção de fatos **e** intensifica a manipulação da informação por determinados grupos sociais **ou** instituições."

    d) "**Portanto**, com vista à formação crítica dos cidadãos e à minimização da manipulação de informações, é necessário que o Ministério da Educação, em união com as instituições educacionais, estabeleça espaços de discussão em sala de aula, visando à formação não somente acadêmica, **mas também** social e política."

    e) "É preciso, **também**, que os administradores de sites produtores de conteúdo informativo realizem uma autorregulação sobre o que é postado, adotando políticas mais rígidas de publicações [...]."

    f) "**Assim**, pelo menos em parte, seria garantido que as informações publicadas fossem mais seguras e verídicas, minimizando a manipulação delas [...]."

5. No último parágrafo, o autor apresenta propostas de intervenção quanto aos problemas debatidos e, em seguida, sua conclusão.

    a) Quais são as propostas apresentadas?

    b) Explique a conclusão do texto.

    c) A conclusão é coerente com a tese defendida? Justifique.

Vamos comparar?

Artigo acadêmico e texto dissertativo-argumentativo

1. O artigo acadêmico tem como principal objetivo comunicativo:
   a) apresentar resultados de pesquisas científicas com redação regrada e específica.
   b) debater um tema pertinente com profundidade, levando em consideração estudos acadêmicos sobre ele, mas sem a pretensão de esgotá-lo.
   c) instruir os leitores do texto acerca de um determinado tema de relevância social.
   d) relatar procedimentos adequados para lidar com um assunto de interesse social.

2. O texto dissertativo-argumentativo tem como principal objetivo comunicativo:
   a) relatar vivências pessoais sobre um tema.
   b) apresentar informações sobre um tema, demonstrando conhecimento da matéria estudada.
   c) analisar cientificamente um tema para emitir uma opinião sobre ele.
   d) discutir um tema defendendo um ponto de vista sobre ele.

3. Sobre a circulação social de textos do gênero e o interlocutor principal a que cada um deles se destina, responda às questões.
   a) Onde, em geral, circulam artigos acadêmicos? E a que tipo de público são dirigidos?
   b) E a dissertação? Onde, em geral, circula e a que tipo de público é dirigida?

4. Com relação ao registro linguístico evidente no artigo acadêmico e no texto dissertativo-argumentativo:
   a) O que caracteriza cada um dos textos em estudo?
   b) A que se atribuem as características listadas anteriormente?

5. Comparando as esferas de circulação dos dois gêneros textuais, qual deles tem maior amplitude? Por quê?

6. Volte à página 24 e anote no quadro o título dos textos lidos nesta unidade e o gênero a que pertencem, de acordo com o principal objetivo comunicativo de cada um.

327

Língua e linguagem

Tipos de argumento

Como você viu até aqui, para convencer o leitor sobre certo ponto de vista, o autor de um texto dissertativo-argumentativo precisa ser habilidoso. Para atingir seu objetivo, ele deve mobilizar todo o seu conhecimento sobre o tema abordado, assim como os recursos da língua apropriados para a construção da argumentação. Ele deve, também, articular suas ideias de maneira lógica e clara, fazendo com que o leitor acompanhe seu raciocínio e reflita sobre os aspectos considerados em sua explanação.

Dessa maneira, nesse tipo de texto o autor expõe ideias, apresenta dados e discorre sobre determinado tema com a finalidade de apresentar seu ponto de vista e, persuasivamente, defender suas ideias. O leitor, por outro lado, precisa ter clareza dos recursos utilizados pelo autor para a construção da argumentação, pois somente dessa maneira poderá refletir criticamente sobre o ponto de vista exposto.

Vejamos agora quais são as diferentes **estratégias argumentativas** para a elaboração de um texto dissertativo-argumentativo.

> **Estratégias argumentativas** são recursos utilizados para desenvolver os argumentos a fim de convencer o leitor de certo ponto de vista.

Apresentação de fatos, exemplos, dados estatísticos, pesquisas ou fatos comprováveis

Leia o parágrafo do artigo de opinião para fazer as atividades.

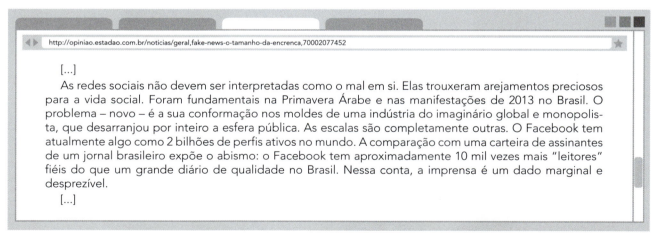

[...]
As redes sociais não devem ser interpretadas como o mal em si. Elas trouxeram arejamentos preciosos para a vida social. Foram fundamentais na Primavera Árabe e nas manifestações de 2013 no Brasil. O problema – novo – é a sua conformação nos moldes de uma indústria do imaginário global e monopolista, que desarranjou por inteiro a esfera pública. As escalas são completamente outras. O Facebook tem atualmente algo como 2 bilhões de perfis ativos no mundo. A comparação com uma carteira de assinantes de um jornal brasileiro expõe o abismo: o Facebook tem aproximadamente 10 mil vezes mais "leitores" fiéis do que um grande diário de qualidade no Brasil. Nessa conta, a imprensa é um dado marginal e desprezível.
[...]

BUCCI, Eugênio. 'Fake news' – o tamanho da encrenca. *Estadão*. Disponível em: <http://opiniao.estadao.com.br/noticias/geral,fake-news-o-tamanho-da-encrenca,70002077452>. Acesso em: 22 ago. 2018.

Nessa passagem, o autor apresenta suas ideias sobre as redes sociais e, para convencer o leitor de seu ponto de vista, busca fatos que o justificam.

1. Identifique os **fatos** citados para justificar a afirmação a seguir.

    As redes sociais não devem ser interpretadas como o mal em si.

2. Agora identifique **os dados numéricos** que apoiam o autor na afirmação a seguir.

> A comparação [entre o número de usuários do Facebook] com uma carteira de assinantes de um jornal brasileiro expõe o abismo.

Agora observe a estratégia argumentativa utilizada em outro artigo.

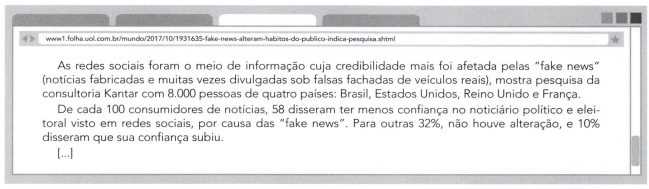

'Fake news' alteram hábitos do público, indica pesquisa. *Folha de S.Paulo*. Disponível em: <www1.folha.uol.com.br/mundo/2017/10/1931635-fake-news-alteram-habitos-do-publico-indica-pesquisa.shtml>. Acesso em: 22 ago. 2018.

3. Considerando os **dados coletados**, elabore hipóteses para responder às questões a seguir.

a) Que perguntas foram feitas aos entrevistados?

b) Qual é a motivação para a realização da pesquisa?

c) Como você responderia a essas perguntas?

Agora leia o trecho de outro artigo de opinião:

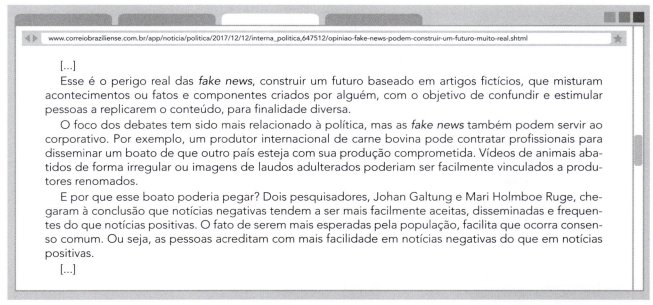

VITORINO, Marcelo. Opinião: *Fake news* podem construir um futuro muito real. *Correio Braziliense*. Disponível em: <www.correiobraziliense.com.br/app/noticia/politica/2017/12/12/interna_politica,647512/opiniao-fake-news-podem-construir-um-futuro-muito-real.shtml>. Acesso em: 22 ago. 2018.

4. Para intensificar o caráter persuasivo do texto, o autor ilustra sua afirmação com um **exemplo** fictício. Cite o exemplo.

• Os exemplos intensificam potencialmente os argumentos, posto que concretizam o conteúdo da afirmação, que é potencialmente abstrata. Elabore um parágrafo justificando a afirmação.

329

5. Agora releia um trecho do Texto 1 para fazer a atividade.

> A escolarização deficiente de alguns indivíduos também é responsável pela sua dificuldade na busca por mais informações e pensamentos distintos. Isso ocorre, pois, certas instituições de ensino públicas ou privadas ainda não são capazes de formar senso crítico e cidadãos politicamente ativos, fato que prejudica o indivíduo socialmente e consequentemente, prejudica a sociedade democrática, a qual conseguirá conviver cada vez menos com as diferenças.

Embora o trecho não apresente dados estatísticos, a argumentação do autor:

a) corresponde a informações comprováveis por meio de pesquisa.

b) afirma algo sobre toda a população brasileira.

c) generaliza a condição da educação no Brasil.

6. Compare os dois trechos a seguir e faça o que se pede.

> A escolarização deficiente de **alguns** indivíduos **também** é responsável pela sua dificuldade na busca por mais informações e pensamentos distintos. Isso ocorre, pois, **certas** instituições de ensino públicas ou privadas **ainda** não são capazes de formar senso crítico e cidadãos politicamente ativos, fato que prejudica o indivíduo socialmente e consequentemente, prejudica a sociedade democrática, a qual conseguirá conviver cada vez menos com as diferenças.

> A escolarização deficiente dos indivíduos é responsável pela sua dificuldade na busca por mais informações e pensamentos distintos. Isso ocorre, pois as instituições de ensino públicas ou privadas não são capazes de formar senso crítico e cidadãos politicamente ativos, fato que prejudica o indivíduo socialmente e, consequentemente, prejudica a sociedade democrática, a qual conseguirá conviver cada vez menos com as diferenças.

a) Comente o efeito de sentido que os modalizadores provocam no texto.

b) Em que medida o uso de modalizadores intensifica o caráter persuasivo do texto? Como eles favorecem a aproximação com o leitor?

> Ao citar fatos, exemplos, dados estatísticos, pesquisas ou fatos comprováveis, o autor busca intensificar o **caráter persuasivo** de seu texto. São estratégias úteis para tornar o texto dissertativo-argumentativo lógico e coerente.

Apresentação de citações ou depoimentos de pessoas especializadas no assunto

É possível que, na apresentação de nossos pontos de vista, seja preciso citar ou recorrer a ideias de especialistas, de pessoas que já sejam consideradas autoridade no tema abordado. Afinal, não se pode saber tudo sobre todos os assuntos. Leia os fragmentos a seguir e, depois, responda às questões.

I.

http://observatoriodaimprensa.com.br/pos-verdade/o-impacto-das-fake-news-no-dia-dia-do-jornalismo

De acordo com Diego Iraheta, redator-chefe do *Huffington Post* no Brasil, as redes sociais e o universo informacional do século XXI facilitam o escoamento das notícias enganosas de uma maneira extremamente rápida e eficiente. Assim, com a propagação de reportagens tendenciosas e mentirosas crescendo cada vez mais, a democracia é ameaçada, uma vez que o acesso à informação é um direito do cidadão.

BRITO, Sabrina. O impacto das *fake news* no dia a dia do jornalismo. *Observatório da Imprensa*. Disponível em: <http://observatoriodaimprensa.com. br/pos-verdade/o-impacto-das-fake-news-no-dia-dia-do-jornalismo>. Acesso em: 22 ago. 2018.

330 **Unidade 13** A informação e a construção da verdade

II.

> http://ciencia.estadao.com.br/noticias/geral,fake-news-se-espalham-70-mais-rapido-que-as-noticias-verdadeiras-diz-novo-estudo,70002219357
>
> Na mesma edição da Science, um outro grupo de 15 cientistas publica um artigo convocando a comunidade científica internacional para realizar um esforço interdisciplinar de pesquisas para estudar as forças sociais, psicológicas e tecnológicas por trás das "*fake news*", a fim de desenvolver um novo ecossistema de notícias e uma nova cultura que valorize a promoção da verdade.
>
> Segundo eles, os métodos dos disseminadores de notícias falsas estão cada vez mais sofisticados e é preciso partir para o combate. Eles dizem ainda que empresas como Google, Facebook e Twitter têm «responsabilidade ética e social que transcende as forças do mercado» e devem contribuir para a pesquisa científica sobre as notícias falsas.

CASTRO, Fábio. *Fake news se espalham 70 vezes mais rápido que as notícias verdadeiras, diz novo estudo*. *Estadão*. Disponível em: <http://ciencia.estadao.com.br/noticias/geral,fake-news-se-espalham-70-mais-rapido-que-as-noticias-verdadeiras-diz-novo-estudo,70002219357>. Acesso em: 15 maio 2018.

7. Que recursos linguísticos são usados para introduzir a fala dos especialistas?

8. Por que o uso da fala de terceiros atribui mais autoridade ao autor do texto em questão?

> A **citação** é uma estratégia argumentativa que atribui confiabilidade ao texto, é usada para conferir consistência ao argumento utilizado pelo autor do texto.

Apresentação de pequenas narrativas ilustrativas

Observe como, no texto a seguir, as imagens iniciais colaboram para a força argumentativa do texto.

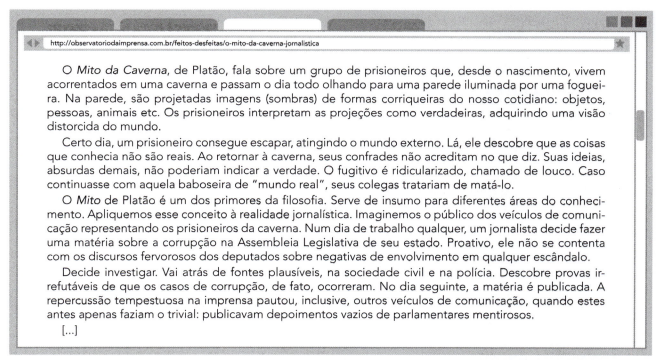

> http://observatoriodaimprensa.com.br/feitos-desfeitas/o-mito-da-caverna-jornalistica
>
> *O Mito da Caverna*, de Platão, fala sobre um grupo de prisioneiros que, desde o nascimento, vivem acorrentados em uma caverna e passam o dia todo olhando para uma parede iluminada por uma fogueira. Na parede, são projetadas imagens (sombras) de formas corriqueiras do nosso cotidiano: objetos, pessoas, animais etc. Os prisioneiros interpretam as projeções como verdadeiras, adquirindo uma visão distorcida do mundo.
>
> Certo dia, um prisioneiro consegue escapar, atingindo o mundo externo. Lá, ele descobre que as coisas que conhecia não são reais. Ao retornar à caverna, seus confrades não acreditam no que diz. Suas ideias, absurdas demais, não poderiam indicar a verdade. O fugitivo é ridicularizado, chamado de louco. Caso continuasse com aquela baboseira de "mundo real", seus colegas tratariam de matá-lo.
>
> *O Mito* de Platão é um dos primores da filosofia. Serve de insumo para diferentes áreas do conhecimento. Apliquemos esse conceito à realidade jornalística. Imaginemos o público dos veículos de comunicação representando os prisioneiros da caverna. Num dia de trabalho qualquer, um jornalista decide fazer uma matéria sobre a corrupção na Assembleia Legislativa de seu estado. Proativo, ele não se contenta com os discursos fervorosos dos deputados sobre negativas de envolvimento em qualquer escândalo.
>
> Decide investigar. Vai atrás de fontes plausíveis, na sociedade civil e na polícia. Descobre provas irrefutáveis de que os casos de corrupção, de fato, ocorreram. No dia seguinte, a matéria é publicada. A repercussão tempestuosa na imprensa pautou, inclusive, outros veículos de comunicação, quando estes antes apenas faziam o trivial: publicavam depoimentos vazios de parlamentares mentirosos.
>
> [...]

GUIDOTTI, Gabriel B. *O mito da caverna jornalística*. *Observatório da Imprensa*. Disponível em: <http://observatoriodaimprensa.com.br/feitos-desfeitas/o-mito-da-caverna-jornalistica>. Acesso em: 22 ago. 2018.

9. Relacione o Mito da Caverna, de Platão, à realidade jornalística. Que semelhanças podem ser identificadas nos dois contextos?

10. Elabore uma hipótese: qual é a função da narrativa ficcional para a construção de argumentos?

> As **narrativas curtas**, ficcionais ou não, ampliam o caráter imagético do texto, ativando os sentidos e o raciocínio lógico do leitor.

Apresentação de fatos históricos

Leia o fragmento abaixo e observe a estratégia utilizada pelos autores para manter a lógica argumentativa.

> [...]
>
> Os Pais Fundadores dos EUA tinham consciência do poder, para o bem e para o mal, da mídia. Afinal de contas, muitos deles, como Samuel Adams, Benjamin Franklin e Thomas Paine, estavam inseridos no mundo dos jornais e panfletos. As ideias revolucionárias que eles disseminaram pelas colônias encontraram leitores ávidos, o que os colocou na lista de inimigos do Rei Jorge III.
>
> Três anos depois da homologação da Constituição, os americanos fizeram uma emenda, adicionando ao texto a Declaração dos Direitos, que incluía a Primeira Emenda e a proteção da mídia. Porém, os Pais Fundadores entendiam que uma mídia livre não era uma benção absoluta: vários tinham ressalvas a isso.
>
> [...]
>
> STEPMAL, Jarrett; SIGNAL, Daily. A história das *fake news* nos EUA. *Gazeta do Povo*. Disponível em: <www.gazetadopovo.com.br/ideias/a-historia-das-fake-news-nos-eua-89gg4h0g1zkw9w3cy06imz6gy>. Acesso em: 22 ago. 2018.

11. Em que medida a informação histórica ajuda o leitor a entender a importância do tema "*fake news*"?

> Ao fazer alusão a *fatos históricos*, o autor revela ter conhecimento sobre o assunto e que estabelece, criticamente, relação entre fatos ocorridos em diferentes tempos.

Apresentação de comparações entre fatos, situações, épocas ou lugares distintos

Leia os dois fragmentos a seguir e observe a utilização da comparação como estratégia argumentativa.

I.

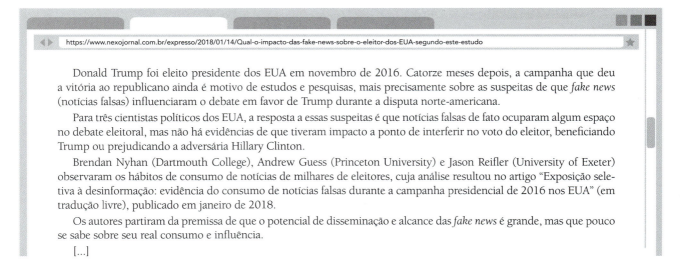

https://www.nexojornal.com.br/expresso/2018/01/14/Qual-o-impacto-das-fake-news-sobre-o-eleitor-dos-EUA-segundo-este-estudo

Donald Trump foi eleito presidente dos EUA em novembro de 2016. Catorze meses depois, a campanha que deu a vitória ao republicano ainda é motivo de estudos e pesquisas, mais precisamente sobre as suspeitas de que *fake news* (notícias falsas) influenciaram o debate em favor de Trump durante a disputa norte-americana.

Para três cientistas políticos dos EUA, a resposta a essas suspeitas é que notícias falsas de fato ocuparam algum espaço no debate eleitoral, mas não há evidências de que tiveram impacto a ponto de interferir no voto do eleitor, beneficiando Trump ou prejudicando a adversária Hillary Clinton.

Brendan Nyhan (Dartmouth College), Andrew Guess (Princeton University) e Jason Reifler (University of Exeter) observaram os hábitos de consumo de notícias de milhares de eleitores, cuja análise resultou no artigo "Exposição seletiva à desinformação: evidência do consumo de notícias falsas durante a campanha presidencial de 2016 nos EUA" (em tradução livre), publicado em janeiro de 2018.

Os autores partiram da premissa de que o potencial de disseminação e alcance das *fake news* é grande, mas que pouco se sabe sobre seu real consumo e influência.

[...]

332 Unidade 13 A informação e a construção da verdade

Na tela do computador, momento de um debate entre Trump e Hillary, em 2016.

Análises desse tipo ganham importância em contextos eleitorais. No Brasil, a Justiça Eleitoral vem estudando formas de combater as *fake news* na campanha que se aproxima. A Polícia Federal também participará das iniciativas.

Acadêmicos e advogados das áreas de tecnologia e do direito eleitoral alertam para os riscos de, sob o pretexto de combater notícias falsas, a livre circulação de ideias e a liberdade de expressão sejam prejudicadas. Há ainda o risco do uso político desse tipo de controle ou mediação por parte de candidatos que se sentirem prejudicados pela divulgação de informações incômodas, mas não necessariamente falsas.

[...]

VENTURINI, Lilian. Qual o impacto das *fake news* sobre o eleitor dos EUA, segundo este estudo. Nexo. Disponível em: <www.nexojornal.com.br/expresso/2018/01/14/Qual-o-impacto-das-fake-news-sobre-o-eleitor-dos-EUA-segundo-este-estudo>. Acesso em: 15 maio 2018.

II.

http://piaui.folha.uol.com.br/materia/voce-e-o-produto/

A rapidez com que a rede social foi adotada excede com vantagem a velocidade de expansão da própria internet, sem falar de tecnologias mais antigas como televisão, cinema ou rádio. E também impressiona como, à medida que o Facebook cresceu, a confiança que inspira foi reforçada. A multiplicação de membros, ao contrário do que se poderia esperar, não significa menos comprometimento por parte do usuário. Mais não implica *pior* – pelo menos do ponto de vista do Facebook. Longe disso. No distante mês de outubro de 2012, quando a rede chegou a 1 bilhão de usuários, 55% deles já a acessavam todo dia. Hoje, que são 2 bilhões, os frequentadores diários chegam a 66%. Sua base cresce 18% ao ano – o que parecia impossível para uma empresa já tão gigantesca. O maior rival em matéria de inscritos é o YouTube, controlado pela Alphabet (a empresa antes conhecida como Google), sua concorrente implacável, que ocupa a segunda posição com 1,5 bilhão de usuários mensais. Os quatro maiores aplicativos – ou serviços, ou seja lá que nome tenham – que vêm em seguida são o WhatsApp e o Messenger, com 1,2 bilhão de usuários, o Instagram, com 700 milhões, e o aplicativo chinês WeChat, com 889 milhões. Os três primeiros têm um traço em comum: são controlados pelo Facebook. Não admira que a empresa-mãe seja a quinta mais valiosa do mundo, com um valor de mercado de 445 bilhões de dólares.

LANCHESTER, John. Você é o produto. *Piauí*. Disponível em: <http://piaui.folha.uol.com.br/materia/voce-e-o-produto/>. Acesso em: 15 maio 2018.

12. A comparação entre a realidade dos EUA e a do Brasil, estabelecida no Texto I, colabora para a construção da proposição central do fragmento. Qual é essa proposição?

- Comente a comparação estabelecida, no Texto II, entre as diferentes redes sociais. O que se pode saber sobre o uso das redes por meio da comparação entre os dados apresentados?

Ao estabelecer semelhança entre elementos distintos, o autor busca levar o leitor a acompanhar sua linha de raciocínio, busca convencê-lo de seu ponto de vista.

333

Oficina de produção
Texto oral

Conferência

A produção oral desta unidade seguirá o assunto dos textos estudados e pertence à mesma tipologia deles: argumentação. Você vai produzir uma conferência no estilo TED. Você já assistiu a alguma dessas conferências? Vamos conhecer alguns detalhes sobre ela.

TED é a sigla de Technology, Entertainment, Design, que, em português, pode ser traduzido como Tecnologia, Entretenimento, Planejamento, e consiste em palestras rápidas, realizadas por especialistas ao redor do mundo. O evento foi criado pela Sapling, uma fundação norte-americana sem fins lucrativos que existe desde 1984.

A primeira conferência aconteceu em 1990, sempre mantendo o *slogan* da organização, que é *Ideas worth spreading* ("Ideias que merecem ser disseminadas), em apresentações que não podem ultrapassar 18 minutos. Em 2009, foi criada a TEDx, programa de eventos locais, organizados de modo independente, para reunir pessoas e compartilhar experiências.

Composta de falas curtas, para manter a atenção dos espectadores, essas conferências tratam de temas atuais e relevantes. Por isso, é importante estabelecer, de modo claro, qual é a ideia a ser transmitida, em uma fala que revele a essência do tema e prenda a atenção do público.

Vamos ver como isso funciona.

▶ Recordar

Observe a cena a seguir para responder às questões.

1. Quais são os elementos que compõem a cena?
2. Diferentemente de outros tipos de apresentação, como a mesa-redonda, por que há apenas uma pessoa no palco, e não há uma mesa ou púlpito, por exemplo?
3. Qual deve ser o registro linguístico utilizado em conferências do tipo TED? Explique.
4. Explique a importância de a TED ser curta, gravada e divulgada na internet.

▶ Planejar

1. Você deverá produzir uma conferência ao estilo TED e, para isso, é necessário planejamento. O assunto da sua palestra será "*Fake news* e sociedade: reflexões necessárias", cujo tema será escolhido por você, abordando um recorte para aprofundar um aspecto desse assunto.

2. Que aprofundamento temático você vai escolher? Para ajudá-lo, são apresentadas instruções que incluem algumas dicas retiradas de um guia para oradores de TED (*TED x Speaker Guide*). Disponível em: <https://storage.ted.com/tedx/manuals/tedx_speaker_guide.pdf>. Acesso em: 22 ago. 2018. Na conferência, é preciso desenvolver uma ideia de modo completo e atrativo. Para testar sua ideia, você pode se fazer três perguntas:

   • Minha ideia é nova?

   • Minha ideia é interessante?

   • Minha ideia é realista?

   Se você responder "não" a alguma delas, é preciso repensar sua abordagem.

3. Você precisa dominar o assunto sobre o qual falará. Para isso, deverá realizar pesquisas em diferentes veículos de informação, a fim de reunir argumentos, conferir dados, estatísticas, fatos, entre outros. O mais importante, contudo, é a verificação de todas as informações coletadas, que devem vir de fontes seguras, confiáveis e críveis. Caso você suspeite da verdade de alguma fonte, não utilize as informações, inclusive para não cair na armadilha de *fake news*.

4. Prepare os *slides* que serão utilizados. Eles devem ser claros e objetivos. Não utilize textos longos, mas frases curtas e palavras-chave. Use imagens para ilustrar sua fala, selecionando fotografias e criando, caso necessário, gráficos e estatísticas.

5. Ensaie sua conferência para sincronizar o que você falará com as imagens utilizadas e, também, para controlar a duração da sua palestra, que deverá ter entre 10 e 18 minutos. Você pode anotar os pontos principais em um bloco para consultar durante a apresentação.

6. Prepare o espaço onde acontecerão as conferências. O ambiente deverá ser organizado pela turma, levando em consideração o local onde geralmente acontecem as TEDs: um palco vazio ou com poucos elementos decorativos, um projetor de imagens, televisão ou mesmo um suporte para cartazes, ao fundo, onde serão mostradas as imagens ilustrativas.

7. Consiga uma câmera, que pode ser de celular ou específica para filmagens, a qual deverá ficar de frente para o conferencista e captar bem sua fala. Mais de uma câmera pode ser usada para gravar a cena de outro ângulo e, para a divulgação, o vídeo pode ser editado com a alternância das cenas. Os alunos da turma deverão se organizar e alternar para cuidar da câmera. Um tripé pode ser utilizado para fixar a câmera e facilitar a gravação.

▶ Produzir

8. Com base nas pesquisas feitas, selecione e organize as informações dos *slides* (ou cartazes): a introdução curta, com uma rápida apresentação de si mesmo; o desenvolvimento, com a abordagem do tema utilizando imagens, gráficos, dados estatísticos, infográficos, mas apenas o essencial para dar suporte a sua fala, que é o elemento mais importante; e a conclusão, com a amarração final da ideia apresentada. A fim de criar uma atmosfera que o aproxime dos espectadores, algum fato engraçado ou caso relacionado ao tema podem ser contados.

9. Estabeleça um pequeno roteiro com as informações que serão apresentadas e a sequência em que aparecerão, em sincronia com os *slides*. O roteiro é apenas um guia, com indicações para sua fala, por isso, deve ser apenas consultado ou lido de modo sutil, não como um texto corrido. Anote nele palavras-chave além das apresentadas nos *slides*, dados numéricos, nomes de pessoas, referências consultadas, entre outros, para que você não se esqueça de nenhuma informação.

10. No momento da apresentação, fique em pé, de frente para a plateia e para a câmera, olhando para o público. Sua postura deve ser confiante e segura. Atenção à entonação da voz; ao ritmo da fala, que não poderá ser nem muito acelerado nem muito lento; e ao volume, nem alto, nem baixo demais. Cuide, ainda, do registro linguístico que utilizará: padrão formal, sendo permitido certo grau de coloquialidade. Cuidado com o uso de gírias e termos de baixo calão.

11. Atenção ao tempo da fala, que não pode ultrapassar 18 minutos. Um colega pode ser designado para ficar com um cronômetro e levantar cartazes com indicações do tempo: faltam 10 minutos, faltam 5 minutos, falta 1 minuto.

12. Após a apresentação, a turma deverá utilizar um computador para baixar e editar as imagens. No caso de usarem apenas uma câmera, não há necessidade de edição, para manter a autenticidade da conferência. No caso de duas ou mais câmeras, a edição deverá ser feita, não para cortar partes da fala do conferencista, mas apenas para alternar ângulos das gravações.

▶ Avaliar

13. Os vídeos deverão ser apresentados à turma, que, com o professor, avaliará as palestras, considerando os seguintes questionamentos, para ver se a conferência seguiu o estilo TED:

a) A ideia apresentada é nova, interessante e realista? Por quê?

b) O assunto *"Fake news e sociedade*: reflexões necessárias" foi comtemplado pela abordagem temática escolhida? Como?

c) Os *slides* estavam adequados ao tema e foram corretamente articulados com a fala?

d) Os *slides* eram objetivos, com menos palavras e frases e mais imagens?

e) A postura do conferencista estava adequada? Ele falou de modo claro e atrativo ao público, utilizando o registro adequado?

f) A duração de até 18 minutos foi cumprida?

14. Discutam sobre essas questões, comparando as conferências e verificando a necessidade de aprimoramento para outras situações comunicativas semelhantes a elas.

▶ Divulgar

15. Publiquem os vídeos com as conferências no *site* ou em algum outro canal da escola ou da turma para serem vistos por outras turmas, amigos, familiares e comunidade.

Como a TED é um gênero criado para difundir ideias, abram um espaço para que as pessoas que assistirem aos vídeos possam fazer comentários, a fim de indicar a pertinência de cada palestra e oferecer contribuições que possibilitem uma rede para se compartilhar conhecimento.

Oficina de produção

Texto escrito

Texto dissertativo-argumentativo

Você estudou a dissertação argumentativa nesta unidade e, agora, sua tarefa é preparar um texto escrito para discutir o tema sobre o qual refletiu até aqui: pós-verdade e *fake news*. Para isso, vamos relembrar as características do gênero proposto.

▶ Recordar

1. A dissertação argumentativa é um texto que mobiliza conhecimentos para a defesa de um ponto de vista. Portanto, é preciso que, após a indicação do tema, faça-se um levantamento de dados e informações que podem auxiliar no desenvolvimento da discussão.

2. O texto dissertativo-argumentativo é organizado em introdução, desenvolvimento e conclusão. Na introdução, é importante contextualizar o tema, apresentar a problematização e, em seguida, indicar a tese a ser defendida no texto. Posteriormente, apresentam-se os argumentos para a defesa do ponto de vista. E, por fim, conclui-se a discussão.

3. A clareza e a correção da linguagem são pontos que favorecem o desenvolvimento do texto dissertativo-argumentativo. Portanto, valer-se do uso da 3ª pessoa, impessoalizando o discurso, e de construções que demonstrem domínio da norma-padrão da língua são recursos para aprimorar o desempenho textual.

▶ Planejar

4. Após a leitura dos textos motivadores a seguir e com base nos conhecimentos construídos ao longo de sua formação, redija um texto dissertativo-argumentativo em modalidade escrita formal da língua portuguesa sobre o tema "Os desafios da comunicação na era da pós-verdade", apresentando proposta de intervenção que respeite os direitos humanos. Selecione, organize e relacione, de forma coerente e coesa, argumentos e fatos para a defesa de seu ponto de vista.

---

http://www.nexojornal.com.br/expresso/2016/11/16/O-que-%C3%A9-%E2%80%98p%C3%B3s-verdade%E2%80%99-a-palavra-do-ano-segundo-a-Universidade-de-Oxford

Anualmente a Oxford Dictionaries, departamento da universidade de Oxford responsável pela elaboração de dicionários, elege uma palavra para a língua inglesa. A de 2016 é "pós-verdade" ("*post-truth*").

Em 2015, a palavra escolhida foi um emoji – mais especificamente, aquela carinha amarela que chora de tanto rir.

Além de eleger o termo, a instituição definiu o que é a "pós-verdade": um substantivo "que se relaciona ou denota circunstâncias nas quais fatos objetivos têm menos influência em moldar a opinião pública do que apelos à emoção e a crenças pessoais".

A palavra é usada por quem avalia que a verdade está perdendo importância no debate político. Por exemplo: o boato amplamente divulgado de que o Papa Francisco apoiava a candidatura de Donald Trump não vale menos do que as fontes confiáveis que negaram esta história.

Manifestantes pró-saída do Reino Unido da União Europeia, em junho de 2016.

Segundo a Oxford Dictionaries, o termo "pós-verdade" com a definição atual foi usado pela primeira vez em 1992 pelo dramaturgo sérvio-americano Steve Tesich. Ele tem sido empregado com alguma constância há cerca de uma década, mas houve um pico de uso da palavra, que cresceu 2.000% em 2016.

337

"'Pós-verdade' deixou de ser um termo periférico para se tornar central no comentário político, agora frequentemente usado por grandes publicações sem a necessidade de esclarecimento ou definição em suas manchetes", escreve a entidade no texto no qual apresenta a palavra escolhida.

[...]

FÁBIO, André C. O que é 'pós-verdade', a palavra do ano, segundo a Universidade de Oxford. *Nexo*. Disponível em: <www.nexojornal.com.br/expresso/2016/11/16/O-que-%C3%A9-%E2%80%98p%C3%B3s-verdade%E2%80%99-a-palavra-do-ano-segundo-a-Universidade-de-Oxford>. Acesso em: 22 ago. 2018.

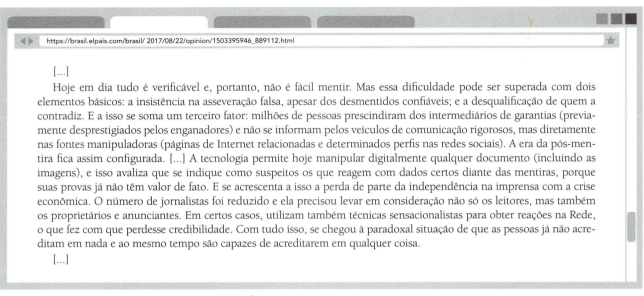

[...]

Hoje em dia tudo é verificável e, portanto, não é fácil mentir. Mas essa dificuldade pode ser superada com dois elementos básicos: a insistência na asseveração falsa, apesar dos desmentidos confiáveis; e a desqualificação de quem a contradiz. E a isso se soma um terceiro fator: milhões de pessoas prescindiram dos intermediários de garantias (previamente desprestigiados pelos enganadores) e não se informam pelos veículos de comunicação rigorosos, mas diretamente nas fontes manipuladoras (páginas de Internet relacionadas e determinados perfis nas redes sociais). A era da pós-mentira fica assim configurada. [...] A tecnologia permite hoje manipular digitalmente qualquer documento (incluindo as imagens), e isso avaliza que se indique como suspeitos os que reagem com dados certos diante das mentiras, porque suas provas já não têm valor de fato. E se acrescenta a isso a perda de parte da independência na imprensa com a crise econômica. O número de jornalistas foi reduzido e ela precisou levar em consideração não só os leitores, mas também os proprietários e anunciantes. Em certos casos, utilizam também técnicas sensacionalistas para obter reações na Rede, o que fez com que perdesse credibilidade. Com tudo isso, se chegou à paradoxal situação de que as pessoas já não acreditam em nada e ao mesmo tempo são capazes de acreditarem em qualquer coisa.

[...]

GRIJELMO, Álex. A arte de manipular multidões. *El País*. Disponível em:<https://brasil.elpais.com/brasil/2017/08/22/opinion/1503395946_889112.html>. Acesso em: 22 ago. 2018.

[...]

A questão mais séria em relação às falsas notícias é que elas podem afetar seriamente a vida das pessoas. "Em um nível mais elementar, o boato pode ajudar a reforçar um pensamento errôneo. Afinal, mesmo que seja uma tese real, ela não pode se basear em uma mentira. Em um nível mais elevado, pode destruir uma reputação e prejudicar alguém. E, pior ainda, pode acarretar em uma tragédia como no caso de pessoas acusadas de crime que não cometeram ou de tratamentos de saúde que não funcionam", diz [o jornalista] Edgard Matsuki.

[...]

Richardson. Disponível em: <https://nanquim.com.br/tag/pos-verdade>. Acesso em: 22 ago. 2018.

GOMES, Rodrigo; PEREIRA, Tiago. Divulgação de notícias falsas nas redes sociais pode ter consequências graves. *Rede Brasil Atual*. Disponível em: <https://bit.ly/2rcql3p>. Acesso em: 22 maio 2018.

5. Selecione as informações que chamam sua atenção na coletânea de textos. Em seguida, relacione-as aos conteúdos que você está apresentando, associando os elementos que tem em mãos.

6. Eleja sua tese. Anote-a. Depois, liste argumentos capazes de defendê-la. Eles devem ser capazes de sustentar o ponto de vista que você elegeu. Selecione aqueles que melhor se adéquam ao seu projeto textual.

7. Organize seu projeto de texto. De posse da tese e dos argumentos selecionados para serem desenvolvidos, faça um esquema dos parágrafos de seu texto, indicando – com poucas palavras – o que haverá em cada um deles. Lembre-se de pensar na introdução, no desenvolvimento e na conclusão.

▶ Produzir

8. Redija seu rascunho da dissertação argumentativa com base no esquema proposto. Observe, atentamente, a contextualização, a problematização e a apresentação da tese no primeiro parágrafo. Desenvolva, com clareza, coesão e coerência, em pelo menos dois parágrafos consistentes, os argumentos que defendem seu ponto de vista.

9. Atente-se à linguagem, buscando sempre a clareza e a precisão na escolha de palavras e na elaboração de períodos e de parágrafos. Verifique a utilização de referências aos diversos campos do conhecimento, a fim de aprimorar a qualidade da discussão.

10. Não se esqueça de, no último parágrafo, apresentar a conclusão, que pode retomar os pontos centrais apresentados nos argumentos desenvolvidos no texto. Neste último parágrafo, indique também propostas de intervenção para solucionar o problema discutido. Lembre-se de citar quem executa a ação, que ação é executada, além de por que, para que e por meio de que se executa a ação.

▶ Avaliar e reescrever

11. Após redigir e revisar seu primeiro rascunho, solicite a ajuda de um colega de turma para ler seu texto e verificar se:
- há uma tese clara;
- a defesa da tese está coerente com o texto;
- os argumentos são de naturezas distintas, explorando estratégias variadas;
- a conclusão e a proposta de intervenção estão claras;
- o texto demonstra domínio de áreas do conhecimento diversas.

12. Observe as sugestões do colega, caso haja, e, em seguida, prepare sua versão final do texto para entrega ao professor.

▶ Divulgar

13. Após receber os textos corrigidos pelo professor, você e os colegas podem propor a realização de uma roda de leitura. Se optarem por fazer uma atividade para além da sala de aula, selecionem os textos que serão lidos e convidem professores da escola para, após as leituras dos textos pelos alunos, conduzirem um momento de diálogo aberto na escola sobre o assunto.

DIÁLOGOS

Você sabe reconhecer uma notícia falsa?

Hoje as notícias falsas podem prejudicar tanto a vida privada quanto a vida pública. Amizades e amores são desfeitos, relacionamentos entre companheiros de trabalho sofrem danos e até campanhas eleitorais já foram modificadas em decorrência das chamadas *fake news*.

Para evitar danos maiores, diversos meios de comunicação, assim como comunidades de especialistas, dão dicas para o reconhecimento de notícias falsas.

URL: endereço de um material disponível na rede.

A Associação Brasileira de Jornalistas Investigativos, Abraji, dá as dicas a seguir.

1. <u>Seja cético com as manchetes.</u> Notícias falsas frequentemente trazem manchetes apelativas em letras maiúsculas e com pontos de exclamação. Se alegações chocantes na manchete parecerem inacreditáveis, desconfie.
2. <u>Olhe atentamente para a URL.</u> Uma URL semelhante à de outro *site* pode ser um sinal de alerta para notícias falsas. Muitos *sites* de notícias falsas imitam veículos de imprensa autênticos fazendo pequenas mudanças na URL. Você pode ir até o *site* para verificar e comparar a URL de veículos de imprensa estabelecidos.
3. <u>Investigue a fonte.</u> Certifique-se de que a reportagem tenha sido escrita por uma fonte confiável e de boa reputação. Se a história for contada por uma organização não conhecida, verifique a seção «Sobre» do *site* para saber mais sobre ela.
4. <u>Fique atento a formatações incomuns.</u> Muitos *sites* de notícias falsas contêm erros ortográficos ou apresentam *layouts* estranhos. Redobre a atenção na leitura se perceber esses sinais.
5. <u>Considere as fotos.</u> Notícias falsas frequentemente contêm imagens ou vídeos manipulados. Algumas vezes, a foto pode ser autêntica, mas ter sido retirada do contexto. Você pode procurar a foto ou imagem para verificar de onde ela veio.
6. <u>Confira as datas</u>. Notícias falsas podem conter datas que não fazem sentido ou até mesmo datas que tenham sido alteradas.
7. <u>Verifique as evidências</u>. Verifique as fontes do autor da reportagem para confirmar que são confiáveis. Falta de evidências sobre os fatos ou menção a especialistas desconhecidos pode ser uma indicação de notícias falsas.
8. <u>Busque outras reportagens.</u> Se nenhum outro veículo na imprensa tiver publicado uma reportagem sobre o mesmo assunto, isso pode ser um indicativo de que a história é falsa. Se a história for publicada por vários veículos confiáveis na imprensa, é mais provável que seja verdadeira.
9. <u>A história é uma farsa ou uma brincadeira?</u> Algumas vezes, as notícias falsas podem ser difíceis de distinguir de um conteúdo de humor ou sátira. Verifique se a fonte é conhecida por paródias e se os detalhes da história e o tom sugerem que pode ser apenas uma brincadeira.
10. <u>Algumas histórias são intencionalmente falsas.</u> Pense de forma crítica sobre as histórias lidas e compartilhe apenas as notícias que você sabe que são verossímeis.

Disponível em: <http://abraji.org.br/noticias/abraji-integra-campanha-de-conscientizacao-sobre-noticias-falsas-no-facebook>. Acesso em: 5 out. 2018.

Agora que você conhece os procedimentos de investigação de notícias falsas, tente se lembrar de alguma notícia que você leu ou recebeu que possa ser falsa. Vale também pesquisar na internet para levantar as características que identificam como falsas as notícias que você tenha encontrado.

Enem e vestibulares

1. UFPR-PR

– Colonna, exemplifique para os nossos amigos como é que se pode seguir, ou dar mostras de seguir, um princípio fundamental do jornalismo democrático: fatos separados de opiniões. Opiniões no Amanhã [nome do jornal] haverá inúmeras, e evidenciadas como tais, mas como é que se demonstra que em outros artigos são citados apenas fatos?

– Muito simples – disse eu. – Observem os grandes jornais de língua inglesa. Quando falam, sei lá, de um incêndio ou de um acidente de carro, evidentemente não podem dizer o que acham daquilo. Então inserem no artigo, entre aspas, as declarações de uma testemunha, um homem comum, um representante da opinião pública. Pondo-se aspas, essas afirmações se tornam fatos, ou seja, é um fato que aquele sujeito tenha expressado tal opinião. Mas seria possível supor que o jornalista tivesse dado a palavra somente a quem pensasse como ele. Portanto, haverá duas declarações discordantes entre si, para mostrar que é fato que há opiniões diferentes sobre um caso, e o jornal expõe esse fato irretorquível. A esperteza está em pôr antes entre aspas uma opinião banal e depois outra opinião, mais racional, que se assemelhe muito à opinião do jornalista. Assim o leitor tem a impressão de estar sendo informado de dois fatos, mas é induzido a aceitar uma única opinião como a mais convincente. Vamos ver um exemplo. Um viaduto desmoronou, um caminhão caiu e o motorista morreu. O texto, depois de relatar rigorosamente o fato, dirá: Ouvimos o senhor Rossi, 42 anos, que tem uma banca de jornal na esquina. Fazer o quê, foi uma fatalidade, disse ele, sinto pena desse coitado, mas destino é destino. Logo depois um senhor Bianchi, 34 anos, pedreiro que estava trabalhando numa obra ao lado, dirá: É culpa da prefeitura, que esse viaduto estava com problemas eu já sabia há muito tempo. Com quem o leitor se identificará? Com quem culpa alguém ou alguma coisa, com quem aponta responsabilidade. Está claro? O problema é no quê e como por aspas.

ECO, Umberto. Número Zero. Rio de Janeiro: Record, 2015, p. 55-6.

Assinale a alternativa correta sobre afirmações encontradas no texto.

a) Ao mencionar "um princípio fundamental do jornalismo democrático: fatos separados de opiniões", Simei destaca que os jornais seguem rigorosamente esse princípio.

b) Ao dizer que "o leitor tem a impressão de estar sendo informado de dois fatos, mas é induzido a aceitar uma única opinião", Colonna explicita uma forma de manipulação da opinião do leitor.

c) Na primeira linha do texto, Simei faz uma retificação ("... seguir, ou dar mostras de seguir...") para deixar claro que o jornalista deve não só separar fatos de opiniões como indicar isso explicitamente nos artigos.

d) Ao afirmar que "é fato que há opiniões diferentes sobre um caso, e o jornal expõe esse fato irretorquível", Colonna destaca a imparcialidade do jornal ao incluir nos artigos opiniões divergentes.

e) Ao afirmar, no final do texto, que "o problema é no quê e como por aspas", Colonna enfatiza a importância da fidelidade na citação das palavras das testemunhas de cada fato noticiado.

2. UERJ-RJ

Vivemos num mundo confuso e confusamente percebido. De fato, se desejamos escapar à crença de que esse mundo assim apresentado é verdadeiro, e não queremos admitir a permanência de sua percepção enganosa, devemos considerar a existência de pelo menos três mundos num só. O primeiro seria o mundo tal como nos fazem vê-lo: a globalização como fábula. O segundo seria o mundo tal como ele é: a globalização como perversidade. E o terceiro, o mundo como ele pode ser: uma outra globalização.

Este mundo globalizado, visto como fábula, constrói como verdade um certo número de fantasias. Fala-se, por exemplo, em aldeia global para fazer crer que a difusão instantânea de notícias realmente informa as pessoas. A partir desse mito e do encurtamento das distâncias – para aqueles que realmente podem viajar – também se difunde a noção de tempo e espaço contraídos. É como se o mundo houvesse se tornado, para todos, ao alcance da mão. Um mercado avassalador dito global é apresentado como capaz de homogeneizar o planeta quando, na verdade, as diferenças locais são aprofundadas. O mundo se torna menos unido, tornando também mais distante o sonho de uma cidadania de fato universal. Enquanto isso, o culto ao consumo é estimulado.

Na verdade, para a maior parte da humanidade, a globalização está se impondo como uma fábrica de perversidades. O desemprego crescente torna-se crônico. A pobreza aumenta e as classes médias perdem em qualidade de vida. O salário médio tende a baixar. A fome e o desabrigo se generalizam em todos os continentes. Novas enfermidades se instalam e velhas doenças, supostamente extirpadas, fazem seu retorno triunfal.

Todavia, podemos pensar na construção de um outro mundo, mediante uma globalização mais humana. As bases materiais do período atual são, entre outras, a unicidade da técnica, a convergência dos momentos e o conhecimento do planeta. É nessas bases técnicas que o grande capital se apoia para construir a globalização perversa de que falamos acima. Mas essas mesmas bases técnicas poderão servir a outros objetivos, se forem postas a serviço de outros fundamentos sociais e políticos.

SANTOS, Milton.
Adaptado de *Por uma outra globalização*: do pensamento único à consciência universal. Rio de Janeiro: Record, 2004.

"Na verdade, para a maior parte da humanidade, a globalização está se impondo como uma fábrica de perversidades."

No terceiro parágrafo, as frases posteriores ao trecho citado desenvolvem a argumentação do autor por meio da apresentação de:

a) hipóteses.

b) evidências.

c) digressões.

d) discordâncias.

3. UFPR-PR

Glória Pires incapaz de opinar no Oscar, Eduardo Jorge, Tapa na pantera, Luisa Marilac, Japonês da federal, John Travolta confuso, diferentona, cala a boca Galvão, Nissim Ourfali, Winona Ryder em choque, e tantos outros memes e virais – que costumam ser tratados como mera zoeira, simplesmente uma das mil manias derivadas da internet – passaram a ser tratados como peças de museu, literalmente. Criado como um projeto do curso de Estudos de Mídia na Universidade Federal Fluminense (UFF), o Museu dos Memes leva justamente a zoeira a sério. [...]

Ainda que sejam tratados como besteira, para o criador e coordenador do museu, Viktor Chagas, os memes possuem, para além de sua função cômica, uma função social – basta olhar para as diversas hashtags de denúncia em causas como dentro do movimento negro e feminista para entender que tal lógica possui mais desdobramentos, possibilidades e sentidos do que imaginamos em seu aspecto mais pueril.

Disponível em: <www.hypeness.com.br/2017/05/o-museu-de-memes-e-brasileiro-e-e-a-melhor-forma-de-eternizar-a-zueira-que-abunda-na-internet>. Acesso em: 29 set. 2017.

Com base no texto, identifique como verdadeiras **V** ou falsas **F** as seguintes afirmativas:

- A função cômica, própria dos memes, é apresentada como atenuante da função social, que também é própria deles.

- O autor do texto antecipa-se a uma avaliação negativa acerca dos memes e apresenta contra-argumento em relação a ela.

- Os exemplos de memes como peças de museu, apresentados no início do texto, servem de sustentação à ideia de paradoxo entre zoeira e seriedade.

- O autor apresenta a denúncia em causas como a feminista e a do movimento negro para explicitar a lógica de funcionamento das *hashtags*.

Assinale a alternativa que apresenta a sequência correta, de cima para baixo.

a) F – V – V – F.

b) F – V – F – V.

c) V – F – F – V.

d) V – F – V – F.

e) F – F – V – V.

4. Enem

É água que não acaba mais

Dados preliminares divulgados por pesquisadores da Universidade Federal do Pará (UFPA) apontaram o Aquífero Alter do Chão como o maior depósito de água potável do planeta. Com volume estimado em 86 000 quilômetros cúbicos de água doce, a reserva subterrânea está localizada sob os estados do Amazonas, Pará e Amapá. "Essa quantidade de água seria suficiente para abastecer a população mundial durante 500 anos", diz Milton Matta, geólogo da UFPA. Em termos comparativos, Alter do Chão tem quase o dobro do volume de água do Aquífero Guarani (com 45 000 quilômetros cúbicos). Até então, Guarani era a maior reserva subterrânea do mundo, distribuída por Brasil, Argentina, Paraguai e Uruguai.

Época. n. 623, 26 abr. 2010.

Essa notícia, publicada em uma revista de grande circulação, apresenta resultados de uma pesquisa científica realizada por uma universidade brasileira. Nessa situação específica de comunicação, a função referencial da linguagem predomina, porque o autor do texto prioriza:

a) as suas opiniões, baseadas em fatos.

b) os aspectos objetivos e precisos.

c) os elementos de persuasão do leitor.

d) os elementos estéticos na construção do texto.

e) os aspectos subjetivos da mencionada pesquisa.

5. Unifor-CE

O limite do "academiquês"

O professor Daniel Oppenheimer, da Universidade de Princeton, em Nova Jersey (EUA), é um psicólogo que estuda as relações entre o raciocínio e a pressa na tomada de decisões. Na revista *Applied Cognitive Psychology*, publicou um artigo que o tornaria famoso em certos círculos científicos. Em resumo, o estudo de Oppenheimer indicava a falta de confiança das pessoas num autor ou cientista quando ele carrega um texto com palavras extravagantes.

"Qualquer coisa que torne um texto difícil para ser lido e compreendido, como palavras desnecessariamente longas ou estruturas rebuscadas, abaixará a avaliação dos leitores sobre o texto e seu autor", declarou na divulgação de seu trabalho. O trabalho de Oppenheimer concluiu que a complexidade do vocabulário de textos ensaísticos é superexplorada para dar a impressão de inteligência. No entanto, escritores que usam desnecessariamente palavras e estilos complicados são vistos como menos inteligentes do que aqueles que usam vocabulário básico num texto claro.

(Adriana Natali e Luiz C. Pereira Junior, revista *Ensino Superior*, ano 15, nº 180, set. 2013, p. 40-41)

De acordo com o título do texto, as aspas na palavra "academiquês" estão empregadas para:

a) assinalar palavra ou trecho citado ou transcrito.
b) indicar nomes de publicações (científicas, literárias, da mídia) ou de obras artísticas.
c) assinalar o uso de palavras que fogem ao uso convencional, como jargões profissionais, gírias, expressões estrangeiras.
d) realçar termos, expressões, conceitos e definições que se deseja pôr em evidência.
e) assinalar palavras ou expressões irônicas.

6. Enem

TEXTO I

Pessoas e sociedades

Pessoa, no seu conceito jurídico, é todo ente capaz de direitos e obrigações. As pessoas podem ser físicas ou jurídicas.

Pessoa física – É a pessoa natural; é todo ser humano, é todo indivíduo (sem qualquer exceção). A existência da pessoa física termina com a morte. É o próprio ser humano. Sua personalidade começa com o seu nascimento (artigo 4º do Código Civil Brasileiro). No decorrer da sua vida, a pessoa física constituirá um patrimônio, que será afastado, por fim, em caso de morte, para transferência aos herdeiros.

Pessoa jurídica – É a existência legal de uma sociedade, associação ou instituição, que aferiu o direito de ter vida própria e isolada das pessoas físicas que a constituíram. É a união de pessoas capazes de possuir e exercer direitos e contrair obrigações, independentemente das pessoas físicas, através das quais agem. É, portanto, uma nova pessoa, com personalidade distinta da de seus membros (da pessoa natural). Sua existência legal dá-se em decorrência de leis e só nascerá após o devido registro nos órgãos públicos competentes (Cartórios ou Juntas Comerciais).

TEXTO II

POLONI, A. S. Disponível em: <http://uj.novaprolink.com.br>. Acesso em: 30 ago. 2011 (adaptado).

Os textos I e II tratam da definição de pessoa física e de pessoa jurídica. Considerando sua função social, o cartum faz uma paródia do artigo científico, pois

a) explica o conceito de pessoa física em linguagem coloquial e informal.
b) compara pessoa física e jurídica ao explorar dois tipos de profissão.
c) subverte o conceito de pessoa física com uma escolha lexical equivocada.
d) acrescenta conhecimento jurídico ao definir pessoa física.
e) complementa as definições promovidas por Antonio Poloni.

CADERNO DE REDAÇÃO

TEMA 1 — Saúde pública

Os textos a seguir servirão de base para a produção de um texto dissertativo-argumentativo.

▶ Texto I

https://noticias.uol.com.br/saude/listas/falta-medico-e-dinheiro-10-grandes-problemas-da-saude-no-brasil.htm

[...]

2. Longa espera para marcar consulta

No sistema público de saúde, esperar é quase parte do protocolo. Na prática, significa que o SUS realiza bem menos consultas do que poderia. Segundo o Fisc Saúde 2016, o Brasil apresentou uma média de 2,8 consultas por habitantes no ano de 2012, o 27º colocado entre 30 países. Taxa muito inferior ao dos países mais bem colocados: Coreia do Sul (14,3), Japão (12,9) e Hungria (11,8). Segundo o pesquisador, não mudou muito desde então. "Infelizmente, a demanda é maior do que a oferta. Desde 1988, incluímos nos SUS 90 milhões de novos usuários, mas continuamos gastando apenas US$ 400 por habitante/ano."

[...]

5. Falta de recursos para a saúde

Apenas 3,6% do orçamento do governo federal foi destinado à saúde em 2018. O percentual fica bem abaixo da média mundial, de 11,7%, de acordo com a OMS. Essa taxa é menor do que a média no continente africano (9,9%), nas Américas (13,6%) e na Europa (13,2). Na Suíça, essa proporção é de 22%. O estudo aponta que o gasto com saúde no Brasil é de 4 a 7 vezes menor do que o de países com sistema universal de saúde, como Reino Unido e França, e inferior ao de países da América do Sul em que saúde não é um direito universal, casos da Argentina e Chile. Essa proporção não deve mudar muito pelos próximos anos, graças à Emenda à Constituição aprovada em dezembro de 2016, que limita o crescimento dos gastos públicos pelos próximos 20 anos ao percentual da inflação nos 12 meses anteriores. Esse congelamento dos gastos vai representar perdas de R$ 743 bilhões para o SUS no período, segundo estudo do Ipea. "O SUS está subfinanciado, uma situação agravada pela crise econômica e política do país", avalia o pesquisador. "Mesmo como problemas de gestão, o dinheiro disponível não dá conta das necessidades do setor."

[...]

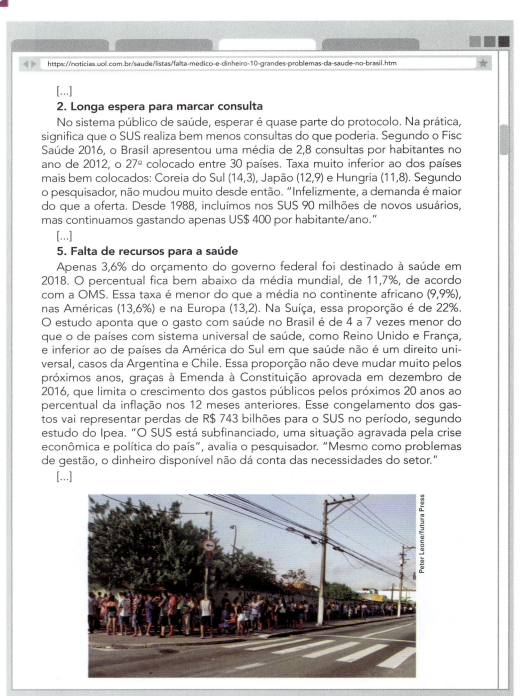

SOBRINHO, Wanderley P. S. Falta de médicos e de remédios: 10 grandes problemas da saúde brasileira. *UOL Notícias*, 9 maio 2018. Disponível em: <https://noticias.uol.com.br/saude/listas/falta-medico-e-dinheiro-10-grandes-problemas-da-saude-no-brasil.htm>. Acesso em: 23 ago. 2018.

Texto II

https://saude.estadao.com.br/noticias/geral,queremos-formar-bons-clinicos-mas-isso-nao-e-mais-suficiente,70002454760

ENTREVISTA com Clay Johnston

'Queremos formar bons clínicos, mas isso não é mais suficiente

Futuro profissional tem de pensar no sistema de saúde e buscar formas inovadoras de levar saúde, afirma reitor

Amarílis Lage, Especial para o Estado
16 Agosto 2018 | 03h00

Formado em Medicina pela Universidade Harvard, Ph.D. em Epidemiologia pela Universidade da Califórnia em Berkeley, Claiborne Johnston – conhecido como Clay Johnston – assumiu, em maio de 2014, uma tarefa complexa: criar um modelo para o ensino de Medicina que incentivasse os alunos a diagnosticar e tratar não apenas pacientes, mas o próprio sistema de saúde. Para combater a ineficiência que compromete a sustentabilidade do setor, a aposta foi em inovação e no engajamento com a comunidade local.

Johnston é o primeiro reitor da Dell Medical School, da Universidade do Texas, em Austin. Trata-se da primeira faculdade de Medicina criada numa universidade de ponta nos Estados Unidos nos últimos 50 anos. Diante da oportunidade de desenvolver algo do zero, ele idealizou um novo currículo, que prima pela resolução de problemas em equipe, incentiva a multidisciplinaridade e busca desenvolver a capacidade de liderança.

[...]

Quando pensamos na Medicina do futuro, vemos muita informação a respeito de inteligência artificial, *big data* e robôs. Mas e quanto aos médicos? Como você visualiza os médicos do futuro?

Acho que nosso sistema vai evoluir para um uso mais efetivo da tecnologia e também das equipes. Queremos promover uma abordagem voltada aos resultados, em que sejamos pagos com base nos ganhos para os pacientes. Na medida em que o sistema é aprimorado, particularmente por meio da inteligência artificial, o papel tradicional do médico muda. A ciência da medicina vai se tornar menos importante, mas a arte do cuidado ganhará importância. Precisamos de pessoas que possam liderar essa mudança e que consigam abraçar a tecnologia, mas apenas quando ela visa ao benefício para o paciente e à evolução do sistema de saúde. É um tipo diferente de médico, que está confortável com a tecnologia, que entende de engenharia de sistemas, que consegue colocar o foco no valor proporcionado e que exerce liderança para mudar esse sistema.

Com base nisso, como vocês selecionam os alunos de Medicina? Quais características estão buscando?

Estamos em busca de criatividade, paixão e liderança. É fácil achar estudantes inteligentes, mas é difícil encontrar pessoas realmente preparadas para pensar no sistema de saúde como um todo e mudá-lo. Como buscamos essas características? Procurando evidências de conquistas nessas áreas. E, nas entrevistas, olhando para aspectos como a habilidade de trabalhar em equipe.

E quanto ao conhecimento tecnológico?

Não achamos que os alunos precisem já vir com essa habilidade, embora muitos venham. Mas acreditamos que, sim, eles precisam estar abertos à importância da tecnologia e da inovação na solução dos problemas do sistema de saúde.

[...]

Clay Johnston
Reitor da Dell Medical School, da Universidade do Texas, em Austin

LAGE, Amarílis. *Estadão*, 16 ago. 2018. Disponível em: <https://saude.estadao.com.br/noticias/geral,queremos-formar-bons-clinicos-mas-isso-nao-e-mais-suficiente,70002454760>. Acesso em: 23 ago. 2018.

> **Texto III**

CABRAL, Ivan. Gestão. *Blog Sorriso Pensante*, 4 jun. 2013. Disponível em: <www.ivancabral.com/2013/06/charge-do-dia-gestao.html>. Acesso em: 5 jul. 2018.

Proposta de redação

Com base na leitura dos textos motivadores e nos conhecimentos construídos ao longo de sua formação, redija um texto dissertativo-argumentativo usando a norma-padrão da língua portuguesa sobre o tema:

Os desafios da saúde pública no Brasil.

TEMA 2 — Mobilidade urbana

Os textos a seguir servirão de base para a produção de um texto dissertativo-argumentativo.

▶ Texto I

[...]
A mobilidade urbana, isto é, as condições oferecidas pelas cidades para garantir a livre circulação de pessoas entre as suas diferentes áreas, é um dos maiores desafios na atualidade tanto para o Brasil quanto para vários outros países. O crescente número de veículos individuais promove o inchaço do trânsito, dificultando a locomoção ao longo das áreas das grandes cidades, principalmente nas regiões que concentram a maior parte dos serviços e empregos.

O Brasil, atualmente, vive um drama a respeito dessa questão. A melhoria da renda da população de classe média e baixa, os incentivos promovidos pelo Governo Federal para o mercado automobilístico (como a redução do IPI) e a baixa qualidade do transporte público contribuíram para o aumento do número de carros no trânsito. Com isso, tornaram-se ainda mais constantes os problemas com engarrafamentos, lentidão, estresse e outros, um elemento presente até mesmo em cidades e localidades que não sofriam com essa questão.
[...]

PENA, Rodolfo F. Alves. Mobilidade urbana. *Mundo Educação*. Disponível em: <https://mundoeducacao.bol.uol.com.br/geografia/mobilidade-urbana.htm>. Acesso em: 5 jul. 2018.

▶ Texto II

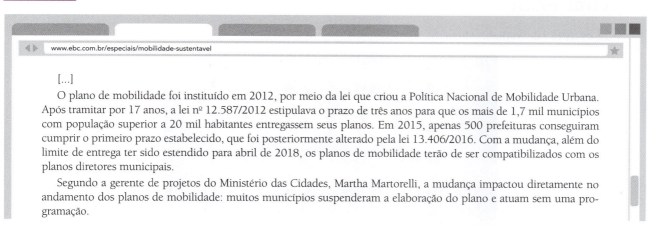

[...]
O plano de mobilidade foi instituído em 2012, por meio da lei que criou a Política Nacional de Mobilidade Urbana. Após tramitar por 17 anos, a lei nº 12.587/2012 estipulava o prazo de três anos para que os mais de 1,7 mil municípios com população superior a 20 mil habitantes entregassem seus planos. Em 2015, apenas 500 prefeituras conseguiram cumprir o primeiro prazo estabelecido, que foi posteriormente alterado pela lei 13.406/2016. Com a mudança, além do limite de entrega ter sido estendido para abril de 2018, os planos de mobilidade terão de ser compatibilizados com os planos diretores municipais.

Segundo a gerente de projetos do Ministério das Cidades, Martha Martorelli, a mudança impactou diretamente no andamento dos planos de mobilidade: muitos municípios suspenderam a elaboração do plano e atuam sem uma programação.

[...]
De acordo com o presidente da Confederação Nacional dos Municípios (CNM), Paulo Ziulkoski, os municípios não conseguirão cumprir o novo prazo para a entrega dos planos. A expectativa é que haja um avanço de cerca de 5% no que já foi entregue. "Os municípios não têm estrutura de engenheiros de obras para poder elaborar os documentos. Não temos estrutura técnica, nem financeira, para fazer", afirmou.

Mobilidade urbana: um desafio para as cidades brasileiras. *EBC*, 17 ago. 2017.
Disponível em: <www.ebc.com.br/especiais/mobilidade-sustentavel>. Acesso em: 5 jul. 2018.

▶ Texto III

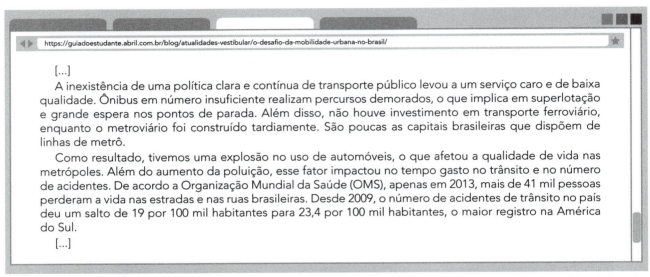

https://guiadoestudante.abril.com.br/blog/atualidades-vestibular/o-desafio-da-mobilidade-urbana-no-brasil/

[...]
A inexistência de uma política clara e contínua de transporte público levou a um serviço caro e de baixa qualidade. Ônibus em número insuficiente realizam percursos demorados, o que implica em superlotação e grande espera nos pontos de parada. Além disso, não houve investimento em transporte ferroviário, enquanto o metroviário foi construído tardiamente. São poucas as capitais brasileiras que dispõem de linhas de metrô.

Como resultado, tivemos uma explosão no uso de automóveis, o que afetou a qualidade de vida nas metrópoles. Além do aumento da poluição, esse fator impactou no tempo gasto no trânsito e no número de acidentes. De acordo a Organização Mundial da Saúde (OMS), apenas em 2013, mais de 41 mil pessoas perderam a vida nas estradas e nas ruas brasileiras. Desde 2009, o número de acidentes de trânsito no país deu um salto de 19 por 100 mil habitantes para 23,4 por 100 mil habitantes, o maior registro na América do Sul.
[...]

SASAKI, Fabio. O desafio da mobilidade urbana no Brasil. *Guia do Estudante*, 12 jan. 2017. Disponível em: <https://guiadoestudante.abril.com.br/blog/atualidades-vestibular/o-desafio-da-mobilidade-urbana-no-brasil/>. Acesso em: 5 jul. 2018.

▶ Texto IV

http://autossustentavel.com/2017/09/dia-mundial-sem-carro-2.html

Dia Mundial Sem Carro – E o que eu tenho a ver com isso?

22-09-2017 / de Nathália Abreu

Hoje, dia 22/09, é comemorado o Dia Mundial Sem Carro, também conhecido internacionalmente como World Car Free Day. Criado na França em 1997, já no ano 2000 foi adotado por vários países europeus, em 2001 pelo Brasil e hoje tem proporções mundiais.

Mas você sabe qual é o propósito dessa data? O Dia Mundial Sem Carro foi criado com a finalidade de estimular uma reflexão sobre o uso excessivo do automóvel, trazendo com isso a oportunidade para as pessoas que dirigem sempre experimentarem formas alternativas de mobilidade, descobrindo que é possível se locomover pela cidade utilizando outros meios de transporte.

Muitas cidades do mundo realizam campanhas para que seus motoristas se conscientizem em deixar seus automóveis em casa, utilizando bicicletas, transporte público, o sistema de rodízio de caronas (em que cada dia da semana uma pessoa é responsável por levar um grupo que compartilha da mesma rota) ou mesmo indo a pé até seus trabalhos, escolas ou compromissos sociais.

Isso porque muitas vezes a rotina e a correria do cotidiano nos demandam tanto tempo que entramos no "modo automático" e não percebemos a repetição de alguns padrões sociais que acabamos naturalizando no nosso dia a dia, como a elevada dependência que alguns de nós desenvolvem em relação aos automóveis. Os carros são uma formidável invenção (principalmente para transportar pessoas com restrição de mobilidade, idosos, bebês e quando precisamos transportar coisas pesadas e grandes), a má utilização deles é que vem representando um crescente problema para a sociedade e para o planeta.

[...]

Dia Mundial Sem Carro

ABREU, Nathália. *Autossustentável*. Disponível em: <http://autossustentavel.com/2017/09/dia-mundial-sem-carro-2.html>. Acesso em: 22 ago. 2018.

Proposta de redação

Com base na leitura dos textos motivadores e nos conhecimentos construídos ao longo de sua formação, redija um texto dissertativo-argumentativo usando a norma-padrão da língua portuguesa sobre o tema:

A mobilidade urbana no Brasil.

TEMA 3 — Envelhecimento populacional

Os textos a seguir servirão de base para a produção de um texto dissertativo-argumentativo.

▶ Texto I

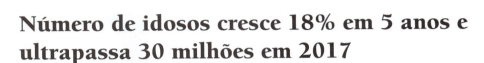

https://agenciadenoticias.ibge.gov.br/agencia-noticias/2012-agencia-de-noticias/noticias/20980-numero-de-idosos-cresce-18-em-5-anos-e

Número de idosos cresce 18% em 5 anos e ultrapassa 30 milhões em 2017

Editoria: Estatísticas Sociais | Subeditoria: PNAD Contínua

A população brasileira manteve a tendência de envelhecimento dos últimos anos e ganhou 4,8 milhões de idosos desde 2012, superando a marca dos 30,2 milhões em 2017, segundo a Pesquisa Nacional por Amostra de Domicílios Contínua – Características dos Moradores e Domicílios, divulgada hoje pelo IBGE.

Em 2012, a população com 60 anos ou mais era de 25,4 milhões. Os 4,8 milhões de novos idosos em cinco anos correspondem a um crescimento de 18% desse grupo etário, que tem se tornado cada vez mais representativo no Brasil. As mulheres são maioria expressiva nesse grupo, com 16,9 milhões (56% dos idosos), enquanto os homens idosos são 13,3 milhões (44% do grupo).

"Não só no Brasil, mas no mundo todo vem se observando essa tendência de envelhecimento da população nos últimos anos. Ela decorre tanto do aumento da expectativa de vida pela melhoria nas condições de saúde quanto pela questão da taxa de fecundidade, pois o número médio de filhos por mulher vem caindo. Esse é um fenômeno mundial, não só no Brasil. Aqui demorou até mais que no resto do mundo para acontecer", explica a gerente da PNAD Contínua, Maria Lúcia Vieira.

Entre 2012 e 2017, a quantidade de idosos cresceu em todas as unidades da federação, sendo os estados com maior proporção de idosos o Rio de Janeiro e o Rio Grande do Sul, ambas com 18,6% de suas populações dentro do grupo de 60 anos ou mais. O Amapá, por sua vez, é o estado com menor percentual de idosos, com apenas 7,2% da população.

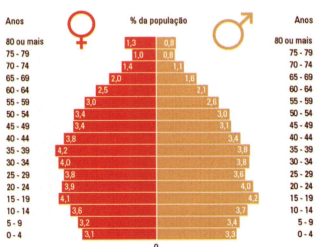

Distribuição da população por sexo e grupo de idade - 2017

Agência IBGE de Notícias

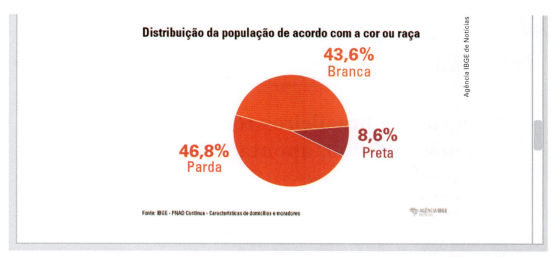

Agência IBGE Notícias, 26 abr. 2018. Disponível em: <https://agenciadenoticias.ibge.gov.br/agencia-noticias/2012-agencia-de-noticias/noticias/20980-numero-de-idosos-cresce-18-em-5-anos-e-ultrapassa-30-milhoes-em-2017.html>. Acesso em: 23 ago. 2018.

▶ Texto II

Quinze anos de bônus demográfico vão pelo ralo

Fraqueza do mercado de trabalho, baixa taxa de poupança e produtividade estagnada podem encerrar o fenômeno que conduziu o crescimento econômico do país nas últimas décadas

Desde a década de 1970, o Brasil tem colhido frutos do chamado bônus demográfico, fenômeno que ocorre quando há, proporcionalmente, um maior número de pessoas em idade ativa, aptas a trabalhar, do que crianças e idosos. Quando esse benefício atinge uma sociedade em desenvolvimento, significa que ela disporá de mais força de trabalho do que pessoas inativas, que, em diferentes graus, são mais dependentes do Estado, como é o caso dos aposentados. Ou seja, há um excedente de pessoas para produzir e pagar impostos. Trata-se de um evento típico de países jovens. E, como tudo na vida, tem data para terminar. Uma vez que essa população envelhece, as novas gerações tendem a ser menos numerosas e a base da pirâmide demográfica se afunila cada vez mais. É o que acontece na Europa, cuja população idosa supera, em alguns países, os jovens em idade ativa. No Brasil, as previsões apontavam 2030 como a década em que os efeitos do bônus começariam a se dissipar. Contudo, devido justamente ao mau aproveitamento dessa vantagem demográfica, especialistas começam a projetar o início de seu fim para já: entre 2015 e 2020.

LIMA Luís. Quinze anos de bônus demográfico vão pelo ralo. *Veja*, 30 maio 2015. Abril Comunicações S.A. Disponível em: <http://veja.abril.com.br/economia/quinze-anos-de-bonus-demografico-vao-pelo-ralo/>. Acesso em: 5 jul. 2018.

Texto III

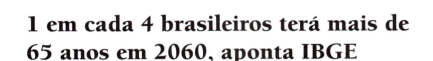

1 em cada 4 brasileiros terá mais de 65 anos em 2060, aponta IBGE

Pesquisa divulgada nesta quarta-feira (24) aponta tendência de envelhecimento dos brasileiros. A partir de 2039, haverá mais pessoas idosas que crianças vivendo no país.

Por Darlan Alvarenga e Carlos Brito, G1, São Paulo e Rio de Janeiro
25/07/2018 10h00 * Atualizado 25/07/2018 21h26

A população brasileira está em trajetória de envelhecimento e, até 2060, o percentual de pessoas com mais de 65 anos passará dos atuais 9,2% para 25,5%. Ou seja, 1 em cada 4 brasileiros será idoso. É o que aponta projeção divulgada nesta quarta-feira (25) pelo Instituto Brasileiro de Geografia e Estatística (IBGE).

Segundo a pesquisa, a fatia de pessoas com mais de 65 anos alcançará 15% da população já em 2034, ultrapassando a barreira de 20% em 2046. Em 2010, estava em 7,3%.

A pesquisa mostra que em 2039 o número de idosos com mais de 65 anos superará o de crianças de até 14 anos, o que acelerará a trajetória de envelhecimento da população. Atualmente, a população com até 14 anos representa 21,3% dos brasileiros e cairá para 14,7% até 2060, segundo o IBGE.

Já a faixa entre 15 e 64 anos, que hoje responde por 69,4% da população, cairá para 59,8% em 2060.

Idade mediana é de 32,6 anos

Atualmente, a idade mediana da população brasileira é de 32,6 anos. Em 2010, era de 29,2 anos. Pelas projeções do IBGE, em 2037 já estará acima de 40 anos, chegando a 45,6 anos em 2060.

[...]

Hoje, para cada 100 pessoas em idade para trabalhar, há 44 indivíduos menores de 15 anos ou maiores de 64 – patamar maior que o de outros emergentes como China (37,7) e Rússia (43,5), mas ainda bem abaixo ao de países desenvolvidos e com elevado percentual de idosos como Japão (64) e França (59,2).

No Brasil, a RDD (razão de dependência, que mede a relação entre o número de dependentes e adultos capazes de sustentá-los) era de 47,1% em 2010 e atingiu seu percentual mínimo em 2017 (44%). Segundo o IBGE, essa proporção vai passar de 50% a partir de 2035 e aumentar para 67,2% em 2060.

[...]

354 Caderno de redação

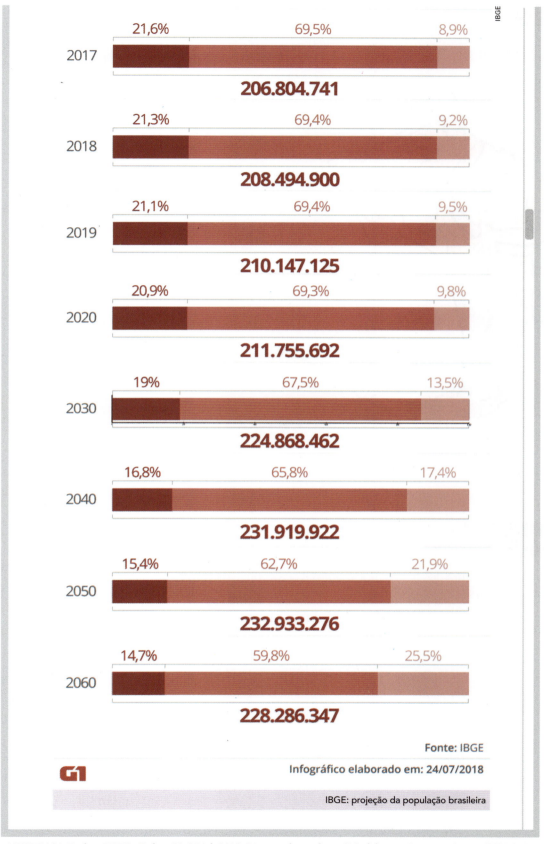

ALVARENGA, Darlan; BRITO, Carlos. *G1*, 25 jul. 2018. Disponível em: <https://g1.globo.com/economia/noticia/2018/07/25/1-em-cada-4-brasileiros-tera-mais-de-65-anos-em-2060-aponta-ibge.ghtml>. Acesso em: 23 ago. 2018.

> **Texto IV**

Disponível em: <http://rocacontabil.com.br/proposta-da-reforma-da-previdencia-social/>. Acesso em: 5 jul. 2018.

Proposta de redação

Com base na leitura dos textos motivadores e nos conhecimentos construídos ao longo de sua formação, redija um texto dissertativo-argumentativo usando a norma-padrão da língua portuguesa sobre o tema:

Envelhecimento da população no Brasil – Novas perspectivas sociais.

TEMA 4 — Tecnologia e qualidade de vida

Os textos a seguir servirão de base para a produção de um texto dissertativo-argumentativo.

Texto I

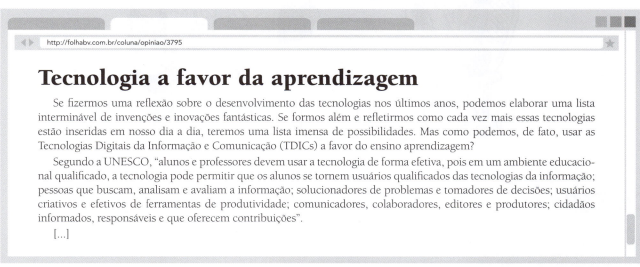

http://folhabv.com.br/coluna/opiniao/3795

Tecnologia a favor da aprendizagem

Se fizermos uma reflexão sobre o desenvolvimento das tecnologias nos últimos anos, podemos elaborar uma lista interminável de invenções e inovações fantásticas. Se formos além e refletirmos como cada vez mais essas tecnologias estão inseridas em nosso dia a dia, teremos uma lista imensa de possibilidades. Mas como podemos, de fato, usar as Tecnologias Digitais da Informação e Comunicação (TDICs) a favor do ensino aprendizagem?

Segundo a UNESCO, "alunos e professores devem usar a tecnologia de forma efetiva, pois em um ambiente educacional qualificado, a tecnologia pode permitir que os alunos se tornem usuários qualificados das tecnologias da informação; pessoas que buscam, analisam e avaliam a informação; solucionadores de problemas e tomadores de decisões; usuários criativos e efetivos de ferramentas de produtividade; comunicadores, colaboradores, editores e produtores; cidadãos informados, responsáveis e que oferecem contribuições".

[...]

ANDRADE, Karen. *Folha Web*, 20 mar. 2017. Disponível em:<http://folhabv.com.br/coluna/opiniao/3795>.
Acesso em: 23 ago. 2018.

Texto II

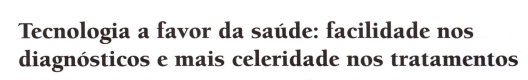

www.correio24horas.com.br/noticia/nid/tecnologia-a-favor-da-saude-facilidade-nos-diagnosticos-e-mais-celeridade-nos-tratamentos

Tecnologia a favor da saúde: facilidade nos diagnósticos e mais celeridade nos tratamentos

Médico lista os benefícios das técnicas e aparelhos mais modernos

Em tempos modernos, a tecnologia está inserida no dia a dia de boa parte da população mundial. E, sendo bem usada, ela minimiza muitos problemas atuais, gerando oportunidades e facilidades. Na área da saúde, por exemplo, a tecnologia está cada vez mais presente em hospitais, processos clínicos e até em tratamentos específicos.

'Robôs' que servem de instrumentos para cirurgiões e máquinas de alta precisão que permitem visualizar o interior do corpo humano com nitidez e segurança podem ser citados como os benefícios mais modernos. "Com as 'vídeos cirurgias' deixamos de abrir abdomens e passamos a utilizar os monitores para fazer as operações", explica o Antonio Trindade, diretor médico do Hapvida.

[...]

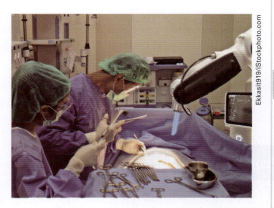

Correio 24 Horas, 16 nov. 2015. Disponível em: <www.correio24horas.com.br/noticia/nid/tecnologia-a-favor-da-saude-facilidade-nos-diagnosticos-e-mais-celeridade-nos-tratamentos>. Acesso em: 23 ago. 2018.

Texto III

GALVÃO, Bruno. Blog *Charges Bruno*. Disponível em: <https://chargesbruno.blogspot.com/>.
Acesso em: 24 ago. 2018.

Texto IV

Excesso de tecnologia: quando a solução vira um problema?

No mundo atual, é quase impossível viver sem contato com a tecnologia, já que ela está presente no funcionamento de todos os sistemas comerciais, financeiros, educacionais de saúde, entre outros. Principalmente ligado nas redes sociais, o homem moderno fica hiperconectado desde que acorda até adormecer, e isso influencia completamente não só seu pensamento e sua visão de mundo mas também seu comportamento social. Esta realidade é tão extremada que muitas vezes a fixação e a dependência da tecnologia, se não chegam ser um problema em si, são o caminho para muitas complicações, inclusive de saúde.

Um dos efeitos negativos que contribui bastante para um problema muito comum nos dias atuais é o fato de ser uma atividade estática, que não depende de nenhum esforço para ser executada. Pelo contrário, dizem, o uso exagerado da tecnologia digital contribui para o sedentarismo, pois simplesmente com alguns cliques se resolve problemas que demandariam, no mínimo, alguns passos ou pequenas caminhadas. E os *games* que demandam horas de atenção e imobilidade, sentado em posturas físicas prejudiciais a coluna? Especialistas no sono recomendam que se desligue dos *smartphones*, *tablets* e computadores pelo menos uma hora antes de dormir, já que esses equipamentos, mesmo quando usados para distração e ócio, ativam a atenção e a concentração, prejudicando o relaxamento.

[...]

Cooperforte. Economia dia a dia, 19 jan. 2016. Disponível em: <http://economiadiaadia.com.br/excesso-de-tecnologia-quando-a-solucao-vira-um-problema>. Acesso em: 23 ago. 2018.

Proposta de redação

Com base na leitura dos textos motivadores e nos conhecimentos construídos ao longo de sua formação, redija um texto dissertativo-argumentativo usando a norma-padrão da língua portuguesa sobre o tema:

Impactos da tecnologia na qualidade de vida.

TEMA 5 — Padrões de beleza

Os textos a seguir servirão de base para a produção de um texto dissertativo-argumentativo.

▶ **Texto I**

Modelo *plus size* comenta campanha publicitária que gerou polêmica

A modelo *plus size* Maria Luiza Mendes decidiu quebrar o silêncio e se manifestar sobre uma campanha publicitária da C&A da qual participou e que gerou bastante polêmica nas redes sociais. A ação mostra diferentes tipos de beleza, e Maria, uma das estrelas da peça publicitária, foi enquadrada na categoria "gorda e sexy".

O *buzz* nas redes sociais começou porque muita gente não considera a modelo de 1,73 m e 85 kg gorda. No Instagram, Maria fez questão de responder às críticas:

Botero, Fernando. *Monalisa*. Óleo sobre tela, 1,66 m × 1,83 m.

"Hoje vi minhas fotos da campanha da C&A virarem polêmica no Estadão, Veja, e outros *sites* de notícias e *blogs*. Eu tenho 1,73m e peso 85 kg. Meu IMC é de 28,40, portanto sou considerada uma pessoa acima do peso. Segundo o dicionário Michaelis, Gordo é quando há excesso de tecido adiposo; algo de dimensões avantajadas, bem nutrido. Segundo o Google: que tem gordura ('tecido adiposo') ou tem uma quantidade de gordura acima da usual; obeso, cheio, corpulento.

Então queria dizer, C&A, você está ....CERTA!

Eu também sou gorda. Talvez menos gorda que você, só gordinha, ou mais que você. Mas o fato é que eu também sou gorda. Isso não é ofensivo para mim. É uma característica física minha. Li muito nos comentários que eu sou uma pessoa normal. Ainda bem né gente?? Hahahaha Mas não entendi...Se eu sou normal, quem foge disso é anormal?

Queria dizer que me sinto feliz em estar nessa campanha. O conceito dela foi valorizar a pluralidade e as variadas formas de beleza, por isso topei participar. Me sinto feliz cada vez que vejo uma marca que não trabalhava nesse segmento, começar a trabalhar. Mesmo que ela não vá até o tamanho 60, mesmo que ela tropece no início, erre na modelagem... É o começo para que ela chegue lá um dia, e consiga abranger todos os tipos de corpos. É o começo para que possamos acabar com as divisões, com os padrões, com a objetificação da mulher. Há 5 anos venho militando por essa causa e acredito que toda representividade é válida.

Gostaria de agradecer a todos que se manifestaram a favor do respeito às mulheres. Elogios e críticas construtivas sempre serão bem-vindas em todas as empresas e profissões.

Gordas, Gordinhas, Gordonas, e as magrinhas também... juntas somos mais fortes!"

Disponível em: <https://catracalivre.com.br/entretenimento/modelo-plus-size-comenta-campanha-publicitaria-polemica/>.
Acesso em: 12 set. 2018.

> **Texto II**

https://exame.abril.com.br/revista-exame/enfim-chegou-a-vez-dos-gordos-nas-campanhas-de-publicidade/

Enfim, chegou a vez dos gordos nas campanhas de publicidade

Empresas começam a incluir lentamente os consumidores acima do peso — os chamados "*plus size*"

São Paulo — No final de abril, a rede varejista Riachuelo lançará na TV e em mídias digitais sua campanha de marketing para o Dia das Mães. Até aí, nada de novo. A diferença é que, pela primeira vez, os comerciais da empresa exibirão, entre as modelos esbeltas vestidas com roupas da loja, uma modelo acima do peso — ou, como se convencionou chamar na indústria da moda, "*plus size*". "Precisamos mostrar que as pessoas são diferentes", diz Lisa Forbes, gerente de estilo da Riachuelo.

O varejista não estará ditando uma tendência, apenas seguindo. Em março do ano passado, a concorrente Renner aproveitou o desfile de lançamento de sua coleção de outono para colocar uma série de modelos *plus size* na passarela e lançar a Ashua, sua primeira linha de roupas femininas de numeração de 46 a 54, por enquanto vendidas exclusivamente on-line. Mas quem realmente quebrou o protocolo foi a marca de roupas LAB, que tem por trás o *rapper* Leandro Oliveira, conhecido como Emicida. Em outubro de 2016, e de novo agora em março, a LAB usou modelos homens e mulheres bem acima do peso para desfilar suas roupas no evento no qual a magreza, até então, imperava: a São Paulo Fashion Week.

Tais movimentos recentes das marcas em prol dos gordos têm chamado a atenção e gerado muito burburinho, é claro, mas não são exatamente surpreendentes. Vivemos em tempos de ode à diversidade. Se vale para *gays*, negros, deficientes físicos, por que não para os gordos? E, para além da causa, há uma questão bem pragmática: não faz sentido as empresas ignorarem esse público. Afinal, há um mercado gigantesco de consumidores que adorariam ter suas aspirações atendidas ou, pelo menos, não se sentir alijados pelas marcas porque fogem do padrão estético tradicional.

360   Caderno de redação

Dados do Ministério da Saúde de 2013 revelaram que 57% dos brasileiros estão acima do peso. Em 2006, o percentual dessa parcela da população era de 43%. E, se já existia uma vontade latente de abraçar a causa e lucrar com ela, outro fator ajudou. "A crise econômica empurrou quem ainda estava se recusando a olhar para esse mercado", diz Edmundo Lima, diretor executivo da Associação Brasileira do Varejo Têxtil. Nos últimos três anos, a produção de vestuário tradicional no país encolheu 7,3%. Já a de peças *plus size*, ainda que muito menor, cresceu 14,3% [...].

As investidas das grandes marcas nessa seara, porém, têm sido tímidas. Estima-se que esse mercado, dominado por pequenas confecções, tenha movimentado cerca de 5 bilhões de reais em 2015 — e, em número de peças vendidas, represente pouco mais de 1,5% do mercado total. Não se trata de um movimento que esteja muito mais desenvolvido nos Estados Unidos, onde 70% da população está acima do peso recomendado. Lá, as vendas de roupas para consumidores *plus size* geram 20 bilhões de dólares por ano, e há empresas como a centenária Lane Bryant, que tem 770 lojas no país dedicadas a vestir esse público. Aos olhos das marcas tradicionais — e cobiçadas —, os consumidores gordos só muito recentemente também passaram a ter algum apelo.

Foi apenas neste ano que a fabricante de artigos esportivos Nike lançou sua primeira coleção *plus size*, que deve chegar ao Brasil em 2018. A varejista Target, uma das maiores do país, também começou a vender neste mês a primeira coleção *plus size*, assinada pela estilista Victoria Beckham. "Com tanto potencial de vendas, era esperado que mais empresas aderissem a essa revolução, mas ainda há muita resistência", afirma Amanda Czerniawski, professora na Universidade Temple, na Filadélfia, e autora do livro *Fashioning Fat: Inside Plus-Size Modeling* (numa tradução livre, "Moda para gordo: por dentro da moda *plus size*").

Por aqui, as resistências têm sido lentamente vencidas. E não é só no mercado de moda. Modelos gordos começam também a aparecer na estratégia de marketing de outros setores. Uma dessas personalidades é a blogueira paulista *plus size* Juliana Romano, de 27 anos, que já fez campanhas para as fabricantes de produtos de higiene e beleza O Boticário e Johnson & Johnson. Mas a tônica que move as companhias é a cautela. Isso porque elas sabem que qualquer incursão malfeita no campo da diversidade pode despertar a ira dos consumidores.

A varejista C&A vivenciou isso em setembro, quando lançou uma campanha com os dizeres: "Sou gorda. Sou sexy". O problema é que quem a estrelou foi a modelo Maria Luisa Mendes, que usa manequim 44 e é vista como "apenas" gordinha, não uma *plus size* de fato. Conclusão: choveram críticas nas redes sociais. Procurada por EXAME, a C&A não deu entrevista. "Sem um discurso muito coerente, qualquer movimento pode ser perigoso", afirma Aliana Aires, professora do curso de moda *plus size* no Centro Universitário Belas Artes de São Paulo. Nesse terreno, o aprendizado das empresas apenas começou.

Disponível em: <https://exame.abril.com.br/revista-exame/enfim-chegou-a-vez-dos-gordos-nas-campanhas-de-publicidade/>.
Acesso em: 12 set. 2018

▶ **Texto III**

http://programaxequemate.blogspot.com.br/2011/05/o-padrao-de-beleza-e-suas-consequencias.html

O padrão de beleza e suas consequências

[...]

A padronização da beleza e sua divulgação na mídia, seja através de propagandas ou da veiculação de concursos, levam as mulheres e as garotas comuns, que não têm como alcançar esse padrão, a recorrer a extremos, como plásticas e até mesmo distúrbios alimentares.

Anorexia e bulimia têm sido alguns dos temas mais debatidos da atualidade. O fato de garotas e mulheres estarem na busca inalcançável do corpo perfeito assusta pais e familiares, pois até modelos se submetem a isso. Assim, muitos estudiosos chegaram à conclusão de que a baixa autoestima dessas garotas é fruto do padrão imposto pela mídia e sociedade.

Por mais que se altere de um lugar para outro, de uma época para outra, de uma raça para outra, "beleza" será sempre conceitual. E o que se conclui é que os conceitos de beleza moldaram e moldam as sociedades atuais, ditam o que usar e não usar, o que comer, o que vestir... Enquanto o mundo for mundo, e, principalmente, globalizado, os padrões do que é belo vão estar sempre mudando. E esperamos que seja para melhor.

BITTENCOURT, Caroline. *Programa Xeque-Mate*, 5 maio 2011. Disponível em: <http://programaxequemate.blogspot.com.br/2011/05/o-padrao-de-beleza-e-suas-consequencias.html>. Acesso em: 6 jul. 2018.

▶ **Texto IV**

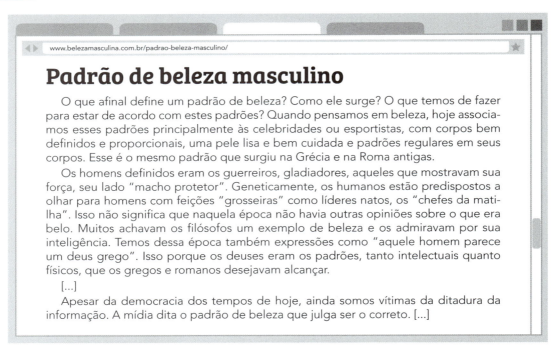

Padrão de beleza masculino

O que afinal define um padrão de beleza? Como ele surge? O que temos de fazer para estar de acordo com estes padrões? Quando pensamos em beleza, hoje associamos esses padrões principalmente às celebridades ou esportistas, com corpos bem definidos e proporcionais, uma pele lisa e bem cuidada e padrões regulares em seus corpos. Esse é o mesmo padrão que surgiu na Grécia e na Roma antigas.

Os homens definidos eram os guerreiros, gladiadores, aqueles que mostravam sua força, seu lado "macho protetor". Geneticamente, os humanos estão predispostos a olhar para homens com feições "grosseiras" como líderes natos, os "chefes da matilha". Isso não significa que naquela época não havia outras opiniões sobre o que era belo. Muitos achavam os filósofos um exemplo de beleza e os admiravam por sua inteligência. Temos dessa época também expressões como "aquele homem parece um deus grego". Isso porque os deuses eram os padrões, tanto intelectuais quanto físicos, que os gregos e romanos desejavam alcançar.

[...]

Apesar da democracia dos tempos de hoje, ainda somos vítimas da ditadura da informação. A mídia dita o padrão de beleza que julga ser o correto. [...]

Beleza Masculina. Disponível em: <www.belezamasculina.com.br/padrao-beleza-masculino/>. Acesso em: 23 ago. 2018.

Proposta de redação

Com base na leitura dos textos motivadores e nos conhecimentos construídos ao longo de sua formação, redija um texto dissertativo-argumentativo usando a norma-padrão da língua portuguesa sobre o tema:

Os padrões de beleza na contemporaneidade.

TEMA 6 — Combate a mosquitos causadores de doenças

Os textos a seguir servirão de base para a produção de um texto dissertativo-argumentativo.

▶ Texto I

Combate ao *Aedes aegypti* é o maior desafio da saúde brasileira, diz ministro

O ministro da Saúde, Ricardo Barros, disse hoje (26) que o combate ao mosquito *Aedes aegypti* é o maior desafio da saúde brasileira atualmente. Em entrevista coletiva em que fez um balanço de seus 200 dias no ministério, Barros reforçou as previsões do governo que apontam para um aumento de casos de infecção pelo vírus Chikungunya, transmitido pelo *Aedes aegypti*, em 2017.

"Temos que combater o mosquito. Esse é o grande desafio da saúde até que a gente consiga um controle adequado", avaliou. Este ano, foram registrados 263 mil casos de febre chikungunya, contra 36 mil em 2015. "O mosquito pica, recebe o vírus e passa para outra pessoa. Como cresceu muito o número de pessoas que têm [o vírus], entendemos que haverá uma ampliação [de casos]."

[...]

"Cada cidadão é responsável pelo combate ao mosquito. Não há força pública capaz de estar em todos os lugares eliminando os focos."

LABOISSIÈRE, Paula. *Agência Brasil*, 26 dez 2016. Disponível em: <http://agenciabrasil.ebc.com.br/geral/noticia/2016-12/combate-ao-aedes-aegypti-e-o-maior-desafio-da-saude-brasileira-diz-ministro>. Acesso em: 23 ago. 2018.

▶ **Texto II**

Febre amarela: transmissão e prevenção

[...]

A **febre amarela** [...] é transmitida por mosquitos em áreas urbanas ou silvestres. Sua manifestação é idêntica em ambos os casos de transmissão, pois o vírus e a evolução clínica são os mesmos – a diferença está apenas nos transmissores. No ciclo silvestre, o vetor da **febre amarela** é principalmente o mosquito *Haemagogus* e do gênero *Sabethes*. Já no meio urbano, a transmissão se dá através do mosquito *Aedes aegypti* (o mesmo da dengue) [...]. A infecção acontece quando uma pessoa que nunca tenha contraído a **febre amarela** ou tomado a vacina contra ela circula em áreas florestais e é picada por um mosquito infectado. Ao contrair a doença, a pessoa pode se tornar fonte de infecção para o *Aedes aegypti* no meio urbano. [...]

Como a transmissão urbana da febre amarela só é possível através da picada de mosquitos *Aedes aegypti*, a prevenção da doença deve ser feita evitando sua disseminação. Os mosquitos criam-se na água e proliferam-se dentro dos domicílios e suas adjacências. [...] Portanto, deve-se evitar o acúmulo de água parada em recipientes destampados. Para eliminar o mosquito adulto, em caso de epidemia de dengue ou **febre amarela**, deve-se fazer a aplicação de inseticida através do "fumacê". Além disso, devem ser tomadas medidas de proteção individual, como a vacinação contra a **febre amarela**, especialmente para aqueles que moram ou vão viajar para áreas com indícios da doença. Outras medidas preventivas são o uso de repelente de insetos, mosquiteiros e roupas que cubram todo o corpo.

[...]

Fiocruz. Disponível em: <www.bio.fiocruz.br/index.php/febre-amarela-sintomas-transmissao-e-prevencao>. Acesso em: 6 jul. 2018.

▶ **Texto III**

Zika, chikungunya e dengue: entenda as diferenças

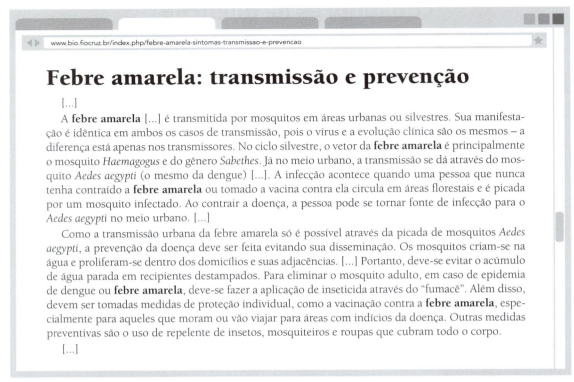

PRINCIPAIS SINTOMAS	DENGUE	CHIKUNGUNYA	ZIKA
FEBRE	Sempre presente: alta e de início imediato	Quase sempre presente: alta e de início imediato	Pode estar presente: baixa
ARTRALGIA (DORES NAS ARTICULAÇÕES)	Quase sempre presente: dores moderadas	Presente em 90% dos casos: dores intensas	Pode estar presente: dores leves
RASH CUTÂNEO (MANCHAS VERMELHAS NA PELE)	Pode estar presente	Pode estar presente: se manifesta nas primeiras 48 horas (normalmente a partir do 2º dia)	Quase sempre presente: se manifesta nas primeiras 24 horas
PRURIDO (COCEIRA)	Pode estar presente: leve	Presente em 50 a 80% dos casos: leve	Pode estar presente: de leve a intensa
VERMELHIDÃO NOS OLHOS	Não está presente	Pode estar presente	Pode estar presente

Fonte: Agência Fiocruz de Notícias/Fundação Oswaldo Cruz

Fiocruz. 17 nov. 2015. <https://agencia.fiocruz.br/zika-chikungunya-e-dengue-entenda-diferen%C3%A7as>. Acesso em: 23 ago. 2018.

▶ **Texto IV**

Ministério da Saúde. Disponível em: <http://portalms.saude.gov.br/campanhas/26475-mosquito-nao>. Acesso em: 23 ago. 2018.

Proposta de redação

Com base na leitura dos textos motivadores e nos conhecimentos construídos ao longo de sua formação, redija um texto dissertativo-argumentativo usando a norma-padrão da língua portuguesa sobre o tema:

O combate aos mosquitos transmissores de doenças no Brasil.

TEMA 7 — Trabalho escravo

Os textos a seguir servirão de base para a produção de um texto dissertativo-argumentativo.

Texto I

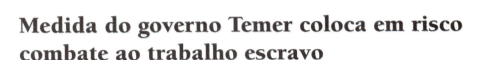

Medida do governo Temer coloca em risco combate ao trabalho escravo

[...]

"Um retrocesso de 20 anos", "pá de cal" e "maracutaia": essas são algumas das formas que entidades ligadas à erradicação da escravidão contemporânea no país descrevem a nova portaria do Ministério do Trabalho sobre o combate a esse crime. Publicada no Diário Oficial da União, nesta segunda (16), o documento assinado pelo ministro do Trabalho Ronaldo Nogueira reduz as situações que caracterizam o crime e dificulta a sua fiscalização.

[...]

"Com a nova portaria, só podemos considerar trabalho em condições degradantes se houver restrição de liberdade, com pessoas armadas ou isolamento geográfico que impeçam o trabalhador de ir e vir," diz Antonio Mello.

De acordo com o representante da OIT, empregadores que deixavam de fornecer água potável, alimentação e descanso adequado antes podiam ser acusados de submeter pessoas a condição degradante. Isso era suficiente para caracterizar trabalho escravo. Mas, com a nova regra, essa configuração fica mais difícil.

"A portaria traz a ideia reducionista que escravo é a pessoa amarrada sem possibilidade de fugir. Essa é a ideia falsa utilizada no imaginário para tentar convencer que a legislação atual é exagerada," diz Xavier Plassat, coordenador da Campanha contra o Trabalho Escravo da Comissão Pastoral da Terra.

[...]

A portaria também estabelece que escravo só será aquele trabalho sem consentimento por parte do trabalhador.

"Vincular o trabalho escravo ao consentimento do trabalhador é um retrocesso de no mínimo 50 anos," diz Magno Riga, auditor fiscal do trabalho e membro do grupo especial de fiscalização móvel, responsável por checar denúncias e resgatar trabalhadores.

[...]

Luciana Whitaker/Pulsar Imagens

LOCATELLI, Piero; LAZZERI, Thais. *Repórter Brasil*. 16 out. 2017. Disponível em: <http://reporterbrasil.org.br/2017/10/medida-do-governo-temer-coloca-em-risco-combate-ao-trabalho-escravo>. Acesso em: 23 ago. 2018.

▶ **Texto II**

Ministra Rosa Weber suspende portaria sobre trabalho escravo

A ministra Rosa Weber, do Supremo Tribunal Federal (STF), concedeu liminar (decisão provisória) suspendendo os efeitos da Portaria 1.129, do Ministério do Trabalho [...].

Rosa Weber acatou os argumentos do partido de que a referida portaria abre margem para a violação de princípios fundamentais da Constituição, entre eles, o da dignidade humana, o do valor social do trabalho e o da livre iniciativa. Para a ministra, ao "restringir" conceitos como o de jornada exaustiva e de condição análoga à de escravo, "a portaria vulnera princípios basilares da Constituição, sonega proteção adequada e suficiente a direitos fundamentais nela assegurados e promove desalinho em relação a compromissos internacionais de caráter supralegal assumidos pelo Brasil e que moldaram o conteúdo desses direitos". Rosa Weber determinou que a suspensão vigore até que o caso seja apreciado em caráter definitivo, mais aprofundadamente, o que deve ser feito pelo plenário do STF. A ministra também é relatora de outras duas ações contra a portaria, mais uma ADPF, aberta pela Confederação Nacional dos Profissionais Liberais, e uma Ação Direta de Inconstitucionalidade (ADI) protocolada segunda-feira (23) pelo PDT.

[...]

Felipe Pontes. *EBC*, 24 out. 2017. Disponível em: <http://agenciabrasil.ebc.com.br/geral/noticia/2017-10/ministra-rosa-weber-do-stf-suspende-portaria-sobre-trabalho-escravo>. Acesso em: 23 ago. 2018.

▶ **Texto III**

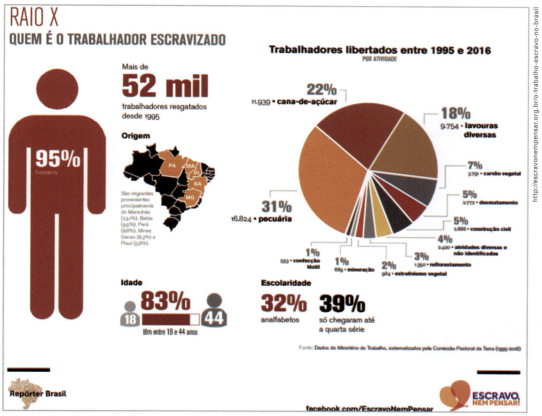

O trabalho escravo no Brasil. *Portal Escravo, nem Pensar!* Disponível em: <http://escravonempensar.org.br/o-trabalho-escravo-no-brasil>. Acesso em: 23 ago. 2018.

Texto IV

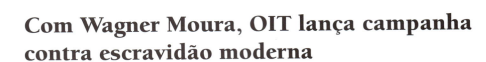

Com Wagner Moura, OIT lança campanha contra escravidão moderna

Ator é embaixador da agência da ONU para a causa; projeto "50 for Freedom" busca apoio público para que pelo menos 50 países assinem protocolo da OIT contra o trabalho forçado; mundo tem 21 milhões de vítimas.

A Organização Internacional do Trabalho, OIT, lança esta terça-feira uma campanha global contra as formas modernas de escravidão. O projeto "50 for Freedom" (50 pela Liberdade, em tradução livre), busca mobilizar pelo menos 50 países a ratificarem, até 2018, o protocolo da OIT sobre trabalho forçado.

O protocolo foi adotado pelos países-membros da agência da ONU em 2014 e inclui medidas para a prevenção, proteção e compensação das vítimas, com o principal objetivo de eliminar a escravidão moderna.

Embaixador

Outro ponto é proteger cerca de 21 milhões de vítimas do mundo todo e o embaixador da causa é o ator brasileiro Wagner Moura. Ele está em Londres esta terça-feira participando do lançamento oficial da campanha. Em agosto, Moura foi nomeado embaixador da OIT contra a escravidão moderna.

No evento, especialistas vão discutir a luta contra o trabalho forçado, padrões internacionais, a importância da coleta de dados e de políticas inovadoras para libertar as vítimas dessa situação.

Em agosto, Wagner Moura foi nomeado embaixador da OIT contra a escravidão moderna.

Proteção

Outro brasileiro que participa do painel é Leonardo Sakamoto, diretor da ONG Repórter Brasil e conselheiro do Fundo Voluntário da ONU sobre formas contemporâneas de escravidão.

Segundo a OIT, os países que ratificarem o protocolo serão obrigados a garantir que todos os trabalhadores, de qualquer setor, estejam protegidos por leis. As inspeções nos locais de trabalho precisarão ser reforçadas para garantir que ninguém esteja sendo explorado.

Pelo protocolo, os países também devem garantir a libertação, recuperação e reabilitação das vítimas da escravidão moderna. Outra medida é informar os cidadãos sobre crimes ligados ao problema, como o tráfico humano.

ONU News, 20 out. 2015. Disponível em: <https://news.un.org/pt/story/2015/10/1528811-com-wagner-moura-oit-lanca-campanha-contra-escravidao-moderna>. Acesso em: 23 ago. 2018.

Proposta de redação

Com base na leitura dos textos motivadores e nos conhecimentos construídos ao longo de sua formação, redija um texto dissertativo-argumentativo usando a norma-padrão da língua portuguesa sobre o tema:

Trabalho escravo no Brasil.

TEMA 8 — Violência urbana

Os textos a seguir servirão de base para a produção de um texto dissertativo-argumentativo.

▶ **Texto I**

https://noticias.uol.com.br/cotidiano/ultimas-noticias/2017/08/29/100-pms-mortos-como-frear-a-violencia-contra-policiais-no-rio.htm

[...] Como frear a violência contra policiais no Rio?

[...]

No último sábado [...], o Estado atingiu a marca de cem PMs mortos no ano – média de 12 assassinatos por mês.

[...]

Especialistas em segurança ouvidos pela reportagem defendem que a redução da violência contra policiais requer uma série de mudanças, sem deixar de lado formas de mitigar a violência decorrente da desigualdade social.

Na opinião deles, a tentativa de reversão desse quadro passa por uma mudança dessa mesma política de enfrentamento, assim como uma reforma das polícias, valorização da carreira, com melhoria das condições de trabalho, e treinamento para os policiais fora de serviço.

Para o ex-comandante da PM coronel Ibis Pereira, uma das principais justificativas para a morte de tantos policiais é a política de guerra adotada pelo Estado.

[...]

PM no Rio, diz, "vive isolado: visto com desconfiança pelo pobre e desprezado pela classe média".

A grande quantidade de policiais mortos no Estado, diz o coordenador do Laboratório de Análise de Violência da UERJ, Ignácio Cano, tem relação direta com a alta letalidade da polícia fluminense – em 2017, para cada policial assassinado no Rio outras 32 pessoas foram mortas.

LEMOS, Marcela; BIANCHI, Paula. *UOL*, 29 ago 2017. Disponível em: <https://noticias.uol.com.br/cotidiano/ultimas-noticias/2017/08/29/100-pms-mortos-como-frear-a-violencia-contra-policiais-no-rio.htm>. Acesso em: 6 jul. 2018.

▶ **Texto II**

https://noticias.uol.com.br/cotidiano/ultimas-noticias/2017/08/29/100-pms-mortos-como-frear-a-violencia-contra-policiais-no-rio.htm

ONU Brasil lança campanha pelo fim da violência contra a juventude negra

A Organização das Nações Unidas no Brasil lança, no próximo dia 7 de novembro, a campanha "Vidas Negras", pelo fim da violência contra jovens negros.

A iniciativa, ligada à Década Internacional de Afrodescendentes, envolve os 26 organismos da equipe de país da ONU. O objetivo é sensibilizar sociedade, gestores públicos, sistema de Justiça, setor privado e movimentos sociais a respeito da importância de políticas de prevenção e enfrentamento da discriminação racial.

Brasil tem 7ª maior taxa de homicídios de jovens de todo o mundo, aponta UNICEF

Silhuetas de corpos desenhados no Rio alertam para assassinatos de jovens negros, Rio de Janeiro, 2013.

A cada sete minutos, em algum lugar do mundo, uma criança ou adolescente é morto pela violência. Somente em 2015, mais de 82 mil meninos e meninas de dez a 19 anos morreram vítimas de homicídios ou de alguma forma de conflito armado ou violência coletiva. Desses óbitos, 24,5 mil foram registrados na América Latina e no Caribe. Os dados são de um novo relatório do Fundo das Nações Unidas para a Infância (UNICEF). Agência da ONU aponta que o Brasil é o sétimo país que mais mata jovens.

Nos países latino-americanos e caribenhos, a taxa média de homicídios entre adolescentes foi estimada em 22,1 assassinatos para cada grupo de 100 mil adolescentes – índice quatro vezes maior que a média global. O Brasil tem a quinta maior taxa da região (59).

[...]

Boletim da ONU, n. 245, 6 nov. 2017. Disponível em: <https://nacoesunidas.org/boletim245>. Acesso em: 23 ago. 2018.

▶ **Texto III**

https://brasil.elpais.com/brasil/2017/12/11/politica/1513002815_459310.html

A violência no Brasil mata mais que a Guerra na Síria

[...]

O Brasil mata. Mata muito. Entre 2001 e 2015 houve 786.870 homicídios, a enorme maioria (70%) causados por arma de fogo e contra jovens negros. Os números da violência no maior país da América Latina atingem dimensões ainda mais preocupantes ao se compararem com guerras internacionais deste século. Desde que começou o conflito sírio, em março de 2011, morreram 330.000 pessoas. A guerra de Iraque soma 268.000 mortes desde 2003. Brasil, com 210 milhões de habitantes, é o país que mais mata no século XXI.

[...]

Frame do vídeo *A Guerra do Rio*.

El País Brasil, 11 dez. 2017. Disponível em: <https://brasil.elpais.com/brasil/2017/12/11/politica/1513002815_459310.html>. Acesso em: 23 ago. 2018.

▶ Texto IV

https://seconselhofossebom2017.wordpress.com/2017/08/17/cismo-em-lisboa

[...] Certa vez em São Paulo sofri um sequestro relâmpago: revólver na cabeça, muita tensão e impotência. Depois de tudo passado, ainda na estrada onde me deixaram, olhei o céu. Ali no meio do nada o céu estrelado me pareceu muito mais bonito. Fiquei abalado, é claro – são muitos os sentimentos que afloram depois de uma experiência como aquela. Depois de ameaçado, constrangido, roubado, e ainda queriam que eu agradecesse (a Deus?) por ainda estar vivo, nunca me passou pela cabeça sair de São Paulo, deixar de fazer o que eu estava fazendo.

Experiências radicais nos fazem repensar a vida, nossos valores, reavaliar o que é importante e fazer promessas; que, passado o susto, geralmente não são cumpridas. Dissipado o sentimento inicial a vida segue quase sempre na mesma balada. Esta manhã repensei a minha, sem desespero nem urgência, não era o caso disso. Da mesma forma que há muitos anos em São Paulo, depois do trauma, concluí que estava vivendo o que eu queria viver, hoje cheguei à mesma conclusão: não quero mudar nada. Posso dormir tranquilo e, como os governantes, sem mexer em nada, torcer para que o próximo terremoto só aconteça depois que eu estiver morto de velho.

ALVARENGA, Osvaldo. "Cismo em Lisboa". *Se Conselho Fosse Bom...*, 17 ago. 2018. Disponível em: <https://seconselhofossebom2017.wordpress.com/2017/08/17/cismo-em-lisboa>. Acesso em: 23 ago. 2018.

Proposta de redação

Com base na leitura dos textos motivadores e nos conhecimentos construídos ao longo de sua formação, redija um texto dissertativo-argumentativo usando a norma-padrão da língua portuguesa sobre o tema:

Violência urbana e estratégias de combate.

TEMA 9 — Desastres ambientais

Os textos a seguir servirão de base para a produção de um texto dissertativo-argumentativo.

▶ Texto I

www.teraambiental.com.br/blog-da-tera-ambiental/quem-vai-pagar-a-conta-de-um-dos-maiores-desastres-ambientais-do-para

Quem vai pagar a conta de um dos maiores desastres ambientais do Pará?

Segundo o Ministério Público, 75 empresas brasileiras e multinacionais de várias regiões do país, inclusive do estado de São Paulo, enviaram mais de 30 mil toneladas de resíduos para uma usina que operava no Pará entre 1999 a 2002. E mesmo após 15 anos do fim da operação, todas empresas geradoras estão sendo responsabilizadas pelos danos ambientais.

A empresa começou a funcionar como depósito de lixo com uma autorização que violava uma lei estadual de 1995, que proíbe a entrada de resíduos tóxicos no Pará. A Secretaria Estadual de Meio Ambiente disse que agiu dentro da lei, e que o alvará do depósito permitia apenas a incineração de resíduos produzidos no estado.

O crime ambiental foi descoberto após a morte de um funcionário por intoxicação, e o dono da usina foi condenado a sete anos e meio de prisão por crime ambiental e estelionato.

O caso reforça a necessidade de os geradores de resíduos auditarem constantemente as empresas contratadas para o tratamento e, principalmente, se certificarem dos métodos, capacitação pessoal, idoneidade e capacidade financeira para assumir todos os passivos.

[...]

Tera Ambiental, 8 fev. 2017. Disponível em: <www.teraambiental.com.br/blog-da-tera-ambiental/quem-vai-pagar-a-conta-de-um-dos-maiores-desastres-ambientais-do-para>. Acesso em: 23 ago. 2018.

▶ Texto II

www.otempo.com.br/polopoly_fs/1.1180473.1449081357!/desastres.html

O desastre de todos os tempos

O rompimento da barragem de Fundão, em Mariana, na região Central de Minas, é classificado como o pior desastre ambiental da história do planeta considerando o volume de rejeitos de mineração lançado na natureza.

Tudo é superlativo na tragédia provocada pelo rompimento da barragem de Fundão, em Mariana, na região Central de Minas. Os títulos, porém, não são motivo de orgulho. O desastre ambiental é o pior da história do Brasil, superando com folga casos como o césio-137, em 1987, em Goiânia, e o vazamento de rejeitos químicos da Indústria Cataguases de Papel e Celulose Ltda, em 2003, na região da Zona da Mata mineira. Ele também é o maior do mundo em volume envolvendo outras barragens de mineração.

Os cerca de 55 milhões de metros cúbicos de lama e rejeitos despejados com a ruptura de Fundão são duas vezes e meia o volume da barragem da mina de Mount Polley, no Canadá, em 2014, que alcançou o lago Quesnel. No que ficou caracterizado como o segundo pior desastre do gênero, foram 24,4 milhões de metros cúbicos de rejeitos na natureza. E mesmo comparando com outras tragédias ambientais, Mariana está nesse "pódio" ao lado do derramamento de petróleo do navio Exxon Valdez, no Alasca, em 1989, e da explosão da plataforma Deepwater Horizon, da British Petroleum, que despejou 780 mil metros cúbicos de petróleo no Golfo do México, em 2010.

"É um desastre impressionante em todos os aspectos (o de Mariana). Com certeza está entre as dez piores tragédias ambientais da história", diz o coordenador do projeto Manuelzão, Marcus Vinícius Polignano. Para ele, o cenário que foi visto após a passagem da onda de lama e rejeitos é comparável ao de grandes conflitos. "É como se fosse a devastação de uma guerra. O dano é extenso e deverá ficar como uma cicatriz marrom, que marcará Minas Gerais para sempre a partir de agora".

[...]

FERREIRA. Bárbara. *O Tempo*. Disponível em: <www.otempo.com.br/polopoly_fs/1.1180473.1449081357!/desastres.html>.
Acesso em: 23 ago. 2018.

▶ **Texto III**

www.estudopratico.com.br/causados-pelo-homem-os-maiores-desastres-ambientais-do-mundo

Causados pelo homem: Os maiores desastres ambientais do mundo

Esqueça terremotos, furacões e *tsunamis*. Os problemas aqui chamam-se homem. Portanto, confira cinco dos piores desastres ambientais provocados por ele.

Quando falamos sobre desastres ambientais, as pessoas logo imaginam os fenômenos da natureza agindo e destruindo cidades, matando pessoas e disseminando ecossistemas. Terremotos, furacões e tsunamis encabeçam esses pensamentos. Todavia, este artigo trata de outro tipo de acidentes ambientais, são os que possuem claramente um culpado, isto é, o homem.

Cinco maiores desastres ambientais provocados pelo homem

1. Acidente nuclear de Chernobyl
   [...]
2. Ataque nuclear em Hiroshima e Nagasaki
   [...]
3. Derramamento de petróleo do Navio Exxon Valdez
   [...]
4. Rompimento da barragem em Mariana
   [...]
5. Derrame tóxico de alumínio em Ajka
   [...]

BEZERRA, Katharyne. *Estudo Prático*. Disponível em: <www.estudopratico.com.br/causados-pelo-homem-os-maiores-desastres-ambientais-do-mundo>. Acesso em: 6 jul. 2018.

Texto IV

Instituto Humanitas Unisinos. Disponível em: <www.ihu.unisinos.br/78-noticias/575851-infografico-tragedia-de-mariana-entenda-os-impactos-ambientais-causados-pelo-desastre>. Acesso em: 23 ago. 2018.

Texto V

www.unicamp.br/unicamp/ju/noticias/2017/12/01/principais-desastres-ambientais-no-brasil-e-no-mundo

[...]

Desastres no Brasil

O Brasil também apresenta um vasto histórico de danos ambientais. Abaixo a lista dos principais acontecimentos:

1980 – Vale da Morte – o jornal americano batizou o polo petroquímico de Cubatão (SP) como "Vale da Morte". As indústrias localizadas na cidade de Cubatão despejavam no ar toneladas de gases tóxicos por dia, gerando uma névoa venenosa que afetava o sistema respiratório e gerava bebês com deformidades físicas, sem cérebros. O polo contaminou também a água e o solo da região, trazendo chuvas ácidas e deslizamentos na Serra do Mar.

1984 – Vila Socó – uma falha em dutos subterrâneos da Petrobras espalhou 700 mil litros de gasolina nos arredores dessa vila, localizada também em Cubatão (SP). Após o vazamento, um incêndio destruiu parte de uma comunidade local, deixando quase cem mortos.

1987 – Césio 137 – um grave caso de exposição ao material radioativo Césio 137 ocorreu em Goiânia (GO). Dois catadores de lixo arrombaram um aparelho radiológico nos escombros de um antigo hospital, e encontraram um pó branco que emitia luminosidade azul. O material foi levado a outros pontos da cidade, contaminando pessoas, água, solo e ar, e causando a morte de pelo menos quatro pessoas. Anos depois, a Justiça condenou por homicídio culposo os três sócios e um funcionário do hospital abandonado, mas a pena foi revertida em prestação de serviços voluntários.

2000 – Vazamento de óleo na Baía de Guanabara – um acidente com um navio petroleiro resultou no derramamento de mais de um milhão de litros de óleo in natura no Rio de Janeiro. O Instituto Brasileiro do Meio Ambiente e dos Recursos Naturais Renováveis (Ibama) aplicou duas multas à Petrobras, uma de R$ 50 milhões e outra de R$ 1,5 milhão, devido à morte da fauna local e poluição do solo em vários municípios.

2003 - Vazamento de barragem em Cataguases – o rompimento de uma barragem de celulose em Minas Gerais ocasionou o derramamento de mais de 500 mil metros cúbicos de rejeitos, compostos por resíduos orgânicos e soda cáustica. Os rios Pomba e Paraíba do Sul foram atingidos, causando sérios danos ao ecossistema e à população ribeirinha. As empresas foram multadas em R$ 50 milhões pelo Ibama.

2007 – Rompimento de barragem em Miraí – uma barragem rompeu nessa cidade mineira, causando um vazamento de mais de dois milhões de metros cúbicos de água e argila. A empresa foi multada em R$ 75 milhões, mas os danos ainda permanecem evidentes.

2011 – Vazamento de óleo na Bacia de Campos – houve o vazamento de uma grande quantidade de óleo no Rio de Janeiro. A empresa americana Chevron despejou no mar cerca de três mil barris de petróleo, provocando uma mancha de 160 quilômetros de extensão. Animais foram mortos e o Ibama aplicou duas multas à empresa, totalizando R$ 60 milhões. A Chevron foi também obrigada a pagar uma indenização de R$ 95 milhões ao governo brasileiro pelos danos ambientais.

2015 – Incêndio na Ultracargo – um incêndio no terminal portuário Alemoa, em Santos, litoral Sul de São Paulo, gerou uma multa de R$ 22 milhões, aplicada pelo órgão estadual de meio ambiente à Ultracargo, por lançar efluentes líquidos em manguezais e na lagoa contígua ao terminal. Foram também emitidos efluentes gasosos na atmosfera, colocando em risco a segurança das comunidades próximas, dos funcionários e de outras instalações localizadas na mesma zona industrial.

2015 – Rompimento da barragem de Mariana – em 5 de novembro de 2015, o rompimento da barragem de Fundão, da Samarco, em Mariana (MG), provocou a liberação de uma onda de lama de mais de dez metros de altura, contendo 60 milhões de metros cúbicos de rejeitos. Em Minas Gerais, na última década, ocorreram desastres ambientais com mineração em Nova Lima (2001), em Miraí (2007), e em Itabirito (2014).

[...]

GONÇALVES, Darly Prado. Principais desastres ambientais no Brasil e no mundo. *Jornal da Unicamp*, 1º dez. 2017. Disponível em: <www.unicamp.br/unicamp/ju/noticias/2017/12/01/principais-desastres-ambientais-no-brasil-e-no-mundo>. Acesso em: 23 ago. 2018.

Proposta de redação

Com base na leitura dos textos motivadores e nos conhecimentos construídos ao longo de sua formação, redija um texto dissertativo-argumentativo usando a norma-padrão da língua portuguesa sobre o tema:

Desastres ambientais – Prejuízos e responsabilidades.

TEMA 10 — Cultura e lazer

Os textos a seguir servirão de base para a produção de um texto dissertativo-argumentativo.

▶ **Texto I**

www.unicef.org/brazil/pt/resources_10133.htm

Declaração Universal dos Direitos Humanos

[...]

Artigo 24

Todo ser humano tem direito a repouso e lazer, inclusive a limitação razoável das horas de trabalho e a férias remuneradas periódicas.

[...]

Unicef. Disponível em: <www.unicef.org/brazil/pt/resources_10133.htm>. Acesso em: 23 ago. 2018.

▶ **Texto II**

http://g1.globo.com/economia/seu-dinheiro/noticia/2016/03/lazer-e-1-item-que-consumidor-corta-do-orcamento-em-tempos-de-crise.html

Lazer é 1º item que consumidor corta do orçamento em tempos de crise

[...]

O lazer foi o principal alvo do corte de gastos dos consumidores para ajustar o orçamento doméstico: 39% dos entrevistados fizeram essa opção, e em seguida vieram os cortes com as contas de consumo, como água, luz, gás e telefone (18%), e em terceiro a alimentação (15%), segundo pesquisa nacional da Boa Vista SCPC (Serviço Central de Proteção ao Crédito).

Os gastos com lazer foram os de maior redução em todas as regiões, de acordo com a pesquisa. A porcentagem maior foi no Norte (52%) e em seguida no Nordeste (50%), Centro-Oeste (42%), Sul (38%) e Sudeste (36%). As classes A/B foram a que mais reduziram as despesas com lazer, com 62% dos entrevistados. Depois apareceram a classe C (42%) e as classes D/E (34%). A redução de despesas com lazer foi maior entre as mulheres (41%) do que entre os homens (39%).

G1, 14 mar. 2016. Disponível em: <http://g1.globo.com/economia/seu-dinheiro/noticia/2016/03/lazer-e-1-item-que-consumidor-corta-do-orcamento-em-tempos-de-crise.html>. Acesso em: 23 ago. 2018.

> **Texto III**

Potência da indústria cultural impacta positivamente no PIB brasileiro

O setor gera emprego, renda e tem papel de destaque no desenvolvimento da cadeia produtiva, impulsionando a criação de serviços especializados e a abertura de espaços para novos profissionais ingressarem no mercado. Esse é o cenário da indústria cultural, cuja potência vem impactando positivamente no desenvolvimento do Brasil. Pesquisas apontam que a participação do setor no PIB brasileiro varia de 1,2% a 2,6%, de acordo com o órgão de pesquisa e o período avaliado.

Na última década, o mercado formal de trabalho da indústria criativa totalizou 892,5 mil profissionais dos setores de cultura, consumo, mídias e tecnologia, uma alta de 90% no número de trabalhadores, bem acima do avanço de 56% do mercado de trabalho brasileiro no mesmo período. Os dados constam no Mapeamento da Indústria Criativa no Brasil, com base nos anos de 2004 a 2013, e divulgados pela Federação das Indústrias do Rio de Janeiro (Firjan), em 2014. Nesse período, foram constituídas 251 mil empresas, um incremento de 69,1% desde 2004, quando eram 148 mil. Com base na massa salarial dessas empresas, estima-se um PIB da indústria criativa de R$ 126 bilhões no período. Em termos reais, um incremento de 69,8%, quase o dobro dos 36,4% do PIB brasileiro.

"É uma visão atrasada não reconhecer o potencial de negócios da cultura. Os trabalhadores criativos vêm ganhando espaço, ano após ano, no mercado de trabalho, gerando renda e movimentando a economia", destaca o gerente de Indústria Criativa do Sistema Firjan, Gabriel Pinto. O estudo mostra que os salários desse segmento chegam a quase três vezes a média brasileira. Enquanto o trabalhador médio ganha R$ 2 mil, o criativo supera os R$ 5,4 mil mensais. O salário elevado é justificado pela exigência de qualificação e por serem profissionais mais especializados, explica Gabriel Pinto. O ponto positivo desse cenário, na avaliação do especialista da Firjan, é de que há uma evolução do trabalho desse segmento, sinalizando uma tendência.

[...]

BIDESE, Mônica. *Ministério da Cultura*, 14 jun. 2016. Disponível em: <www.cultura.gov.br/noticias-destaques/-/asset_publisher/OiKX3xlR9iTn/content/potencia-da-industria-cultural-impacta-positivamente-no-pib-brasileiro/10883>. Acesso em: 6 jul. 2018.

> **Texto IV**

Cultura como ferramenta de desenvolvimento econômico

[...]

Para muitas pessoas, a cultura foi sempre entendida como um ramo acessório ou supérfluo das atividades humanas, inferior em importância em relação à Economia, à Saúde, à Segurança ou à Educação em sentido estrito. Ainda hoje é comum uma certa desconfiança quando se defende o investimento cultural, especialmente em países com desigualdades sociais e carências como as nossas. Fica a ideia de que questões mais prementes deveriam ser atendidas antes de se pensar em atividades "assessórias" como, por exemplo, o Teatro, a Dança, as Artes Plásticas. Por outro lado, agências internacionais, governos e setores produtivos têm cada vez mais entendido e incentivado o potencial produtivo e gerador de riqueza encontrado nas manifestações e nos produtos culturais. *Cultura é negócio*, todos nós, aqui nesse encontro pelo menos, concordamos. Os recursos aplicados à cultura, de qualquer ordem que sejam, são investimentos, já que movimentam a economia, geram ocupação e renda, em suma, desenvolvimento. Mas vocês também deverão concordar comigo que a dinâmica de mercado pode sim reger nichos da cultura que tem uma tradição e penetração social que garantem a existência de desenvolvimento dessas manifestações – como por exemplo, a indústria da música, dos espetáculos, a televisão, o rádio etc.

[...]

MIRANDA, Danilo. *Cultura e desenvolvimento social*. Cultura e Mercado, 2 dez. 2002. Disponível em: <www.culturaemercado.com.br/site/pontos-de-vista/cultura-e-desenvolvimento-social/>. Acesso em: 23 ago. 2018.

▶ **Texto V**

Conselho de Arquitetura e Urbanismo da Bahia. Disponível em: <www.cauba.gov.br/semana-de-museus-comeca-segunda-feira-1605/>. Acesso em: 23 ago. 2018.

Proposta de redação

Com base na leitura dos textos motivadores e nos conhecimentos construídos ao longo de sua formação, redija um texto dissertativo-argumentativo usando a norma-padrão da língua portuguesa sobre o tema:

A cultura e o lazer – Direito e desenvolvimento.

TEMA 11 — Justiça com as próprias mãos

Os textos a seguir servirão de base para a produção de um texto dissertativo-argumentativo.

▶ Texto I

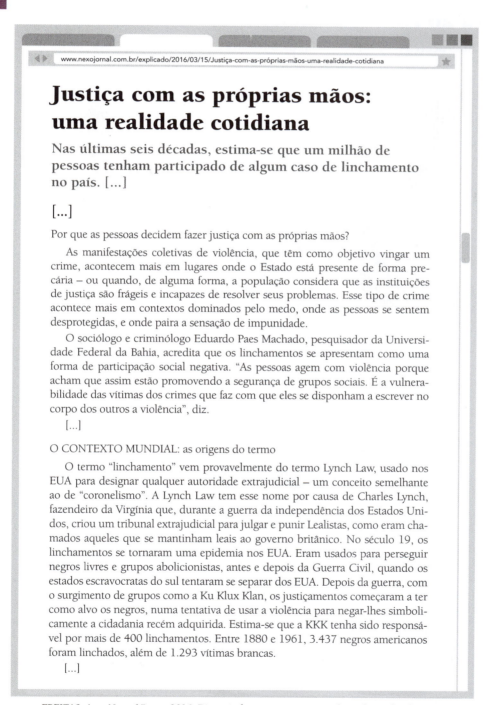

www.nexojornal.com.br/explicado/2016/03/15/Justiça-com-as-próprias-mãos-uma-realidade-cotidiana

Justiça com as próprias mãos: uma realidade cotidiana

Nas últimas seis décadas, estima-se que um milhão de pessoas tenham participado de algum caso de linchamento no país. [...]

[...]

Por que as pessoas decidem fazer justiça com as próprias mãos?

As manifestações coletivas de violência, que têm como objetivo vingar um crime, acontecem mais em lugares onde o Estado está presente de forma precária – ou quando, de alguma forma, a população considera que as instituições de justiça são frágeis e incapazes de resolver seus problemas. Esse tipo de crime acontece mais em contextos dominados pelo medo, onde as pessoas se sentem desprotegidas, e onde paira a sensação de impunidade.

O sociólogo e criminólogo Eduardo Paes Machado, pesquisador da Universidade Federal da Bahia, acredita que os linchamentos se apresentam como uma forma de participação social negativa. "As pessoas agem com violência porque acham que assim estão promovendo a segurança de grupos sociais. É a vulnerabilidade das vítimas dos crimes que faz com que eles se disponham a escrever no corpo dos outros a violência", diz.

[...]

O CONTEXTO MUNDIAL: as origens do termo

O termo "linchamento" vem provavelmente do termo Lynch Law, usado nos EUA para designar qualquer autoridade extrajudicial – um conceito semelhante ao de "coronelismo". A Lynch Law tem esse nome por causa de Charles Lynch, fazendeiro da Virgínia que, durante a guerra da independência dos Estados Unidos, criou um tribunal extrajudicial para julgar e punir Lealistas, como eram chamados aqueles que se mantinham leais ao governo britânico. No século 19, os linchamentos se tornaram uma epidemia nos EUA. Eram usados para perseguir negros livres e grupos abolicionistas, antes e depois da Guerra Civil, quando os estados escravocratas do sul tentaram se separar dos EUA. Depois da guerra, com o surgimento de grupos como a Ku Klux Klan, os justiçamentos começaram a ter como alvo os negros, numa tentativa de usar a violência para negar-lhes simbolicamente a cidadania recém adquirida. Estima-se que a KKK tenha sido responsável por mais de 400 linchamentos. Entre 1880 e 1961, 3.437 negros americanos foram linchados, além de 1.293 vítimas brancas.

[...]

FREITAS, Ana. *Nexo*, 15 mar. 2016. Disponível em: <www.nexojornal.com.br/explicado/2016/03/15/Justiça-com-as-próprias-mãos-uma-realidade-cotidiana>. Acesso em: 23 ago. 2018.

Texto II

"(In)justiça com as próprias mãos" e primitivismo: ameaça ao Estado Democrático de Direito

Apontamentos acerca da prática social da autotutela, o primitivismo – à luz da teoria política de Thomas Hobbes – e a flagrante ameaça ao Estado Democrático de Direito

[...]
Reflexo de um abrupto crescimento urbano e demográfico que não acompanhou o desenvolvimento social, a violência – e a sua exacerbação – nas últimas décadas tem feito com que a sociedade busque alternativas à força coercitiva do Estado, no que tange a garantia das liberdades e da paz. Ademais, destaca-se o pungente sentimento de impunidade, que tem feito com que a comunidade difunda uma forma de punir que, ao seu ver, é mais "efetiva" do que a oferecida pelo sistema penal brasileiro, por ser instantaneamente punitiva. Esse violento contexto expressa uma imagem das cidades como uma "terra sem lei" e propaga um estado de pânico, em flagrante dissonância dos ditames dos direitos humanos.
[...]

CARVALHO, Thiago; PEREIRA, Beatriz de Oliveira. *Jusbrasil*, 29 out. 2016. Disponível em: <https://mtcm.jusbrasil.com.br/artigos/400139064/injustica-com-as-proprias-maos-e-primitivismo-uma-ameaca-ao-estado-democratico-de-direito>. Acesso em: 23 ago. 2018.

Texto III

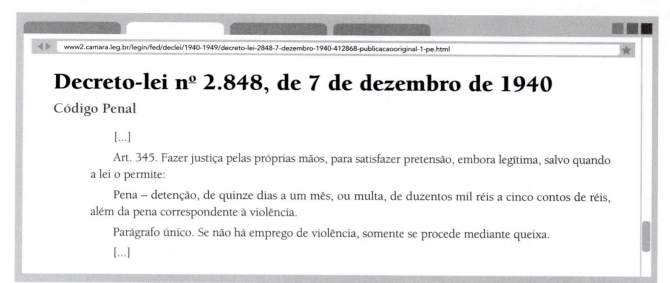

Decreto-lei nº 2.848, de 7 de dezembro de 1940
Código Penal

[...]

Art. 345. Fazer justiça pelas próprias mãos, para satisfazer pretensão, embora legítima, salvo quando a lei o permite:

Pena – detenção, de quinze dias a um mês, ou multa, de duzentos mil réis a cinco contos de réis, além da pena correspondente à violência.

Parágrafo único. Se não há emprego de violência, somente se procede mediante queixa.

[...]

Câmara dos Deputados. Disponível em: <www2.camara.leg.br/legin/fed/declei/1940-1949/decreto-lei-2848-7-dezembro-1940-412868-publicacaooriginal-1-pe.html>. Acesso em: 23 ago. 2018.

Proposta de redação

Com base na leitura dos textos motivadores e nos conhecimentos construídos ao longo de sua formação, redija um texto dissertativo-argumentativo usando a norma-padrão da língua portuguesa sobre o tema:

Justiça com as próprias mãos.

TEMA 12 — Ativismo jovem

Os textos a seguir servirão de base para a produção de um texto dissertativo-argumentativo.

▶ **Texto I**

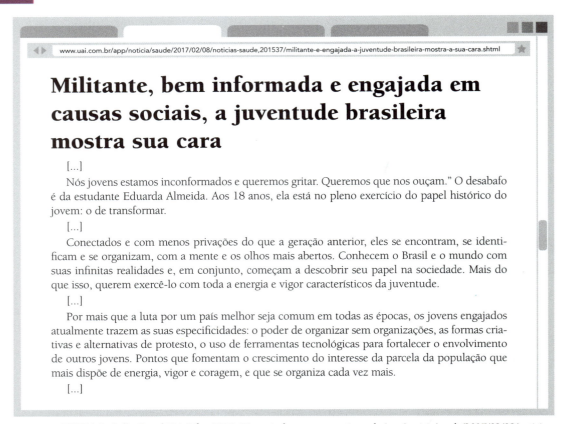

Militante, bem informada e engajada em causas sociais, a juventude brasileira mostra sua cara

[...]

"Nós jovens estamos inconformados e queremos gritar. Queremos que nos ouçam." O desabafo é da estudante Eduarda Almeida. Aos 18 anos, ela está no pleno exercício do papel histórico do jovem: o de transformar.

[...]

Conectados e com menos privações do que a geração anterior, eles se encontram, se identificam e se organizam, com a mente e os olhos mais abertos. Conhecem o Brasil e o mundo com suas infinitas realidades e, em conjunto, começam a descobrir seu papel na sociedade. Mais do que isso, querem exercê-lo com toda a energia e vigor característicos da juventude.

[...]

Por mais que a luta por um país melhor seja comum em todas as épocas, os jovens engajados atualmente trazem as suas especificidades: o poder de organizar sem organizações, as formas criativas e alternativas de protesto, o uso de ferramentas tecnológicas para fortalecer o envolvimento de outros jovens. Pontos que fomentam o crescimento do interesse da parcela da população que mais dispõe de energia, vigor e coragem, e que se organiza cada vez mais.

[...]

DUTRA, Izabella. Portal Uai. 8 fev. 2017. Disponível em: <www.uai.com.br/app/noticia/saude/2017/02/08/noticias-saude,201537/militante-e-engajada-a-juventude-brasileira-mostra-a-sua-cara.shtml>. Acesso em: 23 ago. 2017.

▶ **Texto II**

Pesquisa aponta que jovens estão mais interessados em política e se dizem engajados

[...]

O interesse do jovem na política foi um dos temas abordados durante a pesquisa *O Jovem Brasileiro e o Futuro do País*, realizado pelo Núcleo de Tendências e Pesquisa da Faculdade de Comunicação Social da PUCRS (Famecos). Entre os entrevistados de 18 a 34 anos, 47,4% têm política como interesse na hora da busca de informação e 70,24% procuram se informar diariamente. A faixa de 25 a 34 anos está mais interessada em conteúdos voltados ao assunto. [...] Para o coordenador do projeto, professor Ilton Teitelbaum, esse despertar para a política pode ser justificado tanto pela crise política quanto pela econômica [...].

Mais de 60% dos entrevistados disse estar engajado ou já ter se engajado em causas sociais, mas 85,82% acreditam que os outros falam mais do que fazem ao usar o engajamento como forma de autopromoção. Para construir sua posição política, por mais que se informe diariamente através de meios digitais, como redes sociais (84,5%) e sites e blogs Informativos (82,8%), eles levam em conta principalmente sua experiência de vida (70,22%) na hora da decisão. A tendência à esquerda política soma 46,59% da amostra, enquanto a preferência pela direita chega a 15,76%. O coordenador do projeto identificou maior envolvimento virtual com as causas, do que nas ruas.

[...]

MELLO, Jéssica. PUC-RS, 3 out. 2016. Disponível em: <www.pucrs.br/blog/pesquisa-aponta-que-jovens-estao-mais-interessados-em-politica-e-se-dizem-engajados>. Acesso em: 23 ago. 2018.

▶ **Texto III**

www.correiobraziliense.com.br/app/noticia/eu-estudante/ensino_ensinosuperior/2013/07/25/ensino_ensinosuperior_interna,379001/trabalho

Trabalho aponta que juventude é engajada em causas sociais

[...]

As recentes manifestações ocorridas em todo o território nacional colocaram em foco a participação política da sociedade brasileira, em especial, da juventude. Em relação direta com esse tema, a socióloga Patrícia Cabral de Arruda, ex-aluna do Programa de Pós-Graduação em Sociologia da Universidade de Brasília, apresentou, em 2012, tese de doutorado com o título "Ainda somos os mesmos, mas não vivemos como nossos pais: Juventude e participação na Universidade de Brasília".

[...]

Antes mesmo de o povo brasileiro ir às ruas para reivindicar pautas diversas, como ocorreu em maio e junho passados, Patrícia observou, em seu trabalho, pontos que marcariam as manifestações. Entre eles, dois se destacam: a preferência dos jovens por movimentos sem o envolvimento de partidos políticos e a presença das mídias sociais (principalmente do Facebook) como palco para a participação e articulação dos jovens. A autora utiliza o termo participação de forma mais ampla para designar as formas de inserção na sociedade utilizadas pela juventude.

Aliás, uma das motivações para a escolha desse tema é a ideia, presente no senso comum, de que a juventude atual é alienada. Com sua tese, Patrícia percebeu que os jovens participam sim, mas de maneiras diferentes daquelas observadas no passado. Por essa distinção, são muitas vezes incompreendidos e rotulados como apáticos. [...]

Correio Braziliense, 25 jul. 2013. Disponível em: <www.correiobraziliense.com.br/app/noticia/eu-estudante/ensino_ensinosuperior/2013/07/25/ensino_ensinosuperior_interna,379001/trabalho-aponta-que-juventude-e-engajada-em-causas-sociais.shtml>. Acesso em: 23 ago. 2018.

▶ **Texto IV**

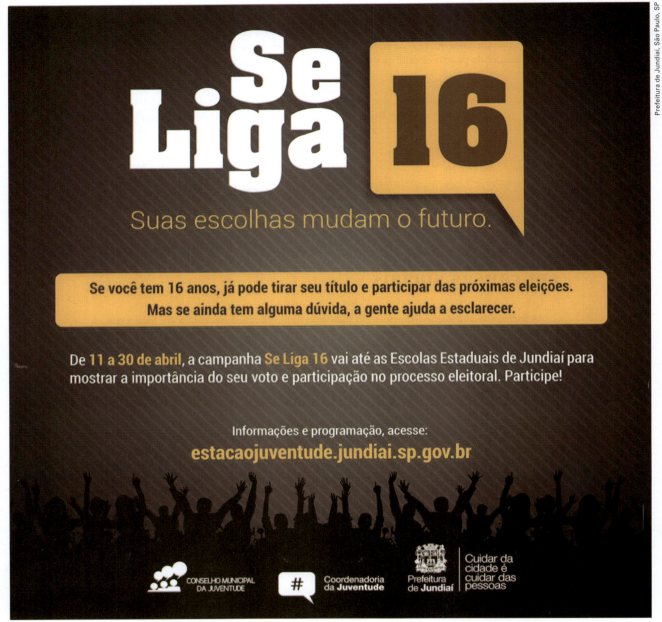

Prefeitura de Jundiaí, 11 abr. 2016. Disponível em: <https://jundiai.sp.gov.br/noticias/2016/04/11/conselho-inicia-campanha-se-liga-16-nesta-terca-12/>. Acesso em: 23 ago. 2018.

Proposta de redação

Com base na leitura dos textos motivadores e nos conhecimentos construídos ao longo de sua formação, redija um texto dissertativo-argumentativo usando a norma-padrão da língua portuguesa sobre o tema:

Juventude engajada – O ativismo que pode mudar o Brasil.